她的世界史

跨越邊界的女性，伊莉莎白・馬許與她的十八世紀人生

The Ordeal of
ELIZABETH MARSH
A WOMAN IN WORLD HISTORY

LINDA COLLEY
琳達・柯利 著 馮奕達 譯

目次

導讀

一個女人的微觀全球史

陳國棟／中研院史語所研究員

本書講一個女人的故事。伊莉莎白．馬許在她不滿五十歲的人生當中，在南美洲加勒比海地區、在英格蘭、在地中海中的島嶼、在北非摩洛哥、在現在的孟加拉與印度都生活過、旅行過。個人的一生，也就是個人的歷史，必然在時代的架構下進行，當中有命運的安排，也有個人意志的伸張。伊莉莎白．馬許堅強的意志，為她自己寫下獨樹一格的篇章。

她不是歷史上有頭有臉的重要人物。要不是有這本書，也沒有多少人知道她是誰，恐怕也沒有多少人想知道她是誰。琳達．柯利把她的故事寫出來，讓我們知道這個人多姿多采或說波譎雲詭的一生。同時，在鋪陳她的故事時，自自然然讓讀者感受到十八世紀的歷史——不只是她的國家英國（不列顛）的歷史，也包括捲入那個時代、捲入她人生歷程的北非、歐洲、美洲，以及亞洲的片段歷史。

讀者多少會驚訝這位馬許女士的生平故事背景竟是如許地豐富。敘述她的故事還得觸及廣東的貿易、中國的出口茶葉與瓷器……以及許多未曾料想到的特殊情況——我們甚至於還讀到她夫家的一位祖先，名叫伊利斯．克里斯普（Ellis Crispe）的人，他於一六七〇與一六七一年兩度造訪臺灣，是「第一個抵達臺灣的英格蘭商人」！他見到了鄭經，簽署了第一份臺英貿易協定。鄭經贈與他相當多樣的禮物，包括茶葉在內，更包括了五十本《大明大統曆》！後者當中有一本還經過化學家波義耳（Robert Boyle, 1627-1691）收藏，最後進到牛津大學圖書館。歷史的巧合與琳達．柯利的細心，讓臺灣的讀者與《她的世界史》這本看似生分的書有了一份親切的連結，也更說明了全球化的行程，真的在十六、七世紀就已經展開，而臺灣在那個時候就已經走進世界！

琳達．柯利說她是在寫《俘虜》（*Captives: Britain, Empire, and the World, 1600-1850*，二〇〇二年初版）這本書的過程中，發現伊莉莎白．馬許這個人，多年之後才完成伊莉莎白．馬許個人傳記的拼圖。

伊莉莎白．馬許真的不是需要寫進教科書或者一般歷史書的人物。不過，伊莉莎白．馬許本人卻出版過自傳性的《女俘虜》一書（雖然只剩下一個印本傳世），她生活於印度的日記手稿也一直被保存下來；而她長年為英國海軍部服務的叔叔喬治．馬許也編輯了他們的《家族資料集》。這當然構成了寫作本書基本的資料。只是要弄明白那麼久遠之前、沒有他人清楚整理過的這段往事，真的需要好好地精準解讀與評述。畢竟，許多自傳的作者以及口述歷史的主述者，也都會用當下的社會價值標準調整自己的敘事內容。

此外，伊莉莎白・馬許與她故事的關係人，足跡到過許多地方，也有很多很多散逸在各地的資料需要去發掘。所有這些在事件發生原處被留下來或者已經不存在的證據，都必須設法探詢與蒐集，並且設法如實加以理解。個別紀錄者（雖然提供了史料來源，卻不可能排除主觀與偏見）的資料，不只要想辦法看懂、想辦法確認其真假，也還要想辦法判斷應該給它多少信任的份量！這種工作是歷史學者必須費心的工作，可以讓他們樂之而不疲。但是要分析、理解、拼合成一部有意義的著作，讓讀者可以流暢地理解，其實還牽涉到如何帶到複雜的背景、適切融入敘事的難題。

琳達・柯利完美地檢視了時代大背景來說明叔姪兩人的寫作，當然重點在以伊莉莎白・馬許為核心的家人親友的人生。配合她的故事，有必要簡單而準確地提供有關十八世紀不列顛的海外帝國、海軍勢力、國際貿易（內含食鹽、織品、瓷器、茶葉等重要商品，也包括非洲黑奴的買賣）、東印度公司、國與國間的戰爭……等等一長串的資訊，但又不能喧賓奪主。

因為不列顛海外帝國的發展，伊莉莎白・馬許的父親去到了中美洲加勒比海的牙買加，她就在那裏出生。隨後她跟著父親回到英國的軍港朴茨茅斯，然後開始了她很多趟令人詫異的旅行，把地中海的英國海軍據點、北非、印度和孟加拉都走過。她在北非時是一名女俘虜，俘虜她的是當時摩洛哥的統治者代理蘇丹西底・穆罕默德。她結局脫離苦海，與曾經同為俘虜的商人同胞詹姆斯．克里斯普結為夫婦。她丈夫的生意可以說是洲際貿易，觸及很多地點，也涉及多種商品；當然也牽涉到法律問題，也曾被戰爭波及。娘家與夫家的一切，讓她可以依意志而移動身之所在，有時候卻也違背她的意志而被迫遷徙。

第三章〈起家倫敦，眼望美洲〉這一章比較特別，敘事的重點完全環繞在詹姆斯．克里斯普和他親人的事蹟，而聚焦於克里斯普事業的網絡、佈局與面臨的挑戰。（畢竟事業的發展需要家族的合作與支持，還有由家族成員的社會網絡所延伸出去而有的人際關係可以利用。）伊莉莎白．馬許雖然是他的夫人，但是角色有限。就那個時代來說，賺取麵包的人還是男人，討論起生意問題，女人一時還是站在幕後。這雖然是一本以伊莉莎白．馬許為核心的微觀全球史，但是這一章講站在女人前面的男人。

這一章也講七年戰爭（1756-1763）。七年戰爭期間，克里斯普仍然能順利操作他的事業，乃至於更加興隆。然而戰爭之後，世局丕變，不列顛也進行多項政治與法律的改革，這一切終究摧毀了這對夫婦的事業。一七六七年三月詹姆斯．克里斯普宣告破產。故事才又回到伊莉莎白．馬許身上。詹姆斯．克里斯普所遭遇的一切，帶出了當時西方人國際貿易事業所面臨的種種課題與難題。一七六九年一月五日，克里斯普因為七年戰爭及英國在戰後所進行的財稅改革而破產，離開倫敦，遄往印度半島東岸，把妻子、女兒留在家鄉。雖然一年多以後家人陸續在印度相聚，但是聚少離多。而出於伊莉莎白．馬許的主動，她脫離家人旅行了印度東部許多地方，從而寫出了她的印度日記。伊莉莎白・馬許的亞洲之旅確實踏過不少城鎮與鄉野，看到前所未見的新鮮事物。然而她的知識能力或者注意力都不容許她做出有高文化深度的觀察與紀錄，但這也就是她的故事特別的地方。

她的文字「揭露出她無知的程度，和她在種族鄙夷與無情方面的能耐，也不時披露出她對學習的渴望，對本地古蹟、人民感到好奇的能力，和偶然出現的同理心。此外，她的日記也顯示她跟東印度公司的力量、不列顛帝國與民族是如何有著緊密的關係，但這個關係未必總是堅定而毫不含糊的。」（頁三二六）

最後，伊莉莎白・馬許的丈夫先她而逝，但她的子女都能長大成人，並且也有不差的歸宿。至於她本人則在四十九歲時發現罹患乳癌，動手術後還存活了幾個月。她的完整故事在本書的〈緒論〉中，作者已經給了清楚的輪廓，而在終章〈曲終人未散〉，也簡單地幫讀者溫習，並且交代了好幾位書中人物的後續發展，滿足了讀者一窺究竟的好奇。

當成故事書來看，本書高潮迭起，深具趣味性與可讀性。但是這本書受到學術界廣泛重視，也是因為它是一本婦女史的作品，更是一本微觀全球史的典範之作。本書雖然寫一個女人的微觀全球史，但是琳達・柯利也不忘把她的生平所承受或分享的時代發展介紹給讀者。伊莉莎白・馬許的種種遭遇特別，但不會只呈現同時代僅有的例外。

我們說這是一本微觀全球史的大作，但也不是第一本這種型態的作品。卡洛・金茲伯格

（Carlo Ginzburg）的作品《夜戰》（*Night Battles*）早在一九六六年就已經問世，就已經使用微觀史學的方法，但他後來說他一直到一九七七～七八年時都尚未聽過該詞。是別人先把那種研究與敘事的方式稱作「微觀史」（microhistory）。

有學者認為卡洛．金茲伯格的研究方法有四點特色：⑴以小人物、小事件為對象；⑵重視敘事層次與邏輯；⑶文筆活潑生動；⑷敘事的目的在為歷史事件或歷史現象提供合理解釋。

微觀史觀察對象的活動空間有時較為有限，但是趣味不見得少。例如：美國普林斯頓大學歷史學系教授娜塔莉．澤蒙．戴維斯（Natalie Zemon Davis），在一九八三年完成的《馬丹．蓋赫返鄉記（*Le Retour de Martin Guerre*）》一書，在臺灣就擁有廣大的讀者。該書也曾改編為電影，票房絕佳。

微觀史的作品，有時候因為主人翁的足跡範圍廣大，涉及許多國家，乃至於跨越好幾個大陸，當然也牽涉到這些地方的政權與人民，也就是走入全球史（global history）的領域。這時候，我們就說這種作品屬於「微觀全球史」（global microhistory）的範疇。史景遷（Jonathan D. Spence）的小書《胡若望的疑問》（*The Question of Hu*）就是一個範例，許多人也都讀過。

微觀全球史當然是全球史的一種研究與撰述的形式。全球史研究的熱絡，事實上與二十世紀最後一、二十年以來的世界轉變有所關聯。先是八〇年代中期以後，個人電腦普及；再則是九〇年代中期以後，網際網路（internet）確立。打從十五世紀末哥倫布「發現新大陸」以來，商品的交換、人身的移動，逐漸由相對有限的地理範圍，先向歐洲船舶所到的地點延伸，終究將全球捲入。至於知識、資訊與通信本來也在全球流通，但也僅能以緩慢的速度進行，並且還有語言、文化等障礙得時時加以克服。網際網路以及架構乎其上的各種資訊服務，如全球資訊網（world wide web）以及種種的應用軟體，讓資訊的取得與交換都能在瞬間完成。物品、人身與資訊在二十世紀九〇年代以後，在不做人為設限的前提下，全球暢通。人類的生活因此走到「全球化」的時代。全球化以後，很難說地球一角發生的事，完全不會和其他地方發生關係。於是從全球視角去觀察帶動發展出現代世界的過去五百年的歷史，也自然成為歷史學家試圖探索的對象，當然也吸引眾多當代讀者的關懷。

更早以前，其實已經有「世界史」的研究存在，不過往往偏重個別國家或族群內部的歷史發展。全球史除了也關照內部發展外，同時也強調不同國家或族群之間的相互接觸與影響。古代基本上各自為政的國家民族，在過去五百年來，由緩而急，終究形成一個「相互連結的世界」（connected world）。這五百年的歷史，除了研究個別的國家或社會的了解方式之外，研究彼此的互動也意義非凡。

有一位學者戈布萊爾（John-Paul A. Ghobrial）寫了一篇文章講一個巴格達出生的穆斯林

周遊世界的故事，在文章中提出了他對微觀全球史的看法，他說地球的不同端點，無論相距多麼遙遠，透過物品、訊息與人身的流動都能夠聯繫起來。相關研究，有的聚焦於商品的設計與生產的模式，有的聚焦於其他客體。當中有一類學者特別留意到相互連結性的人性因素，而且基本上也已採用兩種方式來這麼做。第一種是透過特定的人群或社區的研究，這些社群通常以不是一望即知的面貌出現，例如離散社群網絡（diaspora networks）。

另一種則是從各種人物中選角，用他們活動於地球多處角落的生命經歷拿來建構近代早期相互連結性的內容。戈布萊爾認為這一類型的作品，模糊了傳記、微觀史與全球史的邊界，「它們的個別研究取徑各異其趣，而讓它們共同之點則在個人的生命歷程應該可以用來作為打開窺視這樣的人所生活的世界景象的鑰匙孔。」（John-Paul A. Ghobrial, “The Secret Life of Elias of Babylon and the Uses of Global Microhistory,” *Past and Present: A Journal of Historical Studies*, no. 222, 2014.）

其實，以針對伊莉莎白·馬許的生平歷史作評述為核心，琳達·柯利帶出了她的人際網絡（家族與社會關係）中不同人物的故事，由這些故事呈現出一個時代（當中一個或數個階層）的社會面相。雖然作微觀的考察，卻也可以展現出一定程度的宏觀視野。

雖然伊莉莎白·馬許的娘家與夫家都不是顯赫的家族，但是他們廣大的社會關係網絡卻也將許多知名的歷史人物帶進故事裡來，例如印度總督華倫·黑斯廷斯（Warren Hastings,

1732-1818）、彈劾此人的埃德蒙・伯克（Edmund Burke, 1729-1797）以及拿破崙的外交部長塔列朗（Charles Maurice de Talleyrand, 1754-1838）皆在其列。伊莉莎白・馬許的長孫喬治・謝伊進了以「嘆息橋」聞名的劍橋大學聖約翰學院，結交了巴麥尊子爵坦普先生（Henry John Temple, 3rd Viscount Palmerston，1784-1865），後者在多年之後、在第一次鴉片戰爭時，擔任英國首相。這讓本書不只是小人物的微觀史，它也為大人物的傳記加入一些有趣的軼事。

導讀

閱讀《她的世界史》的幾種視角

蔣竹山／中央大學歷史所副教授兼所長

會注意到琳達・柯利的《她的世界史：跨越邊界的女性，伊莉莎白・馬許與她的十八世紀人生》（英文本，二〇〇七年出版），最早是受到二〇一一年歐陽泰（Tonio Andrade）的影響。歐陽泰那時的《決戰熱蘭遮：歐洲與中國的第一場戰爭》新書，隔年才有中譯本，一般台灣讀者還不是很熟悉這位作者。現在，他可是好幾本暢銷書的知名史家，其中，「全球微觀史」就是他所創的新名詞。

歐陽泰提倡「全球微觀史」，曾在〈一個中國農夫、兩個非洲男孩及一位軍官：走向全球微觀史〉（二〇一一），就提出要以全球視野來書寫個人生命史的重要性。他認為我們不太容易在《世界史期刊》及《全球史期刊》中見到這種類型的文章，反而會關注個人全球史研究的都不是世界史的研究者。

他舉三本著作為例，分別是二〇二一年底剛過世的史景遷的《胡若望的疑問》（英文本，一九八九年；繁體中文版，一九九六、二〇一九年出版）、琳達・柯利的《她的世界史》（繁體中文版，二〇二二年出版）及著名新文化史家娜塔莉・澤蒙・戴維斯的《行者詭道：一位十六世紀文人的雙重世界》（簡體中文版，二〇一八年出版）。

這些著作主旨在探討全球轉變與文化相遇，焦點都集中在一位進行跨文化移動的旅行者身上。這種研究取向使得這些書都能以敘事筆法寫出這些不起眼人物的生命史，又能以小見大看出那個時代的世界變動，因而可讀性都相當高。歐陽泰的文章並未對這些書做太多介紹，僅是以自己的研究個案為例，期盼世界史研究者能嘗試以全球脈絡來研究個人故事。在他的文章中，農人、非洲男孩及軍官這些人物的命運，都被捲入十七世紀巨大的跨國貿易及跨文化交流的時代浪潮中。

《她的世界史》的研究取向涉及了家族史、不列顛史、帝國史、性別史及全球史。作者透過伊莉莎白・馬許這位我們從不熟悉的女性，讓我們看到了與以往大歷史截然不同的十八世紀世界。以下從幾個面向作補充。

一、**全球性別史。作者在緒論中雖然沒有提到性別史，卻是一本全球性別史的佳作。**玫莉・威斯納–漢克斯（Merry E. Wisener-Hanks）在〈全球史與婦女史、性別史及性史〉一文中提到，以往的婦女史、性別史缺少世界史的議題；而世界史又不關注婦女及性別的課題，就算彼此的主題有互相涉及，但還是集中在美國地區。就如同大衛．諾斯魯（David Northrup）近來所評論的看法一樣：「世界史一直說的都是『大合流』（great convergence）的故事。相對地，過去數十年來，婦女及性別史則轉向到分流（divergence）這主題。」

威斯納－漢克斯認為這種現象與過去二十年來的史學的「語言轉向」或新文化史的興盛有關。在這之後的婦女史關注的只是再現、文化與論述，歷史只成為一種文本，「婦女」只是一種歷史建構。在此情況下，威斯納－漢克斯認為文化研究並不能提供給我們一種整體的理論，而大部分的世界史並不去涉及性別，婦女史與性別史多集中在美國史。然而，近來已有一些作品已經突破上述限制。

這些研究大多不會明顯標榜他們是世界史學者，但是他們的觀念或研究課題在世界史中是一直極為重要的，例如相遇（encounters）、邊境、疆界、移民、跨國、國家、認同、多樣性。世界史可以提供婦女史及性別史研究者更有機會擺脫過往看法以進行社會史的主題研究。格爾妲．勒納（Gerda Lerner）的文章〈美國婦女史：過去、現在與未來〉就觀察到最近美國婦女史的著作中有關非裔美國婦女的書籍、論文關注的焦點，較其他美國史研究更集中在婦女的組織及階級；並且感興趣的是她們過往的實體生活，遠超過對她們的理解與再現。

過往已經有一些婦女組織的研究是從世界史的角度。然而，從全球視野所做的性別的階級分析，則可以探索性別、性、種族、及國家認同中性別角色的各種交錯。最後他總結認為，過往世界史及婦女史、性別史朝著不同路徑的方向——一面往合流，另一個往分流，但我們現在可能正面臨兩者相互交流的時刻。

從性別與帝國研究的爆炸性數量來看，當前的婦女史與性別史已經更願意花較多時間在相遇與合流的課題。這樣的發展或許可以稱之為「新新社會史」。「性別」和「全球」在過去數十年，就像是兩片分開的鏡片在重新修正歷史。如今兩者合體，更能讓我們擁有望遠與顯微的視野效果，去看見及發現過往我們所忽略的事情。

二、全球微觀史：全球史絕對是近十年最紅的史學新趨勢，但能做到既全球又微觀，《她的世界史》絕對是經典。這本書中的人物處在十八世紀劇烈變動的時代，進行跨洲、跨國移動常是家常便飯，女主角伊利莎白·馬許（1735-1785）與她先生詹姆斯·克里斯普（?-1779）的移動範圍，可從加勒比海牙買加、地中海梅諾卡、北非摩洛哥、美洲東佛羅里達，一直到印度次大陸的孟加拉。

三、**新帝國史：柯利自稱這書是帝國史書寫，其實這更像是新帝國史。**這本書的帝國史書寫與過往的不同，你不會見到太多的政治角力及軍事戰爭場面，但書中主角的移動，常常又因為這些事件，有了新的命運轉變。換句話說，若沒有十八世紀不列顛的海外帝國領土、英法的海上爭霸與奴隸貿易，馬許可能就不會出現在這個世界，其生命史也不會有這樣的「五個情境」的階段發展（1756、1769、1770-1771、1774-1776、1776～）。《她的世界史》

提到，要不是東印度公司軍力與政治影響力不成正比例的大幅成長，馬許無法這麼順利地在印度次大陸旅行，正因為是這種帝國史與洲際史上的劃時代轉變。

此外，成也帝國，敗也帝國，作者說帝國野心與跨洲商業之間，存在著一種彆扭關係，講的就是不列顛帝國。

四、海洋史：雖沒有標榜海洋史，但全書涉及的跨洲港口城市超過二十個，說是全球海洋史也不為過。荷蘭著名史家包樂史（Leonard Blussé）在《看得見的城市》中的海洋史強調的是從第一層的環境地理空間、第二層的社會經濟制度，到第三層的人，有年鑑學派地中海史書寫架構的概念。但這本的海洋史打破三層各自獨立的框架，將人物的命運融入在各種環境變遷（里斯本大地震）與事件（摩洛哥俘虜）中。克里斯普家與馬許家的男人中，有許多人的生計是和大洋、不列顛政府、不列顛帝國、王家海軍、東印度公司，以及遠程貿易密不可分。其命運也常被迫捲入帝國間的海權爭霸與各種國家暴力中。

此外，馬許的先生詹姆斯·克里斯普，作者就說這人就是在不同國家與港口互通有無的代理人，也是一個穿梭於政府與政界所訂下的法律界限的人。他的歐洲貿易網以倫敦為中心，放眼另外五個商業重鎮：西班牙巴塞隆納、義大利熱那亞與利沃諾、德國漢堡、蘇格蘭謝德蘭群島、曼島。此外，克里斯普的貿易網不管發展到哪一個階段，都不會只做歐洲生意。在十八世紀中葉時，歐洲、亞洲、美洲及部分的非洲都不是獨立而隔絕的實體，在其他方面的聯繫也相當緊密。就算是在七年戰爭期間（1756-1763），這些貿易網絡還是在私下進行，而代理人像是馬許的先生，就扮演相當重要的角色。

五、物的社會生命史：本書所描繪的馬許家族各種故事，都與海上貿易密不可分。書中描繪了許多跨洲貿易商品，這可以和彭慕蘭、史蒂夫．托皮克那本名著《貿易打造的世界：社會、文化、世界經濟，從一四〇〇年到現在》相媲美。像是加勒比海物產、倫敦玻璃珠、中國茶與瓷器、非洲奴隸、歐洲鹹魚、印度鹽、鴉片、孟加拉棉紡織。這些商品，撐起了這個家族，也建構出一個跨洲貿易的商業網絡。這些商品的價值曾讓她們生活優渥，但隨著世界波動，大起大落，也讓她們嘗到破產苦果，一度她丈夫要遠赴美洲開發土地。

六、家族史：女性個人的意志很重要，但是周邊家族的男性奧援更為重要。本書看似是寫一位女性的故事，其實也寫出了整個家族的歷史。《她的世界史》不僅寫她先生，也寫她的父親這輩親戚。她的父親米爾伯恩．馬許不是什麼大人物，僅是海軍船艦上的木工，掛的是准尉軍階，但他沒有正式的海軍制服，他是地位相當獨特的專業工匠，因為掌握有技術，在船隊裡有著不可或缺的能力與特殊地位。在戰時，更加顯現他的重要，而這些資源也變成船艦木工後代可資利用的重要人脈。馬許就因為他父親及叔叔的緣故，常接觸海上航行各種事務，認識許多重要人物，各種歷練因此讓她養成了很特別的人格特質。

對我而言，《她的世界史》最精采的部分不是上述的各種新趨勢，而是情感史。作者透過馬許及家族的個人日記、遊記、家族資料集、帳冊、報刊新聞等素材，精彩地建構出十八世紀女性生命情感的歷史。讀者可以在第四章「寫作與遷徙」看到柯利的功力。透過馬許那本自傳性的書《女俘虜》，作者剖析馬許的內心世界，並視為她試圖勾勒自己世界的重要方法，根本就是將馬許看到骨子裡去。像是作者說證據顯示，她仍然認為自己和克里斯普因為共同目標而無法分開，但她不見得愛他，甚至不見得跟兩人的孩子親近。但會努力幫他賺錢，為兩人共同的生存與世俗成就付出。全書中，這種內心戲碼不勝枚舉，讀者可要好好細讀，才能體會柯利的寫作功力與敘事技巧。

最後，就如同作者所說的：「本書不僅是個人或是家族的故事，也是全球的故事。」伊利莎白．馬許的所處的十八世紀，正是世界歷史劇烈變動的階段，形塑了馬許個人的生命歷程。她的人生處於世界歷史兩個階段的頂峰，一方面參與西方世界主導的某些發展：不列顛海軍力量崛起、七年戰爭的領土變化、美國革命與美國建國、歐洲在一七五〇年之後侵入太平洋地區；另一方面，馬許的故事也呈現西方國家的侷限，反而是她及先生待過的非歐重鎮，在創新與交流持續不斷，扮演重要角色。

透過馬許，我們看到的不僅是一位用生命體驗種種變局與文化轉換之女性的半世紀苦旅故事，更是一幅十八世紀的全球史圖像。

導讀

她的故事，她的全球史

汪采燁／輔仁大學歷史學系副教授

多年前，我曾煩惱著應當給輔大歷史所「西洋史專題」課程的學生閱讀哪幾本書籍。這是門必修課，但每個人未來研究領域和方法各異，有的學生做東南亞史，有的對近代歐洲史或帝國史有興趣，有的學生喜歡政治經濟，有的傾向社會文化，有的熱愛思想史，而做老師的我既想從中找到最大公約數，又想結合自身對於性別、思想與文化史的關懷。最後還有一關鍵條件：要是故事性強，敘事精彩，兼顧歷史研究深度的著作，學生才樂意讀下去。於是，當年我們一起閱讀了娜塔莉・澤蒙・戴維斯的《邊陲上的女性》（*Women on the Margins*, 1995）和琳達・柯利的《她的世界史》（*The Ordeal of Elizabeth Marsh*, 2007），度過豐富精彩的一學期。* 戴維斯

* Natalie Zemon Davis, *Women on the Margins: Three Seventeenth-century Lives* (Cambridge, Mass.; London: Harvard University Press, 1995). Linda Colley, *The Ordeal of Elizabeth Marsh: A Woman in World History* (London: Harper Press, 2007).

和柯利兩位作者專長不同，呈現出的作品向度也不同，但是都是回應與修正了微觀史學到大歷史乃至於全球史的歷史學發展，歷史學者嘗試以傳記和動人敘事寫出更有人的溫度、更能讓讀者同情與理解的大歷史。而當年課堂所選的琳達・柯利的著作，結合多種研究方法、跨地域並兼具性別關懷，正是這篇導讀要介紹的書籍——《她的世界史》的原文版。

琳達・柯利是英國史和帝國史學者，她近年來的著作延續著二戰之後去中心化的歷史研究方法。二十世紀晚期，隨著女權運動和後殖民運動席捲而來，更大幅度改變了我們研究帝國史的視角，意識到僅從征服者／握有權力者的政策，國家政府的行動，或是征服者對於殖民者的態度做研究，已經不足。那些承受著政治權力交替，臣服或逃離帝國，或是接受知識傳遞的人們，其實並非無聲、沒有作為或情感的棋子。名門將相生活在巨變時代中，凡夫俗子也在權力交替、碰撞和全球化發展中，隨時因應外界變化而接招，急忙想出對策，有的家族因此發跡，有的因此翻覆。

然而，歷史長河中的多元樣貌該如何呈現，歷史課題才不會碎片化？這回柯利採用微觀、地方史敘事方式，將「人」拉回全球史／帝國史的大敘述中，透過跨越多重文化圈和大洋的旅人及其家庭，結合多種歷史研究方法，架構出不同以往的全球地方（glocal）史，讓個人與人性又回到了大歷史中。易言之，微觀史學提供歷史研究新工具，它並不是限縮的框架或規模，而是讓大歷史的大敘述也注意到了人與歷史事件的重要性，修正了布勞岱爾

（Femand Braudel, 1902-1985）以降著重在大空間、大數據、大敘事，卻忽略了人的能動性的歷史研究。這正是柯利所謂：「我們不能、也不應該有奧林匹亞天神的世界史版本，其中總是有人性與個人的維度。」（頁四一二）

柯利此書從造船匠的女兒伊莉莎白・馬許個人傳記，個人與家庭，和個人與全球等三面向相互交織，講述不斷跨界的女性生命史，並藉由她的人生旅程「在一個人的生命之中勾勒世界，也要在世界之中描繪一個人的人生」（頁四〇至四一）。柯利曾在不列顛學院（British Academy）訪談中述及，這本書平裝版名為「伊莉莎白・馬許的苦旅：世界史中的一位女性」，隔年英國出版社發行精裝版時，卻擅將副標題改為「一位非凡女性如何跨越了汪洋與帝國，成為世界史中的一部分」（How a Remarkable Woman Crossed Seas and Empires to Become Part of World History），引起柯利嚴正反對。原因無他，這本書是關於「世界史中的一位女性」，這個主角並不非凡，而這才是這本書的意義所在。柯利也進一步說明，她之所以想從女性傳記著手，是因為我們往往忽略了這一個面向的全球史——大部分全球史家是男性，「他們經常寫作大框架，訴說大故事，他們的主角通常是其他男性」，而柯利想以不同的方式寫全球史。*

* "Interviews: Linda Colley," *British Academy Review*, 28 (Summer 2016), 23-24.

此書主角伊莉莎白・馬許留下的書寫並不多——她一封書信都未留下。柯利使用的是馬許自述並出版的摩洛哥被俘經驗，以及一七七〇年代中在東印度旅行的未出版日記。因此柯利大量依靠其他人的書寫和檔案來重建馬許的世界，也因此，馬許一生經歷了大風大浪，我們卻很難得知她的內心世界，包括她對於父母、孩子、丈夫和「表親」的想法，以及她做出任何與他們相關的重大抉擇時的心境。

她的生命故事從父母在英屬西印度群島相遇開展，奴隸暴動促使雙親穿越大西洋抵達英國朴茨茅斯港。馬許在朴茨茅斯出生，在充斥造船廠、皇家海軍、來自東印度公司、波羅的海、勒凡特地區的貨物，和各色走私品的環境中成長。一七五五年她與家人來到地中海上的英屬梅諾卡島，這座島嶼是英國在地中海上干預西班牙、法國和奧斯曼帝國北非行省的海軍和商業活動的基地，所有通過直布羅陀海峽，進入地中海前往非洲、義大利或土耳其各地的船隻，都會經過梅諾卡與地中海之間。一七五六年此島海軍備受法西聯軍攻擊，馬許與父母分離，成為摩洛哥蘇丹西底・穆罕默德的俘虜，遇上非洲城市中的各路歐洲商人和奴隸，也進入伊斯蘭文化圈。

同年底伊莉莎白・馬許被釋放。她回到倫敦後，權宜之下與曾經同為俘虜的英國投機貿易商詹姆斯・克里斯普結婚。婚後夫妻立基倫敦，利用曼島（Isle of Man）與歐亞美非各洲的網絡進行貿易活動。曼島是克里斯普家族最重要的貿易節點，是近代英國商人的走私與節稅基地。這段時期克里斯普夫婦生意成功，生育一男一女，過著奢華生活。伊莉莎白．馬許在海軍部的叔叔喬治．馬許極不贊同這對年輕夫妻鋪張放縱的生活方式，他屢次批評他們「太過於追求有錢人的流行與花費方式，追求各種娛樂與有害的愚蠢之舉」（頁一八一）。也如叔叔所料，七年戰爭後國際變局與經濟失調，導致克里斯普事業走向毀滅。十八世紀中的帝國商人得力於國家政治軍事勢力的擴張，然而當國家與國家之間敵對情勢高漲，政府開始嚴格管制邊界，以曼島為中心結成的貿易網馬上變得脆弱不堪。克里斯普於一七六七年破產，原定前往佛羅里達的計畫也接著告吹，遂於一七六九年獨自前往印度次大陸從事蔗糖和紡織事業，試圖從全球市場中再起。伊莉莎白．馬許與兩個孩子則依靠她在英國查坦（Chatham）的原生家庭。

一七六九年伊莉莎白．馬許為了賺錢，以匿名的方式將她的摩洛哥經驗付梓，寫成《女俘虜》。這是英語世界第一本記錄了女性在摩洛哥的見聞著作。此書寫成於其夫破產之際，清楚表達自己從未為奴，是勇敢堅強，克服任何困境的女子，而書中的詹姆斯．克里斯普則是屢次照顧她，有如父親、兄長和朋友的角色——但她就是不稱他為丈夫。此外，在俘虜的痛苦經驗中，具主動性的是馬許自己，最重要的轉折點都是她獨自面對和承擔，而克里斯普常常是無力、掙扎的角色。馬許這段俘虜經驗是她人生中（以及此書中）最特別的一段經驗，她被迫離開了大英帝國的世界，進入了伊斯蘭文化圈。我們從馬許的經驗中看到幾個不同的原型全球化（proto-globalization）建構過程，中心與邊陲只是相對的概念，馬許既處在大英帝國邊陲之外，也在摩洛哥文化圈的核心。

一七七〇年她決定離開父母，透過英國東印度公司安排，與女兒伊莉莎白・瑪麗亞一同前往印度達卡。克里斯普的貿易事業應當還是在不穩定（甚至困難）階段，導致這位母親決定將兒子伯瑞許留在英格蘭。不過隔年僅七歲的女兒也被獨自送回英格蘭，以期「得到良好教育與優秀的教養」，而九歲大的兒子則被送往印度，六個月後抵達馬德拉斯，「差點死在害蟲和污垢中」（頁二五六）。考量到波斯語在印度及波斯灣沿海港口貿易的重要性，一七七三年伯瑞許又被父母交給一位波斯商人帶去波斯（伊朗）學語言，隔年這位年輕人便掌握了西方人鮮少擅長的語言，成為他日後謀生和攀升地位的重要工具。一七七四年起，年近四十的馬許在沒有丈夫陪同之下，展開為期十八個月的東印度之旅，旅途中走得很近的只有一位她稱之為「表親」的男子——喬治・史密斯上尉。一路上她得到為數不少的歐裔或本地武裝隨員幫助。馬許屢次在旅行日記中強調自己身為「英國女性」的身份，在各種社交場合受到矚目和敬重，讓她沾沾自喜。她也對於異文化感到好奇，但總是錯將印度教廟宇稱為清真寺。

一七七六年美國獨立戰爭爆發，戰事很快延燒到英國、荷蘭、法國和西班牙等國在全球各海域與他們在印度次大陸、非洲、中美洲的陸上勢力。跨洲戰爭的爆發，又再次妨礙並改變了馬許的活動範圍。不過馬許的遠程旅行沒有停止。一七七六年底父親身體狀況惡化與再婚，促使她決定回去英格蘭捍衛自己潛在的遺產。依照馬許家的習慣，除了新妻得到遺產之外，兒女也能均分財產。伊莉莎白．馬許極可能因為擔心國際戰事延燒對於夫家商貿不利，不願讓父親遺產落入她丈夫的控制，到頭來被丈夫拿去償債。於是她與父親達成共識，確定父親遺囑上跳過了一代，直接讓她的女兒伊莉莎白．瑪麗亞成年後繼承遺產。

我們這位女主角的航海人生至此還未停歇，一七七九年她會再次搭上皇家海軍船艦，冒著戰火風險展開她人生最後一次跨洋航程，目的不是與丈夫相聚，而是去捍衛克里斯普家族在印度僅剩的商貿事業與處理丈夫後事。

《她的世界史》另一個著墨點是伊莉莎白．馬許家庭史與全球史的交匯。馬許家庭與帝國政府的密切連結，無論是戰艦、海軍基地、領事與港口、東印度公司和廣大的殖民地，都成為伊莉莎白．馬許人生中不斷取用的資源，少了任何一環，她的人生就不會這樣開展；少了「不列顛的海外帝國領土、海上影響力與奴隸貿易」，馬許每一段遠航都會就此不在，甚至這個家族也不會存在。（頁四〇三）

伊莉莎白．馬許一生穿梭在不同的大陸和海洋之間，與她的歷險時常交織連結，並給予她幫助的是叔叔喬治．馬許。喬治．馬許一生幾乎不出遠門，早年在海軍部擔任文書官，到了一七七三年已是海軍部書記官。以柯利的話來形容，喬治．馬許在「海洋王朝中當個旱鴨子」，卻因為與積極擴張的帝國政府關係緊密，視野擴及歐陸、印度次大陸、東南亞、西非與北非、地中海、太平洋和北美洲。（頁三六三）如果說叔叔馬許不出遠門就能透過財力與勢力掌握大半個世界，為姪女和家族安排門路，姪女馬許則是實實在在經歷了十八世紀中帝國與國際事件交錯下的每個震撼和轉變。

馬許的夫家克里斯普則呈現出世界史的另一面貌。西方帝國勢力較勁，國際戰爭破壞了原先利用歐亞非自由港從事貿易活動的家族事業與網路。若從帝國中心來看，帝國的擴張，納入了各大洋與陸地，促進世界經濟交流與初期全球化，然而在伊莉莎白．馬許的世界史中，帝國帶來的政治改變，也毀了跨洲的私人家族事業和國際貿易。

因此，本書不僅從伊莉莎白．馬許的故事帶出家族史，也從她旅途中相遇的朋友或陌生人的歷史，編織出變動中的十八世紀全球史。馬許同時也見證了多重交錯的原型全球化：大英帝國的全球化世界，摩洛哥蘇丹致力擴大伊斯蘭世界，試圖與基督教文化圈形成連結，打造出全球化世界，以及國際商業貿易造就出的快速爬升的中產階級及其全球商貿網。

必須一提的是，柯利雖然不從帝國核心談帝國權力、政治擴張和原型全球化，不代表在馬許的故事中看不到文化、種族、階級、性別等身分的差異。我們可以從馬許原生家庭在海權時代的崛起，與夫家新富階級的起落，看到他們的階級與社會文化認同。馬許被俘虜至摩洛哥宮廷，我們讀到英國／女性／基督徒的身分認同，而後在印度旅行中，馬許對於印度服飾和宗教文化的形容，我們看到具備豐富跨洲旅行經驗的她依舊不是世界主義者，馬許是對外界好奇、善於觀察的十八世紀中葉英國女性，時不時透露出對於他者、異文化的不屑一顧或冷酷批評。

最後，我也要談談女性旅行與女性處境。我們回想西方文學作品中，一再離開家，逃離本國，出海遊歷，或是征服世界，是否都是男性的經驗？從荷馬的《奧德賽》以來，奧德修斯航行在外，潘妮洛普長年在家鄉等待，如是的性別角色幾乎是西方文化中眾所皆知、也習以為常的安排，人們也視之為保護女性的文明展現。反之，單獨在外遊歷的女性，性事和貞潔都將遭到懷疑和非議。所以，這也說明為何現代歷史與文學研究中，常常主觀認為男性是主動觀察者，而女性是被觀察的對象。

再讓我們來看到十八世紀英國社會實貌與女性處境。根據當時期刊記載，「這個時代或許該被稱作遊歷的時代，英國人普遍渴望見識外面世界，造成出海旅行盛行。」*而且，記下旅行見聞和出版旅行日誌，一直風行於十八世紀英國社會。**在熱衷旅行的時代，女性也在家人陪同下出遊，並寫下自己的旅行經驗，甚至進一步出版。誠如柯利所記，瑪麗・沃

* *Critical Review*, 19 (1797), 361.

** *Critical Review*, 5 (1792), 294; *Critical Review*, 19 (1797), 361.

特利・蒙塔古夫人（Mary Wortley Montagu,1689-1762）的《土耳其書簡》（Turkish Embassy Letters, 1763. 此書寫於一七一七至一七一八年，於她死後出版）是女性隨丈夫出使外交任務至非歐地區，而後將其見聞出版的最早例子。隨著出版品廣泛流通，城市女性識字率高——十八世紀中葉英國城市地區女性識字率約百分之四十五，而且仕紳和富商家庭識字率幾乎達百分之百*，英國出版市場蓬勃發展，常見女性晉升成為寫作者，甚至是暢銷作家。正如十八世紀晚期小說家埃齊沃斯（Maria Edgeworth, 1768-1849）所觀察：十八世紀晚期英國女性出版量大量增加，「她們在社會上出類拔萃，受公眾矚目，並具備一定程度的影響力」。**

所以，承受權力、接受知識的女性，也是有感受和作為的歷史人物。她們不斷在歷史進程中做出選擇和行動，只是歷史學者找不到資料，或是沒有去找資料。就如《她的世界史》中，帝國的擴張牽動每個人的生活，不過，在每一個環節，「故事中的這位女主角，也絕不只是任由非個人力量擺布的傀儡。在她所有的苦旅中，伊莉莎白・馬許都不能只被視為被害者。」（頁四一二）柯利使用個人／女性／家庭／地方的視角與史學方法，我們看到交織了婦女與家庭，階級與種族，成見與好奇的一段十八世紀全球史。在歷史中，馬許或許微不足道，她就是帝國與民族國家勢力擴張、世界戰爭和革命、奴隸販賣、伊斯蘭世界與基督教世界連結、工業革命等多重力道碰撞下的女子，然而從馬許身上，我們看到的不再是「潘妮洛普」，而是嘗試主導每一段旅程，時而勇敢，時而自私，時而為家族利益，時而莽撞的平凡女子的奇特際遇。

---

* John Brewer, *The Pleasures of the Imagination: English Culture in the Eighteenth Century* (Chicago: University of Chicago Press, 2000), 167-168.

** Maria Edgeworth, *Letters for Literary Ladies* (1795) (London: Dent, 1993), 7.

世界—伊莉莎白·馬許和她整個家族經歷的世界

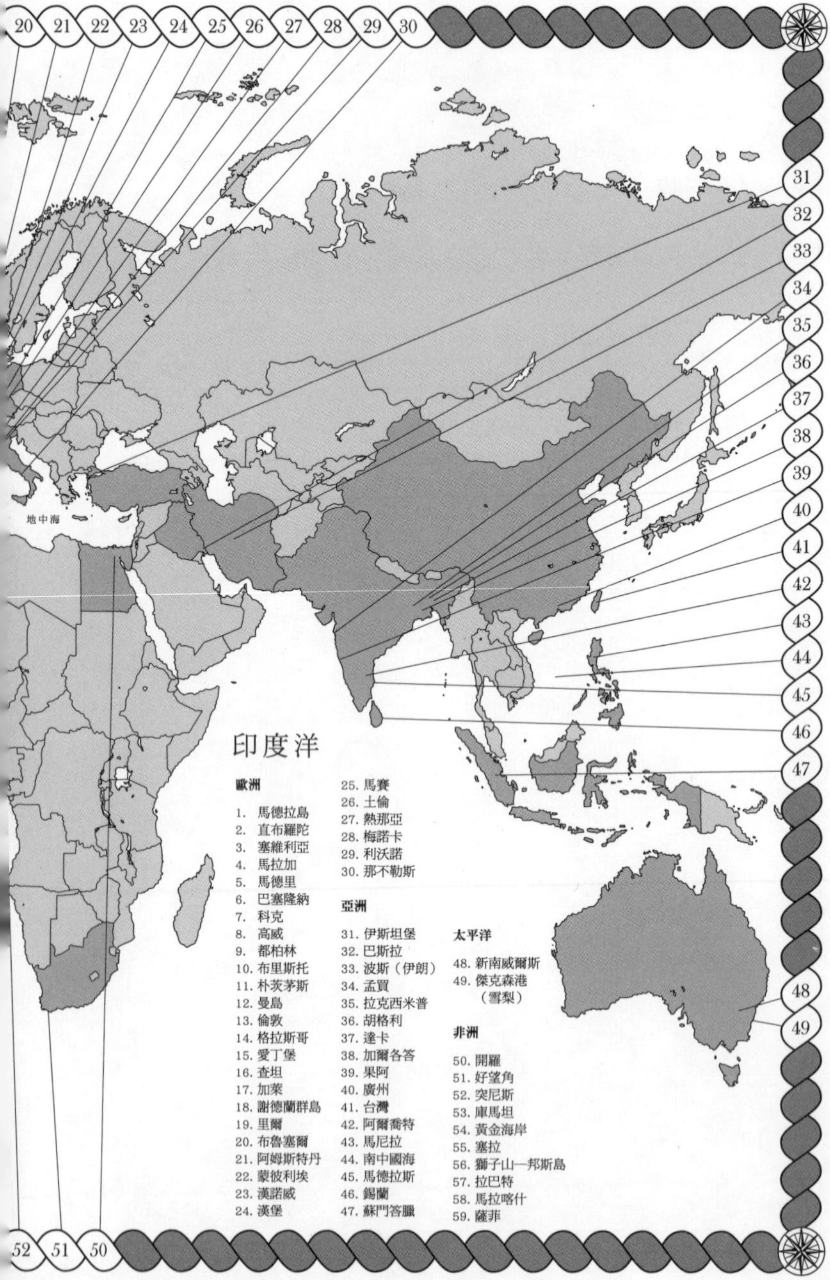
地中海
印度洋
歐洲
1. 馬德拉島
2. 直布羅陀
3. 塞維利亞
4. 馬拉加
5. 馬德里
6. 巴塞隆納
7. 科克
8. 高威
9. 都柏林
10. 布里斯托
11. 朴茨茅斯
12. 曼島
13. 倫敦
14. 格拉斯哥
15. 愛丁堡
16. 查坦
17. 加萊
18. 謝德蘭群島
19. 里爾
20. 布魯塞爾
21. 阿姆斯特丹
22. 蒙彼利埃
23. 漢諾威
24. 漢堡
25. 馬賽
26. 土倫
27. 熱那亞
28. 梅諾卡
29. 利沃諾
30. 那不勒斯
亞洲
31. 伊斯坦堡
32. 巴斯拉
33. 波斯（伊朗）
34. 孟買
35. 拉克西米普
36. 胡格利
37. 達卡
38. 加爾各答
39. 果阿
40. 廣州
41. 台灣
42. 阿爾喬特
43. 馬尼拉
44. 南中國海
45. 馬德拉斯
46. 錫蘭
47. 蘇門答臘
太平洋
48. 新南威爾斯
49. 傑克森港（雪梨）
非洲
50. 開羅
51. 好望角
52. 突尼斯
53. 庫馬坦
54. 黃金海岸
55. 塞拉
56. 獅子山—邦斯島
57. 拉巴特
58. 馬拉喀什
59. 薩菲

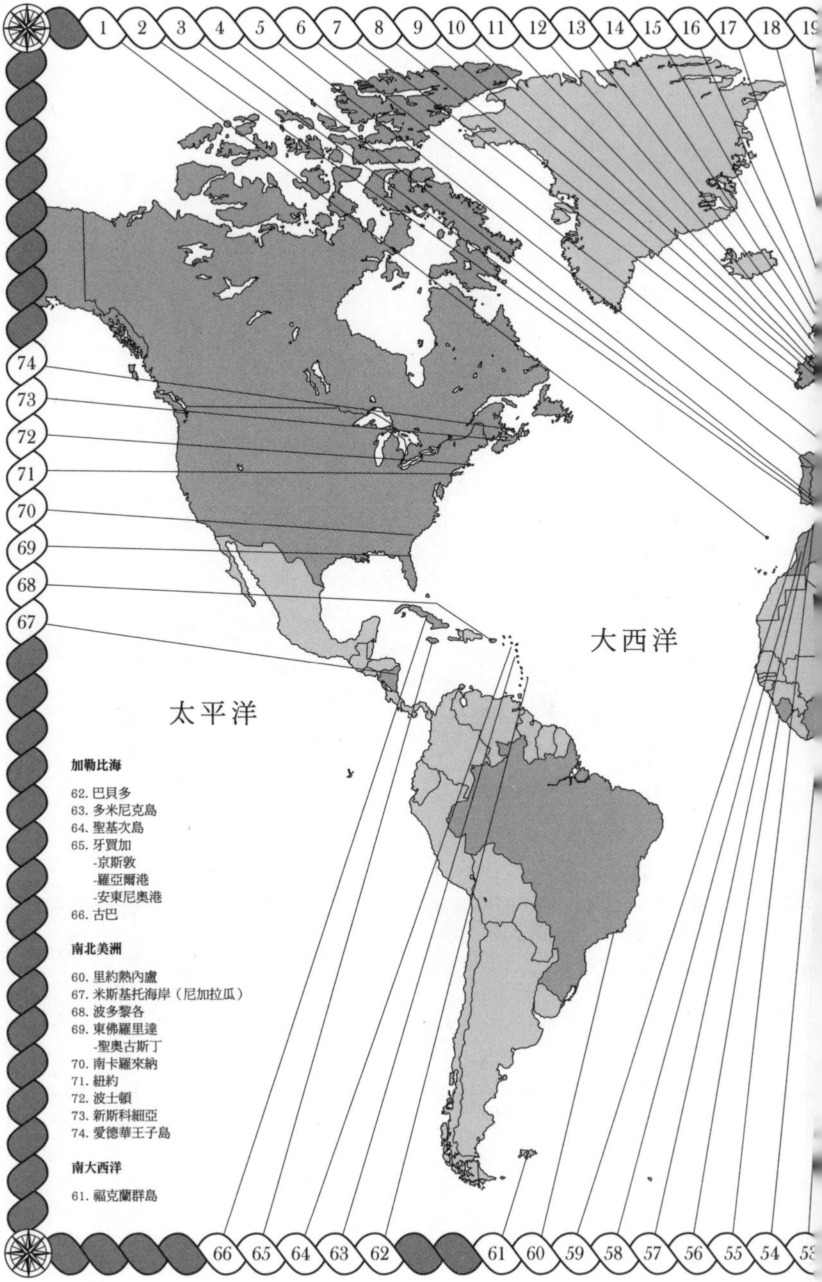
大西洋
太平洋
加勒比海
62. 巴貝多
63. 多米尼克島
64. 聖基次島
65. 牙買加
-京斯敦
-羅亞爾港
-安東尼奧港
66. 古巴
南北美洲
60. 里約熱內盧
67. 米斯基托海岸（尼加拉瓜）
68. 波多黎各
69. 東佛羅里達
-聖奧古斯丁
70. 南卡羅來納
71. 紐約
72. 波士頓
73. 新斯科細亞
74. 愛德華王子島
南大西洋
61. 福克蘭群島

語例

自從伊莉莎白．馬許在世的時代以來，各地的地名已經有了極大的更動，尤其是在世界上曾經遭受殖民，或是被好幾個國家爭奪的區域。有許多地名還在相互較勁。在本書中，我一般是採用現在最常用的名稱，例如達卡（Dhaka）與梅諾卡（Menorca），而非達喀（Dacca）與米諾卡（Minorca）。不過，有些地名雖然今已不用，但上面乘載了太多的歷史跫音，我認為不要更改為新的地名，比較適合本書。因此，我在書中採用加爾各答（Calcutta），而非喀爾加達（Kolkata）。

關於阿拉伯語詞彙與片語的拉丁字母轉寫，我仰仗伊斯蘭《伊斯蘭百科》（*Encyclopaedia of Islam*）與專業友人的建議。伊莉莎白．馬許的印度日記採用了混雜的盎格魯—印度（Anglo-Indian）用語。幸好有芝加哥大學線上版的《哈布森—約布森不列顛印度用語辭典》（*Hobson-Jobson*），才能讓理解變得容易。

為了表現書中主要人物們財務狀況的起伏，必要時，我會根據今日的購買力來作出推估，推估的根據則是EH.net的《值幾多錢？》（How much is that?）網站。

一七五二年之前，不列顛人採用儒略曆（Julian calendar），一年的開始不是一月一日，而是三月二十五日。米爾伯恩・馬許（Milbourne Marsh）從朴茨茅斯（Portsmouth）出發往牙買加時搭乘「京斯敦號」（*Kingston*），京斯敦號艦長日誌說該船在一七三一年初準備啟航，指的是儒略曆的一七三一年初。如果以近代的額我略曆（Gregorian calendar）計算就會是一七三二年初。而我在本書從正文到註腳一概採用現代的紀年。如果我在正文中插入從原始手稿引用的文字，我會將拼寫改為現代的拼寫，將縮寫恢復原狀，並且在為了理解而有必要的時候調整標點。註解中引用的書目，除非有特別註明，否則都是出版於倫敦。其他語例，我會在註解的第一頁作說明。

族譜

這兩張圖表，是經過簡化的族譜。關於馬許家成員的細節，見網站 http://www.jjhc.info/ 本書中深入談過的個人，用粗體字表示，並附上能夠查到的生卒年。有好幾位家族成員的生卒年不詳，有些是和跟他們的種族、性別或貧困有關。另外有些成員，則是因為他們本人或父母跨國或跨洲移動，因此已知的官方文獻遺漏了這些紀錄。

喬治·馬許—伊莉莎白·米爾伯恩

- 法蘭西斯
- **米爾伯恩·馬許**（1709-1778）— 1. **伊莉莎白·伊凡斯**（?-1776）
  2. 凱撒琳·索恩
  - **伊莉莎白·馬許**（1735-1785）
  - 法蘭西斯·米爾伯恩·馬許（?-1782）
  - 約翰·馬許（1746?-1823）
- **瑪莉**（1712-1800）
- 喬治
- 丹尼爾
- 約翰
- 以掃
- **喬治**（1722-1800）
- 伊莉莎白

伊莉莎白·馬許（1735-1785）— **詹姆斯·克里斯普**（?-1779）

- **伯瑞許·克里斯普**（1762-1811） 與一名印度女子
  - **約翰·亨利·克里斯普**（1789-1870）
  - 伊莉莎白（?-1865）
- **伊莉莎白·瑪麗亞·克里斯普**（1764-1838）— **喬治·謝伊**，第一代男爵（1754-1825）
  - **喬治·謝伊**，第二代男爵（1785-1870）

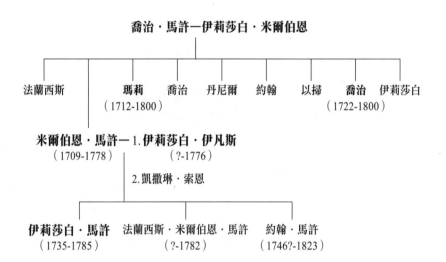

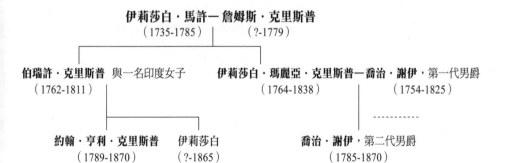

緒論

Introduction

「我四處尋找伊萊莎（Eliza）：我發現、辨識出她的若干特徵……。但是，把這一切結合在一起，會變成什麼樣的她呢？」

——雷納爾神父（Abbé Raynal）

這是一部跨越邊界的傳記，講述著三個互相關聯的故事。第一個故事，是一位與眾不同，但卻很少有人知道的女子——伊莉莎白．馬許的生命故事。她生於一七三五年，死於一七八五年。她經由海路，足跡遍及四大洲，走得比其他同時代、現有留下紀錄的女性都更遠，也更危險。第二個故事，是關於她的大家族成員——她的雙親、叔叔、兄弟、丈夫、子女、各種堂表親，以及其他更遙遠的親戚。由於這些人的職業、他們的遷徙移居，以及他們的想法價值觀，他們在伊莉莎白．馬許本人令人矚目的移動性上，扮演著關鍵的推動角色。他們也幫助她，促使她和那個時代最能造成轉化改變的力量相遇，有時是建設性的，有時則帶來災難。因為，本書不只是一個個人，或是家族的故事，也是全球的故事——這就是本書的第三個故事。伊莉莎白．馬許在世的期間，正好是世界歷史上一個獨特的、變動劇烈的階段，各個大洲與大洋之間的關係，以各式各樣的方式拓寬、並發生改變。這些全球景觀的變化，一再形塑、扭轉伊莉莎白．馬許個人的生命進程。因此，本書既要在一個人的生命之中勾勒世界，也要在世界之中描繪一個人的人生。這也是在重新打造、重新評估傳記的價值，將傳記作為深化我們了解全球過去歷史的一種方式。

她這輩子

伊莉莎白・馬許的一生，一方面是非常驚人地非典型，另一方面，她的人生又透露了非常多的事，奇特，而有代表性。母親在牙買加懷上了她，而她很可能是混血兒。她在媽媽肚子裡橫渡大西洋，從京斯敦（Kingston）抵達英格蘭。這是她這輩子多次越洋旅程中的第一段，從此開啟了一個受海洋影響不比受陸地影響小的人生——而且就算上岸，也都是在一連串的國際口岸與河畔都市中度過。孩提時，伊莉莎白・馬許往返於朴茨茅斯、查坦（Chatham），以及航行中的皇家海軍（Royal Navy）戰艦下層甲板之間。一七五五年，她跟著家人移居地中海，先是在梅諾卡（Menoca）*生活，接著因為法軍入侵而被迫離開，前往直布羅陀。一七五六年，她被人強行帶往摩洛哥（但這也是她自己的行動造成的結果），成為最早幾個與當時的摩洛哥代理蘇丹——西底・穆罕默德（Sidi Muhammad）長時間親身接觸的所謂歐洲人，深入西底・

*編按：梅諾卡島的地理位置可參見頁八十七地圖。

穆罕默德位於馬拉喀什的王宮內苑，還差一點淪為性奴隸。這位未受過多少教育的造船工人之女，也成為第一位以馬格里布（Maghreb）為主題，以英語寫作並發表的女性。

一七五〇年代晚期，以及一七六〇年代初、中期，伊莉莎白．馬許在倫敦過著波瀾不驚的生活，結婚生子，同時看著丈夫從事西歐、東歐、北非、北美大陸、加勒比海，以及南美洲部分地區與亞洲的貿易。她也和他一同計畫移居到佛羅里達。好景不常，破產迫使他逃往印度，而伊莉莎白．馬許也在一七七一年前往印度與他會合，乘坐著當時唯一曾兩度環航世界的船隻，經由里約熱內盧與開普敦，航向印度次大陸。然而，她並沒有在兩人位於達卡的新家中停留太多時間。把她年紀尚輕的兒子短暫送到波斯，把女兒送回英格蘭後，她在一七七四年十二月走海路前往馬德拉斯（Madras）。

接下來十八個月，她把大部分的時間投入於造訪、探索東印度與南印度的聚落、城鎮與寺廟，過程中創作出一部最奇特而扣人心弦的次大陸陸上遊記，在當時無人出其右——無論男女。在這一趟亞洲之旅中，她最親密的同伴是一名沒有結婚的男子；儘管伊莉莎白．馬許在一七七六年終於在達卡與丈夫團圓，但這一回為時依舊不長。從一七七七年末至一七八〇年中，她再度動身，先是從加爾各答航向英格蘭，接著（經過一年以上的秘密計畫）又乘船航行了至少一萬兩千英哩的距離，重返印度次大陸。當時，為了支援新生的美國，法國、西班牙戰艦與私掠船都投入戰事，她無視於這些戰船，展開自己最後幾趟迂迴的航程，也是因為美國獨立戰爭的某些遙遠回音，影響了她丈夫在亞洲的生意和生存，威脅到她的孩子和她自己。

從這個角度看，雖然伊莉莎白．馬許幾乎是個令人難以置信的傳奇冒險故事人物，但若以這種方式看待她，卻會忽略她這輩子最吸引人的部分，以及背後的一切因素。說來實在非常詭異，馬許一再捲入大地理範圍的事件與壓力中。甚至連她個人人生中的通過儀式（rites of passage）*也是如此。她出生的環境（像是她父母的相遇與婚姻），她所受的教養本質，她第一次婚約遭受的破壞，她的婚事安排，以及人生階段的一一揭開，她對人到中年的反應，以及她的兩個孩子最後所接受的教養——所有這些，而不光只是她的旅行與她的寫作，都受到跨洲發展的影響。對伊莉莎白．馬許來說，實在沒有辦法能穩穩妥妥，一刀兩斷，將她個人的生命，與整個世界和不斷加速的變局切割開來。這就是她的苦旅（ordeal）之性質。在她活在世界上的半個世紀中，受到大環境影響的程度，大部分都是她所無法控制的情勢之故。這既是因為她的男性親屬從事的職業，也因為她是一名沒有收入職業、無法獨立自主的女性，因此地位不穩、容易受影響。這既是因為她自己，也是因為她的大家族和不列顛的關係，以及與不列顛那向四面八方伸出觸角、爭議的帝國之間的關係。更有甚者，這也是因為

* 編按：通過儀式，是表示一個人從生命中的一個階段進入另一個階段的過程，包含出生、成年、婚姻、死亡四個階段。

她所處時代的全球情勢。但是，伊莉莎白・馬許所經歷苦難之強烈和無情，同樣也是由她是個什麼樣的人，以及她所做的決定造成的結果。

她的家人

伊莉莎白・馬許的父親、祖父與曾祖父，以及許許多多的堂表親，都是造船工人、船員，或是海圖與地圖製圖師。因為他們的緣故，她這一輩子都跟皇家海軍以及大海密不可分。當時的皇家海軍，是少數影響力確實及於全球的組織之一。至於大海——借用亞當・斯密（Adam Smith）的說法——則是「通往世界各國的浩瀚聯絡公路」。[1]馬許的叔叔與弟弟都是行政人員，為不列顛政府收集資訊，是用紙筆克服距離的人。她的丈夫詹姆斯・克里斯普（James Crisp）是商人，同時從事合法與非法的長途貿易。他的生意範圍遍及世界的兩大海上帝國——西班牙與不列顛的海外領土各港口與生產中心，而且交易的還是全球各地都有需要的商品：鹽、糖、棉織品、漁獲與茶葉。他跟當時最重要的跨國貿易公司——不列顛東印度公司（British East India Company，EIC）合作，後來馬許的兒子、女婿、許許多多的「堂表兄弟」，最後連她的印度混血孫子，都跟公司合作。

她的丈夫也牽涉殖民地土地投機買賣與移民安排，她也是。她的哥哥與許多「堂表兄弟」

擔任軍官，在沙場上為帝國效力。不過，歷來讓最多人飄洋過海，來往於大陸之間的動力，卻是跨大西洋西非奴隸貿易。成為伊莉莎白・馬許之母的女性，很可能也是出身於這種流動。馬許的丈夫當然也涉及同一類奴隸貿易，只不過是另外兩個系統的奴役與奴隸來源——北非與亞洲。馬許本人也直接捲入其中：她曾經是奴役的目標，卻也曾是奴隸主。

由於整個大家族的關係，伊莉莎白・馬許因此與當時全球變局的若干主要力量接觸：日益擴大的海上交流；跨洋與跨洲貿易；政府對於知識與文字情報的細緻運用；帝國侵略、殖民、移民、戰爭、奴役與奴隸貿易的步調加速……等等。數以百萬計的人捲入上述之一或幾種力量。伊莉莎白・馬許則是受到這每一種力量所影響，被它們推著走。之所以如此，多少跟她的性別以及不穩定的社會地位有關。身為在經濟上必須依賴他人的女性，她常常被各個男性成員帶著走。結果，**他們**的職業，**他們**的遷徙，以及**他們**與其他社會的接觸，也常常使她深陷其中。

在這一點與其他方面，跟伊莉莎白・馬許處境最相像的同時代人就是歐勞達・伊奎亞諾（Olaudah Equiano，約一七四五年至一七九七年）*。這位曾經為奴的非裔後代，憑藉自己的文

* 編按：歐勞達・伊奎亞諾，十八世紀廢奴運動者、作家。伊奎亞諾還在美洲為奴時，被一名皇家海軍軍官購買，作為軍官的貼身男僕而經歷了對法七年戰爭中的數場戰役，並有機會在皇家海軍船上學習海事、在戰役中擔任助手。軍官曾帶他到倫敦受教育，他在西敏寺聖瑪格麗特教堂受洗為基督徒，後來並在

字與旅程，成為一位既是非洲人，亦是不列顛人的「世界公民」。[2]尤其是，伊莉莎白與歐勞達兩人都跟皇家海軍、奴隸貿易，以及文字有關；他們也都懷有一種一再重塑自我的驅力。他們的人生雖然不同，但本質上卻極為相似，都是在龐大的地理空間，以及寬廣多元的文化環境中展開。因為兩人之間有共通點。伊莉莎白．馬許和歐勞達．伊奎亞諾一樣，她選擇了動，也非動不可。他們都是出於本能熱愛旅行，但除此之外，他們也都因為從屬於他人，而被迫旅行：伊奎亞諾是因為曾經為奴，而馬許則是個未能財務獨立的女性。

還有一點也很重要——這兩位憑己力成為旅人與作家的人，在世的時間相當重疊，而且兩人都跟（當然也不只跟）不列顛及其帝國密切關聯。

她的世界

伊莉莎白．馬許生活在十八世紀中葉以降的數十年。此時，整個歐洲與部分的美洲（其他地方亦然）見證了世界各個不同地方、不同民族之間彼此相連，這樣的意識，正在成長。與外界接觸更多、受過經典教育的男男女女們，自然注意到，有一種今人稱之為「全球化」的爆炸性高速發展，已經發生了一段時間。「你不妨說，此前的世界已經消散無影蹤了」，古希臘歷史學家波利比烏斯（Polybius）的這句話，是在描述西元前三世紀。但他又接著說，因為羅馬帝國的征服，「歷史漸漸化為一個有機的整體，義大利與利比亞（Libya，指非洲）的命運兩相交織，與亞細亞與希臘的命運結合，而這一切的結果都指向同一個目的地。」[3]自波利比烏斯以降的史家，不斷指出其他同一類的「全球瞬間」：比方說，在十三世紀末時，貿易是如何一度能將印度與中國部分地區、勒凡特（Levant）、波斯灣，以及歐洲各口岸和城市國家的商人聯繫起來；西班牙於一五七一年征服馬尼拉，是如何開創出亞洲、東南亞、美洲與歐洲之間全新的貿易、遷徙與貴金屬交易體系。[4]儘管如此，十八世紀前後不同類型的全球連結演化之速度，在西方和其他地方觀察家眼中，是全新的發展。「一切都在變化，而且必須再度變化」，雷納爾神父在他的《東西印度群島史》（*History of the Two Indies*，一七七〇年）中如此主張。這本書是當時對歐洲與亞洲、非洲、美洲間接觸，最有影響力的探討與批評。我們也可以援引埃德蒙·伯克（Edmund Burke）在一七七七年擲地有聲的說法：「人類的地圖一口氣全部展開了」，讓我們有機會「瞬間看見其全貌」。[5]

這種整個世界顯得更加緊密交織的感受，在不列顛本國可以明顯感受到，而伊莉莎白·馬許本人的人生也深受其影響。海洋就是這種「連結性」最主要的載體與標誌——一位作家

一七六六年為自己贖身，獲得自由。成為自由人後，伊奎亞諾繼續在海上工作，曾參與皇家海軍往北極圈的探險航程。一七八〇年代之後定居於倫敦，推動廢奴運動。他的回憶錄在一七八九年出版。

曾經在一七六〇年，稱大海是「浩瀚的相聚地點」；而且她也有充分的理由知道，不列顛同時擁有最強大的海軍，以及最龐大的商船陣容。終馬許之一生，這些海上的優勢讓不列顛（以及法國與俄羅斯）得以逐漸開拓、入侵太平洋地區。太平洋佔據地球表面的三分之一，而歐洲人過去對這裡的認識不僅有限，而且並不深刻。[6] 不列顛和法國從馬許出生前、在世時一直打到過世後，打了一系列的戰爭，波及的地理範圍無情地擴大。最後，倫敦方面得以成為世界上最遼闊，範圍也最廣大的帝國。如同日耳曼地理學家約翰・克里斯多夫・加特勒（Johann Christoph Gatterer）所言，到了一七七五年，不列顛已經成為唯一能強勢干預地球上每一個大陸的強權（雖然不盡然能站穩腳跟，程度也不見得深入）。[7]

此外，不列顛雄心壯志的貿易，奴隸貿易的恐怖規模，不列顛人海外移民的增長，以及高產的印刷業與消費主義——這一切都影響了伊莉莎白・馬許的個人經驗——激發出一種對世界廣袤，人性多元的鮮活認知，超越了眾人所處的政治階級。如果一七六〇年代伊莉莎白人住在倫敦時，家裡景況一直很好的話，說不定她會買個口袋地球儀（這在當時是日益受到歡迎的小東西），或是把錢花在一系列的新地圖集、百科全書、報紙和童書上——這些都讓人感覺到「以迷你的方式打開這個世界」。[8] 這一類工藝品與製品的增長，使人感到世界更容易掌握，甚至能放進口袋中。

不過，伊莉莎白・馬許的生命經驗與認同變化，可不只跟不列顛帝國有關；就好比這個時期各大洲、各民族與各個海洋之間相互關係的成長，絕不只和不列顛與其他西方強權的施為及野心有關。馬許的誕生，跟上百萬西非人被迫遷渡過大西洋有間接，甚至可能是直接的關係；她生於倫敦而非牙買加，也跟西非人在牙買加揭竿起義有關。她的生命軌跡自始至終深受不列顛船隻、軍人與商人現身全球，影響力日增的事實影響。但她的人生同樣因為某個摩洛哥統治者而劇烈轉變——這位統治者試圖建構自己的世界秩序，將撒哈拉以南的非洲地區、馬格里布、鄂圖曼帝國，與東西歐、亞洲以及後來的美國等地的商人聯繫起來。倫敦、巴塞隆納與利沃諾（Livorno）固然為她的故事提供了背景，但巴斯拉（Basra）也是，波士頓也是，達卡也是，馬尼拉也是。伊莉莎白．馬許的人生之所以不斷經歷轉變，部分是因為受到來自歐洲**之外**的一連串影響與干預，也是因為其中的行為者們各自從不同觀點看待世界。她受的苦同樣也跟她自己，跟她是什麼樣的人脫不了干係。

她本人

我是在寫我的前一本書《俘虜》（*Captive*）的時候，第一次遇上伊莉莎白．馬許的。一開始，我只注意到她生命中屬於地中海的那一段，直到我開始挖掘背景，才漸漸發現她故事中涉及的其他地理位置。我得知，加州的某一間圖書館藏有她親手寫的印度旅記，以及她寫摩洛哥的書本手稿。接著我才接觸到記載了她跟牙買加與東佛羅里達連結的檔案。進一步研究之後，浮現的則是她和她的家人，以及和西班牙、義大利、謝德蘭群島（Shetlands）、中美洲、中國海岸、新南威爾斯、爪哇、波斯、菲律賓等許多地方的關係。

我漸漸了解到，這場跨國的紙上追跡之所以可能，而且獲益甚豐，本身進一步指出了這名女子人生經歷的某些變化。伊莉莎白．馬許的社交生活相當模糊（有時堪稱貧瘠），而且變動頻仍。在古代、中世紀與近代早期，這樣的個人（女性尤甚）鮮少能在檔案中留下什麼了不起的痕跡，除非他們夠倒楣，捲入某種特別慘痛的事件——比如謀殺或異端審判，或是大型暴動、大屠殺、陰謀，或是上了奴隸船。相反地，伊莉莎白．馬許和她的交流圈可以在圖書館與檔案館中找到線索——不只是幾段插曲或危機時刻，而是她大部分的人生——原因多少跟與她的生命同時期發生的變局有關。她在世的這段期間，國家與帝國，及其人數漸增的領事人員、管理者、職員、外交官、艦長、通譯、製圖師、傳教士與間諜，加上東印度公司這類的跨洲組織，都愈來愈渴望也愈來愈有能力監控、記錄「小人物」的足跡，有時候連女性也不例外。

之所以能重建伊莉莎白．馬許的生命跨度與內容，也是因為發生在我們這個時代，眼下的全球通訊大爆炸所使然。全球資訊網路的到來，意味著歷史學家（以及其他每一個人）都可以挖掘手稿與藏書目錄、線上文件與世界各地的族譜網站，深入的程度甚至是十年前無法想像的。目前，這場變革帶來的好處——就像很多其他變革一樣——還有利於世界上較為富裕的地區。即便如此，現在追尋一個像這樣一再跨越不同地理與政治邊界的生命歷程，變得容易多了。這場資訊爆炸持續衝擊著人們想像歷史的方式，與傳記的本質，其影響在未來只會有增無減。[9]

當我們說伊莉莎白·馬許的生命與苦旅可以重建，而且重建本身便告訴我們許多關於她的時代與我們的時代日益緊密的全球關聯，並不代表與她相關的史料數量豐富，或是唾手可得。當然，她是位熱愛書寫的女子。即便是（或許特別是）當她人在印度洋面上某艘貨船的下層甲板，或是摩洛哥監獄等自由受限的地方，我們都知道她都勤於動筆。但是，這些時候她所寫的文字，以及她所有的信件，都未能傳世。她的丈夫或雙親寫給她的私人信件，或是任何仔細描述她外貌的文字（好讓我們填補沒有她肖像的空白），也都不存在。伊莉莎白·馬許有什麼顏色的眼睛與頭髮，她身高多高，她的嗓音，她行走坐臥的姿態，我們一無所知——至少眼下如此。我們同樣不知道她本人，以及其他人如何看待她的膚色。

我之所以常常以「伊莉莎白·馬許」連名帶姓的全名稱呼她，以及有時候稱呼她「馬許」，有一部分正是因為我缺乏傳記作家通常會知道的一些基本資訊。我只用她婚前的名字，主要是為了前後連貫，但也是因為她活出來的姿態。因此，在本書中，她永遠是伊莉莎白·馬許，絕不會是伊莉莎白·克里斯普。許多傳記在提到女性人物時，總是直呼她們的名字，這種習慣造成一種彷彿這些女性人物很不成熟的感覺，此外還暗示著，對所稱呼的女性有一定程度的友好與熟悉，但實情通常並非如此。她的生命與內心有些方向，恐怕就和她的外貌一樣，我們永遠無法有適切認識；但是能充分清晰地看見，每隔一段時間她對他人帶來的影響。

她本人和她家族中的一些人，集結出一套令人讚嘆的日記、簡報與家族故事，這些文件跨越時間，傳達出她的人格特質與她的行動。裡面有伊莉莎白·馬許在摩洛哥與印度寫下的文字。她的弟弟約翰·馬許（John Marsh）寫了自己的職涯回憶錄。她的叔叔喬治·馬許（George Marsh）編纂出一本厚兩百頁的書，談他自己和他的人際交往；此外還有兩本備忘錄，以及對自己生命中重要篇章的詳細日記。這些各式各樣的紀錄當然是談個人與家庭的際遇、成就與憾事，但我們也可以把這一切當成對大環境改變的寓言來解讀。甚至連伊莉莎白·馬許的父親所繪的若干地圖，都乘載著超乎表面的涵義。為了解讀這名我們看不到全貌的女子在想法、情感與志向上的變化，我會一再援引這些五花八門的家族文獻。

我們必須做這些嘗試，因為，馬許固然把自己生命中的特定階段看成是一趟苦旅，但她鮮少直接把自己呈現為受害者。她之所以不時有著如此的靈活性，不停經受著一起起的事件，是因為她自己的行動與計畫使然，而不只是因為她的邊緣身分使她受害，也不只是因為她男性親友的職業與霉運、她個人的生命階段，或是她在文件上屬於哪個國家或哪個帝國之故。如果不仔細參考這些她個人與家人的文字，我們會特別難以理解發生在一七五六年、一七六九年、一七七〇年至七一年、一七七四年至七六年，以及一七七七年之後的五個情境——這五回，伊莉莎白·馬許在不同的程度上掙脫了傳統的家庭紐帶與女性責任，深刻而鮮活地與橫跨各大陸、大洋的發展和政治糾纏在一起。

他的歷史和她的歷史

總之，這是一本遊走在傳記、家族史、不列顛史與帝國史，以及複數的全球史之間的書。由於我們這個時代的特性使然，歷史學家愈來愈關注，試圖把世界視為一個整體。無怪乎人們對於大規模的現象愈來愈好奇：像是氣象系統轉變對世界史的影響，生態環境在時間中的變化歷程，迫遷與自願遷徙的模式，資本、商品或疾病的跨洲移動，思想與印刷品的傳播，龐大陸上與海洋貿易網路的運作，帝國體系之間衝突的影響……諸如此類。[10] 無論在過去或現在，上面提到的這些，以及其他同類型的宏大跨洲力量，都具備無邊的重要性。不過，它們從來不會是直截了當地出現在那裡，彷彿與人無關。世人受到它們的衝擊，理解（或是不理解）它們，適應（或是不適應）它們，但也以各式各樣的角度多方解讀它們。世界史與全球史的撰寫（我從中獲益良多），有時看來就跟全球化本身一樣，極端地非個人。

但是在這本書裡，我打算反其道而行，探究時人眼中的跨國、跨洲，甚至是全球性的變局，是如何以前所未有的程度，貫穿並困擾著一群人的生活——特別是一位雖不世故，但絕非沒有洞察力的女性。我試圖在個人與世界的歷史之間縱帆操舵，「藉此讓兩者同時映入眼簾」。[11] 美國社會學家查爾斯．萊特．米爾斯（Charles Wright Mills）在五十多年前下筆，指陳別的時代從來「沒有如此多的人，以這麼快的步調，全然暴露在變化所造成的地震中」。他認為，這些「地震」之所以發生在一九五〇年代，是因為舊殖民帝國瓦解，新形態的、較不明目張膽的帝國主義興起，核子戰爭的駭人威脅，政客操弄權勢影響個人生活的能耐大幅提升，失控的現代化，也因為婚姻與家庭受到過度的壓力。米爾斯主張，我們必須試著理解這些「最是與個人無涉、最是遙遠的轉變」，跟「人性自我最私密的特點」之間的關係。不光是因為，在生活中經歷這些地震的人們，自己經常無法看清並理解這些關聯：

> 由於鮮少注意到自己的生活模式跟世界歷史進程間錯縱複雜的關聯，一般人通常不知道，對於自己正在成為的樣貌，以及自己可能參與創造的歷史來說，這些關聯意味著什麼。他們缺乏掌握「人」與「社會」、「個人生命歷程」與「歷史」、「自我」與「世界」之間的交互作用，所不可或缺的心理素質。

他反而認為，那些命運中注定要「應對自己突然之間遭逢的大世界」的男男女女們，常常只感到「被一種受困的感覺攫住」(possessed by a sense of trap)。[12]

米爾斯刻劃了那些在生命中經歷「地震」的人，會有什麼反應。但就伊莉莎白．馬許而言，米爾斯的說法有對也有錯。接下來我們會清楚看到，她確實不時「被一種受困的感覺攫住」，而且情有可原。不過，她就和其他家人一樣，試圖理解那些凌駕於大海與陸地的變局，她和他們原是以如斯的姿態過生活，採取如斯的行動。伊莉莎白．馬許在十八世紀中葉經歷的全球大地震，其範圍與性質固然與米爾斯在一九五〇年代感受到的截然不同，但不斷變化的帝國、政府力量的加強、無法迴避的軍事暴力、現代化，以及家庭與婚姻的重擔，同樣是她生命經驗的一環。伊莉莎白．馬許的地震，也和我們自己在二十一世紀初體會到的大不相同。但是，她所經歷的苦旅的性質，她很早就密集地經受多種跨洲變局的這個事實，以及她面對這些「最是與個人無涉、最是遙遠的轉變」時所感到的震撼與驚奇、困頓與契機，在今天對我們而言仍然清晰可辨。這就是她的故事。

第一章

出加勒比

Out of the Caribean

故事的開頭，決定了餘下的大部分情節。她在極為不利的情勢下降臨人間，降臨一個死亡橫行的地方，降臨在好幾股早已席捲、轉變全球的力量之中。

即將成為她父親的那個人——米爾伯恩．馬許，在一七三二年七月二十日首度踏上牙買加。這一天，他乘坐的船「京斯敦號」在羅亞爾港（Port Royal）下了錨。[1] 為了遏止該地區的走私，減少不列顛商船受到西班牙武裝海巡隊攻擊的情況，同時鎮壓牙買加島上任何的奴隸叛變，當局在這一年春天派了一支皇家海軍分艦隊前往加勒比海。京斯敦號正是奉命前往的其中一艘船。自從一六五五年、英格蘭將牙買加從西班牙人手中搶來並持續佔有之後，這座島對英格蘭以及後來的不列顛來說，重要性可是與日俱增。原因一開始跟牙買加的位置與大小有關。牙買加位於古巴南方九十英哩，是跟西班牙美洲殖民地進行合法與非法買賣的理想地點，同時也很適合組織襲擊這些殖民地，以及襲擊從新世界的礦場將金銀運回塞維利亞（Seville）的西班牙珍寶船隊。牙買加由東至西，長一百四十英哩，比不列顛擁有的其餘加勒比海島嶼全部加起來還大十倍。這座島位於熱帶地區，不僅肥沃，而且有豐沛的水源。儘管內陸有高山與茂密的森林，但仍然能提供足夠的可耕地（至少原本看似如此），供大批來到的白人小農所用。米爾伯恩．馬許抵達牙買加的時候，一窮二白的人、長工、小商家、技術工人、廚師、小販、退休或逃跑的水手、移工、牧人、駐衛軍……構成了牙買加白人人口中的三分之一至二分之一。但是，面對大莊園與單一作物的興起，島上的小農只能節節敗退。牙買加糖業獲利直到十八世紀的最後三分之一才達到最高峰。即便如此，截至一七三〇年代，這座島已經憑藉島上四百座以上的糖廠，輕鬆擊敗巴貝多（Barbados），成為不列顛海外帝國領土中最大的糖產地。[2]

雖說糖種植園所運用的生產技術已經幾百年沒有改變過，但這兒仍然是個充滿創新的地方。人們不停栽種、採收甘蔗，軋扁，煮、榨出糖汁，將成品與蘭姆酒、糖蜜與各種糖產運往碼頭邊，裝載上船，進而促成勞動分工、單位時間內的大量勞動，以及輪班制與精準時間紀律的實施。[3] 產糖需要軋糖廠、煮糖間與其他永久性的廠房，而這些廠房可少不了大規模的投資；種植園主迫切仰賴長距離貿易與通訊，才能將產品銷出去，同時招募、引進所需的勞動力。歷史學家大衛．艾爾提斯（David Eltis）寫道：

> 奴隸貿易說不定是前工業時代最國際性的活動，需要先從至少兩個大陸〔亞洲與歐洲〕聚集商品……將這些商品運往第三個大陸〔非洲〕，用來交易奴工，然後再往另一個大陸〔美洲〕。

一七〇〇年至一七六〇年間，不列顛商人從西非地區購買了一百二十萬名以上的男女與孩童，其中有三分之一到二分之一很可能都到了牙買加。米爾伯恩．馬許抵達牙買加時，

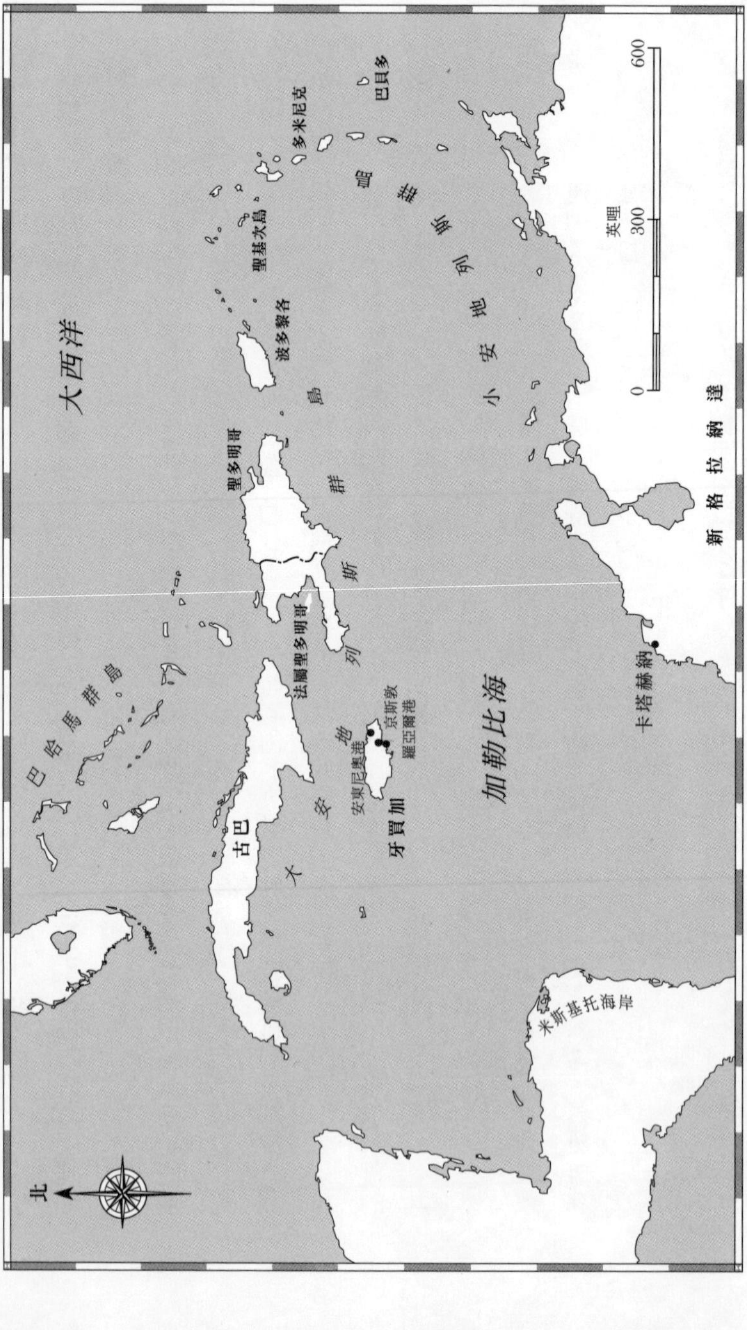

大西洋
巴哈馬群島
古巴
大安地列斯群島
法屬聖多明哥
聖多明哥
波多黎各
聖基次島
多米尼克
巴貝多
小安地列斯群島
牙買加
安東尼奧港
京斯敦
羅亞爾港
加勒比海
卡塔赫納
新格拉納達
米斯基托海岸
0
300
600
英哩
北

加勒比海

島上有將近八萬名黑奴，多數人才剛剛從黃金海岸、比亞法拉灣（Bight of Biafra）與貝南灣（Bight of Benin）初來乍到。[4]

牙買加也以其他的方式，成為新生活、新人種的實驗室。米爾伯恩・馬許在島嶼東南海岸上岸的地點——羅亞爾港（Port Royal），就是個極端的例子。英格蘭人發現了這裡有深水區，加上它位在一個九英哩長、分隔京斯敦與加勒比海的岬角尖端，位置非常適合讓來自歐洲與北美的商船上下貨。他們不久後又發現，羅亞爾港對於海盜，以及跟古巴、伊斯帕紐拉島（Hispaniola）與西屬美洲大陸進行違禁品貿易，甚至是劫掠這些地方，也很有用。我們知道在一六八八年，有兩百一十三艘船隻到過羅亞爾港，幾乎等於同一年造訪所有新英格蘭口岸的船隻總數。此時，城裡面有將近七千名奴隸、小店東、商人、水手、會計、律師、船長、工匠、已婚婦女、小孩、走私客與「洪水般的邪惡蕩婦與跪地行乞者」。這個城鎮的人口比它在不列顛美洲的主要競爭者——麻薩諸塞的波士頓——更多。羅亞爾港有兩千棟房子，許多是磚房，有些還蓋成富麗堂皇的四層樓高，全部擠在僅僅五十畝大的砂礫地上。羅亞爾港可能堪稱是倫敦以外最擁擠、物價最昂貴的英語都市聚落了。[5]

後來就發生地震了。地震發生在一六九二年六月七日，上午十一點四十三分。十分鐘內，三分之二個羅亞爾港與城裡的兩千居民便消失在海面下。另外三千人在接下來幾天因為傷重與疾病而死：

牙買加原本澄澈寧靜的天空，整個變得迷濛而鮮紅。人們聽見腳下來的隆隆聲響，從山區一直傳到平原；岩石裂開；丘陵閉闔；在整座山被大地吞沒的位置上出現了不斷擴張的湖泊；無邊的森林從原本所在之處移動好幾哩；樓房消失……。這種駭人的現象，應該能教會歐洲人不要信賴世間的財物，畢竟大地在他們腳下顫抖，財物似乎也會從他們貪婪的雙手中滑落。

雷納爾神父如此描述地震帶來的破壞。早在地震發生之前，就已經有人從道德角度否定羅亞爾港，而雷納爾神父則是為這種批判增添了一絲反殖民主義的味道。[6]不過，這座消失的城鎮（有點像海洋版的龐貝城）固然是個腐敗、剝削的地方，但也有活力、有創造力，地震之後不斷有人試圖加以重建。一七〇四年的一場大火與接連而來的颶風讓人們最終放棄了重建；等到米爾伯恩·馬許抵達羅亞爾港時，這兒只剩下「三條漂亮的大街，幾個十字路口，一座精緻的教堂」，不遠處的軍營查爾斯堡（Fort Charles），以及一處小小的海軍船塢，讓不列顛的牙買加艦隊可以修整與補給。羅亞爾港主要的貿易與奴隸生意，已經移到附近的京斯敦——京斯敦比羅亞爾港更能避風遮雨，而羅亞爾港僅剩的五百名白人居民，泰半都是皇家海軍，或是查爾斯堡守軍。[7]

羅亞爾港所留下最具體的遺產，就數牙買加發展中的食糖單一作物種植——種植者需要資金購買土地與奴隸，而城裡面的猶太與非猶太商人向來都是他們的重要資金來源。[8]因此，牙買加一方面是個因種族差異與暴力而嚴重分裂的地方，另一方面卻是個四海一家，甚至堪稱寬容的環境。當地的國際性格透過浮誇的消費行為表現出來。比方說，在一六九二年之前的羅亞爾港（以及其他牙買加聚落）人家裡，人們普遍偏好中國進口瓷器，比在不列顛本土或是美洲大陸上的殖民地更為盛行。在另一個層面上，不列顛牙買加就像個「奇妙的陸上太空站」，充滿「各個從祖先的世界被拉扯而來的族群之碎片」。[9]大多數來到牙買加的白人有如米爾伯恩．馬許本人，是來自英格蘭南部的年輕單身新教徒男性；但當地也有蘇格蘭人、愛爾蘭新教徒與天主教徒，來自巴西與蘇利南、講葡萄牙語的塞法迪猶太人（Sephardic Jews），以及胡格諾派（Huguenots）與荷蘭人，不時還有來自附近聖多明哥與古巴的法國與西班牙間諜、走私者與商人，最後則是以波士頓、紐約與費城為主體的北美大陸殖民者。到了一七三〇年代早期，這些出身五花八門的白人大約有八千三百人，而島上來自多種族群與文化的黑人人數則是他們的十倍以上。[10]

被抓捕進入到奴隸貿易中的非洲人，有許多還沒抵達牙買加就殞命了。若非死於抵抗抓捕，就是死於船上的疾病，或是為了逃離為奴的痛苦與羞辱、抑或是相信肉身死後靈魂能回歸故鄉而自殺。來到島上並且留下來的人（再出口至西屬美洲或荷屬西印度群島者不計）恐怕有半數在頭兩三年間死去，當地的白人把這段奴隸的新手階段稱為「調味期」（the seasoning）。牙買加人——無論是黑是白，是奴隸還是自由人，都很少在島上活超過十五年。[11]

米爾伯恩·馬許和其他京斯敦號船員抵達羅亞爾港不久，就第一次看到「載著奴隸的奴隸船」進港。這樣的光景，以及奴隸船上的人所發出的聲音，讓艦長湯瑪斯·崔佛（Thomas Trevor）非常震驚而在艦長日誌裡特別記了一筆。[12] 這顯示他對加勒比海還相當陌生。他和手下大多數的京斯敦號船員都無從得知，奴隸船不只對囚禁在船上的奴隸很致命，對其他人也是。牙買加的豪雨和傳播瘧疾的沼澤會殺死許多人，新來的人最容易受害。假如他們是在多雨的夏季登陸的話——就像京斯敦號的船員們——情況更慘。

白鬼新來，
他病，
他發燒，
他死
他死。[13]

奴隸船載來的危險還有更多。它們常常帶來天花，船上的水桶與水箱也帶來了傳播黃熱病的西非病媒蚊。船一入港，昆蟲就找上活跳跳的人類宿主，也找到地方繁殖。沒有免疫力的新移民最容易被命中，群聚擁擠在潮濕木造船隻上、擁有自己的飲用水桶的人也是一樣。

京斯敦號從朴茨茅斯出發的三個月航程間，船上的三百二十七名船員都保持健康，但等到他們暴露於牙買加的傳染病、氣候，以及羅亞爾港與京斯敦糟糕的衛生環境中，情況就改變了。進港兩周，這艘船已經「每況愈下」（growing bad），開始損失人員。死亡率在京斯敦號開始巡弋加勒比海後稍降，又在停靠牙買加的另一處海軍基地——位於該島東北海岸的安東尼奧港（Port Antonio）時增加。當時的安東尼奧港「天降驚人大雨……多達一連好幾個月，幾乎沒有哪一周能出一個晴天，或是一個不下雨的日子」。一七三三年初，京斯敦號有幾周時間根本無法出海。原本的船員許多已經病死，有些生還者身體太虛弱，無法負荷沉重勞動，也失去了在木造戰艦上必備的敏捷身手。[14] 此時正是名為米爾伯恩·馬許的男人展現自己品格的時候。

他來牙買加之前，就已經知道大概有什麼風險。一七二六年，也就是京斯敦號此行的六年前，海軍少將法蘭西斯·霍西爾（Francis Hosier）率領一支有四千七百五十名官兵的分艦隊，從朴茨茅斯出海，前去阻擊西印度群島的西班牙珍寶船。不到一年，霍西爾就在牙買加死於黃熱病，同樣死去的還有他的四千名部下。[15] 不列顛的報章雜誌、民間傳說與歌謠讓許多人知道了這起災難，尤其是在米爾伯恩的故鄉朴茨茅斯，因此，加入一艘預定前往加勒比海的船隻，是米爾伯恩自己計算過的一場賭局。一七三二年，他二十二歲，單身，沒有受過正式教育，除了一身技術外沒有別的謀生工具。京斯敦號有六十門砲，是海軍准將理查．列斯托克（Richard Lestock）的旗艦，不久後海軍上將查隆厄．奧格爾（Chaloner Ogle）勛爵取代了他的位子。相較於在近海或家鄉附近的造船廠裡工作，以木工助手的身分登船能帶給米爾伯恩更多的薪水與更高的地位，不僅有機會在海軍內部吸引有權勢的恩主（patrons）注意他，也是一條通往邊疆社會的途徑——貧窮的白人有時能在前線得到更多機遇，前提是要活下來。

米爾伯恩．馬許活了下來，而且活到成為伊莉莎白．馬許的父親，不光是靠運氣，也是因為他的堅忍智慧與信心，以及他的特殊技能。皇家海軍船艦上的木工身分是准海員。跟砲手、水手長等准海員一樣，他們不會像負責作戰的海員那樣會被看作是紳士。船木工要到十八世紀末才獲得正式的海軍制服，也沒有人認為會在艦長的餐桌，或是船上的食堂看到他們一起用餐。他們是專業的工匠，在船上有特殊的角色，也有被認可的地位。助理木工（carpenter's mate）受到的待遇接近海軍見習軍官（midshipman）——委任軍官的見習階層。「船木工」，當時的海軍章程如是說：

必須負責照顧和維護船殼、船桅、帆桁、隔艙板、艙室等，以及管理按合約由海軍監交付給他負責的貨倉。出海時，他必須每天巡視船隻的各個部位，確保船舷穩固，甲板與船側做好防水，檢查是否有任何東西鬆脫故障；確保水泵運作良好；必須不時確認船桅與帆桁的狀況，事無大小均報告艦長。[16]

如果擁有高效執行上述任務的能力，在加勒比海可是很吃香的。即便木造船隻開始用銅保護船殼之後，一旦來到溫暖、多風雨、容易生蟲的加勒比海域，仍然鮮少能撐過三年，期間少不了持續的維護，才能讓船隻保持航行能力。因此，米爾伯恩．馬許的技術確保他在這裡有一席之地，而且他似乎很清楚地將這技術運用在晉升，也用在保命上。一七三三年一月，他離開遭受熱病打擊的京斯敦號，前往「迪爾堡號」（*Deal Castle*），接下迪爾堡號船木工死後留下的空缺。這次調職增加了工作量，畢竟這艘新船是艘中型的二十六門砲巡防艦，員額較少，分攤到的維修與操縱工作量更重，但他可以升官，薪水更高，而且工作環境一度也比較好。到了八月，當迪爾堡號被上級調去加入鎮壓奴隸叛變的遠征隊時，米爾伯恩馬上又換了艘船，這一回到「魯珀特號」（*Rupert*）上擔任船木工——那是一艘九百三十噸的老爺戰艦，船員三百五十人。[17]

夜裡，大多數的船員每四個小時就會被叫醒去值夜守更，但船木工不用。當「所有人上甲板」的命令聲響起時，通常他也不用立正站好。所以，就算他的工作相當辛苦，而且經常很危險，時不時得爬到距離甲板五十到七十英呎高的地方處理索具，但米爾伯恩·馬許的工作體驗還是比許多同僚更好。他休息時間更多，壓力更小，而且只要意識到自己多少是個不可或缺的人物，情緒也就能樂觀起來。登上魯珀特號之後，他接下來十九個月大多都待在海上，因此染病的風險較低，但這艘船又不會完全離開加勒比海，會定期返回羅亞爾港，而這件事開始變得重要。

＊＊＊

她名叫伊莉莎白·伊凡斯（Elizabeth Evans）。據他後來所說，她大概比他小一歲左右。她曾經叫伊莉莎白·伯謝爾（Elizabeth Bouchier），是個生活在羅亞爾港的單身女子，後來在一七二八年認識了詹姆斯·伊凡斯（James Evans），兩人成婚。[18] 伊凡斯也是移民，可能來自賓夕法尼亞，在停泊於港內的皇家海軍船艦上兼職當修船工。米爾伯恩·馬許與伊莉莎白·伊凡斯顯然在一七三四年八月之前便已相識，因為詹姆斯·伊凡斯就是在這個月立下了遺囑。對於像他這樣的人來說，立遺囑並不尋常。由於死神找上牙買加人的速度之快，多數人死的時候都沒有留下遺囑；白人工匠與手藝人也不常為了安排身後之物和表達想法而把錢花在法律文書上。但是，從他在遺囑上的簽名，以及留下來的「幾本舊書」來看，伊凡斯有一定程度的學養，而他選擇立下遺囑來最後一次行使自己的意志。由於意識到「大海的危險，以及在這轉瞬即逝的生命中其他的不可預期」，他宣稱，他想表達自己的意願「以避免在我死後出現爭議」。[19] 除了這些公式化的虔誠之語，他還留下了不少遺產；以及一個他想控訴的人——應該說是兩個人。

詹姆斯．伊凡斯在牙買加發達。他取得執照，可在他位於羅亞爾港的租房中「販賣、批發葡萄酒、啤酒、艾爾啤酒或其他烈酒」。[20] 從財產清單來看，這間酒店算是中等規模，有六張舊桌子，每張桌子都附有燭台，十八個座位，一個痰盂，一個封閉式馬桶，其他的家具就只有一個大箱子和一個轉角櫥，以及幾張床（這間店有可能兼營妓院）。靠著這間店，以及他所擁有、租給皇家海軍的小船，他跟妻子還算衣食無虞。夫妻倆擁有「一床新的羽毛床與枕頭」、白鑞器、一些上好的亞麻布，以及至少九名成年的奴隸。這些人淪為奴隸之後會得到一個新名字，磨滅他們尚未為奴前的身分，並被登記為財產——世界各地的蓄奴制度多半都是如此。對於女奴，伊凡斯選了仿古典風格的名字，既證明他有學養，卻也證明他的學養不過如此。有「克蕾茜」（Cresia）和她的兩個「小鬼頭」（pickaninnys），有「帕拉」（Palla，興許是說希臘神話裡的帕拉絲〔Pallas〕？）和她的孩子，還有維納斯（Venus）與西爾薇雅（Silvia），全都在酒店裡幫傭。由於伊凡斯用男奴當小船的船員，有時把他們租給海軍當碼頭工人與補縫工人，於是他以比較實際、陽剛的風格幫他們起名字。不過，無論男奴還是女奴，伊凡斯都只取單名，而不像白人一樣會有個人名與家族姓。他用「普利茅斯」（Plymouth）、「戈斯波特」（Gosport）、「布里斯托」（Bristol），或是其他不列顛口岸名當作男奴的名字，彷彿他們是馬，是寵物，不是人類。[21]

以牙買加人的標準來說，一名有手藝的工匠能有這種程度的蓄奴，不算是不尋常。一七三八年，羅亞爾港有一百五十七位居民登記為奴隸主，平均擁有九名奴隸。[22] 但對米爾伯恩·馬許這個初來乍到，自己船櫃裡的東西就是他全部財產的英格蘭人來說，看到一個修船工人居然富裕到這種程度時，心裡肯定相當震驚。一開始，詹姆斯·伊凡斯的妻子吸引他的地方，八成不只是身體上與情感上的魅力。

伊凡斯在遺囑中發動他那微不足道的復仇——他想必是這麼看的。他聲明，他那依然「深愛的妻子伊莉莎白·伊凡斯」，將繼承自己所有的產業，包括「所有黑人」，只有一個例外。男性家奴當中有一名要被送走，要用船把他永遠交給伊凡斯在費城的家人。詹姆斯·伊凡斯明確指出，這名要送走的奴隸，「是個名叫**馬許**的黑人」。伊凡斯的財產清單列出了他所有的奴隸，其中沒有人名叫馬許。他在遺囑中加入這條「名叫馬許的黑人」但書，似乎是經過考慮，在死後侮辱那個名叫米爾伯恩·馬許的英格蘭第三者，或許也是對他自己妻子的口頭小修理。到了那年年底，不管原因為何，詹姆斯·伊凡斯死了，就這麼把清單中價值六百二十五英鎊的物質財富與人類財產留了下來。一七三四年十一月十二日，也就是伊莉莎白・伊凡斯正式獲准將亡夫所有財產「納入其所有與管理」的隔天，她在京斯敦的聖公會教堂跟米爾伯恩結婚了。[23] 到了一七三五年一月，她已有孕在身。

她是誰？米爾伯恩・馬許娶的這位女子是誰？在一七二八年與第一任丈夫結婚之前，她是怎麼來到羅亞爾港的？「伊莉莎白・伯謝爾」這個名字並未出現在這時期從不列顛來到牙買加的長工（indentured servants）與罪犯名單中，但這也不能證明她不是其中一員。[24] 從現存的牙買加教區紀錄也無法確定她的身分——不過這些紀錄本身也並不完整。比方說，一七二二年之前的羅亞爾港受洗紀錄皆未能傳世。更不尋常的是，米爾伯恩・馬許的弟弟——喬治・馬許在許久之後編纂的《家族資料集》（Family Book）中也沒有關於她的資料。喬治・馬許的習慣是在祖譜中每介紹一名家族成員，都會對其配偶下一句簡短的評價，尤其是藉此來顯示家族受人尊敬、向上流動的情況。因此，雖然他對堂親華倫（Warren）之妻做出「非常糟糕的女人」這樣的評價，他更關心的其實是記錄自己的父親娶了「最優秀的女子」，以及他外甥女瑪格麗特・杜瓦爾（Margaret Duval）的丈夫是「最為善解人意的好人」，諸如此類。然而，《家族資料集》中兄長的段落裡，本應用於評價其妻的句子，卻用墨水塗掉了。[25] 馬許家傳世的信件中，對於這名女子也沒有絲毫透露，只有非常偶然的情況才提到她的存在。基本上，關於這名先成為伊莉莎白・伊凡斯，後成為伊莉莎白・馬許的伊莉莎白・

伯謝爾，在她短暫出現於京斯敦的婚姻登記之後，就只有一份正式的紀錄，是她在英格蘭肯特（Kent）查坦的一所教堂中的墓誌銘（墓碑今已移除）。「她是」，米爾伯恩．馬許題的銘文寫著，「優秀的基督徒之妻與母親。」但除了這句謹慎的措辭之外，他完全沒有提到她的父母、家鄉等細節。[26]

因此，她在這則故事中始終是個問號，但還是有至少兩個可能的答案。羅亞爾港教會紀錄中，提到一位名叫瑪格麗特．伯舍（Margaret *Boucher*）的寡婦。一七三〇年代晚期，她在城裡租了房子住，偶而會接受救濟。考慮到當時的人紀錄姓氏相當隨便（窮人的姓更是如此），米爾伯恩．馬許的新妻說不定就是這名瑪格麗特．伯舍的女兒。倘若如此，她就是白人，或是算是白人，因為瑪格麗特．伯舍的名字有列在一七三八年羅亞爾港編纂的「本教區白人居民名冊」中。[27] 假如這名「瑪格麗特．伯舍」是她的寡母，則那位一度名叫伊莉莎白．伯謝爾的女子在一七三五年出走至英格蘭時，顯然把寡母留在了牙買加；當這名女子讓自己的女兒受洗命名時，也沒有打算借用這個機會讓瑪格麗特．伯舍的個人名「瑪格麗特」流傳下來。

不過，還有另一個可能性。當時的牙買加不只有伯舍家，還住了伯爾謝爾家（Bourchiers）。後面這個姓同樣有各種拼法，而這一家人似乎早在一六六〇年代便來到牙買加島，是種植園主。假如後來成為伊莉莎白．馬許的這名女子確實與這家人有血緣關係，則她很可能不是婚生女。加勒比種植園主人家的婚生女，通常不會嫁給修船工。她恐怕是穆拉托人（mulatto，編按：歐裔與非裔人口生下的後代）——混血兒，或許是白人地主（可能是查爾斯・伯爾謝爾〔Charles Bourchier〕，死於一七二六年）跟非裔女奴的女兒，出生時有受洗。[28] 又或者她跟這家人沒有血緣關係，這個姓只是某個與種植園有關的過去。牙買加的釋奴有時候會採用、保留原奴隸主的姓。

一般認為，外來的海員比島上的白人居民更願意，或是更有能力與牙買加的黑人、穆拉托人建立輕鬆，平等的關係。「水手跟黑人之間一直保持友好關係」，一名曾經的牙買加居民後來寫道：

> 從他們打交道的方式，以及相互間的信任與熟悉就能看出——這絕不會存在於奴隸與白人居民之間。黑人與水手互動時會有一種獨立的感覺，跟其他人互動時則會感到自己受著嚴格的限制……。有水手同在時，黑人覺得自己也是人。[29]

這是一種太過多愁善感的判斷。新來的不列顛水手跟牙買加黑人打好關係的理由有很多，其中至少有一個理由是赤裸裸的利用：在島上的這個港口城鎮中，屬於工匠或傭人階級，因此有可能與討海人作伴的白人單身女性，人數可是極為有限。

儘管如此，兩者之間的社交基礎也不只是性、金錢和孤獨感。在牙買加與其他加勒比海島嶼上，來訪的水手和黑人之所以傾向於和彼此相處，是因為他們都有一種格格不入的感受。黑人與穆拉托人出於膚色、文化出身、信仰體系以及他們（通常）的不自由，而與克里奧（Creole，編按：在殖民地出生的歐洲人後裔）定居者涇渭分明，則說起來水手也是一群與人有隔的人，「跟全世界都不一樣」。[30] 他們皮膚曬得黝黑，通常掛著長辮，身上有用油墨或火藥做成的難看「刺青」，行動敏捷，往往有些傷殘處，看起來跟一直生活在陸地上的人大不相同。他們走路、行動、穿著都不一樣。和牙買加黑人一樣，他們也有自己獨特的詞彙、歌曲與迷信。關鍵是，他們是流動人口，若非主動離開故鄉、家人與國家，就是遭到強徵而與親人分別。如果有時他們更親近那些同樣從自己的家鄉、被人用更粗暴方式抓來的人，這也沒什麼好意外。在京斯敦教區——也就是米爾伯恩．馬許與伊莉莎白．伊凡斯於一七三四年十二月結婚的地方——「位於城鎮西側下風處」有兩處墳地，一處專門留給「自由身的有色人」，另一處則留給「水手、海員與各種流動人口」。[31] 連在死後，船員、穆拉托人與黑人都跟其他人隔開，和彼此葬在一起。

他們也在海上聚首。皇家海軍和牙買加很像，也很暴力、危險、海納百川、創新：「一股新的力量，必將改變全球的面貌」。[32] 海軍的船艦是當時最複雜、最昂貴的器械，船上是個相對寬容，甚至算得上是個能力至上（meritocratic）的空間。這些船隻的維護、操縱是相當專門的技術，要求也很高，有時候一技在身比膚色更重要，也比社會階級重要。[33] 米爾伯恩．馬許跟大多數的海軍人員都習慣與自由的黑人水手一起共事。黑人水手享有與白人同僚一樣的權利，賺一樣的薪水。在加勒比海地區，海軍還會僱用黑奴水手，從事跟白人與自由身黑人一樣的工作內容，也和他們一起共事，一起生活，只不過薪水是付給奴隸主。米爾伯恩的一名親密伙伴——約翰．庫裘（John Cudjoe）就是這樣的情況。米爾伯恩作為船木工，配有兩名僕人：在這個脈絡下，「僕人」指的是受訓中的學徒。兩名僕人賺的薪水一樣多，一年將近十四英鎊，堪堪夠他們過活，但庫裘的錢是落入他的主人——一名牙買加殖民者手中。兩人都與米爾伯恩住同一間艙房，天天跟他一起工作；當米爾伯恩於一七三三年八月從迪爾堡號轉調魯珀特號時，約翰．庫裘也跟他去了。[34]

總之，米爾伯恩．馬許在選擇妻子時，顯然願意從蓄奴財產中得到好處，而他也認為跨種族的日常、工作上的同僚接觸是再自然不過的事。至於他娶伊莉莎白．伊凡斯時是否有意跨越種族界線，以及這是否就是後來馬許家在文件中不願提及這名女子的原因，我們恐怕永遠不得而知。有人說，傳記就好比一張網，捕捉個人的生命，將它拉上水面。但網子只不過是一組用線綁出來的洞，有些東西會漏過去。總是會有某些生命片刻、有形片段消失無蹤，伊莉莎白．馬許母親的出身就是其中之一。[35] 就她本人來說，試圖為她建立精確的種族出身，恐怕也非常不合適。一七三三年，牙買加議會通過法律，規定「經過三代之後，就不應把任何人視為穆拉托人……而是……只要他們受基督宗教之教育長大，便應享有國王陛下在本島上之白人子民所擁有之所有特權與豁免」，這是對當地異族通婚的普遍程度，以及人種交融影響的遲來的承認。[36]

因此，就算她的出身是混血族群出身，這名一度是伊莉莎白．伯謝爾的女子可能在她的兩段婚姻之前，就視自己為經歷變化和流動的人，不能輕易貼標籤。「人口調查的虛構性就在此」，班納迪克．安德森（Benedict Anderson）對於今日社會試圖固定個人身分的作法做出評論，「每個人都在裡面，而且每個人都佔據了一個——而且只有一個——極端清楚的位置。『一律整數』，沒有分數（No fractions）。」[37]伊莉莎白．馬許——米爾伯恩．馬許的新妻子，可能就是個由許多「分數」構成的人。因為各種原因，她的女兒——另一位伊莉莎白．馬許，似乎也不時如此看待自己；以後者來說，其中一個「分數」**說不定**跟奴役有關，這個事實必須不時縈繞於心。

在一七三五年，米爾伯恩．馬許、他的新娘，以及兩人未出世的孩子首先必須活下來才行。牙買加教區紀錄顯示，當時島上出生的白人孩童中，有四分之一到三分之一不滿一歲就過世了。在一七三〇年時，詹姆斯與伊莉莎白．伊凡斯夫婦便在羅亞爾港埋葬了一個孩子，是個最多剛滿一歲的女兒。但牙買加教區文件其實嚴重低估了嬰兒死亡率。教區牧師為孩子登記受洗要收費，而父母通常會先按住這筆金錢與情感上的投資，等到小孩活了幾個月之後再說。有許多孩子活不到幾個月，便在沒有受洗、命名與紀錄的情況下入土了。至於黑奴的孩子，幾星期和幾個月內死亡是常有的事，在某些種植園中更是常態。即便小孩活到二十多歲，雙親都見證到這件事的機率也很低。因為牙買加人的婚姻平均延續不到九年，就因為夫妻中一方或兩方死亡而結束。即便是非常有錢的人家，也很少有父母兩人都健在，見證自己的小孩子長大成人。[38] 對米爾伯恩．馬許這個在海上與在牙買加涉險的討海人來說，就算新得到了那些財產，這樣的命運又有什麼好期待呢？對他那位已經失去過一個孩子的新妻子——伊莉莎白來說，這座島又有什麼好期待呢？

兩人內心對於死亡的恐懼（同樣的恐懼左右著島上許多人）又因為種族動盪情勢升高而加深。奴隸逃跑到島上多岩石的山區組成武裝群體，是奴隸抵抗的最古老形式之一。到了一七三〇年代初期，逃奴（maroons，當時對這些逃跑者的稱呼）的人數之多，組織之完整，已威脅到牙買加的殖民地地位。牙買加距離不列顛的其他加勒比海島嶼有幾千英哩遠，但跟西屬古巴與法屬聖多明哥卻近得危險。這正是京斯敦號、魯珀特號，以及一七三五年那另外十九艘皇家海軍戰艦之所以前往加勒比海巡邏的原因之一。但海軍對牙買加內陸控制力有限（幾乎向來如此），可以運用的不列顛陸軍人數少得可憐。島上的議會與種植園主群體因此有雙重的理由擔憂。牙買加總督、委員會與議會在一七三四年二月向倫敦回報逃奴問題：「他們造成的恐懼到處傳播」。逃奴的軍事成就已經「對其餘奴隸造成如此影響，使他們不斷脫逃」。「自由的盼望」甚至動搖了「我們最信任的奴隸們的忠誠心」。[39] 假如奴隸脫逃的情況延續，奴隸的憤怒化為大規模暴力抗爭的話，牙買加糖產業將搖搖欲墜，白人移民恐怕會放棄這座島嶼。這麼一來，法國人或西班牙人有可能會入侵，甚至一起入侵。

牙買加白人之間的恐慌不斷累積，米爾伯恩．馬許親身體會到了其中的一些影響。他在京斯敦號與迪爾堡號的幾名前僚友，被調到岸上和逃奴作戰，而約翰．庫裘也在一七三四年十月十日應奴隸主的要求，離開了魯珀特號。奴隸逃走的情況如今已達到如此的程度，使得庫裘的主人希望能直接看管他，或者她太需要庫裘的勞動力。米爾伯恩的這名前僕人，跟勢力最強大的逃奴酋長之一有著一樣的西非阿坎人（Akan）姓氏「庫裘」（這名酋長後來在一七三九年迫使不列顛人簽訂條約），這一點恐怕也在魯珀特號引來了無來由的不安與敵意。[40] 就在同一個月——一七三四年十月，牙買加宣布戒嚴。牙買加教區另外徵集六百人擔任民兵，倫敦也用船載來六個新組建的連來援助。此時，米爾伯恩跟伊莉莎白．伊凡斯的關係已經密不可分。兩人在這一年十二月結婚，在一七三五年二月確定有了孩子，而牙買加白人之間的「我們不敢說還有明天」的恐懼愈來愈嚴重，這一切讓兩人決定離開這裡。[41]

米爾伯恩．馬許以他一貫的效率行動起來。三月七日，京斯敦號抵達羅亞爾港，展開返航英格蘭的漫長整備。三月十日，米爾伯恩再度簽約，回到他曾服務過的這艘船——船上還有他的朋友與照顧他的長官。他似乎是把羅亞爾港那間酒店給賣了（或是放棄了自己的權利），也把小船賣給當地的一位海軍軍官。他很可能（但沒有證據）把奴隸們——帕拉、克蕾茜、西爾薇雅、戈斯波特與其他人通通賣給了皇家海軍。皇家海軍的牙買加軍港用得著男奴和女奴。說不定他就是以此籌到新婚妻子前往英格蘭的旅費。[42] 當然，她之所以能逃離這座島，也是因為米爾伯恩本人有一技之長。表面上，皇家海軍戰艦是個專屬於男性的空間，然而沒有明顯性吸引力的女性有時候也會獲准乘艦航行，尤其是為她們負責的男性擁有某種制衡力的時候。京斯敦號在這一年六月離開牙買加時，大伊莉莎白．馬許已有六個月的身孕，又是船上最不可或缺的工匠之妻。這是她第二度與航海人結婚，她很了解什麼樣的命運等著自己。她似乎跟京斯敦號的事務長私下安排好了自己的食物，可以不算在船上的正式會計運作當中。在航程中，她可能就挺著一天天大起來的肚子，待在最底層的甲板——船上最安靜，最黑暗，最沒有人打擾的空間——安心靜養。[43] 一七三五年八月二十日，船駛入朴茨茅斯港，兩人的女兒不到一個月後便出生了。

＊＊＊

這位新伊莉莎白．馬許生命中的頭十九年間，住在陸地上的日子，大多都是生活在朴茨茅斯。這家人落腳於新市鎮（New Buildings）——是不久前發展的簡樸工人階級房舍群，位於當時波特西島（Portsea Island）的北端。新市鎮距離朴茨茅斯大街（High Street）上的中世紀教堂——聖多馬教堂（St Thomas）不遠。一七三五年十月三日，伊莉莎白．馬許就在此受洗。[44]

新市鎮也很方便米爾伯恩．馬許通勤。這些建築物是以公共經費在朴茨茅斯海軍船塢牆外興建的，方便造船工和其他工人準時上他們一天十三小時的班。儘管米爾伯恩的工作有時在船塢，有時在海上，但他還是把日子安排妥當，盡可能多花時間與家人相處。一旦目前的工作變得不方便，他就會使出常用的招式，用自己的專業作為跳槽的手段。一七三五年九月，也就是他為人父的那個月，他離開了京斯敦號，靠著海軍上將查隆厄．奧格爾的推薦信，回到迪爾堡號擔任船木工。迪爾堡號只是一艘第六級的戰艦，即使在戰時也不太可能投入到密布的戰雲中。不過，這種規模的小型船艦仍然有可能到陌生水域執行任務；因此，當迪爾堡號在一七三九年奉命前往南卡羅來納時，米爾伯恩又換船了。他調往「劍橋號」（*Cambridge*），這艘八十門砲的戰艦正好在朴茨茅斯港大修。[45]

伊莉莎白．馬許最初這十多年的朴茨茅斯歲月，是她這輩子最穩定的日子。這多少是因為她父親的聰明使然。儘管如此，朴茨茅斯跟牙買加確有某些共通的重要特色，實在稱不上是安全、健康的環境。朴茨茅斯深深涉入帝國和組織性的暴力，這裡不僅是工業化的前哨，也具備極其顯著的國際性格，跟洲際貿易與移民關係匪淺。羅亞爾港地震發生之前，經常有人把朴茨茅斯斥為英格蘭的羅亞爾港：「假如那裡是所多瑪（Sodom），這裡就是蛾摩拉（Gomorrah）。」這不是沒有原因的。[46]

乍看之下，這是個古老、有城牆圍繞；牆內有大約六百間房的城鎮，佔據了部分的波特西島（Portsea），並透過一系列的城門與橋樑和英格蘭本土相連。這些城門與橋樑有重兵看守，因為朴茨茅斯既是不列顛首屈一指的軍事城，也是皇家海軍主要的工作基地與造船廠。當時，英格蘭有六處海軍造船廠，全數位於英格蘭南部海岸。泰晤士河畔有特普特福（Deptford）與伍利奇（Woolwich），都是小船廠。位於河口的肯特郡梅德韋（Medway）有西爾尼斯（Sheerness）造船廠，往上游十二英哩則有更大的查坦（Chatham）造船廠。另外就是所謂的西船廠——普利茅斯與朴茨茅斯。到了一七三〇年代，朴茨茅斯已經取代查坦，成為最重要的造船地。[47] 朴茨茅斯隱身於高牆之後，走陸路的旅人一般來說不容易注意到，但從海上來的話卻是一番完全不同的光景：

> 一處遼闊的港口，下錨的巨艦綿延三、四英哩長，港邊兩岸建築至少延續一英哩，擠滿了人；水面上小船來來去去，彷彿泰晤士河……。從港口中央看去，讓人覺得這是一座巨城。[48]

造船廠有專門的工具、船索、船桅與索具倉庫，是當時為了非宗教目的而建的最大、最昂貴建築群之一。一七三五年時，這裡雇用將近兩千兩百名技工，分成二十三大類，聽著鐘聲早上上工，夜裡下工。造船廠的造索廠另外用了兩百五十九名工人。在這個時代以農業為主的經濟中，造船廠呈現出勞力極端密集的景象。即便在百年之後，朴茨茅斯依舊是世界上少數用了超過五百人以上的工業區。[49]

朴茨茅斯被大海圍繞，但總是缺少淡水，繚繞著從船廠鍛造車間飄出的煤煙，四處都是金屬與木頭碰撞的噪音。當時的朴茨茅斯，是國力與帝國大業的重鎮。但是，從一七四〇年代建於廠區內的一對七呎高中式龍頭寶塔，以及街道上使用的各種錢幣與語言來看，這座城鎮也是吸引外來人與異國影響力的大磁鐵。大多數的外交官在朴茨茅斯登上不列顛的土地，然後才走陸路前往倫敦的宮廷呈交國書。朴茨茅斯也是東印度公司在不列顛本土除倫敦以外的主要倉儲地。來自加爾各答、馬德拉斯、孟買與廣州的船隻在朴茨茅斯卸貨，卸下棉紡織品、香料與陶瓷器，也讓乘客與偶然出現的亞洲船員上岸。這裡也是個重兵佈防的城鎮，一連又一連的士兵為了海外遠征，或是從遠征歸來而行軍此處；朴茨茅斯除了是海軍基地，更是個商業港口。這裡有來自勒凡特地區的阿拉伯商人，來自哈德遜灣與新英格蘭的水手與魚販，不斷為皇家海軍供應木料的波羅的海供應商，為了貿易與借款而放棄猶太生活方式的「港口猶太人」，還有來自四面八方的走私者。[50]

伊莉莎白・馬許孩提時在朴茨茅斯，浸淫於各種不同與多樣性的光影與聲音，同時感受著皇家海軍的軍威以及不列顛的國力。我們如果想了解她是如何養成、何以走上後來的人生，就必須把這些因素考慮進來。不過，她當然也受家人的影響。「我是一位紳士的女兒」，她曾經如是寫道。[51] 但真相其實比這更有趣。

雖然關於她的母親，我們幾乎什麼都不清楚，但她父親的背景卻有相當詳細的紀錄。一七〇九年十月，米爾伯恩・馬許在朴茨茅斯的聖多馬教堂受洗。他的父親喬治・馬許（George Marsh，生於一六八三年）也是跟皇家海軍合作的船木工。這很常見，畢竟造船是一門受到嚴密監管的行業，通常是由家中的男性成員一代代傳下去。米爾伯恩的母親本名伊莉莎白・米爾伯恩（Elizabeth Milbourne），生於一六八七年，本身的家世也跟大海有關，只不過和馬許家不同。她的父親小約翰・米爾伯恩（John Milbourne）「是個優秀的文書」（penman），一七一三年後受雇擔任朴茨茅斯海軍造船廠駐地大臣埃薩克・湯森（Isaac Townsend）勛爵的文員。[52]

跟某個搖筆維生的人之間有血緣關係，可是件重要的事情。從用「米爾伯恩・馬許」取名，小心翼翼將母親的姓氏保留下來一事，就能看出這家人心中十分清楚這個重要性。米爾伯恩的雙親都識字，而且都很喜歡運用文字。叫他們不講故事？這他們可受不了。伊莉莎白・馬許也是這樣。米爾伯恩從父親老喬治・馬許那兒聽來自己祖父的故事——祖父也是個航海人，名叫法蘭西斯．馬許（Francis Marsh）。一六九〇年代年代初期，這位馬許家的人從里斯本乘船返回南安普敦（Southampton）時，在懷特島（Isle of Wight）外海遭遇船難。「船隻和船上的東西都好好的，只有他自己落海」，但法蘭西斯．馬許（米爾伯恩跟手足們聽說到的是這樣）掉進海裡的時候，身上剛好帶著個「油皮袋子」，裡面裝著他的鈔票和有價證券，以及「一本小小的家用《聖經》，不到七英吋長，四或五英吋寬，厚一英吋半」，而他居然「奇蹟似地在海岸上獲救了」。米爾伯恩的母親最喜歡的故事，跟她的祖父有關——她的祖父是一位在諾森伯蘭一帶做蘇格蘭牛隻生意的商人，名叫老約翰．米爾伯恩（John Milbourne）。她說，他在一六五〇年五月冒著生命危險，窩藏蘇格蘭保王派英雄，第一代的蒙特羅斯侯爵詹姆斯．格雷厄姆（James Graham, 1st Marquess of Montrose），當時蒙特羅斯正在躲避國會的盟友——蘇格蘭長老會誓約派（Covenanters）的追捕。蒙特羅斯離開這位平民的庇護之後，尋求附近地主的幫忙，結果遭到背叛，落入敵人手中而被處死。

這家人仔細保存著這些記憶，與其他過往的家族戲劇性事件。老喬治．馬許和妻子無論住進哪間房子，都會在牆上掛一幅蒙特羅斯侯爵的肖像。至於法蘭西斯．馬許的救命《聖經》與祈禱書，至今依然傳世，破舊的紙頁上有老喬治．馬許其中一個兒子寫的註解。這些家族傳說的內容，以及這些傳說長久流傳下來的事實，顯示馬許家的成員渴望著比技工更高尚的自我形象。米爾伯恩．馬許和手足們是靠著「微薄的收入與審慎持家」養大的，但他和他們認真聆聽過的故事，以及他轉述給女兒——伊莉莎白．馬許聽的故事，喚起的卻是相當不同的階級感受。這家人的浪漫故事宣稱，上帝出手介入，以一場「奇蹟拯救」保守了一位祖先的生命。還有另一位祖先則為不列顛的王室效勞過。更有甚者，米爾伯恩．馬許的母親透過其他故事告訴自己的孩子們，他們家本該相當富有才是。她宣稱，自己的父親約翰．米爾伯恩，「是個相當英俊的人，也是個優秀的學者與幹才」，曾經在諾森伯蘭擁有一座煤礦，受到「當地貴族與仕紳的敬重」。但是，他先虧了一些錢給一位貴族（一文不名的貴族是馬許家族傳說中一再出現的主題），接著他的女管家又一路蒙騙上了他的床，假造他的遺囑，「侵占了所有財富」。[53]

這家人被鼓勵從這些故事中收穫的道德教訓是：他們家多少有點與眾不同，值得比眼下受限的環境與生活條件擁有更多——伊莉莎白．馬許必定就是懷抱著這樣的信念長大的。這些故事也透露出某些她成長的方式。人們有時會以為，長距離遷徙是由現代性帶來的，其實並非如此。通常，長距離遷徙是一個家族的成員在連續幾個世代中，學習採納而得的習慣，在過程中遷徙的規模與時間長度往往也會持續增加。伊莉莎白．馬許的馬不停蹄，顯然有一部分是繼承了家族的特色。她的父親米爾伯恩．馬許乘船去到加勒比海，他的祖先也是水手與移民，他的父親與祖父是熟悉歐洲水域的航海人。他母親的家族往返於北英格蘭與蘇格蘭之間，而後來到南英格蘭。無論伊莉莎白母親的根是在西非或是英格蘭，在她於一七三五年渡過大西洋抵達英格蘭之前，必然也是出自自願或非自願移民的家系。

伊莉莎白・馬許還從米爾伯恩・馬許家——或許也是從她母親家——繼承了美貌和健康。據說，米爾伯恩的父親老喬治・馬許，是個「非常英俊的人」，「六呎高……身材挺拔，〔而且〕出奇強壯而健康」。雖然他在一七四〇年代中葉開始領海軍部的退休金，但他似乎繼續兼職，擔任修船工，直到一七五三年因工地安全意外而過世，享年七十歲。[54] 一七〇七年，他與伊莉莎白・米爾伯恩結婚，生了九個孩子，其中有八人活到了成年，這以當時的情況與社會階級來說相當不尋常。馬許家的孩子有五人因為當時的不治之症與海上意外，在四十歲之前過世了。但剩下三人的壽命之長，證明這家人生來體力過人，健康良好。米爾伯恩・馬許（生於一七〇九年）活了將近七十歲；小喬治・馬許（生於一七二二年）活到七十八歲；他們的姊妹瑪莉・馬許（Mary Marsh，生於一七一二年）活到八十幾歲。同樣驚人的是，這三名長壽的馬許家手足，以各自不同、卻又符合家族故事傳統的方式，為自己打造了比父母親更富裕、更多元的生活。就連瑪莉・馬許也是，她雖然受到身為女性的限制，但她的生命故事也清楚顯示了這一點。十多歲時，她就前往倫敦找工作，後來嫁給一名法國胡格諾派信徒——尚・杜瓦爾（Jean Duval）。杜瓦爾在斯皮塔佛德（Spitalfields）當麵包師傅，當地本是倫敦東邊一個半鄉下的郊區地方，向來吸引多到不成比例的難民與移民。與一個來自法國、信奉另一種新教派別的家族聯姻，不是只有讓瑪莉的生活更為多采多姿。伊莉莎白・馬許似乎也在一七四〇年代與一七五〇年代初期幾次到倫敦拜訪瑪莉姑姑和杜瓦爾姑丈時，學會了講法語、讀法文，而這樣的重要教養通常暗示著紳士階層地位。[55]

當時正發生「勤勉革命」（industrious revolution），這個時期家庭的志願出現了重大的變革，在歐洲、北美各地，甚至其他地方，個人與家族的渴望、期待、家庭開銷的水準都在水漲船高。這個變革也影響了米爾伯恩・馬許，而對他的弟弟——小喬治・馬許的影響程度甚至更為深遠。[56]伊莉莎白・馬許的父親與叔叔——這兩人的性情與命運的變化很重要，因為他們兩人對於她的發展都扮演了關鍵的角色，左右了她將成為什麼樣的人，做什麼樣的事。

米爾伯恩・馬許與帆船時代的大多數航海人一樣，年紀很輕就出海了。他在中年時回憶，自己十一歲就隨船到了地中海，而且經常要處理爆裂物。無論他當時在哪艘船上服務，都會被派上岸，去把岩石炸成小石頭，供船隻作為壓艙物。[57]不過，可別就這麼把他看成粗工。畫家湯瑪斯・羅蘭森（Thomas Rowlandson）曾經對船木工有過一番仔細的描繪。雖然他作畫的時間是米爾伯恩死後十年，但這位畫家讓筆下人物拿著的工具——一手扁斧，一手繪圖用具——卻精準傳達了這種職業三頭六臂的特質。扁斧（一種有著弧形刀刃的斧頭）暗示了船木工免不了沉重的體力活。木材要劈成需要的大小，船上腐朽的木頭和嵌在裡面的砲彈都得挖出來，然後修好。然而，就如繪圖工具所表示的，體力活只是這一行的一部份。米爾伯恩完全識字，他也必須識字。船木工必須針對船隻的狀況，撰寫「詳盡而明確的報告」，並且對任何問題提出解決方案。他必須懂得基本的會計，才能估計修理費用，並核實庫存的木材與其他用品。他也必須有數學與幾何學的能力，得夠他畫平面圖，計算從甲板起算的船桅高度，並評估船錨的重量，以及需要多厚的木頭才承受得住船錨的重量。[58]

從這個角度來看，就很容易理解十七世紀晚期英格蘭的一流造船家安東尼．狄恩（Anthony Deane，約一六三八年至一七二〇年），是憑藉什麼而封爵並成為皇家學會會員的。由於跨洋貿易興起、帝國擴張、歐洲與某些非歐洲國家海軍的成長，以及戰事一再爆發之故，米爾伯恩．馬許所掌握的這種技術無論在國內或國際上都有迫切的需求。今天的英文之所以用「導覽」（navigating，原意為導航）與「瀏覽」（surfing，原意為衝浪）為網路用語，不是沒有原因的。在米爾伯恩．馬許的時代，海洋就好比今天的網路空間，是個重要的門戶，能進入一個四通八達的世界。因此，擁有專業海事技術的人都有機會在經濟上力爭上游，經常也會獲得社會地位的提升。「船木工……若想成為行內的頂尖人物，就必須同時擅長理論與實務」，不列顛最多讀者的工商名錄在一七四七年如是說：「無論在本國還是國外，做這一行的人都不愁吃穿。」[59]

在伊莉莎白．馬許的人生中，父親職業的特點具有重中之重的重要性。一方面，米爾伯恩．馬許（以及伊莉莎白其餘從事航海的親戚）讓她得以與十八世紀時少數真正勢力及於全球的組織——皇家海軍——有了聯繫。事實證明，皇家海軍對她的旅行能力至關重要。長距離海上旅行非常昂貴，但多年來，伊莉莎白的家族紐帶讓她一再能免費、或是以便宜的價格搭乘各種海軍艦艇。透過這些在海上工作的男性親屬，她也因此擁有一面跨洋的聯絡網——應該說她有兩個大家族，一個是她自己的家庭，一個是海軍大家庭。「『索爾茲伯里號』（*Salisbury*）的上尉潘頓先生（Mr. Panton）來訪」，一七七五年，她在從印度次大陸東岸啟航時如此記錄：「他似乎跟我不少家人都很熟。」[60]

但她父親的職業，同樣也對她造成不利的影響。不難想像，她在長大的過程中曾注意到，自己的母親在某些方面不同，或是曾遭到親戚側目。她一定也對自己以及家人的社會地位持續有不安全感。米爾伯恩．馬許出身於一個利己主義的海事王朝，個人的野心在其中受到鼓勵，而他在一個全球性的行業中又是佼佼者；但他的工作仍然是種夾縫中的工作，有時也很危險，在陸地與海洋之間、也是勞動群眾與軍官之間討生活。隨這種工作而來的緊張壓力，可以從兩起危機中一窺究竟，這兩起危機一度幾乎吞噬了他們所有人。

一七四一年四月，米爾伯恩在朴茨茅斯造船廠的六名工人寫信給駐廠專員，指控這名木工侵占。檢舉的人宣稱，他把原本配給他現在服務的船艦——劍橋號——的新床與寢具壓了下來，安排在正午休息時間偷運出船廠，「這個時間，船員全都不在場」。他用海軍的木料製作窗板、壁爐台，甚至是柵欄。米爾伯恩手下的細木工報告，自己曾在他的桌上看過「有小片的木板，上頭用黑鉛筆畫出〔柵欄〕頂端的輪廓」，「他非常確定這是打算作為圖樣樣式或模具之用」。另一名指控米爾伯恩的人說，他曾命令自己劈上好的橡木來當柴薪，以及他是怎麼把木棍攜出船塢，帶回馬許家在新市鎮的住所，在那裡米爾伯恩「總是有人陪伴」。[61]侵占的指控一旦成立，通常都會被海軍造船廠立即解雇。米爾伯恩．馬許之所以能保住職位與生計，並非因為他的辯詞令人信服（他的辯詞反而被認為「無關緊要」），而是因為他的上司深知他的能力（「這名船木工擁有好軍官的特質」）。不過，從這起事件中最清楚浮現的，是他的私人與家庭生活部分。工人們不滿米爾伯恩試圖為簡陋住宅增加一些特色與裝飾（以及說不定他還靠著販賣違規打造的窗板等等賺了外快），挖苦他經營社交生活的小小努力（「總是有人陪伴」），因此決心告發他，他們的這種作法頗有深意。這些事情指出的是一個男人和一個家庭以明顯可見的方式超越了自己和自己所在的環境，在勤勉革命中身體力行，而引起了別人的忌妒。米爾伯恩對於手下工人指控的顫抖回應不僅證實了這一點，同時顯示出他在對待上級時是多麼地糾結：

> 尊敬的閣下這整件事是有預謀策畫地針對我的偏見，因為我用惡劣的方式（照他們的說法）使他們做職責。願閣下明察這點，並考量我過去的表現與將來。[62]

他認識的字夠多，知道用「預謀策畫」，但他的文法並非（也不可能）是受過正式教育的樣子，而且他自然會對解雇感到恐懼。從他解釋自己何以違反規定，強佔屬於海軍的寢具，我們還可以看到更多：

> 我的妻子在船上〔劍橋號〕已經病了五個星期，而且沒有可能讓她上岸，〔我〕認為除非我的寢具洗乾淨，否則不適合躺在上面，所以才先躺在上述的寢具上，等我自己的床處理好。[63]

也就是說過著兩棲生活，有時在海上，有時在陸上的人不只是米爾伯恩・馬許。他的妻子也是，因此她們五歲大的女兒很可能也是過這種生活。小小年紀，伊莉莎白・馬許已經在旅行了。

米爾伯恩的妻子與孩子（馬上就會有不只一個孩子）為他的性命，也為自己的性命擔憂。他整個職業生涯中，只參與過一次海戰，但卻是一場大戰。一七四二年，他奉命前往地中海，先後服務於「馬爾堡號」（*Marlborough*）與「那幕爾號」（*Namur*）。那幕爾號是一艘九十門砲的第二級戰艦，也是海軍上將湯瑪斯・馬修斯（Thomas Mathews）的旗艦。此外，米爾伯恩・馬許還得處理不列顛地中海艦隊的另外三十幾艘船，完成日常整備工作，等著法國－西班牙聯合艦隊從法國的主要海軍基地土倫（Toulon）現身，然後戰鬥。[64] 我們不確定是否有家人在船上陪著他，還是家人全都待在朴茨茅斯或倫敦，抑或是與如今住在肯特郡查坦的雙親同在。但我們因為他在海軍軍事法庭上所做的證詞而**確實**知道，在一七四四年二月十一日，他這輩子第一次也是唯一一次親眼目擊軍事行動。

「我可以告訴各位，我們是什麼時候開第一砲，而且精準至分鐘」，他在法庭上說，因為「……我匆匆把錶從口袋裡拿出來看了一眼，距離一點還有十分鐘。」那幕爾號上七百八十名船員對上的敵艦，是法西聯合艦隊二十七艘船中的西班牙旗艦，有一百一十四門砲的「皇家號」（*Real*）。開戰時，木工專家米爾伯恩獲准待在下層甲板。然而當那幕爾號開始受損，他也得到上層甲板使出渾身解數：「上將命令我上甲板，查看後頂桅的情況」。他先爬後桅，接著上主桅，期間砲火不斷，畢竟皇家號離他們只有「手槍射程的距離」。對於接下來的戰況，米爾伯恩的報告令人屏息。雖然內容因為海事用語而不好理解，但確實傳達出在砲火中攀爬帆船索具的感覺，以及海戰發生時有多麼難掌握戰況：

> 當我將主桅頂的問題告訴上將時，不知道是誰告訴我右舷主帆桁遭到砲火擊中。我從上層後甲板抬頭看到；我爬上右舷桅牽索查看；我發現有好幾條桅牽索被打中，讓我不得不放棄這一側；接著我用吊索過到主帆桁的另一側看左舷側，而當我下來，人還在底側的滑車裡時，一枚砲彈便斜著擦過。我沒有立刻讓上將得知情況，

因為我才剛站上跳板，又有人告訴我艏斜桅中彈，接著前頂桅也跟著中彈。[65]

事後看來，土倫海戰讓不列顛在戰略以及海軍戰績方面灰頭土臉。現場有許多皇家海軍船艦並未交戰，其原因不僅在當時引人熱議，至今也沒有定論。那幕爾號的船桅與索具受損（也就是米爾伯恩奮力檢查的內容），讓馬修斯上將決定早早從二月十一日當天的戰鬥中撤離，並且於兩天後撤退至義大利。法西聯合艦隊被迫返回土倫，但從後來的遭遇戰中可以看出，法西艦隊完好無損。米爾伯恩・馬許本人的戰況報告，再度突現出他工作內容的若干弔詭之處。他的證詞顯示他有義務配戴懷錶——對於當時用雙手勞動的人來說，懷錶仍然是稀有的配件。而這名專業工匠與不列顛地中海艦隊司令溝通時的泰然若定，也令人稱奇。其實，當馬修斯因為土倫戰敗而遭到軍法審判時，他還要求米爾伯恩作為辯方證人。不過，戰爭中發生的事說明了這名船木匠的性命，以及他全家人的生計並不安全。

有那麼一刻，那幕爾號的撤退令馬爾堡號獨自面對敵軍砲火——那是米爾伯恩・馬許先前服務過的船隻，他有許多友人仍然在這艘船上效力。他從相對安全的地方看著馬爾堡號的船帆起火，主桅杆被砲火打碎，砸落在甲板上。馬爾堡號沒有沉沒，但艦長與大約八十名船員當場陣亡，另外有一百二十多人負傷。這一仗也讓那幕爾號的駐艦長約翰・羅素（John Russel）——米爾伯恩的恩人之一——與其他至少二十五名船員身亡。至於西班牙人那廂，幾艘戰艦遭到一艘不列顛的火船衝撞，據報「當場有一千三百五十人斷魂」。親眼見證如此規模的死傷，經歷過戰鬥之後，米爾伯恩決定轉換跑道。他並非懦夫：他個人在土倫的發現之一，就是自己在當時「完全不覺得危險」。[66] 但如今他已三十多歲，不僅當了父親，更是他雙親尚在人世的兒子中最年長的一個，而大多數的船員都不到二十五歲，而且單身。因此，米爾伯恩．馬許在一七四四年離開了大海。接下來十年，他都在朴茨茅斯與查坦的造船廠修船。他回到陸地上，我們也回過頭來談他的家。

＊＊＊

對他的女兒——伊莉莎白．馬許來說，這個決定帶來了更穩定，與看似更普通的生活。當然，她在一七四〇年代與一七五〇年代初期的一些經歷，已經讓她與眾不同了。來往於朴茨茅斯、倫敦與查坦，來回於海上各式各樣的船隻與陸地之間，讓她在某些方面接受到一種帶有諷刺意味的偽淑女教育，但還不只於此。她從瑪莉姑姑和杜瓦爾姑丈那兒學到流利的法語，從父親那兒學到數學與基礎的會計，她對水手之間比較無害的消遣——閱讀、音樂與唱歌也有了愛好。她學會如何在男性佔壓倒性多數的環境中處之泰然，以及如何忍受身體上的不舒服。由於生活在海邊，加上從襁褓時便遠渡重洋，她學會了不去害怕大海，不把大海當成罕有的環境，而能自然而然地在海上旅行。此外，她還養成了好動、不安定的個性，並且（以自己的母親為榜樣）在一定程度上依靠自己。

船員的妻子必須比一般人更能夠獨立、負起責任，畢竟她們的丈夫經常不在家。當米爾伯恩出海時，老伊莉莎白・馬許便得自己操持家務與用度。[67] 每隔一段時間，她還得應對生活在船上的困難與不得不的缺乏隱私。兩人的兩個兒子——法蘭西斯・米爾伯恩・馬許（Francis Milbourne Marsh）約翰・馬許（John Marsh，跟伊莉莎白・馬許感情最親）似乎都是在海上出生的。長子法蘭西斯說不定正是一七四一年時，老伊莉莎白・馬許有幾個星期時間在停靠於朴茨茅斯港的劍橋號上動彈不得，讓米爾伯恩「借用」了海軍的寢具，「等我自己的床處理好」的原因。[68]

照常理來說，這些混和的作用力應該不會對他們的女兒——伊莉莎白・馬許有太大的影響才是。一七四四年，她的父親在土倫海戰之後離開了海上，他跟家人的前景還算過得去，而且未來的發展感覺也不難預測。商業造船廠付的薪水更高，但在海軍造船廠做事的其中一項吸引力，在於有專業能力的僱員能終身任職。米爾伯恩在一七四四年上岸之後，他的收入稍有減少，從每年五十英鎊降為大約四十英鎊。這個數字讓馬許家處於當時英格蘭小康之家的底部——借用丹尼爾・笛福（Daniel Defoe）話來說，就是「下層生活的頂」，[69] 但至少現在有穩定可言。看起來，米爾伯恩將打造、修復一連串的船隻，直到領退休金為止。時候一到，他的兩個兒子應該也會依序成為造船工人，女兒最後也會嫁給造船工人。但這還沒有把跨洲的變化，以及第二位對伊莉莎白·馬許的人生有巨大影響的男人——她的叔叔喬治·馬許考慮進來。

小喬治·馬許生於一七二三年一月，是老喬治·馬許與伊莉莎白·米爾伯恩的第八個孩子，也是倒數第二個孩子。在工匠的大家庭裡，這樣的排行恐怕會使他體型稍微瘦弱，也更容易生病——他似乎苦於偶發性的癲癇，但他的企圖心卻跟每位長子一樣旺盛。一七三五年，因為他父親「沒有能力給我買到文書的位子」，所以他也出了海，不久後從學徒成為查坦造船廠的小官員，到了一七四四年更成為特普特福海軍造船廠駐廠專員的秘書。[70]下一個職涯突破幾乎是接踵而來。一七四五年十月，下議院要求提交一份報告，說明海軍前五年的開銷——這段時間，不列顛一直在跟西班牙作戰——並與西班牙王位繼承戰爭（War of Spanish Succession，一七〇二年至一七〇七）的頭五年做比較。由於他「熟悉造船廠事務，而海軍部沒有一個文官有這種能力」，喬治·馬許因此「獲選……進行這個大任務。」「從十月到一月底，每天早上五、六點一直到晚上八、九點」都在位於倫敦的海軍部工作，為了必要的數字而耙梳大量未經整理的紀錄，還要將之組織，寫成可用的資料，他的癲癇病情也因此惡化。癲癇發作時，他時不時會幾乎失明，頭昏眼花，「數度倒在路上」——他後來寫著——「因此覺得有必要時時在口袋裡放著備忘錄，上面寫我是誰，我住在哪裡」。但他仍然「在幾個月內」寫好了報告。[71]

這個插曲勾勒出了喬治・馬許的若干特質：他有著過人的勤勞，堅定的抱負，以及對文書工作的信念。此外，此事也暗示了伊莉莎白・馬許如何透過他與現代性和變化的另一個面向相連。她誕生、成長的環境，已經讓她和奴役、遷徙、帝國、經濟與勤勉革命、海軍和大海密不可分。不過，當時不列顛的國家力量正在擴張，國家也為擴大勢力範圍而更有意識地運用知識與文書工作。伊莉莎白・馬許因為叔叔喬治・馬許的關係而跟這件事情有了聯繫。經濟學家約翰・拉姆西・麥卡洛克（John Ramsay McCulloch）後來對東印度公司有一番看法。如果闡發他的意思，伊莉莎白的父親米爾伯恩・馬許身陷於寶劍的力量——也就是不列顛海軍；但她的叔叔喬治・馬許，則是筆與帳本的力量化身。[72]

而他銳不可當。他天天早起，只喝白開水，一天頂多兩餐，有運動習慣，花在自己身上的錢很少，而且工作非常認真。一七五〇年，他從地方調到首都，落腳於倫敦塔旁十字修士區（Crutched Friars）內由克里斯多福・雷恩（Christopher Wren）為海軍部設計的高聳山花磚造建築。一七五一年至一七六三年，喬治・馬許是負責船員薪水的書記。接著他當了將近十年的補給專員（Commissioner of Victualling），然後在一七七三年成為海軍部書記官（Clerk of the Acts）。這正是山謬・皮普斯（Samuel Pepys）在一六六〇年之後擔任的職位，也是他改造皇家海軍行政管理時的職權基礎。然而，皮普斯可以利用他跟貴族的關係，以及他本人高度創造性的智慧。喬治．馬許兩樣都沒有，卻仍然擔任海軍部書記官超過二十年，最後以海軍專任委員（Commissioner of the Navy）致仕。這位造船工人的兒子在一八〇〇年過世時，所留下的遺產據他自己估計達三萬四千五百七十五英鎊，相當於今天的三百萬英鎊。[73]他的事業飛黃騰達，但個人有明顯的侷限，兩相對比，讓某些與他共事及競爭的人憤怒難解。一七八二年，喬治．馬許的頂頭上司書記長埋怨他

完全不適任，書不會讀，字不會拼，也不會寫。在我記憶中，這個職位向來都是莊重有能力的人擔任……可如今這書記官兩者皆無。少了他，我們可以做十倍好，他只會把事情搞複雜。[74]

不過，喬治．馬許在職業生涯中不同階段所招惹的批評就和這番譴責一樣，有些是根源於勢利眼，而他總是能充分利用人們低估他的傾向。事實上，他一直在寫東西，私底下寫，而不是只以公務員的身分寫。他的文章也證明他閱讀廣泛，而且他和自己的父母與姪女伊莉莎白．馬許一樣，喜歡構思故事。或許，正因為他基本上一輩子都待在同一個國家，他對於自己生活周遭環境轉變的規模，比其他近親更有意識，他也試圖以不同的方式理解這些轉變。他是那種在後頭綜觀全局的人。他觀察，他紀錄，他蒐集記憶，以及動人心弦、具象徵

性的紀念物。更有甚者，喬治．馬許是個能從事實與資訊中獲得樂趣，而且知道如何運用的人：「我很清楚，我的能力遠遠不及某些人」，他在人生的末尾寫下，「但〔我〕很肯定，沒人比我更了解，或是跟我一樣了解海軍公務。」[75] 知識的龐大積累，以及他對於恩庇關係運作的深刻理解，成為他實力的根底。

從他跟歷任出身貴族的海軍首席大臣（First Lords of the Admiralty）之間的通信可以看出，他在跟官場與社會地位高於自己的人打交道時，不僅諂媚順從，有時還能欺騙他們。私底下，喬治．馬許跟自己的爸媽一樣，喜歡批評貴族，筆下一再寫到

〈寬街的海軍部〉（'The Navy Office in Broad Street'），班傑明．柯爾（Benjamin Cole）刻，約一七五六年。（圖片來源：The Yale Center for British Art）

「中等生活」與那些為了生活辛勤工作的人（像他自己）的優越性。但他對恩庇遊戲得心應手，而這意味著他不時會去討好「死氣沉沉、悶悶不樂的貴族」，而他對於確保晉升、得到恩澤深感興趣，也不只是為了他自己。他「向來非常樂於」，這是他自己寫的，「盡我所能，以各種友善的舉動，讓那些我認為值得的人開心」。[76] 在最值得的受益者中，就有他的家人。正是喬治．馬許願意且能夠用自己的力量和關係提升家人的位置，轉變了伊莉莎白．馬許的期待，讓她徹底與造船工人之女原本可以預料的生命軌跡分道揚鑣。自己的叔叔是個影響力持續數十年的人物，可說是讓她這輩子超乎尋常的因素之一。靠著喬治．馬許，她不時能跟不列顛國內最有權勢的人接觸，也因為喬治．馬許，她才能到遠方遊歷。

他第一次介入姪女的人生，雖然是間接的，卻讓一切完全改觀。一七五五年一月，喬治．馬許動用自己在海軍局（Navy Board）的人脈，讓米爾伯恩．馬許獲得梅諾卡馬翁港（Port Mahón）海軍高等職員（Naval Officer）的職位。[77] 在十八世紀，「海軍高等職員」這個不列顛術語指的並非海軍軍官。高等職員做的是文書工作，在海外的造船廠擔任管理職，這對一名船木匠來說代表的可是破格拔擢。首先，這份工作讓他們家的收入翻了三倍。一七四〇年代晚期與一七五〇年代早期，米爾伯恩一季的收入只稍微超過十二英鎊，新職位卻能讓他達到年薪一百五十十鎊，而且還有機會賺更多。收入提升只是這家人地位提升、改頭換面的一環。身為船上的木工，米爾伯恩過往一直是工匠、駐廠專家與體力勞動者的綜合體。如今一切都將改變。他不會完全離開大海，也不用放下自己對於打造木製船隻與畫設計圖的興趣，但從現在起大部分時間他都不需要親自動手了。他的升職公告稱他為「米爾伯恩・馬許從騎士（Esq）*」，他也因此獲得成為仕紳最低要求的尊稱。[78]

不過，他升為海軍高等職員影響最大的是他的整個家庭——他的妻子，兩人的兒子，以及當時十九歲的伊莉莎白・馬許。一七五五年三月，這家人永遠地離開了朴茨茅斯，乘船前往地中海與梅諾卡。她上路了。

* 編註：Esq. 是 Esquire 的縮寫。這個頭銜通常被用在土地仕紳階級，地位略高於一般紳士，低於騎士。

第二章

與伊斯蘭相遇非洲

Taken to Africa, Encountering Islam

搬到梅諾卡，等於風土、氣候、文化與宗教氛圍一下子都變了，最顯而易見的改變則是空間感。生活在陸地上時，伊莉莎白．馬許習慣的是世界上最強新教國家的擁擠港口。如今，她卻發現自己身處於一座兩萬八千人口，多岩石、耕地少、十英哩長的地中海島嶼。島上的猶太人與希臘正教徒稀稀少少、星星點點，人數遠遠不及天主教徒，而主要語言則是加泰蘭語（Catalan）的分支。梅諾卡島上四千多名不列顛人大多數若非陸軍，就是海軍。軍官與少數平民專業人士與商人，通常跟當地的天主教徒相當疏遠（天主教徒自然也以一樣的態度回敬），他們在自己的家裡，營造出一種極為受限的舒適社交生活幻象。[1] 以伊莉莎白．馬許的情況來說，她幾乎沒有時間醞釀幽閉恐懼症。社會地位抬升帶來行為舉止與消費方式上的轉變。她似乎學會了騎馬，也擁有了一套騎馬裝。她的父親如今負擔得起音樂老師，她也開始讀樂譜，而不只是記旋律。還有，她跟家人不再住在海軍宿舍，而是住進療養院島（Hospital Island，馬翁港外海一座十二英畝大的小島）上一幢用砂岩砌成的大房子。後來她寫道，自己「處得很開心」，突然間成為殖民社會上層中的小成員，在這個年輕、單身、社會地位稱得上淑女的新教女性物以稀為貴的地方，改頭換面。[2]

米爾伯恩．馬許的新生活同樣大為不同。如今的他不再是整天做體力活的人，而是「筆墨」之人。雖然不穿制服，沒有配劍，因此跟經營這個殖民地的海軍將校不同，地位比較低，但仍然是個不可或缺的人物，而且工作繁重。身為島上的海軍高等職員，他有一部分的職務為司庫，也就是梅諾卡海軍造船廠的資深財務官員。馬翁的巨大港口範圍往內陸方向延伸大約六千碼，沿著碼頭邊的海軍庫房就是他的職責範圍。同樣地，付薪水給造船廠裡擔任造船工人、製帆工人、木匠，與在海軍補給辦公室、烘培屋、磨坊與彈藥庫工作的不列顛人和梅諾卡人，也是他的工作內容。此外，米爾伯恩也肩負測量員工作，要起草地圖，也要為新的建築物與防禦工事繪製平面圖。他不時還擔任造船監工，監督入港的不列顛戰艦與運輸艦整修工作，同時緊盯那些運送補給和軍隊薪餉來的商船。在有限的休閒時間裡，他和妻子、兒子以及剛學會新才藝的女兒待在療養院島，島上有「岩石與峭壁……其間有四散的房舍」，駐當地的海軍指揮官、軍醫與來視察的將軍也都住在這裡。[3] 不過，米爾伯恩的白天時間都耗在海軍造船廠一排排不起眼的低矮建物裡，或是划著他職位配備的小船，在港內從一艘船艦到下一艘船艦，向這些船艦的艦長索取資訊，或是召集人員化解爭議，抑或是測量島上無數的大小海灣與小島。

梅諾卡畢竟不是個退隱江湖，享受殖民地悠閒生活的地方。一七〇八年，不列顛人從西班牙手中搶來這座島，動機和在他們之前入侵過這座島的腓尼基人、希臘人、迦太基人、羅馬人、阿拉伯人與加泰蘭人基本相同。美國海軍於十九世紀時在島上建了個行動基地，也出於大致相同的邏輯：梅諾卡提供了一個可以監控，甚至主宰西地中海的有利位置。一七五六年，一位不列顛作者寫道：

所有要通過直布羅陀海峽，前往非洲各地、阿爾及爾以東、義大利各地、土耳其各地（無論是亞洲或歐洲部分），以及所有來自上述地方，欲前往海峽口外口岸的船隻，都必須通過這座島與非洲海岸之間的水域。4

往返於熱那亞、利沃諾、尼斯、西西里、馬賽、里斯本、得土安（Tetuan）與的黎波里的若干主要航道，都在梅諾卡輕鬆控制的範圍內。從西班牙的地中海口岸，及其位於卡塔赫納（Cartagena）與加的斯（Cádiz）的海軍基地出航的船隻也是。不列顛佔領梅諾卡，駐紮足夠部隊之後，便能干預它的三大帝國對手——法國、西班牙與鄂圖曼帝國北非行省的商業與海軍活動。法國海軍主要根據地——土倫——距離梅諾卡兩百二十英里遠，對於以這座島為基地的不列顛艦隊來說，是在打擊距離之內。當然，反過來也言之成理。由於周遭地區滿是商業、戰略與軍事契機，梅諾卡是個理所當然的目標。一名政治人物在一七二〇年說，梅諾卡是個「前線駐防地」，必須保持紀律與警惕，「彷彿一直處於戰爭狀態」。5

馬許一家人在一七五五年來到梅諾卡。幾乎是一到島上，他們便見識了這座島的地理位置與戰略角色所伴隨而來的風險。那年十一月，里斯本發生大地震，造成伊比利半島與摩洛哥有十萬人喪生，法國、義大利、瑞士與芬蘭感受到震動，海嘯遠及高威（Galway）、愛爾

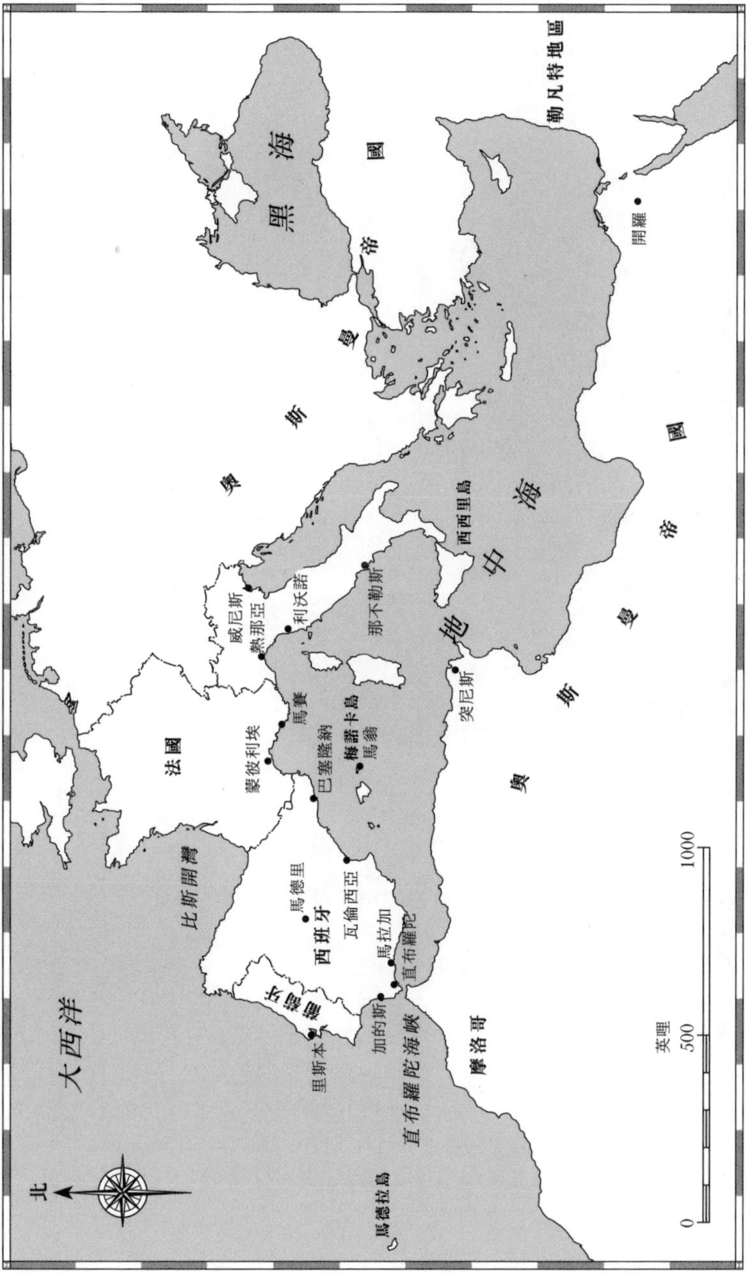

伊莉莎白・馬許與詹姆斯・克里斯普的地中海

蘭與巴貝多。他們經歷了餘震，以及隨之而來、由人類推波助瀾的餘波。法國跟不列顛再度開戰。這一回與過往的衝突不同，戰事並非始於歐洲。美洲人通常稱這場戰爭為法國—印地安戰爭（French and Indian War），歐洲人則稱之為七年戰爭（Seven Years War）。一開始的幾場戰役發生在亞洲部分地區、加勒比海，以及北美洲；無論是戰爭的爆發，或是前所未有的地理影響範圍，都直接衝擊到梅諾卡——也衝擊到伊莉莎白．馬許。[6]

梅諾卡雖小，但海岸線複雜崎嶇，「犬牙交錯的大海灣與岬角」，島上又有情緒不滿的天主教人口。對於不列顛駐軍來說，這在戰時實在難以防守。在這種情況下若要守住這座島，就必須有陸軍的增援，以及大批海軍出現才行。但這一次，如此規模的援軍卻難以調動。一七四〇年代之前，王家海軍船艦鮮少長期駐守在亞洲或美洲海域。如今，戰爭蔓延到兩個不同的大陸，不列顛的海軍資源因此分散，讓梅諾卡等傳統上的歐洲前線防不勝防，暴露在危險中。後來有一份海軍部的報告陳言：

> 一旦我們的領土與生意增加，我們必須費的心與面臨的困難也會隨之增加；這些遍及世界各地的生意和領土只能靠大海作為屏障，別無他法……。〔但〕實在不可能留住它們全部，甚至留不住其中之一，畢竟敵人也能派出不相上下的軍力。[7]

一七五五年末，法國入侵部隊集結於土倫與馬賽的風聲早已傳遍，但不列顛人在地中海只有三艘戰列艦，卻有十五艘在孟加拉與北美海岸巡邏。到了一七五六年初，法國的地中海沿岸已經有一百五十艘船與十萬人的部隊蓄勢待發，而不列顛人的情況只比先前好一點點。超過一百艘皇家海軍船艦正在大修，或是守衛不列顛本島海岸，另外有五十艘船在歐洲之外的海域，其餘地點只有十三艘戰艦可用。[8]

因此，一七五六年時人在梅諾卡島上的人，等於得自己保護自己。米爾伯恩・馬許身為海軍高等職員，必須設法從各個地中海港口找到並購買淘汰的舊船，改造成火船，只要有任何法國艦隊入侵就把船開過去。他也負責主持工作，將備用船桅與繩索拼接起來，作成長達兩百五十碼的障礙物，浮在水面上，橫過馬翁港狹窄的入口。四月初，梅諾卡偏遠處的哨站與水井都遭到摧毀，以防落入法軍手中。島上多數的天主教徒都已解除武裝，軍人和他們的家屬，連同島上親不列顛的猶太裔與希臘裔居民也開始集結，帶著上百頭牲口與其他補給品，躲到馬翁港入口處聖菲利浦堡的牆後。[9]

假如伊莉莎白・馬許和家人確實屬於較低的社會階層，那這兒也將是他們尋求庇護的地方。她將會和另外將近四百名女子一樣，在接下來的兩個半月裡，待在地下岩石通道網中經歷圍城，「守軍的聲響分分鐘鐘敲打著她的耳膜，天天都有認識的人被殺或負傷」。反過來說，假如他們家的社會地位更穩固，說不定她就會像許多軍官的女眷一樣，被撤離至鄰近巴利阿里群島中的馬約卡島（Majorca）——統治該島的是當時仍保持中立的西班牙。[10] 事實是，她的命運再度被父親的技藝那種獨有且不可或缺的特質所左右。四月十七日，星期六，米爾伯恩．馬許受到島上的海軍指揮官召見：

> 當法軍正登陸梅諾卡時，艾屆坎（Edgcumbe）准將下令他……從本島搭乘國王陛下的船「露易莎公主號」（*Princess Louisa*）前往直布羅陀，在彼履行造船長的職責。[11]

當時，馬翁港外有五艘皇家海軍船艦，「首尾相連，停泊在入港口」，但明顯少得無法與正在島嶼西部休達德拉（Ciutadella）海岸外集結的一百二十艘法軍戰艦與運輸船交戰，也無法長時間拖延正從這些船艦湧出來的部隊。五艘不列顛戰艦中，有兩艘在四月二十一日離開。此時米爾伯恩．馬許仔細將剩餘的文書完成、簽名，「同一天，敵軍出現在馬翁這一側」。隔天，也就是星期四，馬許一家上了有四十門砲的露易莎公主號，與「海豚號」（*Dolphin*）與「波特蘭號」（*Portland*）一銅逃往直布羅陀。[12] 她獲救了，但並不安全。

＊＊＊

因為眼下正是伊莉莎白・馬許開始掙脫家庭安排、跨洲力量與事件之網羅，試圖掌握自己人生的時刻。她在一七五六年四月三十日抵達直布羅陀。不到兩個月，她便決心途經里斯本搭船返回英格蘭。儘管以目前的情勢發展來看，不列顛與法國已正式宣戰，兩國的戰艦在地中海上縱橫交錯，奉命「扣押、鑿沉、焚毀或以其他方式摧毀」對方的海軍船艦與商船。即使父母親一開始並不贊成，但她仍然違抗父母的期待堅持啟航，成為一群男人中孤零零的女性旅人。

她採取這種行動有她個人的理由，但她也能為自己的決定提出站得住腳的縝密主張。抵達直布羅陀不過三天，米爾伯恩・馬許便可以對島上的海軍設施與防務提交報告。由於經濟因素使然，不列顛人長期忽略這座要塞，而米爾伯恩的評估也直截了當，令人氣餒：

> 絞盤、支桅強板與構架全數腐朽，船桅廠、小舟廠、瀝青間、鐵匠間與纜繩間全數腐朽傾頹；船廠的下水軌道需要徹底整修，萬一國王陛下的任何一艘船艦需要清理或防水處理，也沒有浮動碼頭可以用，沒有小船可讓職員進行任務；新水門之內用於修補船帆與技工之用的廠房盡皆傾頹。

這些（還有很多）就是他後來告知海軍上將約翰・拜恩（John Byng）的情況。拜恩同樣剛抵達直布羅陀，奉命派出十艘戰艦解梅諾卡的不列顛守軍之圍。拜恩還沒出發前，米爾伯恩那份不容樂觀的報告，便已經讓他開始思考失敗的情況。「假如我未能解馬翁港之圍」，他在五月四日告知上級，「我將以直布羅陀的安全與防守作為我的下一個目標。」[13]

這番話後來在拜恩遭到軍事審判時，被其他高級軍官詮釋為他缺乏堅定決心與積極態度的證據。但這不盡然公平。直布羅陀是個三英哩長的多岩石岬角，從西班牙安達魯西亞南部伸入海中，在當時沒有雨水之外的淡水資源，有如「一艘下了錨的巨大戰艦」。[14]它是個強大的天然堡壘，但它的優點也是弱點。這塊巨岩讓不列顛佔領者獲得地利之便，監控著地中海與大西洋之間的狹長海道。然而，一旦在海上遭到嚴密封鎖，島上的居民除了西班牙之外，無路可退。從一七五六年三月以來，來自外交官與間諜的報告已經在流傳——假如梅諾卡失陷（到了六月底確實發生了），法國將繼續進攻直布羅陀，接著把這兩處領土歸還西班牙，交換西班牙海軍艦隊在對抗不列顛的戰爭中助拳。[15]一旦法軍攻擊直布羅陀——而且一旦西班牙轉為敵對——這座堡壘既沒有充足的倉儲補給，又缺乏能讓海軍持續在海上作戰所必需的船塢設施，怎麼能夠自保呢？

正因拜恩思路如此，所以後來在一七五六年五月二十日，他麾下的艦隊與加里索尼耶侯爵（marquis de la Galissonière）的法國海軍分艦隊發生遭遇戰，沒有明確勝負時，他決定撤退。屆時拜恩將會趕忙回頭防守直布羅陀，任梅諾卡守軍聽天由命，最後他本人也因此遭海軍判處死刑，面對了行刑槍隊。然而對於馬許家的男人來說，拜恩對於直布羅陀海軍船塢與防務糟糕狀態的焦慮，帶來了實質的幫助。「由於需要適當人選監督、處理這些事務」，拜恩通知倫敦方面，「我必須下令米爾伯恩．馬許先生……擔任造船長……並命他盡其所能，將碼頭等設施整備至最佳狀態，畢竟不久後就會派上用場。」[16] 額外的職責讓米爾伯恩的年薪從一百五十英鎊衝上兩百英鎊，此外海軍還會提供膳宿。到了七月，約翰．馬許也成為海軍雇員，擔任乃父的文書，因為他父親此時已經忙得沒時間自己寫信。伊莉莎白．馬許的處境與此大不相同。對她來說，這裡是不可能有工作的。假如法西聯軍圍困直布羅陀，這一回可就沒法輕易脫身了——何況她是個跟不列顛軍隊有關係的二十歲單身女子。更有甚者，戰事如今延燒到歐陸，直布羅陀已經擠滿了部隊，不僅愈來愈擁擠，也愈來愈不衛生。這裡的海軍醫院收容了超過一千人，每天都有人死去。[17]

上述的一切，讓伊莉莎白．馬許能為自己離開直布羅陀的決定提出理據，說服父母同意，但她也是受到過往經歷所影響——其實是被這些經驗誤導。她以前搭乘的是船員齊整、紀律嚴明的大型戰艦，以攻擊敵人並承受砲火為用途而設計，她也因此不怕大海。但是，她在七月二十七日下午搭乘的「安號」（*Ann*）卻是一艘破破爛爛、沒有武裝的一百五十噸商船，船上載了裝白蘭地的木箱，而且船員只有十名。負責指揮的人是詹姆斯．克里斯普——名義上是個不列顛商人，平時以巴塞隆納為基地，馬許一家人也都認識他。此外還有兩名乘客——

年紀坐四望五的愛爾蘭商人約瑟夫・波潘姆(Joseph Popham),以及他正值青春期的兒子威廉(William)。[18] 由於正是戰時,安號與另外十四艘商船組成船隊,前往里斯本,由四十四門砲的「戈斯波特號」(*Gosport*)擔任護衛。護衛艦一事也誤導了伊莉莎白,因為她對皇家海軍抱持著理所當然的信任。偏偏艦長理查・愛德華茲(Richard Edwards)跟大多數的海軍軍官一樣不喜歡護衛任務,而且他的護衛功夫實在奇爛無比。戈斯波特號的前一趟行程是從普利茅斯前往直布羅陀,而他不只一次把交託給他的三十四艘船艦給看丟了。至於這一回的里斯本新船團,地中海的這個海域很容易起霧,他的能力也受到更嚴峻的考驗。儘管「一開始天氣相當和煦」,但才離開直布羅陀一天,霧就濃到他完全看不到十五艘跟著自己的商船。為了提升速度,愛德華茲下令把戈斯波特號的小艇從水面吊至甲板上,接著開砲作為表示船隻位置的信號。[19] 安號上的人聽到砲響,而他們最後一次看到戈斯波特號是在七月三十日上午,距離七英哩。安號的船長孤注一擲,「為了跟上戰艦而張開所有的船帆,危害大家的性命也在所不惜——我們都不知道,貨艙裡已經進了六呎深的水」。伊莉莎白・馬許熟悉大海,但不熟悉小商船的能力極限。她承認自己「身處險境時渾然未覺,直到事情過了才後怕」。[20]

但此時船隻全都走散了:其他的商船、花了十天抵達里斯本的戈斯波特號,以及安號都是。八月八日下午兩點,安號終於從濃霧中漂流出來,看到「一艘船迎風追趕我們,在七點半時跟我們進入手槍射程距離」。這艘船並非他們原本以為的法軍戰艦,而是一艘二十門砲的摩洛哥巡洋艦，船上有超過一百三十名武裝人員。如今已經沒有逃跑的可能，克里斯普與波潘姆父子同意划小船前往摩洛哥船艦。他們以為事情很容易解決，只要給他們看自己的地中海護照，驗明正身，畢竟摩洛哥跟不列顛名義上保持和平關係。此時的伊莉莎白・馬許「一派輕鬆，直到夜晚來臨，恐懼攫住了我的靈魂，因為他們沒有在講好的時間回來。我一直提心吊膽到早上……（此時）看到的不是幾名紳士，而是載滿摩爾人的小舟靠到我們的船邊，撤下我們的船員，把他們送去摩爾人的船上。」她在安號上又待了四天，而那些登船的摩爾人也是。接著在八月十二日，她也被小舟帶去摩爾人的船上。「望之有如高山的波濤」令她膽寒，因為她再也不是從戰艦安全的頂層甲板上看浪，也是因為她跟當時多數的船員一樣，不會游泳。所有人都上了海盜船之後，便根據社會地位（而非性別差異）無情地分隔開。安號上的普通水手們在甲板上，用繩子綁在一起。但詹姆斯・克里斯普、約瑟夫・波潘姆與其子，以及伊莉莎白則是被推進一間艙房，「小得無法容我們站直身子。我們四個人得生活在這悲慘的地方。」[21]

在她關在這裡的三天期間裡（接下來還有更多身陷囹圄的日子）變得愈來愈重要的，是那些她動筆記錄下來、願意費心去記憶的事，以及有關她這趟苦旅與變化環境中，那些她拒絕認識、或是無從了解的方面。她已經習慣每隔一段時間生活在海上，在上百名男子之間，因此很能應對徹底缺乏隱私、不適的環境、氣味、直接瞥見他人的裸體，以及他人窺看她的裸體。「馬許小姐」，約瑟夫．波潘姆後來表示，「……撐過她自己的苦難，超乎人們對於她柔弱的性別所能有的期待。」[22]開始讓她感到心慌的，反倒不是和三名男子擠在發臭艙房中的尷尬與困難，甚或是遭到暴力抓捕的驚嚇，而是被生生地從所有習慣定位中扯開的感覺。她成長在關係緊密，而且經常紀律清楚的社群，而她又是備受敬重的匠師唯一的女兒。她在不列顛整體社會中的位置雖然邊緣，但她在自己的海上世界中卻有固定的位置。隨著這場奇特、夢魘般的苦旅開展下去，她的個人定錨感也開始鬆動，而她也感受到她被自己的性別以一種嶄新的、危險的方式凸顯出來。

她已經在安號上待了好幾天，周遭圍繞著好奇、間或粗俗的摩洛哥水手，只有船上的老管理員擋在她和他們之間（這是她後來記錄的）。如今一行人被關押在海盜船上，威廉．波潘姆試圖減輕自己的恐懼，於是對她講起「故事，說摩爾人之殘忍，以及我的性別在柏柏里*將面臨什麼樣的危險」。等到八月十五日，他們終於在塞拉（Sla，亦作Salé，位於摩洛哥的大西洋岸）的港口上岸。伊莉莎白．馬許騎著他們給她的騾子，走了兩英哩粗糙的道路進入塞拉舊城。招呼她的是「房頂上的女子們所發出的難以理解的噪音，讓我大惑不解，直到有人告訴我，這證明她們對於女性俘虜的到來有多麼喜悅」。還有很多事情讓她意識到自己的不同。她、波潘姆父子與詹姆斯．克里斯普被人分配住進一間垮了一半的屋子，再度被關在同一間房間裡。當地的一些歐洲商人設法透過賄賂進到屋裡，偷帶信出去。俘虜們等到晚上才開始寫信，「免得守衛懷疑我們在做什麼」。[23] 約瑟夫・波潘姆寫信給一位有力人士——都柏林的亨利・卡文迪什（Henry Cavendish）閣下，敦請他找他的兄弟，前愛爾蘭總督德文郡公爵（Duke of Devonshire），代表俘虜斡旋。詹姆斯・克里斯普寫給新任直布羅陀總督提洛利男爵詹姆斯・奧哈拉（James O'Hara, Baron Tyrawley），以及取代拜恩擔任不列顛地中海艦隊司令的愛德華・霍克（Edward Hawke）閣下。波潘姆與克里斯普在各自的信末以附筆的方式寫了私人的訊息，但他們的第一反應，都是設法聯絡有影響力的公眾人物。等到米爾伯恩・馬許終於得知女兒真正的困境時（報紙原本報導安號遭到法軍捕獲或擊沉），他的反應也相去不遠。他立刻以他標誌性的堅定態度，請第一海軍大臣，安森勛爵（Lord Anson）出手相助。相形之下，伊莉莎白・馬許在生命的這個階段跟任何男性有力人士都沒有關係，因此她的信只是寫給父母。所以不像其他幾位，她的信未能傳世。[24]

眼下那些對她有生殺大權的人同樣也提醒了她，讓她意識到自己的地位有多麼脆弱。俘虜被人帶往塞拉的摩洛哥高官面前接受訊問，此時詹姆斯・克里斯普有能力與官員用西班牙語對談。馬格里布的男性菁英與造訪當地的歐洲人經常使用西班牙語交流。但不太會西班牙

* 編按：柏柏里（Barbary），十六至十九世紀歐洲人對馬格里布，即今天北非海岸的稱呼，地理空間上涵蓋今天的摩洛哥、阿爾及利亞、突尼西亞、利比亞等地。

語的伊莉莎白則帶進官員妻妾的閨閣，「他的夫人們住的內室」，這是她頭一遭跟摩洛哥女子共處一室，而且她始終沒能知道對方的名字。由於沒有人能擔任通譯，兩人只能大眼瞪小眼——這是她後來在書中的說法——彼此都感到很陌生：

她出奇高壯，有一張寬扁的臉，皮膚非常黑，一頭黑長髮。她穿的衣服就像是神職人員穿的長袍，材質是平紋細布（muslin），脖子的位置有鈕扣，就像襯衫的領子，衣長至腳掌。她的雙手、雙腳都掛著鐲子；而且超級好問問題，好奇地檢視著我的衣服和人，我一出現就讓她樂不可支。

無論她自己的祖先來自哪裡，伊莉莎白．馬許後來都會對她的讀者強調這名摩洛哥婦女皮膚「非常黑」。更有甚者，她在描述摩洛哥長袍（*djellaba*）時還舉出牧師的罩衫，藉此顯示自己的基督教、聖公會信仰。[25] 然而此時，想到她的苦難與這另一名女子的處境或許沒什麼不同，才更讓她心煩。她們兩人現在都受到限制，被限制的方式不同；但是，要是未來自己像這名女子一樣被幽禁在摩洛哥，該怎麼辦？第一個說出這種可能性的，是個能遊走於當地穆斯林與基督教社會的人，一位名叫佩德羅．烏姆伯特（Pedro Umbert）的奴隸。烏姆伯特是梅諾卡人，被海盜俘虜，如今成為摩洛哥代理蘇丹西底．穆罕默德的財產。烏姆伯特奉命前往塞拉，跟當地的歐洲商人社群協商。[26] 之所以找他來見俘虜，是因為伊莉莎白・馬許與詹姆斯・克里斯普都能講一點加泰薩尼亞語——烏姆伯特的母語。聽完他們的故事之後，他竭力要兩人用另一段謊言取代原本的謊言。

自從一行人被抓之後，克里斯普便假扮為伊莉莎白的哥哥，「以期能稍稍保護我」。但現在烏姆伯特警告他們：

> 在摩洛哥，如果他〔克里斯普〕假扮成我的丈夫，而不是哥哥的話，我受傷害的風險才會比較小。我的朋友回答，他認為自己扮演現在已經在扮演的這個角色，我應該就完全安全了；而且，〔塞拉〕的首長已經來向他檢驗這個說法的真假，因此現在要改變說法已經太遲。我們的交談就此打住，烏姆伯特也離開我們；但他的建議，以及他提議時的態度，對我是一記警鐘。[27]

雖然她最終同意假扮成詹姆斯・克里斯普的妻子，但是她的不自在讓她跟男性同伴之間分得更遠。隨著在海上被抓的恐懼與不安消退，與本國的通信恢復之後，他們也開始感到適度放鬆。以約瑟夫・波潘姆為例，當押送一行人前往西底・穆罕默德宮廷的所在地馬拉喀什的命令下來時，他依舊相當鎮定。他在其中一封偷渡出去的信上提到，自己對於「可憐的馬許小姐」要面對眼前三百英哩跨越高山與沙漠的路途，感到過意不去，但他「完全沒有一點不安……而且一開始就是如此」。他補充道，或許可以聯繫人在直布羅陀的米爾伯恩．馬許，鼓勵他用船給自己的女兒捎來一些有形的安撫：「一小桶優質奶油，一點乳酪、茶葉與糖……少許肉豆蔻皮、肉桂與肉豆蔻末，兩瓶特靈頓滴劑（Turlington drops）以防害病，〔以及〕半磅上好的封蠟」。[28] 日常用品；香草與調味料，用來蓋過摩洛哥飲食中的陌生杏仁甜味；鴉片酊為主成分的藥，大西洋兩岸廣泛以此治療從瘀青、咳嗽到頭痛等各種症頭；最後則是用來彌封連串信件的封蠟——波潘姆此時想到的預防措施與安慰就是這樣。他也不擔心蠟封信件說不定根本不安全。他跟伊莉莎白．馬許一樣，並不完全了解情況。

* * *

約瑟夫．波潘姆的放心，多少反映出從十七世紀以來，不列顛與摩洛哥和其他馬格里布勢力之間關係的轉變。當時，來自突尼斯、的黎波里、阿爾及爾與其他鄂圖曼口岸的海盜，在摩洛哥外海劫掠，嚴重威脅西地中海和大西洋局部海域的基督教航運，有時甚至威脅到部分西歐海岸線。[29] 一六六〇年以前，被抓到摩洛哥與鄂圖曼帝國各地為奴的歐洲水手、漁民、商人、男女旅客，以及濱海地區的村民，數量很可能和歐洲人在大西洋買賣的西非奴隸差不多（一六六〇年就不同了）。一五〇〇年代晚期至十八世紀末之間，可能有一百二十五萬歐洲人以此方式落入海盜手中，成為奴隸；在東歐、俄羅斯，以及偶爾對西歐的突襲中，還有更多人被鄂圖曼軍隊從陸路帶走。據說光是一六八三年鄂圖曼人襲擊維也納，就有八萬名男女老幼被抓去當奴隸。[30]

就地中海來說，這些暴行與奴役的模式從來不是單方面的。中世紀晚期與近代早期，地中海東西有大量的海盜活動，而他們理論上都是基督徒。許多海盜背後有法國、西班牙、義大利各國，甚至是馬爾他島聖若望騎士團（Knights of St John）撐腰；這些基督徒海上劫掠者就跟他們的伊斯蘭同行一樣，劫掠的動機大多是垂涎可能的贖金，而非出於宗教狂熱或對特定宗教的反感。但是，只要鄂圖曼與馬格里布的海上劫掠與押人為奴的作法繼續下去，就會對不設防的個人與地區造成相當的威脅，而他們引發的恐懼更是影響深遠。甚至到了一七五〇年代，某些歐洲弱國（例如熱那亞）的船艦，以及地中海濱的小村莊，仍然暴露於馬格里布海盜面前。馬許一家人搭船前往梅諾卡與直布羅陀，途經西班牙海岸的時候，想必有注意到海岸邊的人家有多麼少見，小漁村、小商城多半都集中在丘陵上，跟所有海岸小心保持距離。一名皇家海軍軍官在一七五六年表示：

> 他們的房子之所以坐落在現在的位置，是因為擔心摩爾人。假如房子蓋在容易到達

的地方，摩爾人就會上岸，把全村人抓去當奴隸，即使村人謹慎小心，這樣的事還是經常發生，西班牙的地中海沿岸情況尤其嚴重。[31]

對此時的不列顛人來說，馬格里布海盜造成的危險通常微乎其微。皇家海軍的軍力與地中海基地，嚇阻了大多數的海盜，讓他們不敢襲擊不列顛商船，和跟不列顛有利益往來的特定社群。自一七〇〇年代初期以來，不列顛開始仰賴摩洛哥為在梅諾卡與直布羅陀的駐軍提供給養、馬匹與騾子，阿爾及爾與突尼斯則是次要供應者；不列顛支付的方式不只是現金和茶葉與上等織品等再出口的奢侈品，還包括槍枝、大砲與彈藥。不列顛帝國與摩洛哥帝國雖然因為宗教、文化、相互偏見、不同的力量與財富水平而各自為政，但雙方在這個程度上是相互依賴的，而且通常也在實務上對彼此相當寬容。[32] 正因為如此，約瑟夫．波潘姆和其他來自安號上的男性俘虜，一開始對他們在一七五六年遭遇的困境毫不擔心。他們確信，只要不列顛當局知道消息，就會支付適當的贖金，派戰艦來解救他們，讓事情就此落幕。那些身在倫敦、都柏林與直布羅陀，收到俘虜們手寫求助信的政界與海軍官員，則比起安號的俘虜們，以更嚴肅也更準確的觀點看待此事，但他們同樣沒能意識到牽涉其中的所有力量。

自從阿拉維王朝（'Alawi dynasty）最有名的蘇丹穆萊．伊斯瑪儀（Moulay Ismail）在一七二七年過世之後，摩洛哥的財富與重要性便遭受傳染病、地震、一再出現的乾旱與重複的內戰而削弱。一七五六年，名義上的蘇丹是穆萊・阿布杜拉（Moulay Abdallah），但他對王位的繼承權已經在五個不同的場合遭到嚴重挑戰。此時，真正的大權已經從他身上徹底落入他的兒子——西底・穆罕默德手中，這倒也是他所希望的。西底・穆罕默德是個在能力和想法上完全不同的統治者。安號遭捕獲之前的幾個月，不列顛直布羅陀總督預言西底・穆罕默德「太兇悍，若不給予嚴懲很難馴服」，但這既非事實，也不是真正的重點。[33] 不過，這位新任代理蘇丹夠無情，也夠熟練，足以操弄基督徒對於「穆斯林統治者專斷野蠻」的既有印象。一七五五年，幾艘皇家海軍船隻的艦長跟摩洛哥北海岸的幾名獨立軍閥達成協議，供應軍閥武器，交換給船員的新鮮補給品。西底・穆罕默德迅速回應。他對塞拉的歐洲商人社群發動懲罰性打擊：

> 殿下監禁所有基督教商人與修士；但蒙特尼（Mounteney）先生是英格蘭人，他的脖子上掛了大鎖鍊，雙腳上了銬，挨受了非常多次的笞跖刑後，被留下等死，不過他後來是死在自己家裡，因為他知道王子因他是英格蘭人，想慢慢折磨他到死，於是他在失去理智的情況下上吊了。

歐洲流傳著許多關於柏柏人殘暴的恐怖故事。海梅・阿勒沃那（Jaime Arvona）是另一名生於梅諾卡的奴隸，講得一口流利的法語、西班牙語與阿拉伯語，在代理蘇丹位於馬拉喀什的宮廷中擔任財務司庫、秘書，也是皇室親信。一七五五年九月，他在西底．穆罕默德明確的指示下，把蒙特尼悲慘命運的故事告訴一位不列顛外交官。[34] 不列顛人可能會在這段訊息中認出凶惡的下馬威。他們應該還記得，歐洲商人與基督教神職人員通常能自由在摩洛哥城市自由活動，而無論是身分卑下的基督徒奴隸，還是像阿勒沃那這種位高權重的個人，每逢基督教重要節日時，都能照例放假過節，也都有自由在每個主日進行禮拜。但不列顛人更關注西底．穆罕默德透過阿勒沃那所傳達的威脅：

> 我來傳達這份快訊，讓各位知道：殿下意欲在整個海岸地區派遣行政長官，遠至坦吉爾與得土安……他將會讓第一個踩進他領土內的英格蘭人淪為奴隸。[35]

「我在海上的船艦將盯著你們」，西底．穆罕默德在一七五六年親自警告一位不列顛海軍軍官，「無論在哪兒遇到，都會把你們拿下。」一七五五年下半年與一七五六年上半年，盎格魯—摩洛哥關係惡化，是海盜船攻擊安號的部分背景。因此，當丹麥駐摩洛哥領事格奧爾格．荷斯特（Georg Höst）得知此事，他對這些俘虜的處境，看法從一開始就沒有任何模糊之處。他在日記中提到「乘客（幾名商人與一名女子）遭執為奴」。[36]

* * *

八月三十日，伊莉莎白・馬許與其他俘虜在戒護之下騎著騾馬出了塞拉城時，她對這一切渾然不覺。她被捲入了一起自己無從全盤了解的嚴重公開事件，而她的心思卻在個人的問題上頭。首先，她注意的是身體上的舒適度，一名來自拉巴特（Rabat）的西班牙商人借她一頂帳篷在旅途上用，還幫她騎的騾湊合做了個側坐鞍，結果很快就發現坐起來疼痛又不安全——她的注意力就在這些事情上。當隊伍往南移動，穿越平原與沙漠，前往馬拉喀什時，她都在跟嚴重的懼曠症（agoraphobia）奮鬥。這是她這輩子第一次看不到海，也無法看到任何定居聚落的蹤影：「一棟房子或一棵樹都沒有，只有一大片曠野，綿延的山峰。雖然我盡可能在我受侷限的處境下好好觀察，卻實在沒有什麼值得一提。而且我手邊也沒有書」。37 沒有書、地圖，不會阿拉伯語、西班牙語或任何一種柏柏語，更沒有城鎮建築能測量距離與行程，只有一個接著一個的營地——她失去了平常的地理感受。她無法為對於這一程中的各個不同階段命名。由於隊伍在夜間的涼爽中啟程，在一天最熱的時候數度短暫停步歇息，她對於時鐘與日曆的堅定感受也遭到剝奪。她脫水，營養不良，多半靠雞蛋與牛奶撐下去，而且不停意識到自己的女性身分有多麼顯眼。她必須放棄以「摩爾女人使用這個裝置的方式」，使用那個臨時做成的側坐鞍。側坐鞍橫裝在她騎的騾子上，「底下有行李，上面鋪著一塊軟

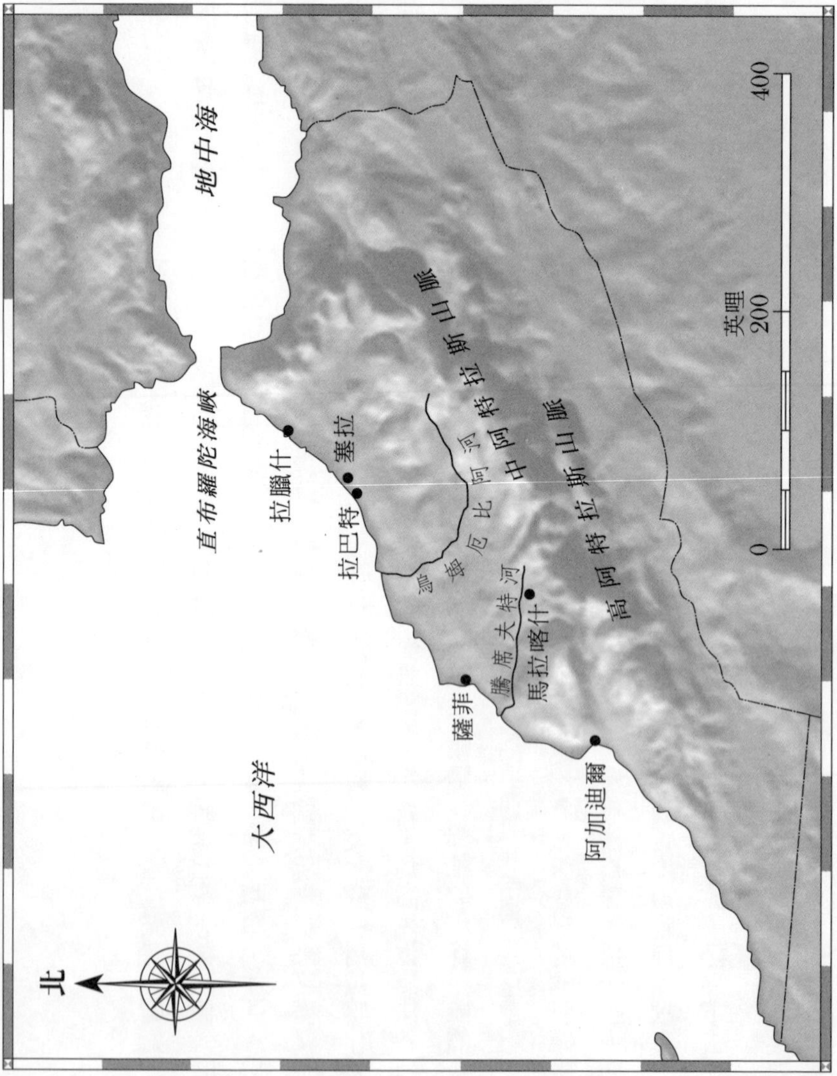
地中海
直布羅陀海峽
大西洋
拉臘什
塞拉
拉巴特
中阿特拉斯山脈
高阿特拉斯山脈
鄔毒厄比阿河
騰席夫特河
馬拉喀什
薩菲
阿加迪爾
英哩
0
200
400
北

伊莉莎白・馬許的摩洛哥

墊；摩爾女人會躺在上面，因為可以蓋起來不透光；但我是坐在上面，雙腳擱在騾子脖子的一側，然後我發現這樣可以把我和阿拉伯人屏擋開來」。這個裝置增加了她的孤立感，但同時也進一步讓大家都看到，她是隊伍中唯一的女性成員。當有些經過的貝都因部落民「意圖動粗」的時候，她的守衛就會大喊（人家是這樣告訴她的），說「我是要獻給西底・穆罕默德的禮物」。[38]

負責押送隊伍的摩洛哥將領是拉伊斯・哈吉・阿爾比・密斯塔里（Rais al-Hadj al-Arbi Mistari），他所走的路，似乎是傳統上奴隸與俘虜在塞拉下船之後所走的路線。在這六到七天的路程中（沒有辦法確定，因為俘虜們不知道日期），他們從拉巴特往南，繞行中阿特拉斯山脈（Middle Atlas），渡過烏姆厄比阿河（Oum Er-Rbia，伊莉莎白差點在這裡溺死），最後終於抵達馬拉喀什北邊的騰席夫特河（Tensift）。在被迫走過這一程的女性當中，伊莉莎白・馬許不是第一個，也不是最後一個表示自己的故鄉是不列顛的人，但她卻是第一個把自己的經歷記下來的人；其實，她是歷史上第一個用英語詳細描寫摩洛哥的女性。不過，她在此時記在心裡的內容，跟傳統的旅遊作家所寫的不太一樣。她不像其他許多十八世紀的女性旅人，比方說，不會去記那些能刻畫自己非凡勇氣的軼事（不過，從騎在騾背上，用這麼快的速度走這一程來看，她體格顯然很強健）。她也不那麼在乎要去描寫她眼前所見空空如也的風景——只有少數例外，比方說她第一次看到山「高聳入雲」的時候。[39] 她是在強迫下旅行，精神上與身體上的壓力都在不斷地增加，因此她所描述的這趟旅行，部分而言是一趟內在之旅，是對自己內心與恐懼的一場探索。

距離馬拉喀什還有八英哩時，隊伍停了下來，她的帳篷被搭了起來，她的海員置物箱被打開，密斯塔里透過通譯命令她更衣，「進入摩洛哥要有樣子」。從塞拉出發以來，她第一次換上乾淨衣服，戴上睡帽擋太陽，「此時他們告訴我沒有打算讓我戴帽子」。等到「如他們的想法打點好」之後，她就被安排坐在……不是她那頭騾子，而是詹姆斯．克里斯普的騾子上，坐在他的身前：

這時，一名守衛扯下他的帽子，拿著帽子揚長而去；這種對待讓我們極為驚訝：但我們只會愈來愈震驚，我們受苦的同伴們被迫從騾子上下來，用走的，兩兩並肩，沒有帽子，太陽比我曾經感受過的都還要熱，路寸步難行，連騾子也舉步維艱。40

就這樣，當伊莉莎白．馬許與詹姆斯．克里斯普終於騎著騾子，進入西底．穆罕默德的城池與權力的根據地時，他們也跟上千名圍觀他們的人有了明顯的區別——不只是因為恐懼與疲憊，也是因為不同的象徵體系。圍觀的摩洛哥人可能把他們相對體面的西式衣著，解讀成一歡迎的遊行展示，所傳達的是：「剛剛擄獲了這些較少見的高階級俘虜，應該能獲得很高的贖金」。他們肯定注意到，所有的囚犯都不得戴自己的帽子，也因此等於以某種方式剝奪了他們的身分。帽子在此時是歐洲人最明顯的服飾標誌。但對克里斯普來說（對伊莉莎白·馬許更是如此），被迫共騎一頭累得半死的坐騎，身處群眾的吵鬧與辱慢之中，很可能還有一層不同的含意。除了明明白白的羞辱與不舒服之外，這場折磨的苦旅想必也讓他們聯想到粗野的「嘎里瓦里」（*charivari*）——當時的不列顛以及其他西歐社會中，有時仍會有心懷報復的村民與鎮民，以這種在粗野音樂中遊街的方式，懲罰通姦或不守秩序的男女。把受害者安在驢上，讓他們在「粗厲、刺耳的噪音，毫無憐憫的嘲弄，以及淫穢的模仿動作」之中遊街示眾：這便是粗野音樂儀式中常有的內容。眼下，無論是馬拉喀什群眾的「叫囂與噓聲」，騎手飛快騎過克里斯普時打他的雙腿，還是對伊莉莎白比的粗野手勢，想必都讓他們想起這種儀式。[41] 本來就一直想到自己在假扮丈夫與妻子的他們，就這麼以一種（讓他們）感覺羞恥與性事不檢點的方式，進了四處都是方形宣禮塔的紅色馬拉喀什城。

當他們被迫從坐騎上下來，與其他俘虜分開，整個下午幾乎都單獨被關在一處古堡高處的房間，距離西底·穆罕默德的宮殿三英哩遠，此時他們的自我意識一定越發增長了。現在不用煩惱西方的禮教，克里斯普與伊莉莎白·馬許於是坐在地板上，「感嘆我們的悲慘命運」。結果，等到他們被放出來，帶到宮殿大門外，站了好幾個小時，終於見到代理蘇丹的時候，感覺就像是透過一層霧在看。不只是因為疲憊，或是歐洲人先入為主的想法，也是因為他們的心思都放在自己身上。伊莉莎白確實精確紀錄了幾件事。她注意到代理蘇丹重視威嚴與儀式：「他騎在一匹漂亮的馬上，兩側有奴隸用扇子把蒼蠅搧走，由一批黑人衛隊保護著」，他們是「布哈里」（*Abīd al-Bukhārī*）的成員——強徵來的黑膚哈拉廷人（*Haratin*）與黑奴士兵。她明確提到這次的會面是露天進行。摩洛哥統治者與同是遜尼派穆斯林的鄂圖曼蘇丹不同。傳統上，他們不會在富麗堂皇的室內接見使節與請願者。摩洛哥蘇丹也沒有叫記事書寫，以書面形式向受眾宣告的習慣，而是親自透過言語佈達，就像這一次的情況。她還提到「摩爾人將士」是怎麼跪在他們的統治者面前，親吻地面，「然後他們在起身時，又對他的腳做同樣的事」。一名摩洛哥使節後來記述，這是「應對我們蘇丹的風俗，當我們靠近他時，我們會親吻土地，我們認為這是出於〔對神〕感激的跪拜」。[42] 這就是伊莉莎白．馬許所見，並且在後來寫下來的一切。不過，西底．穆罕默德從這次會面中看到的是什麼？

一七五六年，他三十多歲，五呎十吋高（編按：約一百七十八公分），以當時的標準來說很高。以他當時一名不列顛奴隸的原話來說，「儀表堂堂，深棕膚色，右眼有點斜視，但長相還算好看」。[43] 其實，伊莉莎白．馬許錯誤地推斷他大約二十五歲。當時摩洛哥社會並不統一，部分還是部落社會，西底．穆罕默德決心恢復、擴大蘇丹的權威，他在對付國內外敵人時可以非常無情。然而，觀察力比較敏銳的歐洲使節逐漸願意承認，這位新任代理蘇丹也很慷慨為善、有條不紊、勤勞、聰敏，而且興趣廣泛。他在年輕時，被摩洛哥的內戰與戰門的需要剝奪了他接受傳統王儲教育的機會，於是他現在根據固定而嚴苛的時間表按表操課。他習慣每天很早起床，騎馬出門巡視他的城市和他戶外奴隸們的工作，獨自坐在花園中享用早餐，接著結合國家治理與智識、宗教上的研修。他成立了一個小諮議會，他可以和他們討論伊斯蘭文學與歷史作品，而且他每天都跟宮廷中的學者會面。[44] 由此看來，西底・穆罕默德不僅虔誠，而且深深地親近於某種泛伊斯蘭的世界觀。由於他太清楚歐洲主要強權增長中的財富與侵略性，他渴望與其他穆斯林統治者——尤其是伊斯蘭世界之都，伊斯坦堡的鄂圖曼蘇丹——建立防守同盟。在西底・穆罕默德正式擔任摩洛哥蘇丹統治期間（一七五七年至一七九〇年），他將三度派遣使節團至伊斯坦堡，每一回都希望締結對抗「異教徒」的互助約定。[45] 他之所以希望與鄂圖曼蘇丹維持緊密關係，以及他支持馬格里布的盟友——突尼斯與阿爾及爾的統治者對抗歐洲剝削者，也是建立在深刻的宗教虔誠信仰上。

伊斯蘭信仰與基督教同為一神信仰，也同樣有著普世性的志望。無論生活在世界上的哪一個地方，阿拉伯語（伊斯蘭的神聖語言）、完成「朝覲」（*hajj*，前往麥加朝聖）的義務，以及「伊斯蘭之域」（*dar-al-islam*）的概念（這個概念讓信徒得以將此地當成整個伊斯蘭宇宙的一個部分來經驗和想像）都能把穆斯林結合在一起。這些信仰的原理貫穿西底・穆罕默德所懷抱的國際觀，但無法完全解釋之。他跟自己的父親——前任蘇丹穆萊・阿布杜拉不同，他不僅朝覲過，而且經常造訪其他聖地。[46] 證據顯示，他很可能立志獲得認可，成為西穆斯林世界的哈里發：也就是說，成為一名政教領袖，與東邊的鄂圖曼蘇丹共同構成雙極，守護整個伊斯蘭世界。換句話說，伊莉莎白・馬許和她邋遢的俘虜同伴們在一七五六年九月初，於馬拉喀什宮殿大門外遭遇的這名統治者，是個精明、堅定而內省，眼界寬闊遠甚於摩洛哥一地的人。甚至在西底・穆罕默德透過通譯宣布對他們的處置時，他也把這一點表現得很清楚，只不過俘虜們無法領會其言詞的完整意涵。他告訴伊莉莎白、詹姆斯・克里斯普與其他人：他不會奴役他們，而是要把他們當成人質拘留起來，直到不列顛同意設立適當的摩洛哥領事（Consul of Morocco）為止。[47]

他所說的「領事」，要從商業角度思考。西底・穆罕默德始終認為，若要鞏固自己的權威，並恢復摩洛哥作為穩定、繁榮政體的切實可能，就必須以貿易為基礎，透過更正常的關係與正面的互動來平衡對非穆斯林世界的疑慮。他很可能志在成為西方的哈里發，而他肯定希望與其他穆斯林統治者形成更緊密的盟友關係。但他也希望跟世界上的其他地方發展關係，進而發展本國商業，增加歲入。他已經在一七五三年時，與丹麥達成三項貿易協定。這位蘇丹終其統治期間還會簽訂四十多紙協議，對象包括其他歐洲大國與轉口港，有不列顛、法國、葡萄牙、西班牙、尼德蘭、普魯士、瑞典、威尼斯、漢堡，以及亞德里亞海濱的重要商業成員——杜布羅夫尼克（Dubrovnik）。[48]「當今皇帝在他所有的事務上都非常謹慎」，約瑟夫・波潘姆後來在一七六四年如此寫道。此時，這位一度與伊莉莎白同為俘虜的人，已經變成不列顛駐摩洛哥領事了——「他親自關注各種跟歐洲有關、最瑣碎的事務。」西底・穆罕默德西望的目光不僅止於歐洲。他將成為世界上第一位承認美國獨立的穆斯林統治者。他還在一七八四年命令麾下的海盜船捕獲一艘美國商船——「貝茜號」（*Betsey*）。等到拿住對方之後，蘇丹便以貝茜號的船員為談判籌碼，美國國會後來在一七八六年同意簽訂條約，與摩洛哥建立完整的外交關係。[49]

貝茜號在美國獨立戰爭之後的遭遇，跟安號在七年戰爭開始時的命運，有著明顯而重要的相似處。在這兩起事件中，西底・穆罕默德皆使出傳統模式的海上暴力，卻是為了全新而建設性的目標。他並不是在對基督徒海員發動聖戰，也不是為了贖金，雖然他的受害者這麼以為。這不是西方按照習慣、狹隘地想像出來的「吉哈德」（*jihad*），而是非常不同的事物。這幾起特定的摩洛哥海上劫掠行動，用意不在懲罰、或是趕走非穆斯林，而是要迫使西方勢力進入對話與協商。西底・穆罕默德要西方注意他，尊重他。更有甚者，他想要、也需要提升他與西方商業活動的接觸和影響力。根本的原因，恰恰是摩洛哥大部分地區半沙漠的曠野，也就是讓伊莉莎白・馬許茫然困惑、失去方向的同一片風景。

當時的摩洛哥與阿拉伯世界的其他地方相仿，地大人稀。遲至一八〇〇年，整個阿拉伯、北非、西撒哈拉、蘇丹與大敘利亞可能只有一千七百萬人散居各地。相較之下，印度次大陸與中國在地理範圍上都比阿拉伯世界小，卻各有兩億與超過三億以上的居民。比起印度與中國，阿拉伯世界（埃及例外）都不是以生產性的農民為人口主體，而是大量的半自治部落民。在大城市之外，許多摩洛哥居民是伊莉莎白．馬許選擇稱之為「野阿拉伯人」（wild Arabs）的人——他們通常過著游牧生活，統治國家的蘇丹也無法輕易掌控他們。[50] 上述這一切影響了西底．穆罕默德打造摩洛哥海外商業連結，同時要對這些連結有一定權力掌控的決心。他的國家太過乾燥，可耕地太少，無法建立高度生產的農業經濟，因此也沒有人數夠多、夠聽話的農民階層，能讓王室稅收剃羊毛。因此，他最有希望能強化王室歲入與影響力的做法，就是擴大並監管摩洛哥的貿易。當然，此時的跨撒哈拉貿易依然重要，摩洛哥各口岸與城市向來都有眾多歐洲商人活躍在其中。伊莉莎白．馬許在摩洛哥當了三個月人質的期間，她記錄自己與來自英格蘭、愛爾蘭、瑞典、法國、西班牙、丹麥、希臘與荷蘭共和國的商人會面過。但在過往歷任蘇丹統治時，這些歐洲闖入者顯然輕鬆便能把摩洛哥海外貿易掌握在手中，從中牟利。因此西底．穆罕默德的目標既是讓他的國家對歐洲貿易與商業人士比以往更為開放，同時也要更緊密、更有效率地監督這種貿易，如此他才能抽稅。正因為如此，有一位法國外交官說「皇帝……自己當起商人了」。[51]

在這過程中，西底．穆罕默德也成為了這段期間後來所謂「原型全球化」（proto-globalization）當中的一個角色——這個人全心全意，擴大自己在伊斯蘭世界中的影響力（他和摩洛哥是這個世界中的一部分），也致力於發展並利用與基督教西方更廣大不同地區的連結。借用一位歷史學家的話來說，西底・穆罕默德的統治，令人清楚感受到「原型全球化實際上是種多中心的現象，穆斯林元素的積極參與強化了原型全球化」。歐美外交官後來會逐漸意識到，這位蘇丹一方面是虔誠的穆斯林，對傳統學術研究相當熱心，一方面又是個四海一家、重視商業，而且有志於創新的人物。「他是個行動迅速，有洞察力的人」，不列顛大使在一七八三年表示，「……深受百姓愛戴。」然而，同一位作者還補充說明，這位蘇丹的個性還有一項特點：「他縱情女色，在這方面他完全不給自己設限」。[52]

＊＊＊

伊莉莎白・馬許就從這裡重新進入故事中。她聽完通譯翻譯西底・穆罕默德的正式宣告後，便和其他疲憊的人質一塊兒被打發走，帶去一間位於「梅拉」（*mellah*，馬拉喀什猶太區）的房子，位置就在王宮的東邊。通常梅拉四周有牆，是個與其他人隔離的地方，只有一道大門，由蘇丹的士兵守著。但是，里斯本大地震及其餘震讓部分的梅拉及圍牆化成瓦礫。伊莉莎白停留摩洛哥期間，餘震不斷發生，其聲響令她想到「一輛馬車飛速壓過粗糙的路面」。雖然猶太人在摩洛哥通常獲准有信仰自由，有些人扮演重要的商業角色，並且在對歐洲基督徒的外交會面中擔任中介者，但他們仍然是邊緣人，是遭受惡劣對待與懲罰性徵稅的目標。

摩洛哥最大的梅拉——馬拉喀什梅拉，形同弱勢群體的隔都，不只是城內猶太人的家，也是許多歐裔奴隸的家。[53]

伊莉莎白走進這間淒涼、半毀的單層方正建築，一行人接下來就要關押在此，「牆壁上……爬滿蟲子，牆面有如燻過一般黑」，於是她選擇在露天的院子裡搭她的帳篷。但她沒有時間休息。海梅．阿勒沃那——代理蘇丹的梅諾卡裔高級奴隸與寵臣帶著命令抵達，護送她，而且只有她，前去王宮。她跟著他穿過重重門扉與花園，經過一個又一個的守衛。她愈來愈接近宮殿建築群的中心時，對方命令她脫下鞋子，因為她即將走進聖裔之王子——先知後代的領域裡。進去之後，是更多的房間，更多的守衛，最後終於抵達「殿下所在的殿堂」。[54]

在此之前，伊莉莎白．馬許在摩洛哥遭遇的苦難，都有人能與她一起同病相憐。她自己心裡雖然覺得越來越孤立，但事實上她不是孤單一人。有幾個不同的個人能觀察她，提到有關她的事情。有些是其他的俘虜，有些是歐洲商人與使節，他們都提到她在塞拉的日子，以及前往馬拉喀什的旅途。她出現在不列顛海軍官員、政界、外交官與殖民地官員之間的正式與私人通信中。在西底．穆罕默德本人的正式外交信件與佈告，以及宮廷中奴隸與通譯留下的詳盡記錄中，她和其他人也曾是其中的主題。伊莉莎白和她的同伴們雖然沒有政治分量，也不是有錢人，卻在檔案中留下了大量、不尋常地多樣的記載。但是，一旦她赤腳穿過西底．

穆罕默德的宮門，她就成了門內發生的事的唯一一位史家，她是僅有的聲音。而她在許久之後才會寫下她的故事，那時她人在另一個國家，承受不同的影響與新的壓力。[55]

根據她的描述，這第一次的宮內遭遇為時不長——在這個場合裡，人家可能在仔細打量她，但除了提到那些泰然自若、衣著華麗的人用好奇的目光看著她之外，她實在記不得太多。西底·穆罕默德輕鬆地坐著，身邊有他的四名女眷，「她們看到我的時候，看起來和他一樣開心。倒不是說我的外表會讓她們對我有好感。」伊莉莎白一方面很有自覺，一方面也感到害怕。她知道自己的臉已經曬傷（她會不會是故意這麼說給她的讀者群聽，讓他們覺得自己其實皮膚很白？），騎馬裝皺皺巴巴，上面都是這一路上的汗水與沙子。其中一名女子透過通譯告訴她，可以給她一些乾淨的摩洛哥式衣服。伊莉莎白婉拒之後，那名女子便「從手上取下自己的手鐲，然後把它們戴到我手上，表示我應該為了她而戴著它們」。伊莉莎白對珠寶沒有什麼經驗，對於這些開口銀手鐲，她下意識的茫然反應，是覺得它們看起來就像馬蹄鐵。行禮如儀一陣之後，她就退下了：

> 但是，引我進來的人並沒有帶我回我們住的地方，而是帶我進去另一間廳室，不久後王子也跟著進來。他坐在軟墊上，接著問起有關我和我友人婚姻的實情。這個問題突如其來，但是，即便我以正面方式肯定——說我是已婚之人——我也感覺到他

對此相當懷疑……。他也指出，英格蘭人的妻子根據習俗，會戴上婚戒；奴隸〔通譯〕對我提到這件事，我的回答是：我把婚戒收起來了，因為我不打算戴著它旅行。56

代理蘇丹終於准許她退下，「保證他會尊重與保護」。她在戒護下回到梅拉那間陰慘、滿是蚊蟲的屋子，但接下來兩天，她的處境有了變化。人質們還在塞拉的時候，一些歐洲商人群體的成員會造訪他們，提供協助。其中有一人名叫約翰．庫厄特（John Court）。他生於倫敦，人聰明又有教養，在阿加迪爾（Agadir）經商，經常在撒哈拉以南非洲各地旅行。西底．穆罕默德召他前來馬拉喀什擔任中間人。庫厄特的同伴是名叫安德魯斯（Andrews）的愛爾蘭貿易商，主要在摩洛哥面大西洋海岸的薩菲（Asfi）活動。伊莉莎白．馬許天真地對這兩個人吐露她跟詹姆斯．克里斯普的「婚姻」只是偽裝，還告訴他們自己在宮裡的一些遭遇。57

說她天真，是因為她這下子冒了雙倍的危險。安德魯斯警告她，恐怕有西底．穆罕默德的間諜會聽到流言，或是在她的文件中找到證據，證明她撒謊，實則並未結婚。即便處在自己人當中，她的風險其實也愈來愈高。從他們被俘以來，已經過了一個月有餘。如今，來自安號的其餘乘客、約瑟夫．波潘姆與其子，都明顯跟他們保持距離：「我們鮮少有那個榮幸見到同為俘虜的人，他們覺得跟船員在一起，比跟我的朋友和我在一起更有趣。」[58] 伊莉莎白・馬許寫下這些字句時，已經是十三年後的事了。但即便過了十三年，她仍然不願意承認，波潘姆父子之所以跟她和詹姆斯・克里斯普保持距離，原因恐怕不是為了尋找樂趣，而是因為不贊同以及／或是尷尬。在她經歷這趟摩洛哥苦旅的時候，儘管她有著新學來的、淑女般的教養假象，但她仍然是個來自工人背景的人，習慣船上較隨便的生活方式。因此，她恐怕無法完全了解，自己的行為已經超越波潘姆父子等傳統中產階級男性所接受，認為年輕未婚女子合宜舉止的範圍。她選擇在沒有女性陪伴者的情況下旅行。她必須跟三名沒有親戚關係的男子睡在（或是醒著沒睡地待在）同一間房間裡。她先後假冒詹姆斯・克里斯普的妹妹與妻子。現在她又在別人的戒護下，單獨前往穆斯林王子的宮殿。無論未來將發生什麼事，也無論上述的某些行為有多少非自願成分，她的名聲都受到壓力。

等到海梅・阿勒沃那帶回「一籃水果……（以及）各種鮮花」，以及一道要她跟著他再次進宮的命令時，事情就更是如此。後來她寫道，她此時打扮好自己，「穿著整套衣物，頭髮以**西班牙式**的髮型處理」。[59] 無論是真是假，這都是非常少見的細節描述。伊莉莎白・馬許在她的寫作中從來沒有談論過自己的外表，除非是講它變壞。各式各樣的旅程與突發事件構成了她的人生，過程中她或者提到自己的髮質愈來愈脆弱，提到自己的臉曬傷，東西吃得太多，或者自己病了，唯一一次透露出形體上的浮華姿態，就是在她和摩洛哥這位三十五歲的代理蘇丹二度會面之前。和上一次一樣，使者帶著她穿過混和了各種風格美學的花園與建築物。此時，摩洛哥跟丹麥已經成為商業盟友，代理蘇丹也找來一連串的丹麥御用園丁，忙著重新設計他宮殿中的三座花園，打造林蔭道、迷宮與花床。西底．穆罕默德那座以石材與大理石打造的宮殿內部，似乎也是風格混合的實驗之作。裡面有傳統的馬賽克作品與幾何花樣的釉面磁磚，但也有些許西式消費性商品。比方說，王居中有「好幾面上好的歐式更衣用壁鏡，附有非常漂亮的掛飾」，而且「每間房間都有精美的金箔蠟燭吊燈臂」。[60] 不過，這並非對於西方品味的照抄。根據伊斯蘭傳統，光擁有一種神聖的品質，是神的存在與理性的示現。一如既往，西底．穆罕默德從西方借用事物的方式是有想法的，為他自己的目的，也用他自己的方式。這名男子

身材高大、體態優美、面容英俊⋯⋯。穿著以上好的平紋細布做的寬袍，下擺垂地至少兩碼長；寬袍下是一襲粉紅色緞子背心，以鑽石為鈕釦。他戴著一頂與背心相同緞質的小帽，上面也有一顆鑽石鈕扣。他的雙腳戴著鐲子，便鞋上仔細裝飾著黃金。他整個人的外型相當宜人，態度有禮而親和。

從這裡就能看出來，伊莉莎白．馬許描繪這第二次的宮內覲見時，主要著墨於表面、商

品，以及這些物質的誘人力量。端給她的飲料不是傳統的咖啡，而是茶——來自亞洲的再出口商品。這杯茶是用「與錫一樣輕的茶杯與杯碟端上來的，杯盤上了綠色與金色的漆，相當奇特。他們告訴我，這杯盤是荷蘭人進獻的。」這是能證明她確實見過西底・穆罕默德宮殿王居的細節之一。稍早在一七五六年，荷蘭政府與荷蘭東印度公司送這位代理蘇丹一系列的禮物，希望能簽訂一紙與摩洛哥的商業合約。禮物包括名貴的紡織品、一張沙發、幾把雕花手槍，以及前述那些說不定和茶葉一樣從中國與巴達維亞（今日的雅加達市區）進口而來的杯盤。代理蘇丹在做提議的時候，還以更多國際商品做為附帶條件：

有一名奴隸拿來許許多多不同國家製作的珍奇物品，讓我見識。我對自己所見的一切大大讚賞，這讓王子非常高興；他透過通譯告訴我，他毫不懷疑，假以時日，比起我當時深受侷限的生活方式，我會更喜歡這座宮殿；我永遠都可以依賴他的青睞與保護；而我所見的這些奇珍異寶都會是我的。

伊莉莎白・馬許拒絕了他的提議。她透過通譯重申，自己已經與詹姆斯・克里斯普結婚，而她不「希望改變我在這方面的處境，只要他准許，我就要退下」。[61]

但是，她反而被交給西底・穆罕默德的一名女眷，她坐在房間的另一頭。伊莉莎白・馬許描述她時，同樣也是從外貌、物品方面來描述。雖然代理蘇丹有意成為某種類型的商人，圍繞他的都是越洋貿易帶來的商品，但那位地位較低的女性，身上的裝飾多半是（肯定不會只有）摩洛哥的東西：

她用一塊有銀邊的平織布包著頭，在頭頂上堆得老高；她的耳環非常之大，穿耳的部分做成空心，以求其輕。她穿著上好布料作的……寬大連身衣物，便鞋以藍緞為材料，用銀線縫製。

這名女子所穿的上好印度織品，說不定同樣是荷蘭人的禮物，不然就是阿拉伯或亞洲商人用船隻跨越印度洋運來的。她透過自己的通譯跟伊莉莎白對話——通譯是個法裔男孩，因為年紀還小故能獲准在代理蘇丹的後宮中服務。[62]

從此時起，敘事的內容與語調有了轉變。由於伊莉莎白．馬許所提供的細節，「質」與「量」大多為當時其他英語文獻所未見，因此伊莉莎白．馬許肯定至少一度在摩洛哥代理蘇丹位於馬拉喀什的宮殿內室中，與他近距離接觸過。代理蘇丹也很可能試圖為了性的目的而留住她。但是，對於眼下伊莉莎白伴著代理蘇丹的女眷時所發生的事情，她的說法實在令人難以置信，我們無法確知其中究竟有幾分真實。據她說，那個法裔男孩向她保證，她身旁這名摩洛哥女子道出口的，只是日常的寒暄話。既然這名女子感覺相當友善，還揮舞著手，彷彿在鼓勵她，於是伊莉莎白便冒險複誦了女子說的某些字句。她在無意間所說的——或者說試圖要說的——是下面這句話：「*Lā ilāha illā Allāh wa-Muhammad rasūl Allāh*」。這當然就是穆斯林信仰的最原初的陳述，堅定表達萬物非主，唯有真主，穆罕默德是真主的使者。

難怪她一唸出來，「宮殿立刻陷入極度的混亂，每個人臉上都有著欣喜的表情」。西底·穆罕默德命令所有人安靜，伊莉莎白·馬許馬上被從這間人比較多的房間，帶去另一間對外人隔絕的大房間。「長度大於寬度，滿滿都是女人，但多半是黑人」，是女眷內室的一部份。（這裡或許有幾分真實。一名在西底·穆罕默德宮廷中的英格蘭奴隸在一七五〇年代提到，代理蘇丹習慣由黑人（也就是來自撒哈拉以南非洲）女奴把他挑的女人帶到他床邊。）[63] 伊莉莎白在房間中等待，一方面害怕，一方面卻非常好奇。她拒絕人家給她的點心，就怕食物與飲料中下了藥。接著她再度受召，面見西底·穆罕默德，這一回在另一間私人的房間。他

> 坐在一頂緋紅天鵝絨華蓋下，華蓋有著華麗的金邊。房間很大，裝潢精美，以馬賽克柱為支柱；房間的另一頭放了一排有金色流蘇的軟墊，地上鋪了波斯地毯。

他們再度透過通譯對話：

「你願意成為穆斯林嗎?你願意好好考慮如我所願所帶來的好處嗎?」

「我不可能改變自己對宗教信仰的態度,但我將永遠記得您對我最高的尊重,並希望陛下繼續保護。」

「你今天早上已經放棄基督教,轉為信奉真主了。根據我們的法律,一旦改宗卻又放棄,可以處以死罪,而且是火刑。」

「假如我成為叛教者,那完全是因為那名法裔男孩的問題,而非出於我的意願。但是,若我的死能給你任何寬慰,那我絕不會逃避這最終解脫,來終結我的不幸。按照你的提議活著,只會增添我的苦痛。」

他看起來不明所以,但仍繼續對她提出要求。跪在地上的她回答:

「我懇求您的憐憫,並且——您讓我有理由期待您會證明您的尊重——求您允許我永遠離開您。」

他用雙手蒙著自己的臉,接著揮手要她離開。奴隸通譯抓起她的手,接著:

> 盡可能快速穿過重重大門，卻發現很難從聚集在門口的群眾中間穿過。我珍重的朋友〔指詹姆斯·克里斯普〕在人群的另一邊，披頭散髮，神情痛苦，要求把他的妻子——也就是我——放回來；但不近人情的守衛卻把奮力想擠進來的他打倒在地，而那些黑人女子——並非基督徒，而是摩爾人——抓著我叫囂，把我的辮子全從布巾裡扯出來，我的頭髮於是掛在雙耳邊。經歷了連番爭執後，我的朋友還是贏了；他把我從那些女子中間拉過來，抱在懷裡，然後以最快的速度離開她們的視線。[64]

* * *

伊莉莎白·馬許回顧當年，將這起事件——也就是她最後一次與西底·穆罕默德會面的高潮處加以重寫，轉為對話體裁之後發表。她的敘述讀起彷彿摘自當代的戲劇或小說。這並不讓人意外，畢竟她肯定從後一種文學形式中得到了一些靈感，或許前一種形式也對她有所啟迪。她人生故事中的這齣劇碼（堪稱鄉土劇）也不出人意料。她在一七六九年下筆，當時正值她另一段苦旅的中段，她正承受沉重的壓力。不過，儘管文學手法有待加強，又有明顯出於虛構的元素（比方說，西歐國家才有用火刑燒死叛教者的傳統，馬格里布社會沒有），她的字句中仍然透出道地的狂野與戰慄。這也不讓人訝異。畢竟她是真的在摩洛哥歷險，受到的誘惑也貨真價實。

過去的女性鮮少討海或經商營生，旅行的頻率也遠低於男性。幾個世紀以來，穆斯林海盜俘虜的歐洲人當中，女性僅佔少數。但是，以這種方式遭到俘虜的歐洲女性，卻比男性俘虜更有可能因為性或是其他方面的用處，一輩子被關在馬格里布人與鄂圖曼人的家中。一旦她們年輕、單身、窮困，或是有其他缺乏保護的情況，就更是如此。一七二〇年代，據信摩洛哥海盜曾經在海上抓過至少三名不列顛女性。其中兩人是猶太富商的妻子，跟先生一起被俘，而這兩對夫妻終究皆獲贖，被交給皇家海軍。剩下的第三名女子——瑪格麗特．謝亞（Margaret Shea）是個年輕的單身女性。一七二〇年被俘時，她正獨自一人從愛爾蘭出發旅行，她受到的待遇大不相同。她似乎再也沒有回到故鄉，被帶往摩洛哥之後懷了孩子，轉手於好幾個主人之間，改宗（或是被迫改宗）伊斯蘭。[65] 同類事件也發生在十八世紀下半葉。西底．穆罕默德在一七五七年正式成為蘇丹後，承諾要減少海盜與掠奴，作為改善與西方商業關係的政策之一環。話雖如此，他仍然以扣押有魅力又無依無靠的基督徒女性為奴而聞名。一七六四年前後，一名非常年輕的熱那亞女子在摩洛哥的地中海海岸遭遇船難。她和伊莉莎白．馬許一樣，被人帶去西底．穆罕默德位於馬拉喀什的宮殿。但她跟伊莉莎白的不同處，在於她改宗伊斯蘭，委身於後宮。先為西底・穆罕默德之妾，後來成為他的其中一名妻子，學會讀寫阿拉伯文，並改名為拉雅・達維亞（Lalla Dawia）。[66]

身為熱那亞人，這名女子出身的是個不大的共和國，只有一小支海軍，外交籌碼也有限。不過，縱使伊莉莎白・馬許與一同為質的人來自世界上最強大的新教國家，但他們的人身安全與她本人的貞操並不會自動得到保證。一七八〇年代，拉雅・達維亞對英格蘭醫生威廉・倫普里耶（William Lempriere）講述自己的故事。倫普里耶獲准進入後宮，為她治病。娓娓道來之時，她並未提及自己在一七六四年首度來到西底・穆罕默德的宮殿有受到任何實際的強迫之舉（強迫不同於威脅）。在沒有立即逃脫或被人救出的指望，又跟自己的家人斷絕音訊的情況下，面對蘇丹的甜言蜜語，她的抵抗只會隨著時間流逝而愈來愈無力。伊莉莎白也有很大的機率遭遇這樣的命運。一七五六年，不列顛正在打一場跨洲之戰，需要摩洛哥補給該國僅剩的地中海基地——直布羅陀。不列顛政界沒有道理為了救出幾個身分低微的人質，便派出遠征軍對付西底・穆罕默德，何況這種作法向來並非不列顛的標準政策。此時在海上被俘、帶往摩洛哥的不列顛人，通常都會在當地身陷囹圄或做苦工至少一年（而且通常不只），直到在位的蘇丹點頭，展開有關釋放人質的磋商。因此，安號的船員與乘客很有可能在馬拉喀什一待好幾個月，甚至是好幾年，而「身邊沒有故舊」的二十歲女子伊莉莎白・馬許也很可能非得進宮覲見更多次。[67]當然，她也很可能被迫在性上面服從。

浪漫、淫穢與帝王世家的傳奇故事，圍繞著伊斯蘭社會中的女奴，這些女性至今依舊在相當程度上被忽視，在檔案中也無聲無息。但這些故事卻會讓真實情況變得模糊。身處摩洛哥與鄂圖曼家戶中的女奴，通常比相同地區的奴隸士兵，或是比遭人賣到加勒比海與美洲種植園的大多數非裔奴隸享有更安全、更輕鬆的生活。假如非常走運，買下她們的人是富人的話，女奴還有可能穿金戴銀，西底．穆罕默德的寵妃顯然就是如此。她們的主人甚至有可能愛上她們，珍視她們。但是，即便是萬千寵愛於一身的女奴，也仍然是財產。她無權拒絕與主人性交。被迫進入親密關係的她，始終面臨身體上的屈辱與暴力對待。奴隸士兵至少還能經常移動，而且只要能活下來，說不定還能透過自己的武勇，贏得某種晉升。但是，除非成為妻子，或是為主人生下孩子，否則一旦奴隸女子的肉體吸引力褪去，她就很容易遭到冷落，被許配給其他奴隸，或是主人選擇的某個自由人。[68] 伊莉莎白．馬許後來回想，一旦屈服於西底．穆罕默德的禮物攻勢，就會讓她淪落到「被動順從，毫不抵抗」的境地。[69] 她個人的抵抗（雖然相當有限）應該有助於讓自己免於這種命運。不過，對於像西底．穆罕默德這種虔誠、對人厚道的穆斯林統治者來說，更關鍵的想必是她宣稱自己已婚的說法。

現存證據顯示他並不相信這個說法，但他也不覺得能就這麼無視之。伊莉莎白．馬許的明確婚姻狀態確實是個重點。一項可能的證據，出現在西底．穆罕默德的梅諾卡奴隸執事兼近臣——海梅．阿勒沃那的正式書信中。阿勒沃那按照主人的指示，去信當時的各個不列顛官員。在這些信件中，他習慣用個人名來稱呼詹姆斯·克里斯普與波潘姆父子。但他就只用「女士」（lady）來稱呼伊莉莎白·馬許。阿勒沃那之所以如此提及她，可能只是按照伊斯蘭社會慣俗而為。根據禮數，你不可以直呼女子之名，讓人家都曉得她叫什麼名字，除非是司法程序有紀錄全名的需要才行。因此，當瑪麗·沃特利·蒙塔古夫人（Lady Mary Wortley Montagu）在十八世紀初陪著擔任大使的丈夫，進行她那知名的伊斯坦堡之行時，她的鄂圖曼東道主們才會出於禮貌，稱呼她為「女士」或「夫人」，絕不會使用她的名字。[70] 但以伊莉莎白·馬許的個案來說，阿勒沃那很可能是為了幫助陷入困境的女性及其歐洲同行者於危難間，才特別利用這項禮俗。無論原因為何，他在信中都沒有稱呼她是「克里斯普夫人」，畢竟代理蘇丹怎麼樣都不相信她真有這個頭銜。但阿勒沃那明明知道她其實未婚，卻也沒有稱她為「馬許小姐」。他的梅諾卡奴隸同胞佩德羅·烏姆伯特，曾經在克里斯普與馬許停留塞拉期間與他們談過話，也已經把他們使的花招告訴阿勒沃那了。不過，阿勒沃那仍然習慣僅以「女士」來稱呼伊莉莎白·馬許——這個稱謂什麼都沒隱藏，但也什麼都沒透露。[71] 她向來垂涎這個頭銜，而摩洛哥期間似乎是她人生中唯一一次在文件上經常被以「女士」（Lady）稱呼的時光。*

* 譯註：英文的「Lady」有淑女、出身高貴的含意。

既然她已經告知原委，而西底・穆罕默德也有更要緊的事情得辦，跟性有關係的商談旋即被更傳統、男性主導的政治操作所取代。最後一次與伊莉莎白會面的隔天，代理蘇丹便召見詹姆斯・克里斯普、波潘姆父子、安號的船長與船員——但沒有召見她——前往王宮。他們按照他的命令，把姓名簽在寄給不列顛直布羅陀總督提洛利男爵的信上。文中，代理蘇丹再次抱怨自己受到不列顛人的「不公平對待」，但他聲明「他將透過他們，樹立節制與公正的典範」。人質得以自由離開。精確來說，他們得以自由被人接走。不列顛人既不會也無法入侵摩洛哥。這封信等於正式通知王家海軍，現在他們獲准從摩洛哥海岸把人質接走。[72]

信送達直布羅陀的那一刻起，命運的巨輪便開始轉動。一七五六年十月七日，海軍上將愛德華・霍克（Edward Hawke）勛爵指示波特蘭號——也就是前一年四月護送伊莉莎白・馬許一家人離開梅諾卡的同一艘五十五門砲戰艦——來再度解救她。[73] 一星期後，波特蘭號抵達摩洛哥盧克科斯河（Loukos）河口南堤的貿易與海盜重鎮拉臘什（Larache），並於十月二十一日目視「塞勒（塞拉）的高塔」。隔天，波特蘭號在塞拉近岸錨地下錨，艦長賈維斯・梅波斯登（Jervis Maplesden）提到所剩無幾的安號，「船櫟就擺在岸邊」。他表示大多數可用的木材都不見了——已經被海盜生吞活剝，拆去修理自己的船隻。安號的貨物也消失無影蹤，當地人早就把詹姆斯・克里斯普的一箱箱白蘭地卸下船，賣給幾個人在當地的荷蘭商人。[74]

波特蘭號抵達塞拉，接著在薩菲外海下錨，然後就是一場書信外交、討價還價與展示海軍軍威的大戲。「我懷抱和平與謙遜的態度而來」，梅波斯登艦長在寄給代理蘇丹的第一封信中如此保證，他在整起磋商從頭到尾皆保持這種友好的語調。不過，雖然波特蘭號的桅頂飄著白旗，但他也很仔細，天天操練船上的「大小槍砲」，而且是在岸上的人可見的範圍內為之。「殿下對於你信中的內容與語調表示非常開心」，這是阿勒沃那對梅波斯登第一封信的回覆。他圓滑地寫道，梅波斯登的信顯示不列顛畢竟還是有些公僕「既有能又客氣」。[75] 到了十一月初，西底．穆罕默德已經正式同意「克里斯普先生、那位小姐、波潘姆先生與其子」，以及安號的船員可以登上波特蘭號，「繼續他們的航程」。當然了，他透過阿勒沃那告訴梅波斯登，這必須有一點回報。一七五七年三月，他希望不列顛在摩洛哥指派一名專任領事，促進兩國的貿易往來。他還指望能得到禮物——意思是造船用的材料。否則，直布羅陀將得不到摩洛哥的補給，而他還會對此時早已飽受法國戰艦與私掠船所苦的不列顛商船運輸發動戰爭：

> 感謝主，整個帝國〔摩洛哥〕都處於和平狀態，而且……〔服從於〕一個領袖。這個領袖知道歐洲所發生的一切，也知道如何分辨什麼對他的版圖有利。

所有的互相恭維、虛張聲勢、反嗆，以及近乎於明目張膽的威脅，都在十一月十七號上午十點結束——伊莉莎白．馬許與她在安號上的同行者們，終於在此時划船前往波特蘭號。[76] 梅波斯登艦長把自己在艏樓的艙房讓給她單獨使用。這是三個月以來，她第一次睡在自己的房間裡。

＊＊＊

伊莉莎白．馬許在摩洛哥的最後幾個星期裡，內心似乎飽受煎熬。她身體狀況不好，也許是因為營養不良加上中暑所致，但她同樣受到「情緒低落」所苦。約翰．庫厄特——那位在柏柏里經商，先前在馬拉喀什幫助過俘虜們，又陪他們前往薩菲的商人——後來提到她是怎麼在被俘的最後階段「大幅失去了」她一貫的生氣與活力。不難理解，她擔心事情會出差池，擔心梅波斯登的協商會擦槍走火，而她再也無法離開。即便划船從薩菲離開，前往波特蘭號的那一刻，她仍然「極度恐懼，直到我們抵達戰艦之前，都害怕岸邊會有信號命令我們返航」。[77] 無論是與西底．穆罕默德的遭遇，亦或是必須表現得「不像我原來的面目」，都折磨著她的內心。尤其是，她「原來的面目」如今似乎沒有過去那麼清晰。她看不到自己的家人，被人從海上帶走。她在自己所不願意的情況下被拉到另一塊大陸，來到她幾乎一無所知的自然環境、文化以及人情風土中。她先後假冒成詹姆斯．克里斯普的妹妹與妻子，還在西底・穆罕默德的宮殿裡差點失去自己的信仰、姓名、語言、國家、服裝、貞操與道德依歸；甚至說不定多少有點受到引誘要拋棄這些事物。她原本渴望旅行，卻遭遇各種「難受的枷鎖」——這是她的用詞。[78]

等到一七五六年九月底，也就是一行人獲准離開馬拉喀什的時候，這種受限的感覺卻有增無減。隨著立即性的風險與緊張消退之後，她變得近乎於偏執，擔心為西底・穆罕默德效力的間諜會從她的信件中找到她未婚的證據。她說服詹姆斯・克里斯普從瑞典商人手中買來一個金戒指，藏在自己的衣物箱裡，以防自己的物品遭到搜索。她一方面迫切期盼父母寄來的信件（好讓她能確定父母依然認她這個女兒），一方面害怕「它們遭到攔截，結果被人發現我的真名」，內心左右撕扯。[79] 儘管在摩洛哥的最後幾星期，日子過的相對舒適——愛爾蘭商人安德魯斯及其希臘貿易夥伴德米特里歐・寇勒蒂（Demetrio Colety）在薩菲擁有一棟房子，她人就住在裡面，但她似乎無法休息，也無法放鬆。約翰・庫厄特一度陪著他們，並且講自己「新編」的非洲旅行故事來哄她開心。但整體來說，這段時間的等待對她來說「令人煩惱」。她後來在書中坦承，連「超過端莊程度所需」的打扮都「是種痛苦」；加上因為許多原因，她對於被迫與男性共處一室感到疲憊，「獨處成為我唯一渴望的重要標的」。在她的焦躁與沮喪底下，不只是身心方面的耗竭，也不只是不確定性與受驚，還有對於返國前景的矛盾心態。她擔心被迫留在摩洛哥。她也害怕回到自己所知的環境，回到認識她的人身邊，擔心「不懷好意的世界會無情而不公正地批判我的行為」。[80] 有一項明確、合理的擔憂，位居這些恐懼的核心。

她的擔憂以間接的方式，從她描寫薩菲一場婚禮進行的敘述中浮現出來。在等待返家的最後期間，她從安德魯斯房子的窄窗觀察這場婚禮，而此時她感到「極度憂鬱」：

外人是看不見新娘的。這個國家的風俗，就是將新娘隱藏在眾人視線之外；她乘坐的車輛包得彷彿花環，和我們的牛奶女工在五朔節（編按：慶祝夏天開始的節日，通常是五月一日或五月的第一個星期一）坐的花車相去不遠，有著鮮花與其他的裝飾。不久後，新郎騎著披著彩衣的騾子出現，兩側各有一個摩爾人，為他搧走蒼蠅；他們步調很慢，跟在樂隊之後；至於新娘，我聽說她頂多十二歲，而且直到婚禮當天之前，恐怕從沒有見過她所要嫁的人。[81]

這段話的確可以從一個理所當然的角度來詮釋。當時的西方觀察者經常透過女性的待遇，來檢視、評判其他社會。無論是當時或是今日，對於穆斯林女性真實或傳說中的限制大書特書，都是一種全面批判伊斯蘭信仰、批判伊斯蘭社會限制政治自由和個人自由的方式。但是，就伊莉莎白的這段話來說，這種傳統的解讀並不貼切。對於這場在薩菲進行的婚禮，伊莉莎白・馬許的敘述中讓人感受到喜悅與歡騰，顯示她的羨慕要多於批判。據她所述，這對摩洛哥佳偶在樂聲、裝飾、打扮得相當華麗的騾子之間通往他們的婚姻，而這麼多的花朵也讓她想起五朔節。更有甚者，這對新人是在習俗、儀式中，在「大批群眾」的注視之下，按照所有應有的禮數成婚的。反觀**她自己**，在她假冒別人的妻子，在她差點消失於後宮的事情廣為人知之後，她還能期待什麼樣的婚禮，以及什麼樣的婚姻呢？對她來說，有鑑於傳統社會對於女性貞潔一塵不染的期待，她所能擁有的最好的盼望，想必也在她待在薩菲的最後幾星期中逐漸清楚起來了。自己能跟誰結婚？伊莉莎白・馬許再也想不到更踏實的選擇了。此時的她，就和她對這位年輕摩洛哥新娘的想像相去無幾。

波特蘭號與乘客們在十一月二十七日抵達直布羅陀。「詹姆斯・克里斯普的太太」原本不過是個託辭，但在一七五六年十二月初與一七五七年七月一日之間的某個時間點，她在一場私人儀式後，成為法律上的詹姆斯・克里斯普太太。

第三章

起家倫敦，眼望美洲

Trading from London, Looking to America

一七五六年十二月，詹姆斯．克里斯普在直布羅陀向伊莉莎白．馬許求婚，當時她「對於這番告白並不驚訝」。但她也沒有馬上被沖昏頭，不過他「整體而言個性和善，加上我欠他的情，而我父親的熱望又壓過其餘所有的考量；還有……總之我們結婚了」。至少這是她後來發表給眾人一讀的版本。但是，她略去不論的部分，就跟她選擇強調的部份一樣引人聯想。她承認對克里斯普在摩洛哥時的幫助與保護充滿謝意。她強調自己的父親——米爾伯恩．馬許促成了婚事。她仔細提到（無論原因為何）克里斯普「整體而言個性和善」，還描述他是多麼努力讓她相信「他對我的愛，以及一想到要分別，他會有多麼不快樂」。[1] 然而，無論是在她書寫摩洛哥的苦旅及之後的發展時，抑或是現存其餘的文件中，她都沒有把「愛」這個字，跟她對於這名成為她丈夫的男子抱持的感受連繫起來過。

她表示在自己心甘情願與他結婚之前，確實有「許多困難得克服」，而那些掙扎「令我落淚」。她的叔叔喬治．馬許對於這場婚事的締結留下了比較清楚、但仍然是單方面的說法。根據他在《家族資料集》中記載（這些事伊莉莎白．馬許從來沒有提到過），詹姆斯．克里斯普最早在一七五五年時就向伊莉莎白．馬許「預付了追求」，兩人此時都生活在梅諾卡。喬治宣稱，克里斯普一開始的追求遭到拒絕，因為「雖然他人很好，英俊多金，但我們不覺得他是適合她的對象」。其實，馬許家此時還有別的候選人。喬治．馬許表示，伊莉莎白還沒在海上被俘、帶往摩洛哥之前，「曾經跟海軍的陶利（Towry）艦長訂婚」，而這個說法也得到伊莉莎白的文字側面証實。[2] 這個陶利是誰？其實，在伊莉莎白短暫與他短暫有婚約的這段期間，他還是亨利．約翰．菲利浦斯（Henry John Phillips），而不是陶利家的人。他是在梅諾卡馬翁擔任海軍造船廠廠長的約翰．陶利（John Towry）上校的姪子與繼承人，約翰．陶利在一七五七年去世後，菲利浦斯繼承了他大量部分的產業和他的姓氏。而且，伊莉莎白．馬許的第一位未婚夫所擁有的世俗魅力還不只於此。陶利家是蘇格蘭海事望族，在皇家海軍行政管理部門的高層與海上作戰單位都有人。陶利家族後來有一位成員曾經在一七九七年，與何瑞修．納爾遜*在聖文生角戰役（Battle of Cape St Vincent）並肩作戰過。約翰．陶利廠長也憑藉婚姻，與另一個蘇格蘭海事家族——克利夫蘭家（Clevlands）締結密切的關係，約翰．克利夫蘭（John Clevland）正是一七五一年至一七六三年間的海軍部大臣。[3]

馬許家之所以更希望亨利．約翰．菲利浦斯——也就是未來的亨利．陶利——成為伊莉莎白的丈夫，有些顯而易見的原因。她後來感傷地回想，這是一場「我盼不起……的聯

* 編按：何瑞修．納爾遜（Horatio Nelson, 1758-1805），英國海軍名將，為英國對抗拿破崙的重要軍事將領。一八〇五年在特拉法拉戰役中指揮英軍擊潰法西聯合艦隊，鞏固英國海上霸主地位，但自己亦在該戰役中陣亡殉職。聖文生角戰役為一七九七年英國皇家艦隊在葡萄牙聖文生角外以小擊大，打敗規模更大的西班牙艦隊的著名戰役，納爾遜在該場戰役中率軍攻上兩艘敵艦，因此聲名大噪，展露頭角。

姻」。[4] 假如成婚，將能大大提升她的社會地位與經濟能力，讓她從明顯的混血血緣，一口氣來到與不列顛統治階級近在咫尺的距離。由於親屬紐帶至高無上，如果她嫁給一名未來陶利家的人，將會讓她那志向遠大、兢兢業業的父親與叔叔也能有改頭換面的機會。兩人將能直接與海軍的軍部搭上線，甚至還不只於此，因為約翰．克利夫蘭同時是國會議員。馬許家的男性原本預期能透過這樁聯姻，強化與當權者的往來，獲得更快速的晉升。他們原本期盼的這一切，卻在摩洛哥海盜攔截安號，伊莉莎白．馬許的名譽受損的那一刻消失了。米爾伯恩．馬許旋即收到不久後將成為亨利．陶利的男子寄來的信，要收回自己的求婚，並且「暗示他的表親克利夫蘭先生……堅持他迎娶一位自己推薦給他的小姐」。[5] 至於詹姆斯．克里斯普——他上次遭到拒絕時的反應，沒有人費心記錄下來——突然從遭到拒絕的追求者，升級成有機會跟伊莉莎白牽手的候選人，也是在地中海與摩洛哥的事件之後，唯一能透過求婚之舉，向世人重申她清白名譽的人。

正因為如此，伊莉莎白．馬許面對克里斯普的二度求婚心中有些矛盾，她的父母這一回勸她接受。她對這個很快會成為亨利．陶利的人有什麼感受，我們不清楚。她後來宣稱自己是為了與陶利相聚，才會乘上安號，展開那場災難性的出航；她當然也了解，自己有一部份的未來隨著兩人取消婚約而失去了。她也很清楚，經歷了在北非的苦難之後，嫁給詹姆斯．克里斯普如今已勢在必行。[6] 兩人的結合，強化了她獨特而鮮明的人生軌跡。假如她成了亨利・陶利的夫人，快樂的日子恐怕也不會持續多久，因為這位陶利艦長將在一七六二年戰死。但透過克利夫蘭家的姻親關係，以及陶利家的財富，她將可以保有一份豐厚的寡婦撫恤金。伊莉莎白・馬許若成為伊莉莎白・陶利，她說不定將會與其他有錢的海軍寡婦一樣，遁居巴斯（Bath）——這兒有著上流社會、溫泉，以及源源不斷的第二任丈夫候選人。她大概會一輩子待在英格蘭，而她個人的故事也不會跟歷史有進一步的戲劇性關聯。結果，她嫁給詹姆斯・克里斯普，再度捲入洲際事件與交流的匯流之中。奴役、大海、帝國、戰爭，以及競爭各國的野心，不僅是讓她之所以是她的原因，也形塑了她橫跨三個大陸的經歷。接下來輪到國際貿易，以及越洋事業的吸引力發揮作用了。

詹姆斯・克里斯普是伊莉莎白・馬許此次人生經歷轉變的原因，但要公允而全面地看待他，卻不是件容易的事。這多少是因為她和她的其他家人扭曲了紀錄。根據妻子的回憶錄，以及其妻的叔叔——喬治・馬許的文字來看，詹姆斯・克里斯普打從一開始就是個熱烈、但也已經有點令人不能信任的追求者，而她則是心不甘情不願、勉強答應的新娘。事實上在一七五六年時，克里斯普可能也覺得他有求婚的義務。考慮到人們對於紳士的期待，經歷摩洛哥的事件之後，他除了重新向伊莉莎白求婚之外，恐怕也沒幾個體面的選擇。不過，她的疑慮、掙扎與後來的逃離，都在她斷斷續續，卻總是充滿張力的自傳書寫中保存了下來，而克里斯普絕大多數的個人文件（包括他所有的帳本）則是在他接連不斷的人生危機中消失了。至於他傳世的商業書信，也鮮少傳達他的內心世界。因此，若要重建**他的**觀點與行動（曾在一七六〇年代與一七七〇年代初期，對伊莉莎白的人生有重大的影響），就需要不同種類的敘事與分析。以詹姆斯．克里斯普的情況來說，我們得從乍看與個人無涉的大量文獻中收集、推斷有關他的資訊。更有甚者，若要追尋克里斯普錯綜複雜的商業活動，就必須橫跨三面海洋，四塊大陸才行。

* * *

詹姆斯．克里斯普（他的姓有時候會拼成「Crispe」）出身於不列顛近代早期活躍時間最長的商業世家。他最有名的祖先——尼可拉斯．克里斯普（Nicholas Crisp，約一五九九年至一六六六年）原在地中海經商，後來轉移到東印度群島與非洲。尼可拉斯先後成為幾內亞公司（Guinea Company，英格蘭最早成立的、與非洲貿易的合股公司）以及非洲商人公司（Company of Merchants，查理一世成立於一六三一年，與幾內亞進行貿易）的重要人物。這兩間公司都把焦點擺在獅子山（Sierra Leone）與黃金海岸（Gold Coast），以及黃金、象牙、紅杉、糖，與後來居上的奴隸上。十六世紀以來，英格蘭人便航向西非從事買賣，但尼可拉斯．克里斯普則促成這種貿易關係在質量上的改變。他和他的兄弟對荷蘭、葡萄牙競爭者採取比前人更為積極的策略，並透過代理人，在阿班則（Abanze，位於今日迦納）的庫馬坦（Kormantin），以及黃金海岸的科門達（Komenda）、阿農馬布（Anomabu）等地成立英格蘭商館和堡壘。庫馬坦長期都是英格蘭人在西非買賣商品，以及後來販賣人口的大本營，直到海岸角（Cape Coast）在一六六五年後來居上為止。此時，尼可拉斯・克里斯普已經成為從男爵（baronet）。據他自己估計，他已經進口了價值五十萬英鎊的非洲黃金。他還在倫敦西邊的漢默史密斯（Hammersmith）他自己的地產上，成立一間玻璃珠與陶瓷珠工廠。這些紋路漂亮的珠子，以及從東印度群島引進的丁香、靛青、象牙、絲綢、棉布與貝殼，都是他以物易物，交換西非布料與奴隸時不可或缺的物品。「英格蘭海外貿易當中，幾乎每一項他都有參與」，這是一名歷史學家對尼可拉斯・克里斯普的說法，「他堪稱是『當時涉足範圍最廣的貿易商』。」[7]

尼可拉斯爵士尚在世時，克里斯普家族就已經開枝散葉了，只是不見得每一個人都熱愛冒險，或是事業有成。不過，幾代人下來，這個家族也展現出特定的、一再出現的人格特質。家族的男性偏好特定的名字：尼可拉斯、山謬（Samuel）、羅蘭（Rowland）、伊利斯（Ellis）與詹姆斯。尼可拉斯爵士的其中一位遠親叫詹姆斯・克里斯普，是個在倫敦做生意的花布商。[8] 從這個例子可以看見，這家人跟倫敦金融城與倫敦港之間，有著並不讓人意外的長久關係。他們家跟洲際貿易的主要商品——鹽的製造與買賣，也跟奴隸貿易有著斷斷續續的關係。此外，這家人還有一種獨樹一格，時不時釀成災禍的個性——喜歡超長距離的事業經營與冒險。一六七〇年，伊利斯・克里斯普（Ellis Crisp，尼可拉斯・克里斯普的後人，也是東印度公司的代理人）成為第一個抵達台灣的英格蘭商人。他成功謁見台灣的代理統治者鄭經（一六四二年至一六八一年，他決心讓台灣成為「貿易重鎮」），並提到「土地、風俗、習慣、衛生對於生活在這個地方的商人相當有利，而且……人們盼望著我們進口的商品，而當地的物產也很適合我們出口」。隔年，也就是一六七一年，伊利斯・克里斯普再度前往台灣，打算在此建立永久性的商館。他跟著自己搭的船「萬丹商人號」（*Bantam Merchant*）一塊兒在海上消失了。[9] 其他家族成員有的仍在西非與印度活動，有的則渡過大西洋，到北美洲與西印度群島安家落戶。到了一七〇〇年代初期，克里斯普家族來到聖基茨島（St Kitts）、巴貝多與南卡羅來納，有些人更是大種植園主與大奴隸主。

那一位對伊莉莎白・馬許獻殷勤、與她結婚的克里斯普家族成員，來自族裡比較次要的一支，主要在歐洲發展。詹姆斯・克里斯普與尼可拉斯・克里斯普爵士一樣，一開始都把心力擺在地中海。他的父親**似乎**叫哈維・克里斯普（Harvey Crisp），在一七一一年得到皇家海軍授予上尉銜，但後來改做商運，與西班牙貿易。哈維・克里斯普在一七二二年娶了桃樂絲・伯瑞許（Dorothy Burrish），而詹姆斯與哥哥山謬**或許**是一七二〇年代或一七三〇年代出生於伊比利半島，或是巴利阿里群島。[10] 之所以說「似乎」和「或許」，是因為詹姆斯・克里斯普就和這個故事中的許多角色、以及伊莉莎白．馬許本人一樣，都是流動人口，是當時貿易範圍不斷擴大、遷徙程度不斷提升所創造出的「有疑問的混血人口」的一份子。[11] 因此，他不會出現在某些過著定居生活的人通常會留下的檔案紀錄中。但有兩件事情很明確：社會地位上，詹姆斯．克里斯普的出身高於馬許家，而他與伊莉莎白．馬許結婚，也造成他可觀的經濟損失。

對每一位從事海外貿易的人而言，尤其是事業剛起步的人來說，結婚結得好，是事業策略中的關鍵一環。嫁妝豐厚的新娘不僅能提供一筆儲備資金，還能緩解年輕商人在取得信貸時遭遇的困難。伊莉莎白．馬許無法帶來這些優勢。[12] 一七六〇年代，米爾伯恩．馬許在直布羅陀與梅諾卡的海軍職位已經能讓他開始儲蓄，累積符合自己漸高地位的消費性商品，例如盤子、桌巾與精緻玻璃器皿。伊莉莎白的弟弟約翰．馬許曾在一七七〇年代遭遇財務困難，此時米爾伯恩能夠以微乎其微的利率借他一千英鎊，而他自己也無須為此緊縮開支，生活並無困難。至於她的叔叔喬治．馬許，七年戰爭讓他一口氣進入殷實的專業階級。光是一七六二年，他就靠著代理處置擄獲的法國船艦，賺到一千五百英鎊，這還不包括他領的公家薪水。[13] 然而，回到一七五六年時，兩兄弟還在緩慢地往受人尊敬人士的地位攀爬。他們可以帶給詹姆斯．克里斯普一些優勢——也就是跟海軍建立實用的關係，但無法帶來大量的現金。不過，他仍然向伊莉莎白求婚，顯示他的善意與榮譽感，也可能是深刻的感情，或是癡心，又或許以上皆是。這對新婚夫婦在一七五七年二月從直布羅陀返回英格蘭時，選擇搭乘一艘名叫「伊莉莎白號」（*Elisabeth*）的商船，這說不定多少顯示了克里斯普的浪漫情懷，而當時她或許也深有同感。[14]

詹姆斯．克里斯普覺得自己承受得起娶一名條件不好的女子的風險，是因為他的哥哥山謬已經在家族企業「克里斯普兄弟」（Crisp Brothers）站穩腳跟，也因為他本人在這個階段還算富裕。詹姆斯．克里斯普與眾多海外商人一樣，都是以船務長與貨物管理員起家，為更有經驗的商人做事。他還是個十多歲的少年時，便已押著船貨與壓艙物，定期往返西班牙、葡萄牙與義大利主要口岸。[15]接下來，他透過家人的關係，成為不列顛郵政總局（Post Office）的郵船艦長：一艘八十噸的船，名叫「洛維爾號」（*Lovel*），往返於梅諾卡的馬翁與另外兩個繁榮的地中海口岸——馬賽與利沃諾（又名雷杭〔Leghorn〕）。這項任命看似平凡無奇，實際上卻是相當重要的一著。一七五〇年代，郵局的郵船載運的政府郵件多於私人郵件。以洛維爾號來說，它不只維繫不列顛駐法國、義大利、西班牙與梅諾卡的領事人員與間諜之間的聯繫，還負責為皇家海軍的地中海艦隊秘密送信。由於對政府貢獻良多，當局對郵船艦長的監督並不嚴格。他們穿著自己設計的制服，靠載運乘客、金銀與貨物，甚至從私家買賣中獲利甚豐。他們也可以做一點無傷大雅的走私生意，畢竟不列顛海關接獲指示，只要跟擔任郵船管理職的船員有關，就睜一隻眼、閉一隻眼。[16]

打從一開始，詹姆斯．克里斯普踏進這個故事的時候，就是個在不同國家與港口互通有無的代理人，也是個經常越過政府與政界所訂下的法律界限的人。擔任洛維爾號艦長時的額外收入，讓他得以向一名缺少資本，也缺少踏實名聲的女子求婚。法軍於一七五六年進逼梅諾卡之前，郵船說不定能帶給克里斯普每年一千英鎊的收入。這似乎夠他賭下去，夠他從活躍在海上的人變成陸地上的商人，也夠他迎娶伊莉莎白．馬許，和她在倫敦成立家庭。

儘管「不列顛」範圍的前沿不斷擴大，但倫敦仍然是該國海外貿易、船運與零售業無庸置疑的輻輳之地，也是政治、文化與金融中心。早在詹姆斯．克里斯普以這座城市為自己的大本營之前，他跟他的哥哥便已在泰晤士河附近的馬克巷（Mark Lane）*，租了幾間地窖與一間倉庫。[17] 詹姆斯．克里斯普以倫敦為中心，放眼另外五個商業重鎮。首先是巴塞隆納，他的哥哥山謬．克里斯普與另一位合夥人——瑞士商人雅各．埃梅里（Jacob Emery）在此主持一間會計室；透過埃梅里，這間公司又跟一位在蒙彼利埃（Montpellier）執業的女性合夥人卡塔琳娜．拉瓦勒（Cathalina Lavalée）牽上線．巴塞隆納是地中海與大西洋貿易的主要港

* 編按：馬克巷是位在泰晤士河北岸、倫敦塔橋附近的一條街道，以穀物交易所知名，第一間穀物交易所在一七四七年成立。十八世紀從事加勒比海西印度群島貿易的知名商人湯瑪斯．伯丁罕（Thomas Boddington of Clapton, 1735-1821），以及從事美洲毛皮貿易的亞歷山大．埃利斯（Alexander Ellice, 1743-1805）也在此設有辦公室。

口，也是加泰隆尼亞的鹽業重鎮，西班牙的工業革命在這裡興起，這裡也是個滿是菸草加工廠、紡織廠與棉布印花廠的地方。[18] 詹姆斯．克里斯普的貿易網中，第二個節點是義大利西岸密集的諸港口，尤其是熱那亞與利沃諾——這兩個港口與西班牙、北非和勒凡特有緊密的貿易聯繫。[19] 第三個地方是漢堡。漢堡是個海納百川的自由港，居民九萬人，外國人在此享有宗教自由，以及與市民同等的商業權利。漢堡位於易北河畔，位置得天獨厚，只有在最寒冷的冬天才會冰封，是另一個大量進口西班牙葡萄酒與殖民地物產的地方，同時是亞麻布、穀物與木材首屈一指的出口地。[20]

相較於上面幾個大城市與轉口港，詹姆斯．克里斯普在歐洲範圍內另外兩個偏愛的經商地點，看起來就不起眼得多，甚至是有點古怪的選擇。但它們可不是。謝德蘭群島位於蘇格蘭北方外海約一百英哩，由一群人煙稀少的島嶼組成。一七五九年，克里斯普和哥哥開始在此採購鱈魚，加以鹽漬，每年收購四千公擔（一公擔等於一百一十二磅）。謝德蘭群島「位於歐洲漁業世界的中心」。由於可耕地不足，當地多數的成年男子皆從事捕魚與捕鯨，有時甚至北上至格陵蘭一搏；人們對於當地的鮮魚與鹹魚有極大的需求，特別是守齋時的天主教國家，另外就是供應遠航船隻所需。[21] 詹姆斯．克里斯普在歐洲著力最深的最後一個地點——曼島（Isle of Man），其商業重要性同樣跟這座島的大小不成比例。曼島僅僅三十英哩長，幾十英哩寬，是阿索爾公爵（Dukes of Atholl）得自不列顛王室的領地。這種半自治地位讓曼島有如繁忙而不受監控的倉庫，存放著來自世界各地的大量進口商品。曼島與美洲殖民地有點類似，接受不列顛王室發號施令，卻不受西敏國會的財政掌控。往來於曼島的船隻，連同船上載運的商品，都不受英格蘭、蘇格蘭與愛爾蘭海關與稅官的監管；歷代阿索爾公爵本身也不會對島上物產以外的商品徵收出口稅，至於進口稅也僅僅聊備一格。結果，曼島成為相對自由的貿易避風港。此外，對於任何想把貨物運進不列顛、愛爾蘭等地的人來說，曼島也是知名的中繼點，而且免關稅——埃德蒙．伯克稱之為「走私活動的要塞」。[22]

倫敦、巴塞隆納、漢堡、利沃諾與熱那亞、謝德蘭群島以及曼島——這幾個不同的地點，為詹姆斯．克里斯普和合夥人提供一個關係緊密的貿易網路。克里斯普的員工在謝德蘭群島捕撈、鹽醃的漁獲將運往倫敦。抵達倫敦之後，船隻可以將穀物從馬克巷著名的穀類交易所（Corn Exchange）載上船。克里斯普的船務長會把這些船貨載到巴塞隆納、利沃諾或熱那亞——畢竟西班牙是歐洲最大的鹹魚市場，利沃諾是另一個魚貨需求量極大的市場，而熱那亞缺乏農業腹地，向來需要外部食物供應。一旦進入西班牙或義大利港口，克里斯普的船便會裝載葡萄酒、白蘭地、絲綢或其他紡織品；如果是到巴塞隆納的話，則會裝鹽。它們可能會把這些商品載到漢堡卸貨，回程載著供巴塞隆納紡織工廠之用的亞麻，或是再度將穀物運往熱那亞。又或者它們會返回倫敦，將鹽及時運往克里斯普在謝德蘭群島經營的捕魚事業。又或者它們在曼島卸貨——克里斯普的葡萄酒、白蘭地與紡織品將有部分轉移至停泊於外海的大型駁船上（許多駁船的船員都是愛爾蘭人）——接著航向蘇格蘭西部與外隔絕的大小海灣。一七六四年，一名蘇格蘭海關官員描述了通常發生的事：

一般而言是農人、他們的僕從、以及身份較低的人，會冒險走私或是教唆走私者。在海岸上那些會有駁船或小舟抵達的特定地方，就會有許多人帶著馬匹聚集，貨物才剛上岸，就被放到馬上……就像這樣，貨物由一群大走私商護送進入本地，接著經由曠野與人跡罕至的路運入英格蘭北部，配送給商店老闆、搬運工和其他人等。[23]

這種商業循環——在分開但互相關連的貿易據點之間，移動貨物與船隻，即便是在循規蹈矩的守法商人之間也很普遍，因為可以有效運用船隻的載貨空間。其概念是在每一趟商船的航程，都用剩餘的空間載一點貨，而不要浪費寶貴的行船時間與船艙空間載壓艙物。但是，儘管詹姆斯．克里斯普的貿易網是按照這種邏輯來設計，但它絕不是自給自足。在上述的每一個主要節點，克里斯普兄弟與他們的代理人都會拓展業務，尋找額外的生意。因此，他們的巴塞隆納辦公室也會跟加的斯（Cádiz）、瓦倫西亞（Valencia）與馬德里，馬約卡島的帕爾馬（Palma of Majorca），以及葡萄牙的里斯本做生意。[24] 更有甚者，克里斯普的貿易網無論發展到哪一個階段，都不會只做歐洲生意。從商業上看，歐洲、亞洲、美洲與部分的非洲並不是獨立而隔絕的實體，在其他方面也愈來愈密切相連。一七五〇年代晚期與一七六〇年代早期，詹姆斯．克里斯普和新婚妻子在倫敦建立的生活方式，有一部分的財源也是來自這幾個大陸之間獲利甚豐的商品交易。

在克里斯姆的貿易網中，每一個主要節點都能讓他與西歐以外的地方接觸，而且以倫敦尤為明顯。倫敦是當時世界上最繁忙的港口，是帝國性的大都會，也是克里斯普家族傳統的後盾。比方說，「埃芬南伯爵夫人號」（*Countess of Effingham*）似乎就有詹姆斯．克里斯普的股份。這艘兩百噸的船隻是由他的親戚羅蘭．克里斯普（Rowland Crisp）指揮，在一七五〇年代與一七六〇年代定期載著葡萄酒，往返於倫敦、馬德拉（Madeira）、波士頓與牙買加，返程時則載著糖、蘭姆酒與薑。[25] 詹姆斯．克里斯普本人也曾短暫嘗試打進加勒比海。《勞合船籍冊》（*Lloyd's Register*）的一七六四年年刊將他列為四艘船的業主，顯示他在這個階段相當成功。其中三艘船——「有望者號」（*Favourite*）、「瑪莉亞號」（*Maria*）與「聯合號」（*Union*）——在該年從倫敦啟航，分別前往義大利、西班牙與謝德蘭群島。第四艘船「瑪莉亞．伯瑞許號」（*Maria Burrish*，以克里斯普母親的某個親戚來命名）則載貨前往原為西班牙殖民地，後在一七六一年被不列顛佔領的多米尼克。[26] 詹姆斯．克里斯普並不自限於單一帝國體系。他將部分的鹹魚從謝德蘭群島（有時候貨源則是波士頓）出口到巴塞隆納，最後出現在西班牙民眾的餐桌上。但他進口的鹹魚——「馬介休魚」（*bacalao*），也會供應給不時前往西班牙南美洲殖民地的西班牙皇家艦隊。此外，克里斯普兄弟也憑一己之力，直接和西屬美洲做生意。一七六一年，公司的巴塞隆納辦公室負責將三百七十九箱的橄欖油，從「新大陸的聖胡安（San Juan）」——也就是波多黎各——載運出來。從公證書可以清楚看出，即便馬德里與倫敦在一七六二年至一七六三年間為了貿易與殖民地而開戰，兩兄弟仍然努力維持與西班牙本土及其海外殖民地市場的聯繫。[27]

無獨有偶，漢堡對於克里斯普家來說，不僅是個殖民地物產再出口的現成市場（商品或許來自牙買加或波士頓，抑或是多明尼加或西屬美洲），也是打進波羅的海，打進遠至俄羅斯阿干折（Archangel）的集市與交易網路的切入口。利沃諾港歡迎來自各國的船隻，以及信奉各種宗教的商人，並且在戰時嚴守中立。透過利沃諾，詹姆斯．克里斯普得以與勒凡特和北非做生意。例如在一七六四年，他的公司便出口西班牙紡織品與葡萄酒到突尼斯——鄂圖曼帝國前哨，並在回程時將糧食運往義大利市場。[28]克里斯普在突尼斯與利沃諾往來的商人和銀行家當中，猶太人占了不成比例的多數。「有土耳其人、勒凡特人，少數法國人、威尼斯人、熱那亞人、科西嘉人、希臘人、亞美尼亞人、尼亞波利斯人（Neapolitans）」，利沃諾的不列顛商人社群代表在一七六〇年代如是說。他補上一句評論，「猶太人比其他人更多」。利沃諾是希伯來語出版重鎮，聚集於此的塞法迪猶太人，人數在全歐洲僅次於阿姆斯特丹，而其中的金融業者與商人更是控制了該城三分之一的商號。利沃諾的塞法迪社群執該城珠寶業之牛耳，買賣印度鑽石（主要來自果阿）與珊瑚，「尼亞波利斯人等在科西嘉外海開採的珊瑚，完全控制在猶太人手中……獲利甚豐；大部分先是運往英格蘭，再從英格蘭運往東印度群島」。[29]

我們知道，詹姆斯・克里斯普和國際寶石業有家族關係。他至少有三個親戚——尼可拉斯・克里斯普、湯瑪斯・克里斯普（Thomas Crisp）與愛德華・克里斯普（Edward Crisp），在倫敦做珠寶商（以及其他生意）。詹姆斯・克里斯普一七六〇年代早期的商業活動，可能包括偶爾幫忙把珊瑚（可能也有鑽石）從利沃諾載去給這些製作與買賣珠寶的親戚，也幫他們把完成品出口至印度次大陸與其他地方。[30]

不過，伊莉莎白・馬許的丈夫卻是從這張貿易網中最小的一個節點——曼島——走向最廣大的世界。他在曼島的關係由來已久。早在一七五二年，曼島首屈一指的商人兼走私者喬治・摩爾（George Moore），便用自己擁有的船隻，將新英格蘭漁獲運到巴塞隆納，交給克里斯普家族，接著載運葡萄酒與白蘭地返回曼島。[31] 當不列顛在一七五六年之後對法國開戰，在一七六二年至一七六三年之間對西班牙開戰，這幾個國家之間的貿易也正式中止，此時詹姆斯・克里斯普與摩爾，以及與另一位重要的曼島商人約翰・陶卜曼（John Taubman）之間的關係，便展現出無與倫比的價值。曼島人不怎麼在乎倫敦的戰爭，就像他們也不怎麼在平倫敦的稅，這座島的中立地位也讓它不受攻擊或入侵。因此，在整個七年戰爭期間，克里斯普的一些西班牙商品，就像他的代理人不斷從馬賽、蒙彼利埃等法國港口取得的貨物一樣，仍持續在曼島卸貨，透過在曼島兩大港口道格拉斯（Douglas）與皮爾（Peel）外海活動的駁船，將貨物秘密運往不列顛與愛爾蘭。

除了白蘭地與其他烈酒和葡萄酒之外，巴塞隆納的絲綢手帕也是詹姆斯．克里斯普和他的哥哥愈來愈重視的走私品。這些大手帕有四 五個手掌寬，是用柔軟的西班牙斜紋綢做成的，色彩多樣，而且是男女通用的奢華飾品。手帕是完美的走私品，不只輕，還很容易大量運送，也能賣到很好的價格。多年來，克里斯普兄弟將成千上萬條手帕從巴塞隆納運往曼島：純黑的手帕賣給正在深深哀悼親人的男女，「黑底、上有紅十字」的手帕給哀悼較輕的人用，「各色鮮豔色彩」的手帕則供日常裝扮。兄弟倆用來裝手帕的箱子上只用字母做記號，貨單上則是編造的名字。他們提供「捏造的文件」給手下的船長，以因應船隻遭攔截搜索的情況；到了戰時，他們還非常仔細，只雇用丹麥或其他中立國的船隻。一路下來，他們賺進大把的鈔票。光是一七六五年一月至六月間，約翰．陶卜曼便向克里斯普兄弟買了價值超過七千英鎊的走私貨（今日市值超過五十萬英鎊），主要是絲綢手帕與白蘭地。[32] 至於在突尼斯與利沃諾，兩兄弟的生意往來通常都透過猶太代理人進行。曼島「對於任何宗教教派……都沒有限制」。獲准自由經商的唯一條件，是「平等且公正對待島上的交易夥伴」。

因此，當亞伯拉罕・維亞那（Abraham Vianna）、所羅門・達柯斯塔（Solomon Da Costa）與雅各・奧索里奧（Jacob Osorio）在一七六〇年向阿索爾公爵申請歸化曼島時，人在倫敦的詹姆斯・克里斯普與他在巴塞隆納的哥哥山謬，便也樂得與阿姆斯特丹、科克（Cork）、哥特堡（Gothenburg）、里斯本、加的斯、威尼斯與利茲（Leeds）等地的商人，共同擔任保證人。[33]

曼島的吸引力包括對不同國籍、宗教的商人相對開放，進出口稅微乎其微，同時嚴守中立，但還不只如此。曼島和利沃諾相仿，本身少有物產可以出口，但曼島卻能為即將運往他處、大發利市的外部商品，提供極為寶貴的倉儲空間。詹姆斯・克里斯普走私的葡萄酒、白蘭地與絲綢手帕，並非全數交由曼島駁船運進蘇格蘭，最後南向進入英格蘭。有些轉往格拉斯哥，重新出口至美洲殖民地。某些他進口到島上的商品（尤其是紡織品）說不定遠達西非，畢竟在利物浦、懷特哈芬（Whitehaven）與蘭開斯特（Lancaster）外海航行的奴隸船會定期停靠曼島，把任何能用於以物易物、交換奴隸的商品都載上船。[34] 對克里斯普而言，這座島也是幾個能取得亞洲商品的地方。法國、丹麥、荷蘭與瑞典商船定期載來東印度群島的貨品。按法律上來說，這類商品只能經由倫敦進入不列顛，而且是由東印度公司專營；但克里斯普兄弟的船隻在曼島下貨後，返程就能載著東印度群島商品。比方說，約翰・陶卜曼能將荷蘭商人不時從廣州運到島上的茶葉供應給兩兄弟，基本上等於免關稅。[35]

＊＊＊

喬治．馬許——不列顛政府的忠實雇員——之所以認為自己的姪女婿個性草率、狡詐，後來甚至覺得他缺德，多少是因為上面這些具有高度彈性，涉及世界各地的商業行為。他曾經寫道，詹姆斯．克里斯普「沒有什麼道義原則」。[36] 不過，在幾個重要方面上克里斯普的行為並不算異常。十八世紀中，不列顛商人在開拓歐洲之外的市場時，變得更有侵略性，也更加成功。克里斯普的事業發展——先是專注於地中海貿易，後來則涉足愈來愈遠的海域——完美詮釋了這股潮流。而且，無論是此時，或是其他時代，商人想方設法躲避政府限制貨物自由流動的規定，也不是什麼不尋常的事。如果伊莉莎白．馬許的新郎有什麼不尋常的地方，那就是他曾經一度非常成功，而且成功得非常之快。

他早期生意往來的對象中，不乏知名的大商人，從這個事實便能一窺他的才幹。在利沃諾，詹姆斯．克里斯普分別與詹姆斯．克列格（James Clegg）、法蘭西斯．哲米（Francis Jermy）以及彼得．朗路瓦（Peter Langlois）做生意。克列格靠鹹魚賺了大錢；哲米出身諾福克（Norfolk），其收益讓他能在利沃諾城外蓋了一棟豪華漂亮的別墅；至於朗路瓦，則是城內知名胡格諾貿易世家的一員。[37] 克里斯普也跟堪稱曼島一流大商人的喬治．摩爾和約翰．陶卜曼密切合作，和巴塞隆納主要印花布商中的加泰蘭（Catalá）家族也有往來。克里斯普家族的名號與既有的網路，固然有利他發展這些關係，但詹姆斯．克里斯普似乎也擁有非凡的精力、進取心，以及令人刮目相看的個人能力——否則馬許家的某些成員也不會對他這個人有疑慮。他是個「非常顯赫的商人，做著非常大的生意」——一位曾任內閣成員的不列顛貴族曾這樣寫道，他與詹姆斯相識，本身也是個商人。[38]

克里斯普家人為自己在倫敦打造的生活方式，同樣也能見證詹姆斯身為商人的手腕——以及伊莉莎白．馬許本人的野心。夫婦倆似乎不斷搬家，從一個租處搬到另一個租處，但在一七六五年年底前，兩人住在主教門區（Bishopsgate ward）的黃金菊街（Camomile Street）。這一區在一六六六年的倫敦大火中未受波及，在當時仍滿是狹窄、擁擠的街道，木造廉租公寓和庭院。這個居住區非常古老（在這段時期，黃金菊街不時有古羅馬遺址出土），附近街區人口混雜而有活力。地方稅籍冊顯示，就算以倫敦的標準來看，該區有非常高比例的胡格諾派、荷蘭與塞法迪猶太人名——范內克（van Neck）、德阿基拉（de Aguilla）、本雅明（Benjamin）、以色列（Israel）、薩爾瓦多（Salvador）、莫蒂利亞尼（Modigliani）——租客、商號與倉庫換租約的速度也相當迅速。[39] 雖然泥濘、擁擠、骯髒，但只要看一眼地圖，這個地點對詹姆斯．克里斯普的優點便清楚浮現出來。黃金菊街與主教門街（Bishopsgate Street）交叉，而主教門街正是通往英格蘭北部的馬車幹道，方便他在生意需要時前往蘇格蘭或曼島。德文郡廣場（Devonshire Square）是從事勒凡特貿易的不列顛商人聚集之處，距離黃金菊街只有兩個路口；東印度公司位於利德賀街（Leadenhall Street）的總部——東印度大樓（East India House），從克里斯普家走路過去頂多五分鐘。他家可能位於黃金菊街南側，因為南側的房子才附有倉儲空間。詹姆斯·克里斯普如果想前往泰晤士河、海關大樓、彪寧士門（Billingsgate），或是自家公司在馬克巷的地窖，只需要往南邊走十五到二十分鐘。

半路上，他會經過恩典堂街（Gracechurch Street）。在《傲慢與偏見》（*Pride and Prejudice*）一書中，珍·奧斯汀（Jane Austen）故意讓女主角伊莉莎白·班奈特（Elizabeth Bennet）的賈第納（Gardiner）姑姑與姑丈住在這裡。之所以說故意，是因為奧斯汀在小說中都有明確提到：十八世紀與十九世紀初的恩典堂街，就跟主教門區大部分地方一樣，稱不上時髦講究的街區。賓利姊妹（Bingley sisters）自己雖然出身商人階級，但也和當時習俗一樣受到土地階級吸引，看不起這個地方。不過，奧斯汀藉著讓賈第納家有錢、有教養又有品德，從而暗示主教門區和這裡的倉庫、船運辦公室、眾多馬車旅館與林立的商家，是個從商賺錢公認的好地方，也是人們力爭上游的所在。伊莉莎白·馬許有位女性友人——猶森夫人（Mrs Jewson）——就住在黃金菊街。[40] 她的丈夫查爾斯·猶森（Charles Jewson）後來成為英格蘭銀行的出納長。

證據顯示，早在一七六〇年代年代伊始，詹姆斯·克里斯普與伊莉莎白·馬許的生活便相當優渥。一七六二年，在全聖麵包街（All Hallows Bread Street，克里斯普家當時住的教區）只有另外十三戶人家與商號，為了「救濟前述教區之窮人所必須」支付的稅率比他們家更高。[41]然而，在伊莉莎白的叔叔——喬治．馬許看來，值得一書的倒不是這對夫妻繳的稅，而是他們的開支水準。他覺得兩人很鋪張，而且他說的沒錯。先生跟太太都是經驗豐富的旅人，但兩人在一七五七年之前停留倫敦的時間都不多，而且兩人都是年輕、內在分歧、自我創造的人，想要證明自己。結果，他們熱切緊抓著這座都城的逸樂與可能性。兩人的第一個孩子伯瑞許．克里斯普（Burrish Crisp），生於一七六二年四月二十七日，女兒伊莉莎白．瑪麗亞（Elizabeth Maria）在兩年後出生。孩子們出世時，詹姆斯．克里斯普刻意為妻子找來的不只是專家，還是當時很新潮的助產方式。他找了知名的男性助產士——針線街（Threadneedle Street）的大衛．奧爾姆醫師（Dr David Orme），改善產鉗用法的先驅。[42]

喬治．馬許對這些所費不貲的行為非常生氣（不過在助產這件事上，倒也顯示克里斯普身為丈夫，有多麼照顧妻子）。社會評論家與諷刺作家向來經常指責向上流動的倫敦專業人士與商人，指他們在過度野心勃勃的女眷慫恿之下，過著入不敷出的日子。七年戰爭之後，經濟失調使得這些批判更加喧囂刺耳。「一七一六年賣出了多少副紙牌，到了一七六六年又賣了幾副？」一名倫敦記者在一七六七年大聲疾呼：

一七一六年的時候有多少人養四輪馬車、兩輪敞篷馬車、輕便馬車、馬匹與腳伕，到了一七六六年又有幾人?……一七一六年有多少商人穿蕾絲背心，到了一七六六年又有幾人?一七一六年時有多少人破產，到了一七六六年又有幾人?[43]

喬治・馬許喜歡把這些勸世摘句貼在自己的備忘錄裡。這樣的他，想必會同意其中表露的情緒與隱藏的幸災樂禍。他外表普通，喜歡穿深色(但不見得便宜)的衣服，而且幾乎是克制過了頭——一方面是他自己的選擇，一方面是因為他的癲癇病情。他對姪女和她時髦、放縱的丈夫不表贊同，原因不只是因為兩人的鋪張，也是因為他們不但與人不同，而且居然開始成功。等到他們家道中落，他更是覺得自己有著先見之明，並且把發生在這對夫婦身上的事情化為道德故事，用來說明任性與浪費的危險。他還敏銳地把克里斯普家視為整體國際變局的例證:

> 蓬勃發展的製造業、無遠弗居的貿易，將巨大的財富帶入這個國家，最糟糕的影響之一，就是無所不在的揮霍。奢侈換個說法就是快速消費，現在所有國家王公的歲入皆有賴於這樣的消費，因此君主國皆迫不及待要鼓勵消費。宮廷就是炫富的場合。各國首都盡皆如此……。節儉有度的人被迫捲入這座大城市的漩渦中，彷彿在邊緣跟著打轉的微塵。

他寫道，詹姆斯・克里斯普與伊莉莎白・馬許向來「太過於追求有錢人的流行與花費方式，追求各種娛樂與有害的愚蠢之舉」。[44] 這樣的漩渦，以及兩人過度的享受，將他們捲向毀滅。

對於兩人的境遇，這種解釋並不充分，但喬治・馬許看待克里斯普家的倫敦生活，以及看待姪女伊莉莎白本人的角度，仍然有其價值。在這段期間，他是馬許家最常見到他們的人，畢竟他的工作地點在十字修士區的海軍部，以及塔丘區（Tower Hill）的補給辦公室，跟主教門區距離很近。通常他對女性不怎麼感興趣。儘管他在《家族資料集》中對女性親屬有仔細的評價，但他鮮少深入打探她們的生活。比方說，一句「非常和藹、愛護人的女子」，就能總結他對自己的妻子——安・馬許（Ann Marsh）的敘述。[45] 但是，伊莉莎白・馬許比她的丈夫更挑戰著、困擾著他的認知，而他也用好幾頁的篇幅專門寫她。他在自己晚年時回顧在倫敦的那些年，承認她「確實漂亮，是個才能出眾的動人女子」——但即便到了這個時候，他還是忍不住提到她吃太多，他認為這不只證明了七宗罪中的暴食，更顯示她過度沉溺感官享受，沒有規矩。到了自己行將就木的時候，他比以往更相信才能其實並不重要：

> 每一天的經驗應該能讓世人確信，人生的快樂在於微小的德行，而非耀眼的特

質……。耀眼的特質在日常事務中用處甚微。世人若希望自己的孩子快樂，而非偉大，就要給予他們日常生活中有幫助的想法與習慣。其中最有價值的，莫過於簡約。[46]

* * *

不過，就像伊莉莎白．馬許的經驗，事情遠不只是表面的樣子，而且也遠非個人層面所能解釋。詹姆斯．克里斯普和伊莉莎白家人之間的衝突，不只是性情與生活方式的緣故，就像此時發生在她與丈夫身上的事情，原因絕不只是兩人對於花錢的共同愛好而已。

這些問題重重的家內政治關係，根源於他們與世界的互動方式，以及看待世界的觀點有著徹底的差異。雖然喬治．馬許一輩子只有到不列顛以外的地方旅遊過一次，但他也以他質樸的方式，擁有全球的視野。一七六三年之後，他身為海軍補給委員會（Victualling Board）成員，要監督世界各大洋面上船艦的補給，包括那些隨著詹姆斯．庫克（James Cook）航向太平洋的船隻。但是對他來說，與世界互動就等於追隨國家的旗幟。就此而論，他算是典型的馬許家成員。一七六〇年代，馬許家愈來愈多男性運用不列顛國家與帝國來確保並提升自己個人的社會流動。米爾伯恩．馬許——伊莉莎白的父親——保有自己在直布羅陀的位子直到一七六三年，接著返回梅諾卡（不列顛在七年戰爭末尾收復當地）擔任海軍高級職員。她的大弟法蘭西斯・米爾伯恩・馬許此時在不列顛陸軍官拜上尉，一七六〇年代與一七七〇年代的部分時間駐紮在愛爾蘭與西印度群島；到了一七六八年，她的小弟約翰・馬許銜命成為西班牙駐馬拉加（Málaga）領事。米爾伯恩・馬許表弟的兒子——米爾伯恩・華倫（Milbourne Warren）為東印度公司服務，在馬德拉斯擔任造船長，而且還參與了不列顛在一七六二年至一七六三年間，對馬尼拉的短暫佔領。瑪格麗特・杜瓦爾——伊莉莎白的姑姑瑪莉・杜瓦爾的女兒——嫁給詹姆斯・莫里遜（James Morrison）。莫里遜後來在王家鑄幣廠（Royal Mint）一步步穩定往上爬。這個機構負責設計、鑄造不列顛的金、銀、銅幣，後來也漸漸鑄造貨幣供殖民地使用。這些男人的就業與不列顛國家有關，他們自然傾向用不列顛民族、國家、帝國的眼光看待世界。

相形之下，詹姆斯・克里斯普——我們幾乎可以肯定他出生在不列顛境外——卻是個文化上的混血兒，而且和眾多商人一樣，他很明顯能使用多種語言。他能說流利的卡斯蒂利亞語（Castilian）與加泰隆尼亞語，而且似乎能聽懂（但不會寫）葡萄牙語、義大利語與法語。[47] 他習慣在混雜、高度都市化的城區工作；雇用各種不同國籍的男人（與女人），和他們打交道；而且樂於在利沃諾、漢堡，或是曼島的道格拉斯等中立的自由港——也就是在主要國家的管轄權之外運作的地方做生意，有時甚至藐視這些大國的管轄權。雖然他跟美洲大陸以及加勒比海的不列顛殖民地有貿易往來，但他也會跟敵對的西班牙帝國部分地區做生意。他也不帶偏見地和猶太人、天主教徒和穆斯林聯絡、打交道，對於不從事海外經商的人來說，他這種一視同仁的做法可能顯得很奇怪，甚至是不講道德。人在摩洛哥的歐洲商人（以及他們的穆斯林同行）為了相互間的商業利益，可以無視於宗教上的障礙，他們之間稀鬆平常的相處曾經讓伊莉莎白・馬許大吃一驚。對於一名計畫在馬拉喀什定居的荷蘭商人，她曾經驚訝寫道：「他沒把一名基督徒在這個國家會遭遇的困難放在眼裡，那對他來說根本不重要，不必考慮。」[48] 詹姆斯・克里斯普就像喬治・馬許（而且比他更有意識），他的思考與行動以洲際為範圍，商業利益遍及歐洲南北，深入非洲、亞洲，以及不列顛和西班牙的美洲殖民地。但是，克里斯普卻又和伊莉莎白・馬許家的男人不同，他在一七六七年之前與這個世界的接觸，以及認知這個世界的方式，並未徹底受到不列顛國家與帝國大業所左右。他的生計（現在也是她的生計）有賴於商品、資訊與資本的跨國、跨帝國、跨海，以及跨族群、跨文化、跨宗教界線的自由移動。

七年戰爭，以及每一場重大衝突，都會造成這種自由經濟動態的立即中斷。戰爭同樣會造成人們態度的轉變，而這不見得總能跟詹姆斯・克里斯普所體現、並且仰賴的積極而多變的適應力相容。「商人」，亞當・斯密後來在《國富論》（*The Wealth of Nations*，一七七六年）寫道，……不見得非得是特定國家的公民。對他來說，從哪裡做生意實在無關緊要；只消一點點的反感，就能讓他把自己的資本，連同其資本所支持的產業，從一個國家搬去另一個國家。[49]

就如同亞當．斯密這種比平常更嚴肅的語調所顯示的，商業在何種程度上是一種對國家社會的利益或者責任，這個古老的爭論到了十八世紀中葉又重新復活，以更高的政治敏感性，受到更嚴謹的討論。一方面，愛國的不列顛人對於他們的商業擴張感到自豪，許多商人也從不列顛此時的軍事與帝國侵略中獲利。另一方面，國家與帝國之間敵對與暴力的態勢升高，同樣意味著過往習慣於跨越政治、宗教與族群邊界，進行貿易與移動的個人和群體，有時候會發現自己遭受阻礙，或是遭受到更嚴重的懷疑，而地理範圍牽涉越來越廣的戰事也削弱了某些商業計劃與行動者，雖然有些人會獲益。[50]

讓詹姆斯．克里斯普成為成功商人的某些特質——簡言之，他的文化兼容，對於建立新聯繫的熱忱，他對於政府控制和僵固邊界的不耐煩，以及他的冒險精神——在這個大規模戰爭的時代，民族主義、帝國意識抬頭的不列顛國家中（這個不列顛國家在一七六三年前顯然正浮現出來），卻可能造成他的難題。克里斯普兄弟的貿易網絡雖然結得飛快，但其深度與廣度，以及有限的資本儲備，反倒是血淋淋的薄弱之處。「可以為所有的國家服務」，雷納爾神父在《東西印度群島史》如此建議從事海外生意的商人，「但是，無論投機生意能提供你什麼樣的好處，只要有害於你自己的國家，就不要去做。」雷納爾還補了一句更實際的建議：「絕對不要同時擁抱太多標的。」[51]

起先，詹姆斯．克里斯普的貿易利益在地理上的多元性，以及部分非法的性質，顯然是一種利多。儘管七年戰爭打亂了貿易，這些特質還是幫助他大發利市。西班牙在一七六二年一參戰，幾乎讓該年南歐對倫敦的進口砍半，但克里斯普兄弟靠著他們發展已久的巴塞隆納辦事處、各國國籍員工，以及秘密的曼島網路，一開始似乎還能維持大部分的伊比利半島與西班牙殖民地生意。是戰爭的最後幾個階段，以及戰爭的餘音，讓克里斯普兄弟貿易網上的線繩一條接著一條地磨損。

最早受害的可能是他們與漢堡的聯繫，這是戰爭規模與強度造成的直接影響。一七六三年，普魯士的腓特烈大帝（Frederick the Great）借了大量的戰費，但還款能力又有限，結果引發阿姆斯特丹銀行業一次大危機。此事對斯德哥爾摩、倫敦、柏林，甚至是美洲殖民地的銀行與商人造成壓力，但最大的受害者還是漢堡。該年秋天，漢堡的商業活動及亞麻、穀物、木材的供應逐漸停止，而這種脫軌的情況至少延續到一七六四年。[52] 此時，不列顛本身也需要額外的收入，以彌補巨額的戰爭債務，因此發布了一批新的財政規定。其中最為惡名昭彰的就是一連串針對不列顛美洲殖民地開徵的新稅：一七六四年與一七六六年的兩部《食糖法》（Sugar Act）、一七六五年的《印花稅法》（Stamp Act），以及一七六七年的《湯森法》（Townshend Revenue Act）。不過，對詹姆斯・克里斯普影響最大的，則是當局對世界上另一個地方實施的一項有關財政措施。

一七六五年五月，國會通過《再分封法》（Revestment Act），將曼島主權歸還給不列顛王室，從而讓曼島必須負責繳交由西敏國會訂定的關稅。埃德蒙・伯克表示，此舉和不列顛在戰後對美洲徵稅的作法，「是一樣的目的」。對於美洲與曼島，當局皆意在即刻提高歲入，打擊走私，並重申倫敦對整個帝國的控制。不列顛海關在一七六四年估算，曼島在一七五〇年代的走私活動，讓不列顛國庫每年損失十萬英鎊的歲入。海關進一步估計，眼下持續將貨物運進、運出曼島的這些西班牙、荷蘭、瑞典、丹麥、法國、加勒比海與不列顛本地貿易商，每年讓國庫損失的關稅與貨物稅，金額更是前述數字的三倍。[53]《再分封法》終結了這種情形，將曼島商業活動置於收緊銀根的新規定之下。不列顛關稅與貨物稅官員得到授權，可以搜索抵達或離開曼島的船艦，並沒收違法船貨。結果，這座島促進亞洲、非洲、美洲與歐洲間廉價貿易的能力也就此告終。國會施加控制之後，曼島在戰時保持中立的餘地也沒了。原本克里斯普兄弟與其他商人還有機會能繼續運輸歐陸商品，再出口到不列顛，甚至當歐洲各個競爭國家正在交戰也照運不誤，如今這樣的機會也如詹姆斯・克里斯普自己所寫的「徹底毀了」。[54]

儘管如此，他還是繼續做下去，奉行著堪稱是他的人生座右銘：「只要運用資本，賺錢的方式從來少不了。」違禁品以前是經由駁船，從曼島運進不列顛。自從曼島的走私軋然而止之後，駁船以及以愛爾蘭人為主的船員也失去了工作。到了一七六五年底，克里斯普與新的合夥人法蘭西斯・華倫（Francis Warren）買下了其中一些駁船，並說服船員轉移到謝德蘭群島，擴大經營自己在當地的捕魚事業。一七六六年七月，蘇格蘭海關總監（Inspector General of Scottish Customs）以不帶感情的筆調，對克里斯普的新作法提出報告。他通知財政部的長官，「獨立的捕魚活動」已經展開，

> 使用八艘載重量約二十五噸的愛爾蘭駁船，每艘有八名船員，都是愛爾蘭人……靠著這些船隻，有一千零五十六公擔的魚，在比往年漁獲季更早的時間點捕撈上岸；因為船體大小，以及這些受僱漁夫的專業使然，船隻的作業地點距離岸邊更遠；約有五十名男性與五十至六十名女性與小孩——都是謝德蘭本地人——受雇加工漁獲，並由前述的克里斯普與華倫兩位先生負責，以兩人之名義出口。[55]

這堪稱是秉持樂觀企業家精神的優秀表現。不久前在曼島失業的愛爾蘭水手與漁夫找到

了新工作。他們的技術與船隻延長了謝德蘭的捕魚季節，提升了漁獲量，進而增加島上的就業機會，也改善了詹姆斯・克里斯普的出口事業。這項安排唯一的弱點，是發想者的老問題——對於政府與國家的主張太過輕忽。蘇格蘭地主與商人仍主宰謝德蘭漁業，他們非常討厭克里斯普手下的愛爾蘭闖入者，尤其是因為「愛爾蘭人在捕魚時勤奮刻苦，判斷力優秀，人盡皆知」（克里斯普自己曾如此天真地告訴當局）。不光是蘇格蘭大貴族和他們在愛丁堡活動的律師，連倫敦的官僚體系也開始對這項新事業施壓。就克里斯普的思考所及，他認為手下的愛爾蘭漁夫也是不列顛人：他胸有成竹地告訴財政部，「根據查理二世（Charles II）的第十三與第十四道命令……以及後續法案，愛爾蘭臣民算是不列顛人」，但此舉卻非常粗心。[56] 不列顛帝國貿易沒那麼簡單。就捕魚（以及其他諸多）權利而言，愛爾蘭居民其實不能「視為不列顛人」。一七〇七年與蘇格蘭的《合併條約》（Treaty of Union），以及後續的立法皆明確表示，誰都不能「在不列顛的任何地方捕魚、加工或是將魚拉上岸，只有不列顛子民與居民例外，但以上述所有活動而論，愛爾蘭人將明確視為外國人」。[57]

詹姆斯・克里斯普非常努力，訴諸於自己平常不會用的愛國論調，試圖將自己在謝德蘭群島的新事業合理化。「若承蒙允許」，他請求，「……請願者將能為各王國，以遠大於以往之規模，從事這項重要而富有價值的職業活動」，但倫敦的財政部官員與各個蘇格蘭大家族仍不為所動。他們對於克里斯普提出的，允許他每年「將三萬五千加侖的不列顛烈酒以免稅方式」運往謝德蘭群島，「供應約一千五百名漁民」的主張也不感興趣。克里斯普指出：眾所周知，謝德蘭人從歐陸走私大量烈酒，否則他們沒辦法抵禦地理因素讓他們在大半年間所承受的寒冬、短晝與又長又黑的夜晚，以及沿海的冰冷。但就批評他的官員看來，財政紀律，以及背後的政府權威才是重點。一名官員提到，如果允許克里斯普以免稅方式將不列顛烈酒運往謝德蘭群島，恐怕會樹立「危險的先例」。這種事業「究其本質」，並「不受」政府的適當管控。[58]

詹姆斯．克里斯普第一次財務崩潰的一系列不幸，喬治．馬許認為是一部道德故事，懲罰人的揮霍，其實，這反而是一段相當具有代表性的寓言，說明個人的事業，以及個人的跨國、跨洋貿易聯繫，一旦受到政府干預、國家敵對、戰爭與帝國冒險舉動的極端壓力，將會發生什麼事。不過，這還不是故事的全貌，假如克里斯普的廣大地中海貿易世界毫髮無傷的話，說不定他的事業是可以撐過一七六二年至一七六三年的英西戰爭、漢堡貿易的暫時崩潰，以及他的曼島貨物吞吐和謝德蘭生意受到的打擊……所造成的綜合效應。但在一七六四年之後，他的地中海貿易網也開始瓦解。

一七六四年四月十六日，克里斯普兄弟的三艘船載著麵粉與小麥抵達熱那亞。這三艘船分別是「佩姬號」（*Peggy*）、「小貓號」（*Kitty*）與「瑪利亞小女士號」（*Young Lady Maria*），第三艘船的命名也許是為了慶祝，或是預祝克里斯普再度喜獲千金——伊莉莎白．瑪麗亞的父母總是喚她「小女士」(The Young Lady)。[59] 幾艘船的船長接到的命令是，在熱那亞不要再載貨了，盡快航向利沃諾與那不勒斯，從兩個口岸因為當地糧食不足而騰高的價格得利。誰知道，熱那亞元老院擔心共和國國內糧食嚴重缺乏，於是扣留了這三艘船和船貨。克里斯普兄弟最後取回的麵粉等於報銷了(這是他們的主張)，而遭到扣留供熱那亞本地之用的穀物與麵粉，克里斯普兄弟也只能得到購買價格的百分之二十為利潤。他們堅持，這跟「雷杭與那不勒斯市場……實際的價格完全不成比例，致使您的請願者損失約兩千英鎊的差價」。

對於一間歷史不算悠久、資本有限的公司來說，兩千英鎊是一筆極大的金額。雖然詹姆斯·克里斯普有幫自己的船和貨物向一位倫敦經紀人納保，但當時的海事保險鮮少涵蓋這類型的損失；兩兄弟為了追討他們認為熱那亞欠他們的錢，外加損失金額，而發起訴訟，但卻讓情況變得更糟，因為過程拖了將近兩年，吸乾了訴訟費和他們的時間、樂觀與進取。爭議之所以延續這麼久，是因為其中牽涉到的事，遠比這間小公司的這點貨物重大得多，因此熱那亞元老院、部會首長，以及不列顛政界高層雙方才會涉入。這一回，後者倒是站在克里斯普這一方。這次事件基本上仍是這兩者的衝突：一邊是商人希望長距離貿易不受阻礙，另一邊是對地方的忠誠與國家的優先性。熱那亞當局以一篇冗長的書面辯詞堅稱：「每一個國家在其國內，當上開商品若有欠缺時，皆應以合理價格得到供應」，這點至為重要。各國「互相承認彼此的自然狀態」，統治者的權威與其子民的需求重於任何私人貿易商或公司的利益。

當然，熱內亞當局承認，克利斯普兄弟損失了原本做糧食投機生意的錢，資產也一度遭到剝奪，但這根本不能跟讓商人與市場得到毫無節制的自由所造成的風險相提並論：「假使業主被賦予如此力量……則統治者將被剝奪他被授予的，訂定公正合理糧食價格的最高權力，為了保護其子民的生命，這是非常必要的行動。」60

不列顛的貿易委員會（Board of Trade）反對這種論點，委員會先是從外交管道施壓，最後又讓三十四名「在倫敦生意最大，也最受人敬重的商人」在一紙反對聲明上連署。這些商人與詹姆斯·克里斯普極力反對，認為一時的糧食短缺不構成政府繞過自由市場的根據。此舉形同將「神降在該國本身的災難轉移到外國人的身上」。熱那亞元老院如果想要拿克里斯普的小麥和麵粉來供應其公民，也應該「根據這些貨物原目的地的市場價格」支付貨款才是。公平或人性需求的問題與此毫無瓜葛。詹姆斯·克里斯普本人非常堅持：

無論如何（所有權人重申並堅持），任何君主或政府都無權對外國國民處置其財產的方式，施加任何種類的限制……。在無視於現實的情況下談公平與合理，不啻是空口說白話。每一樣東西的實際價格，就是它能夠賣的價格，這就叫合理。61

每一樣東西的實際價格，就是它能夠賣的價格，這就叫合理。這個態度非常鮮明，也非常新穎。詹姆斯．克里斯普對這點的堅持再一次顯示，在他用女性親屬為自己的船隻命名的那種善感的背後，對於「貿易不應受阻」的至高重要性有多麼不可妥協的信仰，以及對於任何限制貿易的事物——距離、集體壟斷、國家與帝國的疆界與勒令（*diktats*），甚至是人性需求與古老的糧食價格公平觀念——是多麼地無法容忍。不過，即便克里斯普是如此地確信，如此野心勃勃，他跟他的合夥人依舊只是不起眼的商人，制衡手段非常有限。熱那亞元老院直到一七六六年二月，才終於在不列顛持續不斷的外交壓力之下，原則上同意息事寧人，而克里斯普兄弟不太可能有拿到補償金，畢竟傷害在很久以前便已造成了。[62]

就跟所有商人一樣，詹姆斯．克里斯普的貿易網是靠信用來維繫的。克里斯普兄弟的持續成功，有賴於他本人與公司在可靠與公平交易上的聲譽，也有賴於匯票。匯票大致類似現代的旅行支票：不只保證支付，而且必須在未來某個時間點，在異地以異國貨幣支付。商人透過代理人與銀行業者構成的網路，利用匯票跨越廣袤的地理距離，安排對彼此的信用關係，藉此借款，並且從不同地點的優勢匯率得利。然而在這樣的過程中，他們也立刻負有一連串互有關聯的法律與金融義務。一旦事情出錯，這些義務便會束縛他們。在十八世紀，貿易活動的地理範圍擴大，信用網路也隨之擴張，愈來愈多的業務與地點緊密咬合在一起，事情出錯的可能性也翻倍成長，尤其是因為海外貿易在某些方面仍然是極為原始的事業。[63]

儘管詹姆斯．克里斯普的事業遍及非洲、亞洲、南北美洲以及西歐與東歐，但他的商品移動的速度，也快不過載運這些商品的帆船或馬匹。通常，他都在跟自己未曾謀面的人打交道，而這些人則住在他未曾造訪過的地方。獲得這些人、這些地方的情報時，他仰賴的主要是一系列的商業書信——速度同樣快不過帆船或馬匹。詹姆斯．克里斯普現存的商業往來信件中經常出現祈求天佑的句子，比方他的船長會在貨單上寫「蒙上帝恩典，井然有序」的句子，多少顯示商業活動仍然受到大自然或人為的偶然因素所左右，而且充滿風險。[64] 早在克里斯普的船隻在一七六四年四月遭到扣押的幾個星期之前，熱那亞便已經開始扣留來到當地的糧食船，但這段時間不足以讓對於熱那亞共和國情勢的書面警告，送達人在倫敦的他，或是人在巴塞隆那的他哥哥手中。即便消息幸運地即時傳到他們耳中，他們當然也沒有夠快的方法，能夠在他們那三艘船信心滿滿地航向熱那亞與陷阱的途中，將資訊傳到船上。

兩兄弟在巴塞隆納的公證人——賽巴斯提亞．普拉茨（Sebastià Prats），經手了一連串無法兌換的匯票，由此便能看出他們公司的信用，在熱那亞事件與其他挫折之後緩慢失血的情況。到了一七六五年底，克里斯普兄弟急著向各國欠他們錢的商人兌現匯票。由於其中一些人同樣在戰後的經濟失序中遭遇困難，許多積欠兄弟倆的款項因此從未歸還。[65] 克里斯普兄弟本身的信譽原本還不錯。利沃諾魚商詹姆斯．克列格曾經在一七六四年保證「我方對於貴公司準時償債有無比的信心」，但接下來兩年，兄弟倆便開始一再不履行債務。到了一七六七年三月初，公司先前賒購的船貨抵達巴塞隆納，但山謬．克里斯普放棄了對這些船貨的股份，因為現在已經沒有錢能承兌開出去的匯票。幾星期後，幾名船長積極找上他們的辦事處，想打點未來承運的船貨。此時留下來打發他們的人，是克里斯普兄弟在巴塞隆納的主要助手胡安・佛朗西斯科・豐坦納茲（Juan Francisco Fontannaz），因為山謬・克里斯普與雅各・埃梅里早已溜出城躲避他們的債主。[66] 同樣在一七六七年三月，倫敦幾家報紙刊出詹姆斯・克里斯普破產的正式聲明。[67]

不久前，他寫信給自己在蘇格蘭主要往來的銀行——愛丁堡的威廉・豪格父子（William Hogg & Son）。他透露自己「極為痛心」，商業信件通常不會夾雜個人情緒，但這一回他太震驚了。他表示，克里斯普兄弟此時仍有「一萬五千至一萬六千英鎊」的債務（以今日市值超過一百三十萬英鎊），但他希望銀行出於「難得的友誼」，能滿足於收走公司在謝德蘭群島的船隻、建物與捕魚用具，畢竟兩兄弟已經沒有其他流動資本了。「請銷毀此信」，他在信尾潦草寫著。[68]

＊＊＊

詹姆斯・克里斯普沒有毀，但確實受了傷。破產在倫敦的經濟生活中是常態，尤其是一七六〇年代。人們把破產當成貿易商才幹不足，或是交易不慎的鐵證。總而言之，他的自由與獨立如今大為受限，而他將一間主要在地中海經營的公司，擴大為越洋跨洲事業的夢想也破滅了。此外，破產不只是在金錢與商業上的打擊，也是對個人的一記重拳——不僅會吞沒受害者的家庭，更會輕易破壞夫妻間的關係與信任。根據法律，賒購物品的太太不用因為這些債務而入獄。如果夫妻倆在倫敦的這段時間裡，伊莉莎白·馬許很鋪張浪費（喬治·馬許認為她很揮霍），則她所積欠的所有債務都是詹姆斯·克里斯普應負起的責任，而如今他已破產。[69]

破產固然令他苦惱，但伊莉莎白也有難受的理由。一七六七年春天時感到屈辱的人不只是她的丈夫，她也是——不停看著關於他失敗的啟事刊登在《倫敦憲報》（*London Gazette*）等報紙上，而且知道朋友、親人與商場上的對手都會讀到這些啟事。兩人的家遭到搜索，以便仔細評估克里斯普的資產，這是破產處理的常規。法律允許在必要時破開「門、衣箱與大箱」。所有動產都可以扣押來抵償破產者的債務，只留下「他本人、妻子與小孩必要的衣物」；破產事務專員（bankruptcy commissioners）也有權「要求破產者的妻子宣示並接受盤查」。克里斯普有義務出席一系列的債權人會議，地點是倫敦市政廳（Guildhall）以及位於康丘（Cornhill）的彩虹咖啡館（Rainbow Coffee House）——船東與海外商人喜歡光顧此地。他與每一名破產者，都必須同意接受選出的破產管理人（以他的情況要選出四人），負責將他的資產估價出售。[70] 除非破產事務專員對於破產者的配合感到滿意，且有五分之四的債主

「就數字與價值上」同意簽署一紙特別證明，他才能保住一定比例的資產，並免除剩餘義務，不用擔心自己遭人控告或逮捕。我們不清楚詹姆斯．克里斯普是否成功取得這份重要的文件。幾家倫敦報社在一七六七年五月下旬報導說他有，但毫不意外地，喬治．馬許終其一生都不相信。[71]

詹姆斯．克里斯普的破產所造成的其中一項結果，正是他本人與姻親之間的權力天平明顯往姻親那一方傾斜。雖然一開始心裡充滿矛盾，但馬許家原本對他多少有點尊重，畢竟他的社會地位比較高，而且又是伊莉莎白．馬許的搭救者。然而，馬許家有許多成員此時在社會地位與政府職位上已經不可同日而語，反而輪到詹姆斯．克里斯普黯淡無光。這種情況影響了所有馬許家的人（包括他的妻子）後來如何寫他，但這並不妨礙他們努力幫助他，同時也讓他加入帝國與民族的發展，他們在這方面比他專業。一七六五年十月，也就是克里斯普還在設法取回熱那亞欠款時，米爾伯恩．馬許離開梅諾卡，前往肯特郡查坦的海軍造船廠擔任補給官（Agent Victualler），希望能跟自己的女兒與女婿離得近一點。喬治．馬許運用自己在補給委員會的舉薦權，影響了這次的調任，而且還不只於此。他把詹姆斯．克里斯普，引薦給一七六三年起擔任海軍第一大臣的第二代艾格蒙伯爵約翰．帕西法爾（John Perceval, 2nd Earl of Egmont），從而為自己的姪女與姪女婿開闢了在新大陸重新開始的前景。

＊＊＊

船木工之子喬治．馬許，究竟是怎麼發展到能將人引薦給不列顛政府中最重要的人物之一的？這一點相當值得深入探討，因為我們能因此清楚了解：這位表面比實際上平凡，本質算是二流的人物何以能一直成功，而伊莉莎白．馬許個人的發展為何不時受到他出手所影響。喬治．馬許在一七四〇年代中期，相當盡心地為當時還是愛爾蘭貴族頭銜繼承人與都柏林國會議員的帕西法爾，提供了一些有用的海軍與法律資訊。帕西法爾大方承諾在將來有所回報，不過馬許非常精明，不急於一時要他兌現。帕西法爾當時仍是反對黨的政治人物，是個孤立的愛爾蘭人，素有知識分子與遠見人士的名聲。對於胸有大志的倫敦公務員來說，他實在不是適合的恩主。一七六三年十月十日晚上，情況改變了。當時，喬治．馬許「人在我位於佩坎（Peckham）的住所」讀他的報紙，注意到艾格蒙（時已繼承爵位）「獲任命為海軍第一大臣」。隔天早上六點之前他就已經寫完一封信，寄了出去：「若閣下認為我能為他有任何效勞之處，我將以等待為之服務為一己之榮幸。」過了一星期，喬治．馬許得到了他要的會面機會，以及他職業生涯中最關鍵的突破之一。艾格蒙「希望知道我是否願意擔任他的秘書官，畢竟他非常需要我在海軍事務方面的協助」。除了秘書官職務本身的重要性之外，傳統上擔任秘書官的人也會被提拔進補給委員會；不久後，喬治．馬許就「在月底前雇了一輛馬車」（對他來說，買馬車太奢侈了），「畢竟我每天都要去海軍部」。[72]

喬治・馬許憑藉同一套耐心、周到與毛遂自薦的組合，討好接下來每一任的海軍大臣。當桑威治伯爵約翰・蒙塔古（John Montagu, Earl of Sandwich）在一七七一年重任此職時，馬許不只用阿諛奉承的信來轟炸他，借他錢，似乎還在自己的房子裡幫蒙塔古的情婦瑪莎・雷伊（Martha Ray）騰出房間，給她的親戚住。不過，追根究柢還是馬許的勤奮不懈，和他對於海軍行政有如百科全書般的知識，才會讓歷任貴族出身的第一大臣少不了他的輔佐。這些特質，讓艾格蒙這位聰明、十分認真的人印象深刻；但艾格蒙的性格中卻還有一種很不一樣的特質，讓他一度與詹姆斯・克里斯普合作，甚至結為朋友。[73]

艾格蒙與克里斯普會走到一起，是因為他們都熱愛冒險，兩人也都有著宏大甚至是浪漫的地理願景與想像。身為海軍第一大臣，艾格蒙是兩次重要的環航世界之行——分別是一七六四年至六六年由約翰・拜倫（John Byron）率領，以及一七六六年至六八年由山謬・沃利斯（Samuel Wallis）擔任艦長的環航——主要的贊助者。他對歐洲之外的世界感興趣，一方面是家族淵源與個人興趣，一方面是職位與帝

第二代艾格蒙伯爵約翰・帕西法爾，法蘭西斯・海曼（Francis Hayman）繪。（典藏於：*National Gallery of Ireland*；圖片來源：Wikimedia Commons）

國之故。一七三〇年代，艾格蒙的父親，也就是第一代伯爵，就是當時不列顛在北美大陸位置最南的殖民地——喬治亞的主要倡議者之一。第二代伯爵繼承了這些跨大西洋的興趣，而他在海軍部的職位，也讓他能以最大的程度，利用不列顛在七年戰爭戰勝後蓬勃發展的土地投機活動獲利。大不列顛在北美洲擊敗法蘭西與西班牙兩個帝國之後，有大約十二億四千英畝的北美洲土地落入其手中。這在一七六〇年代激發出一波英美土地徵收與開發計畫。在大西洋的美洲這一邊，包括喬治·華盛頓（George Washington）在內的維吉尼亞與馬里蘭富裕殖民者組成集團，在這十年間成立了密西西比公司（Mississippi Company），請願沿俄亥俄河、沃巴什河（Wabash River）與田納西河開發總面積達兩百五十萬英畝的土地。不久之後，班傑明·富蘭克林（Benjamin Franklin）等人也計畫在俄亥俄河上游成立名叫萬達利亞（Vandalia）的新殖民地。不列顛政府雖然反對這一類的西向拓殖，但卻支持從原本的十三個殖民地向北和向南開發的計劃，而這就是第二代艾格蒙伯爵自己選擇的投資方向。[74]

艾格蒙最後在新斯科細亞（Nova Scotia）得到超過十二萬英畝的土地（該地在一七六〇年代共有三百五十萬英畝的土地撥出去），以及在佛羅里達的六萬五千五百英畝土地。他還鼓勵若干朋友、門下與海軍雇員也投資殖民地土地，其中就包括他的新秘書官喬治·馬許。「他確信，他能在美洲賺到可觀的財富」，馬許說艾格蒙告訴他，「除了他自己的家人，他最希望的就是我和我們家也能有所成就」。[75]馬許信了他的話。一七六三年底，他考慮為自己取得新斯科細亞的土地。後來他似乎也鼓勵詹姆斯．克里斯普，向艾格蒙申請漁場（位置在後來的愛德華王子島〔Prince Edward Island〕外海）。[76] 這些初步計畫並沒有成果，但到了一七六六年一月與六月，樞密院在艾格蒙促請之下發布命令，先分派東佛羅里達的五千英畝土地，接著又再分派一萬五千英畝土地給詹姆斯．克里斯普，命令「詹姆斯．克里斯普，或他選擇的代理人，在上述地方測繪一塊不分割之土地」。克里斯普因此有機會在躋身於不列顛財政大臣查爾斯．湯森（Charles Townshend）、蘇格蘭財富數一數二的貴族巴克盧公爵（Duke of Buccleuch），以及成立喬治亞殖民地的陸軍上將詹姆斯．奧格索普（James Oglethorpe）當中（他們每人各獲得兩萬英畝的土地），和他們同樣成為新行政區的地主。[77]

樞密院的命令並非授地，而是測繪憑證。獲得授權的人理應親自前往東佛羅里達，或是指派代理人前去，選擇一塊與命令中大小相符的土地，徹底測繪，並向殖民地總督——出身蘇格蘭高地的陸軍上校詹姆斯．格蘭特（James Grant）登記，總督在那時才會正式授地。接下來，新地主則必須招募白人新教徒移民，將他們載往大西洋彼岸，每位移民可以有一百英畝佛羅里達土地。假如三年之內，地產的開發不及三分之一，則所有土地都可能被王室沒收。[78] 從這種過程之漫長，以及即將與詹姆斯．克里斯普一樣成為東佛羅里達大地主之人的地位來看，跨大西洋的大規模土地投機通常需要許多年可觀的資本支出。然而克里斯普在一七六六年得到東佛羅里達土地分配時，事業已經遭遇困難，並且在隔年宣告破產。但他依舊參與這次的佛羅里達投機活動，將自己留在英格蘭這最後幾年的精力投注其中，這多少是因為他喜歡冒險（而他此時已是孤注一擲），但更主要是因為他與艾格蒙此時已經建立密切的工作關係，他們同樣喜歡作大夢，有時候甚至不自量力。

詹姆斯·克里斯普以集團一分子的身分展開這次土地投機。艾格蒙稱這群人為「冒險家」（Adventurers）。這些人包括一些與克里斯普有生意往來的人，馬許家在海軍裡有關係的人，以及伊莉莎白·馬許的表姻親詹姆斯·莫里遜——莫里遜自己就得到五千英畝的東佛羅里達土地。他們的構想是，「冒險家」在東佛羅里達的土地將彼此相連，有如殖民地中的殖民地。艾格蒙寫信給格蘭特總督加以說明，並介紹他們派去東佛羅里達的代理人——名叫馬丁·喬利（Martin Jollie）：

> 這位紳士是由補給委員〔透納〕·福特雷（[Turner] Fortrey）先生，經營廣大事業的顯赫倫敦商人〔詹姆斯〕·克里斯普與〔詹姆斯〕·安德森（[James] Anderson）兩位先生，海軍的〔愛德華〕·伍德（[Edward] Wood）與〔詹姆斯〕·莫里遜兩位先生所延請，將準備……在您允許之下，考察東佛羅里達之地，確認並取得他們獲得授權的部分。

艾格蒙向格蘭特保證，「冒險家」當中的每一位「都極有能力有效執行，預計以公積金推動，以合股方式節省時間」。他接著表示關於他本人的部分：「我受到請託，不僅提供我的建議，同時還會為他們的行動制定計畫，甚至成為冒險家的一員，與他們一同執行。」[79]

他對於自己角色的評估實在過分謙虛，這也點出了此次土地投機的另一項特點——以及詹姆斯．克里斯普與伊莉莎白．馬許為何一度視佛羅里達為東山再起的良機。艾格蒙的確加入了這幾位嚴格來說屬於中產階級的冒險家們。幾個月過去，他甚至在計畫中「一馬當先，承擔所有問題」，並負擔不斷增加的大部分必要花費。至於詹姆斯．克里斯普，艾格蒙保證「早在他破產之前，他的土地便已完整交託給我，因此他的債主對這些土地並無聲討之權利」。這麼做並不是因為他把克里斯普那兩萬英畝，或是其他集團成員分配到的土地給併進自己龐大的佛羅里達地產中。正好相反，艾格蒙寫道，「我之所以希望有大片的土地，是因為之後我可以大片地讓出去。」計畫是這樣的：詹姆斯．克里斯普與其他冒險家將自己的佛羅里達土地轉讓給他——艾格蒙，由他承擔多數的前期經費與管理負擔。之後，艾格蒙將「重新轉讓給他們每一個人」，而冒險家們則能拿回他們如今已經上軌道的佛羅里達土地。[80] 詹姆斯．克里斯普與 伊莉莎白．馬許顯然找到了門路，以最小的代價成為美洲大地主。

艾格蒙之所以希望以這種方式開發東佛羅里達，是因為他從半封建式的角度（明確來說，是以愛爾蘭的情況）來設想這個他從未親眼見過的地方。他們家族先前已經授出十六萬英畝的愛爾蘭土地，部分授予「本地人」，但主要是授予「英格蘭紳士與承租者的年輕子弟」。艾格蒙確信，此舉為他的科克土地產業創造了一種「團結的紐帶」，以及「紳士的」、實際的、感恩的服從精神。現在，他打算在大西洋彼岸進行類似的社會與經濟實驗。他想像把北美洲「征服得來的土地」，「打造成一塊塊領域，每塊的大小為一千八百萬英畝（接近愛爾蘭的大小）」。在拓墾方面，他希望鼓勵「使用小資本」，既不落入加勒比海種植園社會特色的「明目張膽的獨佔」，也避免漫無目標導致「新世界的創造……淪為各種異質原子的偶然合流」。[81] 這種有系統的家父長式美洲帝國願景，影響了他對待「冒險家」的方式，以及他和詹姆斯．克里斯普對克里斯普在東佛羅里達分配到的那兩萬英畝土地所做的規劃。他們決定在大夫湖（Doctor's Lake）北岸成立「下克里斯普領地」（Lordship of Lower Crisp），從今天的奧蘭治點（Orange Point）出發，穿過橡樹、鵝耳櫪與木蘭樹叢，往內陸方向延伸六英哩。領地上會有一個小鎮（太大就不合適了），以及至少兩個「村落」。至於湖南邊的「上克里斯普」（Upper Crisp），則會有一座「莊園」或「城堡」，供詹姆斯．克里斯普與家人，或是他們選擇的大佃戶居住，另外還有一個由十六幢圓木小屋、一個一英畝菜園、牛圈豬圈各一所組成的村子。此外還有另一個「小鎮」，一些被選上的美洲原住民將被鼓勵以「英格蘭風格」

定居於此，而他們也會得到公正的對待。艾格蒙為他的模範社區提供大多數的資金、精神氣質與官方的支援，詹姆斯．克里斯普的角色則是幫社區移入勤奮的佃農、勞工——以及商貿事業。「克里斯普先生……是真心誠意，打算在授予他的土地上親力親為」，艾格蒙從倫敦寫信向格蘭特總督保證，「……並已做好準備，此後不僅會招募來眾多的冒險者，也會從他多有往來的義大利，找來許多生產絲綢、葡萄酒等的有用的人。」[82]

由此可知，艾格蒙是透過一場愛爾蘭之夢來看待東佛羅里達，而詹姆斯．克里斯普則似乎把它盼望成另一個更美好的地中海世界。從各種角度來說，他都把這個殖民地當成潛在的故鄉。西班牙在一七六三年將東佛羅里達割讓給不列顛，而儘管大多數的前殖民者都已離開，東佛羅里達的建築、農產系統的佈局，以及聖奧古斯丁（St Augustine，大夫湖以南四十英里）這座殷實城市的規劃，都有濃濃的西班牙味。對於詹姆斯．克里斯普來說，他的記憶中還有在巴塞隆納的風光歲月，這片新土地想必一點都不陌生。他熟悉西班牙，在西班牙掙過錢，和西班牙海外帝國領土貿易過。現在，他也將學習、了解如何在曾經的西班牙殖民地發跡。東佛羅里達預計的經濟，看起來也非常適合他的商業實力與綜合文化背景。濱海地區的位置便於與西班牙在加勒比海、南美洲的殖民地通商。他以前從事過紡織業，而東佛羅里達（按理說）可以提供沃土，種植靛青——織品最有價值的藍染料。根據《東佛羅里達紀實》（*An Account of East Florida*，一七六六年）所言，這個殖民地的河擁有比北美洲南部其餘地方的河流「更多的漁獲」，而克里斯普懂得抓魚與醃魚。葡萄藤在東佛羅里達也預期能長得很好，這裡據信也「比歐洲任何地方更適合養蠶」，而克里斯普做過葡萄酒與絲綢生意。重點是，「英格蘭處處可見的濃霧與陰鬱天氣，在這裡前所未聞」。[83] 伊莉莎白・馬許與詹姆斯・克里斯普正要逃離黑暗。東佛羅里達一片光明。

伊莉莎白對於這個計畫究竟有什麼看法，我們不得而知。但她肯定知道細節，而且不只是從丈夫那兒得知。她的父親米爾伯恩・馬許在好幾份跟這些佛羅里達土地有關的法律文件上簽了名。[84] 她的叔叔喬治・馬許是艾格蒙與克里斯普之間的牽線人，而她的表姻親詹姆斯・莫里遜，更是「冒險家」的一員。她的家人以這種方式投入，既是因為他們是個團結的家族，也是因為「上克里斯普」與「下克里斯普」確實很有機會成為桃花源。它們似乎能提供庇護所，讓詹姆斯・克里斯普徹底逃離債主，也讓他、他的妻子與孩子能重建自己的生活，住在其他有志一同的人之間——包括克里斯普的倫敦合夥人法蘭西斯・華倫，他在一七六八年移居東佛羅里達。此外，身為大地主，克里斯普一家有望能在此獲得穩固的社會地位，甚至是一處莊園：

由於英格蘭的日用開銷愈來愈高，心懷自由但是財富有限的人，會感受到無邊的壓抑。沒有財富就不可能維持地位，發現我們習慣的日常生活消亡而感到挫折，加上我們的境遇愈來愈受限，這樣的情況十分不幸。

不過，〈建議財產有限之紳士移居東佛羅里達〉（'Exhortation to Gentlemen of Small Fortune to Settle in East Florida'，一篇在詹姆斯．克里斯普破產之前兩個月發表於倫敦的文章）的作者則力陳，只要渡過大西洋，前往這片新土地，「一位只有一千英鎊的紳士，無論他是否成家」，都有機會「開心、獨立，並且在幾年內致富」。「這不是神話，也不是投機」，他斷言：「完全是基於穩固的事實。」[85]

由於實在有太多過於天真、曲折或欺瞞交織在不列顛東佛羅里達的早期規劃中，加上一七七六年《獨立宣言》（Declaration of Independence）發布後所發生的事，歷史學家有時認為東佛羅里達一開始就注定失敗，是某種十八世紀的新伊甸園，是個永無止盡吞沒金錢與夢想的泥淖。事實上，有經驗的土地開發商就看得出來，對在東佛羅里達的移民與投資者來說，比錢更重要的，是時間。他們需要時間，測繪可供種植園或農場使用的土地，而在一七六三年的時候，東佛羅里達甚至沒有可用的不列顛地圖，或是可靠的英語介紹；他們需要時間，引進足夠的勞動力；他們也需要時間，確定哪些作物適合亞熱帶氣候，適合僅僅高於海平面一百英呎的土地。那些後來無法在時間中堅持下去的不列顛投資者們，在一七七五年之前還有理由相信，自己的投資相當理性，未來前景看好。當時，艾格蒙伯爵的東佛羅里達土地已能保證其繼承人有相當的收益。甚至新士麥那（New Smyrna）——安德魯．特恩布爾*推動梅諾卡與地中海各地的勞工家庭遷居東佛羅里達的實驗（正如詹姆斯．克里斯普有過的想法），一開始堪稱災難——現在有部分都開始耕作良好，開始賺錢了。[86]

但詹姆斯．克里斯普是個破產的人，因此他沒有時間。有一段時間，他還不致沉沒，甚至能靠著幫喬治．馬許處理海軍的補給，以及開拓與東印度公司一些新的、重要的聯繫，負擔他在東佛羅里達的部分開銷。然後，在一七六八年九月時，同時承受新舊債務的他「突然一敗塗地」，甚至到了不潛逃就得因債務入獄的情況。東佛羅里達不是藏身的首選，畢竟「冒險家」在當地的代理人馬丁．喬利此時尚未獲得成立上、下克里斯普必不可少的正式文件。名叫喬治．羅爾夫（George Rolfe）的測繪員在一七六八年十二月的最後一天，才把相關文件交給負責為不列顛北美新領土與水道製作地圖的傑出瑞士製圖師——傑哈德．德布哈姆（Gerard De Brahm）。羅爾夫提議將大夫湖（Doctor's Lake）在未來改名為「克里斯普湖」，好和包圍這座大湖的土地所有權名稱一致。因此不光是那兩萬英畝的地，還有一大片的水域，都將在未來的佛羅里達地圖上閃耀著「克里斯普」之名。[87] 五天後，一七六九年一月五日那天，在大西洋的另一岸，詹姆斯．克里斯普由於無從得知這些文件終於到位，他的土地交撥也將迅速辦理，而在轉讓書上簽下了字，把自己對上、下克里斯普的所有權利，讓渡給艾格蒙伯爵了。[88] 隨後，為了躲避法警與避免完全葬送前途，他執行了自己在幾個月之前，為防佛羅里達與他的生意失敗而訂下的計畫。他搭船從倫敦出發，不帶妻子與孩子，不是往西前往美洲，而是前往印度次大陸東岸。

＊＊＊

那伊莉莎白．馬許呢？倫敦的這些年，是她連續在陸地上，在同一個地方生活最長的一段時間。這段期間裡，她過著傳統的，因此多半不在他人的視野之中、而且基本上依附於人的中產階級女性生活。她在一間接著一間租來的房子裡，幫丈夫打點。她生兒育女；她一度享受了相當程度的大都會生活與社交活動，是她後來再也忘不了的。眼下——也就是一七六九年初——她三十三歲，有兩個不滿七歲的孩子，沒有錢，沒有家，當然也沒有支薪的工作。她被迫回家給爸媽養，也沒有把握若詹姆斯．克里斯普這一程活著抵達印度，還會

* 編按：安德魯．特恩布爾（Andrew Turnbull, 1718-1792）原是一位蘇格蘭醫師，曾擔任不列顛駐士麥那領事。一七六〇年代他推動在東佛羅里達建立新士麥那殖民地。特恩布爾的船隊在一七六七年沿著地中海島嶼和海岸，從梅諾卡、利沃諾港、義大利、士麥那、米洛斯島、瑪尼半島、科羅尼、小亞細亞、克里特島、聖托里尼島，到科西嘉，一站站停留，總計招募到一千四百名移民，其中最大多數來自梅諾卡。是不列顛北美殖民地有史以來最大規模的移墾計畫。

不會來信叫他們過去與他團聚。「我……不妨說，實情幾乎就是這樣，」她此時苦澀寫道，「我在柏柏里遭遇的不幸，甚至不及此後我在這個有文化、有宗教自由的土地上所經歷的苦。」89

除卻明顯的自憐，這句把她的北非苦難與倫敦經驗當成同一種沈重負擔的話，包含有她不願探究，甚至也不願承認的一種根本事實與同步性。一七五〇年代中期，大範圍的戰事與一名摩洛哥王子的跨國野心，粉碎了她的生活，破壞了她的婚約，迫使她進入一段完全不同的婚姻。到了一七六〇年代，詹姆斯·克里斯普先是靠著與四個大陸的交易，建立了自己的事業與名聲，卻又在世界許多不同地方之間發生的事件與力量中沈沒。當然，他有時自不量力，就像她也曾經膽大妄為地，在一七五六年七月搭船離開直布羅陀一樣。但在兩次情況中，造成他們各自災難的根源，都是個人很難、甚至完全無法控制的變局與衝突。世界既是愈來愈寬廣，也是愈來愈縮小，他們兩人的生命，都在過程之中被岔出到習慣的模式之外。然而，伊莉莎白·馬許不是太關心她丈夫的困境與她自身困境間的相似處。她全神貫注在自己的絕望，感到需要恢復名譽，最終建立自己。對當年的人而言，破產與失去信用對於男人名譽的傷害，就像失去貞操——或是被毀謗為失去貞操——對女人名譽的傷害。先是在摩洛哥的直接遭遇，現在又間接受到自己丈夫在遠方經商失敗，她在羞恥與毀滅中沐浴了兩回。她的故事是個「貨真價實的悲劇」，而她決心要講出口。90

第四章

寫作與遷徙

Writing and Migrating

一七六九年五月，伊莉莎白．馬許以匿名方式，在倫敦發表了自己唯一一次大膽付梓的嘗試——《女俘虜》（*The Female Captive*），內容講的顯然是她在摩洛哥的苦難經歷。這本書就像她做過的許多事情一樣，既是她徹底個人的表演，同時也展現了她的時代更寬廣的當代潮流。只要是有印刷業的地方，這種能讓男男女女產生錯覺，以為自己「無須動腿」，就能「上山下海，造訪各國，與各民族對話」的書，始終是一種相當重要的出版類別。而在十八世紀中葉，形形色色的人群間歷時更久、程度更劇烈、性質更為探索的各種接觸，更使得旅行文學的吸引力、數量與種類有增無減。[1] 一七五六年，也就是伊莉莎白在地中海被俘的那一年，夏爾．德．布羅塞（Charles de Brosses）發表了《到南方陸地航行的歷史》（*Histoire des navigations aux Terres Australes*）。這是第一本有關航向太平洋旅程的主要遊記，英語版也旋即問世。兩年後，賓夕法尼亞的原住民戰士抓了一位名叫彼得．威廉森（Peter Williamson）的蘇格蘭長工。他把自己跟在原住民身邊時的真實經歷和想像冒險，化為《彼得．威廉森親身經驗的法國人與印地安人之殘忍》（*French and Indian Cruelty exemplified in the Life...of Peter*），這本書的內文比標題有意思，是在不列顛最常被再版、擴寫，影響了人們對美洲原住民社會想像的書之一。[2]

伊莉莎白的書付梓後的十年內，出版的書就有蘇格蘭探險家詹姆斯．布魯斯（James Bruce）追尋青尼羅河（Blue Nile）源頭的過程，歐勞達．伊奎亞諾往南極洲的航程；路易斯．

德・布干維爾（Louis de Bougainville）發表了自己環航世界、抵達太平洋的紀錄（一七七一年），約翰・霍克斯沃斯（John Hawkesworth）所寫的詹姆斯・庫克指揮「奮進號」（*Endeavour*）的第一次航行（一七七三年），康士坦丁・約翰・菲普斯（Constantine John Phipps）的《航向北極》（*A Voyage towards the North Pole*，一七七四年），以及庫克自己的《航向南極與繞行世界》（*Voyage towards the South Pole and Round the World*，一七七七年）。相較於這些文字高雅的暢銷書與撼動人心的旅程，《女俘虜》只是本不重要的著作，作者是個教育程度不高的女子，人在馬格里布的時間也非常短暫。不過，書中有著前所未有的族群與政治觀察，而且是一本遊記。發行本書的出版商是弗利特街（Fleet Street）的查爾斯・巴瑟斯特（Charles Bathurst），身兼印刷商與書商的他就是從這個角度看本書的市場。他堅持採用實事求是的副標題（〈發生在柏柏人之地的真實故事〉〔'A Narrative of Facts which happened in Barbary'〕），正文之前還附了一張摩洛哥地圖。

伊莉莎白・馬許的書也在另一個特定方面上，是這個時代的產物。一七六〇年代，由女性執筆，在不列顛新出版和再版的小說數量，比一七五〇年代多了兩倍有餘。[3] 女性的非虛構寫作數量也有明顯增長，《女俘虜》大致可以歸屬的次級文類也包含在內。此時，在歐洲之外擔任政府公職或商業職務的不列顛男性，人數明顯增加。有些人帶著自己的女眷同行，當中有些女性後來也寫作和發表。這種由不列顛女性隨員所寫的非歐世界新寫作當中，瑪麗・沃特利・蒙塔古夫人的信件就是早期的例子，這些信件在她過世之後，以三卷本形式於一七六三年出版，內容包括一七一七年至一七一八年間，她在伊斯坦堡的經驗——她的丈夫在這段期間擔任特命大使，前往鄂圖曼宮廷。瑪麗夫人保存了（也捏造了）一些自己從伊斯坦堡、貝爾格勒與突尼斯寄回家的信，打算把這些信整理成首尾一致的遊記，但她太貴族氣息，也太受限於其時代，因此不會在有生之年冒險出版，使得自己被長時間曝光。這些後來被當作她的土耳其信件的文書姍姍來遲，內容精心揉合了報導、個人反思與虛構，影響了伊莉莎白・馬許書中的段落，可能也影響查爾斯・巴瑟斯特願意出版伊莉莎白的書。「我承認」，瑪麗夫人在土耳其書信的前言中說，

> 我是帶著點惡意地，想讓世界看看，比起她們的**男士們**，**女士們**的旅行可以實現更好的目的；雖然男性的旅行很多，但都是一個調調，塞滿了一樣的瑣事；而女士有技巧能另闢出全新的取徑，為一個陳舊不堪的主題增添色彩。4

不過，最可能出手開創新局，將自己的旅遊寫作付梓的女性，是那些社會出身不被視為「女士」的人。珍娜・蕭（Janet Schaw）是個有貴族血統的蘇格蘭人，她在一七七四年隨同她調任到牙買加擔任政府公職的兄弟，一同前往西印度群島與北卡羅來納，為這趟航程留下

了長篇而鮮活的敘述，但她很謹慎，沒有發表這些文字。至於跟著男性家屬前往海外、或到海外找家屬的中下階級女性，可就有自信多了。法蘭西絲・布魯克（Frances Brooke）是不列顛陸軍隨軍牧師之妻，在一七六三年到魁北克與丈夫團聚，幾天後魁北克正式宣布成為不列顛殖民地。她將丈夫在七年戰爭期間於新斯科細亞與紐約的部分軍事經驗，以及她對休倫人（Huron peoples）聚落與魁北克法裔天主教社會的觀察，寫進《艾蜜莉・蒙塔古故事》（*The History of Emily Montague*，一七六九年）裡，這是第一部以加拿大為主題的英語小說，成就斐然，至今仍值得一讀。一七七七年發表《特內里費島、巴西、好望角與東印度群島來鴻》（*Letters from the Island of Teneriffe, Brazil, the Cape of Good Hope and the East Indies*）的潔咪瑪・金德斯利（Jemima Kindersley）也來自類似的背景，她是陸軍軍官遺孀，丈夫在一七六〇年代帶她到孟加拉與阿拉哈巴德（Allahabad）之後亡故，獨留她窮困潦倒。瑪麗・安・帕克（Mary Ann Parker）則是海軍遺孀，她陪丈夫前往植物學灣（Botany Bay），在她紀錄這段航程的《航行世界》（*A Voyage Round the World*，一七九五年）一書的前言中，她代她「無數家庭」一無所有的孩子們請願。安娜・瑪麗亞・法肯布里奇（Anna Maria Falconbridge）不像她們一貧如洗，但她仍與這些女性有一樣的發展模式，她們都是無法自給自足，但有觀點，在十八世紀的最後三分之一的年代用文字描寫一個日益互相密切連結的世界。法肯布里奇的社會出身普通而有爭議。她的第一任丈夫原是奴隸船上的外科醫生，後來轉為廢奴主義者，在一七九一年被派往獅子山，重建一座由自由黑人組成的殖民地。她用自己陪丈夫到獅子山的經歷，寫出《二往獅子山河》(*Narrative of Two Voyages to the River Sierra Leone*，一七九四年至一七九五年)，她藉寫作賺錢、交流地理形勢與民族誌資訊，並倡議一個目標——她支持奴隸制度，但反對殖民主義。[5]

伊莉莎白．馬許顯然與這些女性有共通點。她也處在社會邊緣。她在《女俘虜》裡描述的陸上與海上之旅，也在陪不列顛政府任用的男性親屬——以她來說，就是父親米爾伯恩．馬許——前往海外就任之後發生。此外，她也是在需錢孔急的時候寫作，就像布魯克、金德斯利、帕克或法肯布里奇一樣，甚至比她們更需要錢。

不過，《女俘虜》與多數自詡為遊記的書不同——無論是出於女性或男性作者之手筆，也無論他們是受正式教育，抑或是自學。這本書相當奇特，文筆彆扭，甚至讓人驚嚇，不僅在地理與觀察上，這本書都開創了一個新領域。而它同時代的讀者們也依稀看出了這點。《女俘虜》以薄薄兩冊發行，一套價格五先令，很明顯是出自業餘作者之手，但書馬上就賣完了。在一七六九年，這本書大概發行了七百五十套。沒有再版，到了一七七〇年代初期，馬許的書已經「非常稀少」，很難找到。有幾家流通圖書館收藏有這本書幾十年，但現在只有一本留下來。[6] 這暗示著《女俘虜》是很快地就被買光了，而買主主要是那種個人藏書與其他財產在死後不會被保留下來的人，而且／或者這些書冊經常被瀏覽、翻閱，或是出借給他人，書最後就散落了。這本書也比同一時期出版的其他著作獲得了更多評論注意。瑪麗・沃特利・蒙塔古的土耳其書信最初出版時，似乎沒有任何書評，但《女俘虜》至少帶出兩篇長文。然而，伊莉莎白的評論人卻感到困惑，甚至惱怒。其中一人抱怨她的書裡「情節不甚有趣」，接下來卻又引用了五頁篇幅。[7] 但對不知情的讀者來說，最大的挑戰在於：書裡寫的比書名承諾得要少，卻也多得更多。

伊莉莎白・馬許與眾多遊記作家不同，她在旅行的當下沒有留下詳細的筆記，對自己描述的社會也沒有顯著的知識儲量，畢竟她的摩洛哥之行並非自願，而是在脅迫下進行。她跟彼得・威廉森等曾為俘虜的敘事者也不同，並不是在脫身之後馬上下筆。當她計畫寫《女俘虜》時，心中想的更多是一七六〇年代晚期的事情，而非一七五六年「發生在柏柏里的真實故事」。結果，這本書不只是她的地中海與摩洛哥經歷，更是一份個人的表述，是對各種限制與欲望的反思。正因如此，這本書在今天仍然有觸動人心的力量。旅行寫作，就像小說，聚焦於「自我的中心性」(the centrality of the self)，對伊莉莎白・馬許來說，這正是其吸引力的關鍵。[8]《女俘虜》帶領我們，走入她在詹姆斯・克里斯普破產、潛逃之際的內心狀態與情緒。這本書是最接近她自傳的事物。在這部作品中，她透露出的，或許比她原本打算說的還要更多。書名頁清楚地印著，這本書「**由她本人寫作**」。[9]

* * *

伊莉莎白·馬許是在她父母位於肯特郡查坦的房子寫這本書的。一七六九年初，詹姆斯·克里斯普前往印度之後，她沒有錢付倫敦的房租，於是帶著她的孩子伯瑞許與伊莉莎白·瑪麗亞，避居父母家。她的父親米爾伯恩·馬許在一七六五年、五十六歲時，返回英格蘭接受查坦的補給官一職，對他而言是在職業和創造力上做出了妥協。兩年前，戰爭結束時，他回到梅諾卡自己過往的職位上——海軍高等職員。他收到的指令，是監督島上在經歷法軍佔領後必要的修整工作，但是他卻提出計畫，把島上的船塢化為在所有歐洲國家掌控的海外海軍設施當中，最強大，也最令人印象深刻的設施。

米爾伯恩曾經在類似的計畫上牛刀小試過。在直布羅陀時，他曾經向上級提出計畫，改造島上的防務，「船工長馬許先生謹呈」。現在的他更有信心了，可以嘗試更有野心的規劃。一七六四年初，他提交一套計畫，提議將梅諾卡一些船塢設施從馬翁附近擁擠、不合適的既有地點移走，到港口北方外海的小地方——番紅花島（Saffron Island）重新設立。「根據提議的做法」，海軍局向倫敦的海軍部興奮地報告，

> 同時整平該島，於其上興建碼頭、船身傾側檢修池、軍需庫與其他便利設施，而

所有開銷據他估計……不包括從英格蘭運來的木材，總額將是六千三百四十八英鎊……。他同時讓我們了解，藉由前述建設，這座島居時將擁有六個〔其實是八個〕碼頭，每個碼頭長兩百英呎，可以同時停靠這麼多的船隻。[10]

身處令人焦慮的戰後撙節時期，當局接受了這份還非常初步的、過於保守的財務預估，買下了番紅花島，把這份方案付諸執行，由此就可看出倫敦當局多麼重視地中海的戰略、帝國發展與商業價值——也能看出他們有多重視米爾伯恩・馬許。米爾伯恩根據自己從一七二〇年代初次造訪梅諾卡以來所蒐集的觀察與筆記，起草了大部分的碼頭擴建，以及番紅花島八座船身傾側檢修碼頭的設計。他還設計了新的船塢建築，許多至今仍完整保存下來。這些是樸實、線條乾淨的建築物，有工作棚、倉庫，以及兩翼的宿舍，供船塢工人、進港的水手和軍官居住，唯一有裝飾的特例是一個漂亮的鐘塔，用來量度時間和工作。在番紅花島，米爾伯恩・馬許對於船隻設計與修復實務的深厚知識、他的工程繪圖天分，他對於自己有機會建造之處懷抱的幹勁，終於以一種重要的方式齊聚一堂，成果後來被一名資深的海軍官員評價為「如此必要、又如此高尚的工程」。[11] 一七六五年時，為了返回英格蘭就近照顧他唯一的女兒和失敗的女婿，他所忍痛放棄的，是這樣一個計劃。

表面上看，他的新職務似乎是晉升。查坦從一五〇〇年代以來就是海軍船塢所在地，這裡對於防守南英格蘭與倫敦來說是個完美的地點，又有一個龐大的、天然受到保護的港灣。廠內高度專業化的建築物自一五〇〇年代起便和海軍本身一起成長，米爾伯恩在一七六五年十月任職時，查坦的船塢已經擴大到八十英畝大。「這裡的建築物確實就像船本身一樣，大得出奇，外型各異而美麗」，丹尼爾．笛福在十八世紀初寫道：

> 堆放海軍重要物資的庫房——應該說由庫房構成的街道——是這些建築物當中尺寸最大、數量最多的，為全世界所僅見：其他部分，又以製作船索的索道，以及鑄造船錨等鐵器的鍛造車間，佔了相當比例；另外還有保存巨大船桅與帆桁的濕船塢——這些巨木被泡在水中保存——以及小舟船塢，置錨地；這一切和整體，都宏偉廣闊到驚人……彷彿一座秩序井然的城市。12

儘管查坦船塢此時又比笛福寫作時更為「宏偉廣闊到驚人」，但其實它已經部分沒落了——梅德韋河（River Medway）逐漸淤積，阻塞了船塢的用處與各種功能的發揮。到了一七六〇年代，吃水深的船艦得花上三個月以上的時間，才能沿河航行到查坦的入口，最大的戰艦只有在春天的大潮來時才能嘗試走這段路。查坦船塢已經不適合作為艦隊的主要基地，必須轉型。船塢的一千四百名勞工漸漸專做修整與造船的工作（何瑞修．納爾遜的旗艦

「勝利號」(*Victory*)就是在這裡打造、改裝),而船塢的長官們則在他們殷實的、通常也很優雅的磚房中——這些磚房是在查坦還是不列顛最重要的海軍陸上基地時所留下的遺產——過著還算安穩的生活。[13]

查坦的補給區比主造船廠更靠上游一點。補給區今已不存,但米爾伯恩·馬許擔任補給官時所住房屋的設計圖仍然保留著,從圖面上看,這個居所很靠近街道,屋子的大小(長三十二英呎,寬三十英呎)顯示屋裡至少有八、九個房間,分布在三層樓,另外還有閣樓與地窖。屋後有台階通往長七十五英呎、有圍牆的花園。走到庭院的另一端,米爾伯恩就能通往洗衣房與馬廄,以及他自己的辦公室——一名訪客說,他的辦公室保持「可以想像得到的最完整秩序」。[14] 個性暴躁但做事效率很高的提洛利勛爵——伊莉莎白·馬許

〈查坦造船廠〉,約瑟夫·法靈頓(Joseph Farington)繪,約一七八八年至一七九四年。(典藏於:*National Maritime Museum, London*;圖片來源:Wikimedia Commons)

在摩洛哥受苦時，他是直布羅陀總督——抱怨道，像米爾伯恩這樣類型和階級的人，這些「發薪員、文書、倉管、補給官、海軍職員，和所有這些做筆墨工作的人」，住在和職務有關的宿舍裡，後來都「住得比出身和品格與各個方面都優於他們的人……更舒服」，這是當時一種常見的看法。這確實是擔任海軍行政部門資深職位的吸引力之一，尤其是對那些生來志向遠大，但家產比較少的人來說。[15] 但對查坦與各個海軍船塢的僱員來說，住進由納稅人付費建造的安妮女王（Queen Anne）與喬治時代*寬敞建築，可不只是特權。這些建物與整個船塢，是用磚、石、砂漿來展現的不列顛國家日益成長的力量與財富。它們也點出「做筆墨工作」的人——行政人員、會計師，製作清單、檔案與規劃圖的人，無論是在不列顛還是其他國家，都變得愈來愈重要。補給的管理與監督（馬許兄弟兩人在一七六五年之後都專注在補給）並非海軍最威武的部門，但卻是最關鍵的部門。由於船艦有可能幾個月不靠岸，因此船隻補給能力的提升（要做到能讓船員保持健康活力），對於此時皇家海軍的戰力以及全球影響力，遠比船隻設計改良或個人的英勇行為更加重要。從詹姆斯．庫克於一七六八年至一七七一年，一七七二年至一七七五年，以及一七七六年至一七八〇年三次前往太平洋的航程可以看出，海軍的補給更有效率，就有可能實現企圖心更大的海上探險。一位在一七六〇年代環航世界的航海家表示，「探索新世界……仰賴人員的健康。」[16]

伊莉莎白．馬許永遠不會忘記，自己在查坦的避居所其實是個有活力的工業現場。她住的地方比在倫敦大得多。她有一個自己的房間可以寫作，有一座花園可以讓孩子們遊戲。她寫作時，她的母親能在一旁看著孩子，而她也能時不時走路去或騎馬去看梅德韋河的泥黃色河水。但是，無論她做什麼，她都被各種活動與噪音包圍。從屋前的窗戶，她能看見製作木桶的桶匠工坊，以及醃漬房——畢竟醃漬、乾燥、燻製與鹽醃是保存食物供長距離航行的僅有手法。再往稍遠處，則有儲藏肉品和啤酒的倉庫，和製作船用口糧與「水手們通稱為黑人頭」的兩磅重黑麵包的烘培坊。屠宰間與切肉間也在附近，不過這不太重要。幾乎天天都有活的牛、羊、豬抵達補給官屋外的街道，被趕進大院入口，進入畜欄，在那裏冷靜個二十四小時。她聽得到這些動物的聲音。時間過去後，這些動物會受到「一位屠夫師傅，與切肉間職員的檢查；如果屠夫師傅與切肉間職員核可，他們就會殺這些牲口」。屠體被快速地踩切分塊，用專門的秤秤重，火速送往院內的水煮、鹽醃與醋醃間，而畜欄則打掃乾淨，準備迎接下一批短暫的住戶。[17] 我們或許可以這樣理解：伊莉莎白為自己的書選擇的書名，除了指她在摩洛哥的那段時光，也是指她自己被迫待在查坦的好幾個月，丈夫不在身邊，只有殷勤

---

* 編按：安妮女王與喬治時代建築，指安妮女王與喬治一世、喬治二世、喬治三世、喬治四世五位君主在位時期的建築。安妮女王在位時間從一七〇二年至一七一四年，她在位期間，英格蘭與蘇格蘭《聯合法令》正式生效，合併為大不列顛。四位喬治國王在位時間從一七一四年起至一八三〇，一般常稱這段時期與建的房屋為「喬治時代建築」，造型上屬於新古典主義風格，而這段時期也興建了較多的連排房屋。

而焦慮的父母、不知所措的孩子、不斷工作的景象，與欄內動物的哀鳴。

《女俘虜》這個書名也很明確強調著「例外性」。就像亨利・菲爾丁（Henry Fielding）的諷刺劇《女丈夫》（*The Female Husband*，一七四六年），或是漢娜・斯內爾（Hannah Snell）的《女士兵》（*The Female Soldier*）——一部半虛構作品，講的是她變裝廁身行伍的故事，在一七五〇年轟動一時——伊莉莎白這本書的書名旨在表明，書頁中講述的經歷非比尋常，尤其對女性來說更是異常。這是個合理的主張。幾個世紀以來，確實有過大量歐洲女性以及更多的黑人女性，在馬格里布與世界上的其他地方淪為奴隸。但是，幾乎沒聽說過有哪名女性曾違反自己意願地被囚禁在一個伊斯蘭政體中，最後卻能把經歷從頭到尾寫下付梓。以摩洛哥來說，《女俘虜》唯一的先例是一名荷蘭天主教徒——瑪麗亞・特爾・密特稜（Maria Ter Meetelen）——在摩洛哥為俘十二年的經歷，於一七四八年發表於荷蘭，伊莉莎白・馬許不可能看到過這本書。密特稜被俘的故事，除了為期更久之外，還有一點極為不同。當摩洛哥海盜在一七三一年截住她的船時，她已經是個二十七歲的莊重已婚女性，而她的第一任丈夫跟著她一起被抓。[18]

相較之下，伊莉莎白・馬許當時才二十歲，她告訴讀者：一七五六年她在海上被抓的時候還未婚（因此，當時的人會這樣理解這句話的意思：她還是處女），身邊沒有男性親屬能保護她。把這件事情在書中披露出來，是個驚人之舉，是如她自己所說的「大膽的……嘗試」。當然，此時在不列顛北美已經形成一種傳統，曾經被美洲原住民俘虜的女性會在事後寫下、或口述她們的經歷，然後出版。但是，咸認北美原住民戰士鮮少強暴他們的女性囚犯。[19] 在摩洛哥與鄂圖曼世界，女性俘虜受到的對待通常大為不同，在歐洲人的想像當中更是如此。

某些歐洲評論家甚至認為，連落入穆斯林海盜手中，淪為奴隸的男人，都有可能被抓到他們的男性以及男主人強暴。至於女性俘虜，後來若遭賣為奴隸，則根據法律與風俗，她們在性方面也任由買主所處置。**所有被**伊斯蘭社會俘虜的女性，理所當然都會遭到性侵犯，並／或被收為妻妾的說法，充斥在當時大量（且愈來愈多）嚴肅著作與大眾文學作品中：

> 所有女人，在那兒，都得服從——因為她們必須。
> 在沉默中，她們坐著，坐成一排排，一整天；
> 默默自語，盤著腿，動著針線，趕走奇怪的想法。
> 惱人的生活！——就像進了燉鍋的池中魚，
> 她們進食，變胖，只是為了成為一名暴食者的盤餐。[20]

伊莉莎白·馬許在《女俘虜》裡，為了捍衛自己的名譽、駁斥批評，而做出一些努力。

她仔細強調自己沒有被奴役，而她貫穿全書的主題就是抵抗：她如何克服恐懼、艱辛、有形的危險、不友好的環境，以及來自摩洛哥最有權勢男子的誘惑。然而，這不太可能彌補她坦承的其他事情：她決定以單身女子的身分，搭上一艘滿是男人的船；她假扮某個人的妻子長達數個月，後來嫁給了那個人；她在西底·穆罕默德的宮殿裡，兩度面臨其中一名書評作者所說的「（這個）摩里斯科（Morisco）*愛人的陰謀詭計」。[21] 雖然她在書中不時提供證據，證明自己堅強，能忍受酷熱、長時間騎騾、缺乏食物、缺少乾淨衣物與基本隱私，但她也不能指望讀者會因此對她有好感。一位當時的英格蘭作家在一篇以「女人」為題的雜誌文章中，提出自己的看法：「這樣非常違反自然」，

> 去愛那些性格既不溫婉也不柔和，反而是舉止大膽又粗魯的人。能把自己的熱情投注給如此可憎的性情，這樣的人擁有的是多麼卑下的靈魂啊！……。對我來說，勇氣在那種性別的人身上，就跟陰柔在男人身上一樣叫人噁心。我無法忍受她們居然會有男性的情感。

這段文字深深打中喬治·馬許，以至於他把它貼在一本他所謂的備忘錄裡。就算女性寫作與出版的範圍不斷擴大，「重視名譽的女性幾乎絕對不會把自己的生活敘事拿去發表出版，

除非是重重地包裹在一層又一層的虔誠當中」。[22] 伊莉莎白・馬許在《女俘虜》裡為「一層又一層的虔誠」留下了空間，而且在這個階段她說不定是真心誠意的，但她同樣也寫到自己的大膽、直率與勇氣，以及其他背離傳統女性常態的地方。她為何要進行這個程度的自我揭露？

在一個層次上，這個問題的答案是：她沒有什麼選擇。眼下的她是個身無分文的女人，丈夫踏上航程一天天離她愈來愈遠，她和孩子關在查坦、處在父母的監護之下，極少數有望能賺到錢的方法之一，是為了市場而寫作有可能吸引公眾注意的主題。更有甚者，雖然她匿名發表，但她也別無選擇，而必須讓其他人知道這是她的作品。身為第一次發表作品的女作者，又沒有可用的資金，使得伊莉莎白在面對出版商兼發行商查爾斯・巴瑟斯特的時候，處於協商的弱勢。巴瑟斯特五十多歲，是個事業有成、經驗豐富的人，據說和上流社會有良好的關係，又以出版強納森・斯威夫特（Jonathan Swift）等已故知名人物的著作及樂譜而聞名。伊莉莎白有可能就是因為樂譜的關係，而注意到巴瑟斯特和他位於弗利特街二十六號的書店。[23] 巴瑟斯特有時候也為國會印刷文件，因此也有可能是喬治・馬許從這些文件的印刷品質認識了巴瑟斯特，而推薦給伊莉莎白。無論是怎麼認識的，她都必須為書商提供一點經濟

＊ 編按：摩里斯科原意是指十六世紀在西班牙統治地區被迫改宗或流放的穆斯林。

上的刺激，才能讓對方願意承擔為默默無名作者出書的風險。她採用的方法，是用預購的方式賣書——這是經濟壓力特別大的作者傳統上會採取的方法。也就是說，朋友、親人，以及任何她能說服的人——總共八十三人——必須在出版前先認購一套或多套的《女俘虜》，而他們的大名則能出現在書本卷首的頁面上。這樣做能降低巴瑟斯特出版這部著作的風險，也為伊莉莎白的故舊親友們提供一種低調的方式，在她危難時予以賑濟。[24]

當然，以這種方式出版，意味著她在書中道出的一切——每一個念頭，每一個行動，以及她所寫下的每一個對別人的評價——都有可能會被她圈子裡幾乎每一個人讀到、知道。她在摩洛哥經歷苦旅時，隱私是被別人所剝奪，而如今卻是她自己拋棄。即便她在書中隱去特定日期，還用破折號取代人名中的字母，但她仍然提供了大量的線索，足以讓人指認出書中各個角色。除了向眾多潛在的預購者推銷外，她也跟其他認識、但關係較遠的人討論過她的書與書中的背景。其中包括身兼藏書家、大英博物館的受信託人，以及海關專員的威廉·馬斯格雷夫（William Musgrave）爵士，馬斯格雷夫的辦公室就在泰晤士河附近，離克里斯普一家在黃金菊街上的最後一個住處，只隔一個路口。從馬斯格雷夫擁有的那本《女俘虜》可以看出，他不費吹灰之力，就能把幾乎每一個人名都填上去。此外，他也在頁緣草草記下與伊莉莎白·馬許本人有關的細節，以及他深信她說的是「真的故事」。[25] 總之，她雖然沒有讓自己的名字出現在書名頁上，但她也沒有努力對自己的作者身分保密，而這不純粹是因為必要的緣故。將特定的主張與資訊放入公共領域的機會，可以抵銷她所冒的風險。

經歷人生又一次丟臉的挫折之後，伊莉莎白．馬許有一股為自己發聲的渴望，另一方面似乎又有股放棄自己的衝動，兩者之間的張力形塑了這本書。在一個層面上，她似乎急於在書中扮演無辜受害者，用自己受的苦當作無辜的鐵證。馬許家的大多數成員都熱切地閱讀，會購買小說，也會買非虛構作品。山謬．理查森（Samuel Richardson）在《查爾斯．格蘭迪森爵士故事》（*The History of Sir Charles Grandison*，一七五三年至一七五四年）中懷想這位道德完美的紳士，而馬許家所擁有的那本《查爾斯．格蘭迪森爵士故事》如今收藏在澳洲的一間圖書館。[26] 理查森在這本書裡（一如他的每一本暢銷小說）不僅讓男主角，更是讓女主角經歷令人憐憫的苦旅與絕望的處境，為的是凸顯以及更加提煉昇華她們的美德。在理查森的著作與其他的言情小說中，「感性，以及由此而來的美德，在受到威脅的時候，最會被激發，因此也最能展現」。受苦——尤其是女性的受苦——成為道德價值的明證，而苦難要由壓倒性的肢體表情，像是昏厥、眼淚、啜泣、尖叫、緊握的雙手與憂心如焚的表情來展現。[27]

伊莉莎白．馬許寫作《女俘虜》時，從自己知道的言情小說中汲取這一切套路。一七五六年，同在摩洛哥受俘的同伴提到她在身心兩方面的調適能力，「超乎人們對於她柔弱性別的期待」。但是在書中，伊莉莎白時不時疲倦衰弱、癱軟、昏厥和幾近昏厥，「受驚……

無以言表」，只能「落淚以對」，有時準備靠「神聖的天意支持我撐過這所有不幸」，其他時候更是像理查森最出名的女性受害者克拉麗莎·哈洛維（Clarissa Harlowe）一樣，祈求「從此世被帶走，畢竟這世界一點慰藉都不給我」。她刻意以言情小說女主角的姿態，重演了至少是自己在地中海與摩洛哥遭遇的一部分苦難，這樣才能讓她在前言中感謝的那些「慷慨、親切、憐憫的人」，與那些內心「感情細膩的人」，也一同把她遭遇的一連串不幸，當成美德遭受不公平磨難的證明。[28]

然而，她對於創傷的描繪，不只是文學的模仿而已。摩洛哥的日子剛過不久，伊莉莎白·馬許似乎就已經透過聊天、玩笑、創作與虛榮的綜合，祛除殘餘的震驚與憤怒。即便是在那時，她都已經不斷在把發生的事情轉為故事，不過，在這個口頭講述的初期階段，她會更強調、編造荒唐的元素。比方說，她在一七五七年返回英格蘭後不久，便對喬治·馬許吐露她跟詹姆斯·克里斯普在塞拉與馬拉喀什時，無論共處一室或是在相連的牢房門後，都大聲稱呼彼此為「先生」與「太太」，故意讓所有聽得懂英語的摩洛哥人聽見，相信他們真的是夫妻。她還說了些跟自己有關的故事，像是西底·穆罕默德有些全身包覆著絲綢與細格紋布的女人身形過度肥胖（「她們人數不止多，而且胖到快要無法行走」），以及代理蘇丹對於她相形之下的纖瘦所說的比較的話：「她非常漂亮，等她再胖一點，還會更漂亮」。[29] 而這些早期的逸事都沒有出現在《女俘虜》裡。相反地，伊莉莎白透過模仿自己讀過的小說，也出於自己最近的經歷，創造書中威脅、悲慘與恐懼的情緒。有些她所描述自己在一七五六年的摩洛哥感受到的沮喪與苦澀、幾乎想要自殺的絕望，其實或許是她在詹姆斯・克里斯普破產遠走他鄉時的心情：「雖然我活了下來，但還有比在柏柏里時更沉重的傷痛等著我去經歷，而且是在我自己的國家」。[30]

詹姆斯・克里斯普本人在書中一再出現，但從未以真名現身，也沒有任何地方提到他的商業開發或失利。相反地，他是以她「忠實的友人」，她「珍重的友人」身份出場。他「盡其所能讓我的處境變得還能忍受」——她提到兩人在摩洛哥共處的時光，還說「他盡全力讓我打起精神」。[31]「最有愛心的父母」，她在其中一版的草稿表示，「對我的照顧也無法如此無微不至。」他對她的態度，有如「對待姐妹」。在丈夫一敗塗地、潛逃之後，她似乎決心捍衛他的正直與正派（一部分的她是真心的），尤其是為了駁斥自己家人如今矛頭對準他的批評。「他的行為總是經得起最嚴格的審視」，她堅稱。他的舉止「必然能為他掙得最誠實、最有德之人的名譽」，她讓書中的另一個角色提出此番評價。他是個「誠信之人，是個（伊莉莎白親自用粗體強調）**真基督徒**」。[32]

經過這些美言輪番轟炸之後，讀者恐怕得花上好一會兒才會意識到，伊莉莎白・馬許提到詹姆斯・克里斯普時只是在說他與自己的關係，他在她的故事裡是個幾乎聽不見聲音，經常無力施為的角色。她不斷把他比做兄弟、朋友或父親，這個策略顯然是為了讓自己在摩洛哥的行為舉止更能被人接受，此外還讓克里斯普看起來幾乎無性。這些都不能傳達他在一七五六年真正的角色與行為，而且恐怕也沒有說出她當時對他的感受。反倒是，《女俘虜》中提到克里斯普的段落可以被解讀為伊莉莎白·馬許在一七六九年時對丈夫的看法（這個看法在這階段還只是時不時地浮現）：生來不走運，沒有能力養她和孩子，甚至也不再真正是個男人。在全書的高潮，是她獨自一人面對和避開了西底·穆罕默德。就如同，除去她自稱定期出現的眼淚與昏厥之外，採取主動的人經常也是她：「太陽的熱度，隨著白日時間推進，變得極端熾烈……我買了些西瓜，把一部份分給水手們。」與此同時，文中的詹姆斯·克里斯普卻在掙扎：「吾友……一直遭受折磨，一直無法成功」。[33]在另一種意義上，他的角色塑造是模糊、去勢的。除了他對她的用處之外，她鮮少提到他的個性，也完全沒有提到他的外表。

這可能是她的禮儀分寸——對於這位後來成為自己丈夫的男子，她不願意在書裡透露他的個人細節。至於一七五六年時在地中海世界遇到的其他男子，她就沒有保留。其實，在某方面《女俘虜》可說是一本關於伊莉莎白·馬許與四位男性的書，詹姆斯·克里斯普只是其中一位。她在故事一開始描述，當她被迫離開梅諾卡時，是多麼滿心期待，「多麼開心希望」和自己的未婚夫——未來的亨利·陶利艦長在直布羅陀團聚，以及當她發現他已經離開當地航向不列顛時，自己「多麼失望已極」。談到自己在馬拉喀什與薩菲的時光，她提到那位在柏柏里經商的旅人約翰．庫厄特，提到他的「愉快陪伴」，以及他「可親的」儀態與美妙歌喉。[34] 她以更多的細節，描述庫厄特對她的喜愛。在一個層面上，她分配給他的角色是觀察、見證她的才華與純潔——這是言情小說裡較有同情心的男性角色經常能為女主角做的事。因此，她還把一封（她聲稱是）庫厄特在她還在摩洛哥時寄給她的信，也收入書裡，信上勸她：

> 當妳被迫留在柏柏里時，要努力讓自己安於逆境；試想，這個不幸絕不是妳自己造成的，也不是靠妳的力量能夠補救的；要對神意堅定地相信，確信至高的、一切事務的主宰者會特別保守美德與純真，祂能將妳從眼下的苦難中解救出來。[35]

在自己的故事裡放入信件，是伊莉莎白．馬許從言情小說中借來的另一種手法。但是，根據她引用的部分，約翰．庫厄特信裡傳達的不只是安慰。「你佔據了我十之八九的念想」，他告訴她。她在他心上留下「深刻的印子」，「我無法抖落」，而他們共度的時光「彷彿是場夢」。「就算是你在歐洲最要好的人們」，他在伊莉莎白脫身前向她保證，「對於你能否獲釋都不可能比我更操心。」[36] 即使是在她安全返回直布羅陀後，他還懇求她允許繼續通信，對於與她通信「我擔心我會被完全剝奪」，並向她保證這個要求「絕不會有悖於最嚴格的規矩」；接著他（也可以說是她）錯引了亞歷山大．波普（Alexander Pope）的詩句：「儘管四海擋在你我之間，洋面波濤洶湧」。當時受過一定教育的讀者一定認得出來，這句話改寫自〈哀綠綺思致阿伯拉〉('Eloisa to Abelard'，一七一七年），是對於殘酷分隔兩地的哀慟：

阿爾卑斯山橫亙你我之間！洋面波濤洶湧！
啊，別來找我，別寫信，也別有一刻想我，
別分享任何一絲我因你而感受的苦痛。[37]

這或許有部分是伊莉莎白、或是出版商的自作多情幻想，不過，當伊莉莎白在摩洛哥遇見約翰．庫厄特的時候，他很可能是個孤單男子，「經年飄零異鄉，遠離一切風雅之事」——他這麼對她說，而不期之間能有一位非常年輕、有魅力、聰明又極度脆弱的女子相伴，他的反應也很溫暖。[38] 一七六九年，庫厄特已經穩定步入婚姻了，但他仍然在這一年預定了四本伊莉莎白的書。[39] 眼下，她和其他人只知道詹姆斯．克里斯普不會回來了，在這樣的時刻，回想庫厄特的戀慕，將庫厄特的信（她肯定留著）發表或增潤其中的段落，可能安慰了她的自尊心。

描述摩洛哥代理蘇丹怎麼追求她，討好她，很顯然是一種表現她自己與眾不同、具有魅力的戲劇性主張方式。西底．穆罕默德從《女俘虜》裡現身的方式，比除了伊莉莎白本人以外的所有角色都來得活靈活現。她形容他的長相與體格，他穿戴的不同衣物與珠寶，他的聲音，他碰過的東西，他怎樣走動和坐下，以及他週圍的陳設。而且，比起詹姆斯．克里斯普、約翰．庫厄特，甚至是她那位婚事告吹的未婚夫，她在寫到代理蘇丹在場時，表達了更多的心動，只不過極為迂迴，讓人很容易忽略她其實承認動心。「我曾經害怕過」，她寫到自己的薩菲時光，「怕尊貴的殿下會因為**從可靠的消息來源**，**得知我對他並非無動於衷**，而再度召我進宮。」[40]她害怕再度晉見，不只是因為他的熱望，也是因為她自己的熱望。

對於一本由那個時代女子所寫，公開宣稱為自傳體的書來說，這是一番極為罕見的表白，讓人不禁想把它當作是一段由別人加進去的撩撥插曲。查爾斯．巴瑟斯特的確更動過《女俘虜》的內文。比方說，伊莉莎白．馬許在原稿中似乎相當直接地描寫了她第二次造訪西底．穆罕默德的馬拉喀什宮殿時，被允許親吻「小王子與小公主」（西底．穆罕默德的兩個孩子）的手。但在印行本中，兩位年輕王族的手卻成了「黃褐色」（tawny）的手——她自己從來沒使用這個形容詞。然而，她對於摩洛哥的代理蘇丹「並非無動於衷」的陳述，卻沒有經過編輯修改。這是她自己的話，根據原始手稿印出來，一字未改。[41]

伊莉莎白．馬許還在一些其他方面背離慣例習俗，在當時，更敏銳的讀者便會注意到這些。「我總是以為，柏柏里各國君主的專斷意志與強烈情感，是最不受限制的」，湯瑪斯．夏德威（Thomas Shadwell）讀過《女俘虜》之後，寫信給伊莉莎白的弟弟約翰．馬許，「當我在令姐的敘事裡，發現這麼一個摩洛哥皇帝控制自身熱情的例子，著實大感訝異。」夏德威是不列顛駐馬德里大使的秘書。他跟約翰．馬許（時任不列顛駐馬拉加領事）都是積極上進的人，經常以信件交換彼此對於新書、小冊與文學評論的看法。馬許一方面出於對手足的自豪，一方面因為夏德威對伊斯蘭社會有親身經歷，於是給自己這位朋友寄了一本《女俘虜》。夏德威有位密友，是瑪麗．沃特利．蒙塔古夫人的兒子——愛德華．沃特利．蒙塔古（Edward Wortley Montagu），一位古怪、聰明的人，自稱改宗伊斯蘭（這只是他的奇事之一）。夏德威曾受了沃特利．蒙塔古對「該國政府大為推崇」的鼓勵，而旅行前往鄂圖曼帝國，「憑我的判斷力與理解力來細細體察這個地方」，並且在伊斯坦堡生活一段時光。他告訴馬許，自己發現伊斯坦堡是個「道德純潔，行儀簡約的地方……是我在其他國家的居民身上所來沒有看到過的」。他也認為，鄂圖曼帝國的中樞「治理絕不遜於」任何他所知道的基督教政體。然而，夏德威和其他眾多土耳其迷一樣，明確把鄂圖曼北非省分以及摩洛哥排除在外。對他來說，這個地方野蠻，特別是受到反覆無常、壓迫的暴君主宰，而他理所當然認為一國的暴政必定「伴隨著對女人的奴役」。[42] 夏德威深信，根據孟德斯鳩等人的著作，政治專制在本質上必然會助長男性對於弱勢性別的宰制。後宮之內想必存在著強迫與被迫，這反映了在那奢華、監禁人的宮牆之外，還有更深遠的缺乏自由。因此，伊莉莎白．馬許在《女俘虜》裡對西底．穆罕默德舉止的描述，才會令湯瑪斯．夏德威不解。伊莉莎白本人把西底．穆罕默德形容成

「說一不二的王子」。[43] 這樣一位統治者，身處這樣的地點，面對一位年輕、無助、有魅力的女子時，卻展現出騎士風範與自制，這意味著什麼？

當然，伊莉莎白．馬許並沒有使用抽象政治理論語彙，她只不過是個小說讀者。她之所以這樣描述西底．穆罕默德的求歡與他最終的慈悲，部分是因為她理解，「他有權力把我留下，卻允許我離開」，這確實是他的慷慨大度。不過，她的記憶，以及她對於事情的詮釋，很有可能又是受到山謬．理查森的影響——尤其是他最受歡迎的作品，《潘蜜拉》（*Pamela*，一七四〇年至一七四一年）。這本小說的年輕女主角是個傭人，貧困但為人值得稱許，具備了「超乎我社會地位的特質」，而且「總是在寫東西」（有點像伊莉莎白．馬許）。潘蜜拉的父母傾家蕩產，陷入賒欠與破產的惡性羅網（有點像詹姆斯．克里斯普），但「他們很正直：他們是好人：貧窮不是罪。」潘蜜拉也算某種俘虜，困在雇主——富有的「B先生」——孑然世外的鄉間莊園，而B先生貪戀著她，試圖大方送禮來引誘她（就像西底．穆罕默德試圖誘惑伊莉莎白）。然而，在理查森的小說結尾，B先生克制自己，沒有侵犯小說的同名女主角，因為他被她的清白與非凡人格特質所折服。[44] 伊莉莎白．馬許似乎想讓《女俘虜》的讀者們注意到，她跟高尚的潘蜜拉有類似的處境。過程中，她不但讓西底．穆罕默德比較不像異國暴君，而且也讓他成為讀者不難瞭解、同理的角色——他會聽從良心，最終對一名身陷困境的女子共鳴回應。

這很可能是她刻意這麼寫的，因為她似乎做了自我審查、修改過她的紀錄，來軟化這位蘇丹的形象。伊莉莎白有一次曾告訴她的父母，在她最後一次造訪蘇丹的宮殿時，她目睹一名「年輕的歐裔奴隸」因為態度傲慢，突然就被砍頭了。無論是真是假，當她要出書時，她把這起事件壓住沒寫。因此，她所傳達的西底．穆罕默德印象終究是非常斷裂的。書裡有他「大權專制」的例子，這些例子又跟證明他其實是個「內心柔軟的人」的證據混在一起。[45] 還有其他斷裂。伊莉莎白．馬許希望自己在書中呈現有美德、好基督徒、受委屈的形象。不過她卻願意坦白自己受到誘惑時內心矛盾的反應，也不怕提醒自己和讓他人知道，她曾經有個婚事告吹的未婚夫、以及在摩洛哥時約翰．庫厄特的溫情依戀。此外，雖然她試著維護自己的丈夫詹姆斯．克里斯普，幫他說話，但她同樣希望（至少看起來如此）把他的角色縮小。這就如同她渴望讓自己同時顯得既柔弱，又強韌有彈性，她對這四個男人的處理方式也顯示她不僅不確定如何呈現自己最好，她內心的想法、感受也是分裂的。

西底．穆罕默德、陶利、庫厄特與克里斯普——這四名男性角色在伊莉莎白．馬許的書裡還有另一個功能。當世界看似太過危險地敞開，男人和女人總會試著透過故事，將世界關闔，包藏在一定範圍內。通常這樣的故事是私密的，僅用作想像的材料。不過，偶而也會有故事被寫下。這就是《女俘虜》更深層的功用。就像那些在遭逢危機或劇變時期被編寫出來的個人與家族傳說，通常會帶有寓言成分，這本書就部分而言正是這樣的寓言。[46] 講述一段自己與四名不同男子相遇的故事，讓伊莉莎白能夠想像自己有過其他的生命選項，她在一七五六年不得已做了一個選擇，如今她開始怨恨那個選擇。這樣的情節，也能將她明顯正在遭遇的世界變局，轉譯成更有人性、更容易理解的形式。故事中有一位熟悉世界各個海洋的皇家海軍艦長，一名懷有國際貿易與外交企圖心的穆斯林王子，一位「住在非洲南部」在柏柏里做生意的貿易商，以及一名與世界各大洲做生意的商人：當伊莉莎白．馬許講述自己的故事時，這些男性角色是最常圍繞在她身邊的人。因此《女俘虜》這本書，雖然還有其他內容，但也可以視為她用來呈現自己世界的一本書。

＊　＊　＊

她如此的寫作，對她人在異鄉的丈夫來說，是個殘酷甚至傷人的舉動——事後看來，當時他正盡力在孟加拉與馬德拉斯賺回他們的財富。尤其，她的書一定會在預購了這本書的親戚、朋友、鄰居，以及曾跟克里斯普有生意往來的人當中流通。伊莉莎白．馬許願意將這些關於她丈夫的意義混雜的訊息寫進書裡，也把自己與其他男人的關係、並不體面的材料發表出來，她這麼做究竟道出了什麼與兩人的婚姻及她的內心有關的情況，我們並不清楚。在克里斯普事業失敗、遠走高飛後，她肯定覺得憤怒和難堪。可以想像，她可能還有其他更多的感受。

從《女俘虜》卷首的八十三名預購者名錄，我們得以一窺夫婦倆在這個階段的人際網。名單中包括她的一些女性友人，這些人我們所知極少：像是有一位法蘭克斯（Franks）小姐、一位基托（Kettle）夫人，巴特（Batt）夫人和猶森夫人，她以前在黃金菊街的鄰居。接著是倫敦商界與專業人士，克里斯普兄弟早年發達時在首都和這些人做過生意，他們出於慈善仍然願意預購伊莉莎白的書：華爾特・科普（Walter Cope），詹姆斯・克里斯普在康丘的保險經紀人；亞歷山大・亞倫（Alexander Allan），馬克巷的蘇格蘭葡萄酒商，他可能曾經買過克里斯普的西班牙白蘭地，或供酒給夫妻倆共同增長中的美酒品味；還有拉爾夫・富雷索利克（Ralph Fresselicque），一位胡格諾派基督徒律師，曾經在一七六七年克里斯普破產時為他打過官司。[47]可想而知，其中也有幾個跟海軍有關的姓名，其中的一些顯示克里斯普家在倫敦的鼎盛期時，有能力、也渴望與社會地位遠高於他們的人建立關係（喬治・馬許對此頗有微詞）。皇家海軍上校馬修・惠特威（Matthew Whitwell）伉儷各訂了一本《女俘虜》，而認識這兩人肯定也讓他們與惠特威的哥哥約翰結識。約翰在繼承埃塞克斯郡（Essex）薩弗倫沃爾登鎮（Saffron Walden）附近的奧德莉莊園（Audley End）*[48]的大房子和產業後，從約翰・惠特威成名為約翰・格里芬・格里芬（Sir John Griffin Griffin）爵士。他跟格里芬夫人在一七六九年都訂了書，伊莉莎白・馬許才有辦法出版。

這本書的預購讀者中，還有另一群顯赫的人物。其中有自一七六一年起擔任巴貝多總督的查爾斯・品福（Charles Pinfold），以及馬丁尼克（Martinique）前任總督威廉・茹方（William Rufane）。接著是拉爾夫・潘恩（Ralph Payne）——他出生在加勒比海小島聖基次島，是未來的海軍元帥與背風群島（Leeward Islands）總督。還有約翰・波伊德（John Boyd）爵士，他在向風群島（Windward Islands）與格瑞那達擁有種植園，還有班斯島（Bance Island）的股份——這座島坐落於今日獅子山自由城（Freetown）上游二十英哩處，今名邦斯島（Bunce Island）。班斯島上自一六七〇年代以來一直有英格蘭要塞與商館，島雖小（只有十五英畝），但地理位置讓它擁有高獲利。由於近代早期歐洲遠洋船隻的航行極限，班斯島成為天然的會面點，從外地來買奴隸的人，與從非洲內陸帶著人貨順流而下的奴隸販子，在此地會合。《女俘虜》出版前的二十年間，已知有一萬名非裔奴隸經過邦斯島，由不列顛商人出口。[49]

克里斯普家族的成員，早在十七世紀中便參與了跨大西洋的奴隸貿易；就和大多數倫敦的殷實商人一樣，詹姆斯・克里斯普也有親戚和商務往來對象是與奴隸貿易和加勒比海有所

* 編按：奧德莉莊園是位於英格蘭埃塞克斯郡薩弗倫沃爾登鎮一座歷史悠久的大型鄉間別墅，其規模幾乎可算是一座宮殿。歷史可追溯到亨利八世賜地給大法官（Lord Chancellor）湯瑪斯・奧德利（Thomas Audley），第一世沃爾登男爵。主體建築主要建於十七世紀，為英王詹姆士一世時期建築。現由英格蘭文化資產組織（English Heritage）管理。

關連的。一七五〇年代與六〇年代時，有一位約翰．克里斯普（John Crisp，與詹姆斯．克里斯普有親戚關係）在倫敦活動，招募契約工，送去北美殖民地與加勒比海島嶼。[50]不過，詹姆斯．克里斯普雖然在一七五〇年代與六〇年代早期會不時經手種植園產品，但在他的公司——「克里斯普兄弟」還發達時，他都跟購買、銷售、強迫載運其他人類前往海外保持距離。但是在一七六七年他破產之後，這樣的堅持也和其他事情一起改變了。

詹姆斯．克里斯普參與艾格蒙伯爵在東佛羅里達的殖民計畫，希望能恢復財富，但這也讓他直接接觸到強迫勞動及勞動力供應的問題。打從一開始，不列顛東佛羅里達總督詹姆斯．格蘭特便通知新殖民地的投資人，表示光靠自願的白人移民恐怕不足以開發殖民地，產生收益，因此必須（像鄰近的喬治亞殖民地一樣）引進黑奴，甚至可能要引進美洲原住民勞力。等到詹姆斯．克里斯普與其他「冒險家」加入艾格蒙伯爵的東佛羅里達計畫時，伯爵也抱持與格蘭特一樣的看法。艾格蒙積極從地中海地區招募廉價白人勞工與移民，但他也敦促集團裡的每一個人，為自己在東佛羅里達得到的土地，在投資的第一年中提供十名黑奴，第二年再十人，然後六年內還要再二十人。[51]對於艾格蒙來說，克里斯普作為生意夥伴的吸引力，有一部分想必是因為他可以提供地中海地區的各種管道，跟加勒比海地區與奴隸貿易又有長期建立的家族關係。無獨有偶，在艾格蒙的東佛羅里達計畫中，克里斯普其中一位中產階級「冒險家」夥伴——詹姆斯．安德森（James Anderson）也有類似的價值。安德森是蘇格蘭巨富商人理查．奧斯瓦爾德（Richard Oswald）的外甥，而奧斯瓦爾德是當時班斯島的大股東。[52]

我們知道理查．奧斯瓦爾德在一七六〇年代年代時，把許許多多的奴隸家庭從班斯島送去他在東佛羅里達的種植園；也知道艾格蒙伯爵在一七六七年至一七七〇年間，花費三千七百多英鎊，購買超過九十五名黑奴送到東佛羅里達。究竟詹姆斯．克里斯普本人要為多少非洲奴隸負責，他透過他的倫敦、加勒比海以及船運圈關係安排了多少名奴隸的運送，送到東佛羅里達後又有多少名所有權是他的，我們不清楚，但肯定是有的。一七六八年十二月，克里斯普仍然寄望最後一刻會出現奇蹟，挽救他的事業，而把自己在東佛羅里達的上、下克里斯普地產回租給艾格蒙，為期一年。相關的法律文書提到，這些土地備有「黑奴房舍」與「男性和女性黑奴與其他奴隸」。[53] 伊莉莎白．馬許的書籍預購名冊中，有太多和加勒比海與奴隸貿易的主要關係人，這證實詹姆斯．克里斯普在破產之後，是如何重拾了家族祖上與西非地區和奴隸貿易的聯繫。

至於伊莉莎白．馬許呢？她跟當時各個大陸上的大多數人一樣，認為奴隸制的存在理所當然；而且她比大多數人更清楚情況，畢竟她知道不同背景下，不同形式的奴役現象。她聽過父母講故事，講牙買加的逃奴暴動是怎麼導致他們在一七三五年離開該島，因此她才會在英格蘭出生。她在搭乘皇家海軍船艦時，一定遇過身為自由人的黑人水手，可能也遇過被奴役的黑人。在摩洛哥時，她自己差點就成了奴隸，而且曾見過，也曾和黑人的家事奴隸與軍中奴隸、以及白人奴隸交談。一七七〇年代，她會利用達卡（當時是孟加拉的一部分）的奴隸體系，當時達卡極為窮困的人，有時出於生活需要，會成為有錢人的奴隸，這個體系在不列顛人到達當地前便已存在。然而，她對跨大西洋奴隸貿易有何感受，則不得而知。

十九世紀初，馬許家已經與一些具領導地位的廢奴主義者家族建立了婚姻和友誼關係，例如利物浦的羅斯科家（Roscoes）；至少喬治．馬許曾經蒐集過關於奴隸貿易的材料，並且在一七八〇年代著手協助倫敦的赤貧黑人。[54] 因此，伊莉莎白．馬許可能和其他不列顛人一樣，從一七六〇年代開始對奴隸貿易感到有道德上的顧忌，即使她還是必須尋求、接受這些和奴隸貿易有關的重要人士所給予的救濟。

另外還有一種可能，只能稍微一提。假如她的母親確實是穆拉托人，可能自己原本是奴隸，或是某個在西非被抓、被送往牙買加的人的後裔，那麼伊莉莎白．馬許對於自己的丈夫為了讓家裡能夠還債而參與奴隸貿易，可能反應會既混亂又困惑。她在《女俘虜》裡寫出這段不正確，但是有針對性的內容：那些對於摩洛哥「情況不了解」的人，要是知道「穆罕默德追隨者」對待基督徒奴隸，「聖潔有如其聖人的陵寢，不讓他們受到任何虐待，只有他們的主子——君主才有這種權力」，肯定會覺得不可思議。[55] 她一定知道，被從西非用船運出的非基督徒奴隸，受到的對待不是這樣。她在書裡顯露的對自己丈夫的矛盾情感與不時的殘酷態度（未來將會越來越明顯），可想而知也是因為這些衝突而加深。雖然她在書中堅持詹姆斯・克里斯普「是個有榮譽的人，是一位**基督徒**」，但就她所知，他後來也參與了奴隸的貿易。對於一名已婚女子來說，匿名出版可以是一種獨立宣言，而不只是謙虛、得體之舉。伊莉莎白・馬許的書明明確確，完全出於「**她本人**」之手。無論是什麼緣故，她選擇不要以「克里斯普夫人」身分出現在書中。[56]

＊　＊　＊

但是到了一七七〇年八月，也就是她三十五歲生日的前一個月，她還是帶著女兒伊莉莎白・瑪麗亞離開英格蘭，搭船去和人在馬德拉斯的詹姆斯・克里斯普會合。「自然天理顛倒了」，小說家勞倫斯・斯登（Laurence Sterne）在幾年前寫到另一名女性乘船前往印度次大陸，去和一位不怎麼讓人滿意的丈夫團聚時說：「如今妻子居然要冒著危險前去拜訪丈夫，長途跋涉去對他們行禮如儀，心中惡意多過好意……。你得走多遠去見你的配偶——冒著對你自己生命這麼大的險。」[57]斯登非常十分清楚，已婚女子在這種處境下，選擇十分有限，尤其不富有的女性更是如此。伊莉莎白・馬許是可以選擇留在父母家，留在查坦那間由政府補貼的大房子裡。但是這樣會關掉任何與丈夫和解的機會，也會讓她陷入法律上不明的狀態；而雖然她對自己原生家庭的依附無比強大，但同樣地（從她的行動來判斷）她也一再渴望脫離原生家庭。她的這種躁動不安，她對克里斯普的殘餘感情，以及讓孩子有機會在父親身邊長大的願望，似乎都影響了她啟程的決定。威廉．馬斯格雷夫爵士寫下她離開的公開對外理由：「她丈夫在印度事業有成，所以她要去印度依靠他」，但實情恐怕並非如此。[58] 在這個階段，無論是詹姆斯．克里斯普，還是伊莉莎白．馬許，對於在印度次大陸飛黃騰達都沒有把握。她出發前往印度，是因為這似乎是正確的選擇，也是唯一的選擇，更是因為她在移動中最感到自在。

一七七〇年六月，倫敦的東印度公司董事會批准了她的請求，「前去與正在孟加拉為公司做軍事任務的丈夫會合，並且帶著她的女兒伊莉莎白同行」。董事會知道她窮困，於是讓她免於「支付慣有的許可費」。[59] 由於東印度公司的船隻一般是在秋季與春季從英格蘭啟航，此時沒有公司船隻可搭。於是，她選擇搭乘海豚號——一艘速度飛快的皇家海軍三桅小型風帆艦，一七五一年起造，搭載三十二門砲。米爾伯恩與喬治．馬許肯定曉得，海豚號是海軍最早在船底覆銅的船艦之一，能有效抗衡累積在木造船殼上，拖慢速度的海藻與船蛆。海豚號的包銅在一七七〇年換新過，因此在沒有其他船隻前往印度的時候，這是一艘非常合意的船，可以比一般要六或七個月時間的航程更快抵達。海豚號艦長迪格比．丹特（Digby Dent）在這年夏天抱怨過，要是他讓「三分之一」吵著搭船的平民上船，「他應該指揮一艘一等艦，而不是一艘小船」。結果丹特拒絕了大多數想在船上求個位子的潛在乘客，因為「船上每一吋地方都是滿的」。[60] 但他同意帶上伊莉莎白・馬許和她女兒。他當然同意。她的叔叔和父親如今都在海軍後勤補給擔任要職，因此有能力還丹特艦長人情。更有甚者，丹特早在直布羅陀時就認識米爾伯恩・馬許，而丹特的父親也在牙買加與米爾伯恩當過同袍，而海豚號的船務長約瑟夫・米爾伯恩（Joseph Milbourne）又是伊莉莎白龐大的海上「表親」網路中的一員。[61] 此事是個相當經典的例子，說明伊莉莎白的旅行是如何受到她的家族在海軍裡各式各樣的人脈幫助。

約翰・伯格（John Berger）曾寫道，一個個人所作的遷徙決定，通常「浸潤著歷史的必然性，但是他自己或是他遇到的所有人卻都對此一無所知」，伊莉莎白・馬許的情況多少正是如此。[62] 關於何時離開，以及離開的方式，她有她自己明確的理由，但她同時也是所謂「動態世界」（the world in motion）中的一份子：七年戰爭之後，進行長距離海外遷徙的人口數量明顯增加。一如戰前的情況，一七六三年之後，長距離遷徙的人當中最多的仍然是乘船航向奴役的非洲人。整個十八世紀，由法國賣到大西洋對岸的奴隸，有百分之七十以上是在一七六二年之後的三十年間被迫踏上這趟旅程的。白人離散的規模與範圍同樣在這個時期迅速膨脹。在一七六〇年至一七七五年之間，大約有十二萬五千人離開不列顛與愛爾蘭，前往北美洲各地——就像克里斯普曾經受到東佛羅里達吸引——他們也是受到北美洲的大量新征服土地吸引。與此同時，那些在七年戰爭中沒有贏得，反而損失了領土的歐洲國家，如今則試著尋找歐洲之外的新土地來彌補，也尋找能前往那些地方居住的移民。一七六三年至一七六五年間，超過一萬三千名男女、孩童離開法國與日耳曼各邦國，前往「庫魯」（Kourou）——一座位於圭亞那，根據啟蒙原則規劃的新殖民地。啟蒙原則沒能讓他們免於劫難，其中大多數人很快死於疾病與飢餓。[63]

七年戰爭之後前往印度次大陸的海外遷徙，很少被和其他這些黑人、白人的長距離遷徙擺在一起思考，一部份是因為前往印度的人數少得多。除非是王室或東印度公司官員，否則當局禁止不列顛人在沒有許可的情況下前往印度，至少理論上是如此。因為這項禁令，也因為旅程涉及的危險與浩瀚的距離，印度次大陸上的不列顛男性人口始終寥寥無幾，「白人」女性的總人數更是微少。伊莉莎白．馬許和她的女兒在一七七一年抵達馬德拉斯時，只有八十五名歐洲婦女與孩童被記載為居住在當地。[64] 儘管如此，就像克里斯普家從看好東佛羅里達改成移居印度，一七六三年之後，前往東方的不列顛航行者在許多方面，和往西航行的人也很相像。他們的人數也在七年戰爭結束之後擴大。一七五六年之前，印度次大陸列名為不列顛人的人數，恐怕從未超過一千人。相形之下，從一七六二年起的十年內，出身英格蘭、威爾斯、蘇格蘭、愛爾蘭、加勒比海或北美大陸，離開不列顛前往印度的人，**已知者**就有六千五百人，真正的總人數必然更高。

離開不列顛前往印度的人，就和前往美洲的人一樣，有絕高比例來自城鎮，而且絕大多數都是男性，絕大多數是年輕人。其中大部分若非出生在不算富裕的人家，像伊莉莎白・馬許一樣，就是像詹姆斯・克里斯普，在成年之後經歷過某種財務危機。無論出發前往北美洲，抑或印度次大陸，多數的移民多少是「受到自己的野心……所魅惑」，而不純粹是無路可走孤注一擲。[65] 伊莉莎白・馬許搭上海豚號出發時，心中對於自己、丈夫和孩子是否能迅速衣錦返鄉回到不列顛，並沒有明確的期待。詹姆斯・克里斯普有些債主還在試圖討債，因此留在海外對他是真正安全的選擇。但這不代表她——或他——在移民的時候，對於未來完全沒有期望或計畫。

伊莉莎白・馬許第一次前往印度之行還帶有更廣泛的重要性，她本人也意識到其中幾點。因為她有理由知道，海豚號是當時唯一兩度環航世界的船隻。在一七六四年七月到一七六六年五月之間，海豚號在海軍准將約翰・拜倫（John Byron）閣下指揮下，航向太平洋並且回返，歷時二十二個月，損失七個人員的生命，比詹姆斯・庫克的三次太平洋之行速度更快，死亡率更低。拜倫在環航途中，宣布佔領福克蘭群島為不列顛所有，時任海軍第一大臣的艾格蒙伯爵認為福克蘭是對「整個太平洋……智利、祕魯、巴拿馬〔以及〕阿卡普科（Acapulco）口岸與貿易」的關鍵。一七六六年至一七六八年，山謬・沃利斯（Samual Wallis）艦長再度率領海豚號航向太平洋，這次受到的命令是要確定「在麥哲倫海峽與紐西蘭之間，那塊此前尚未被探索或親眼目睹的廣大陸塊」的位置。[66] 結果，沃利斯「發現了」大溪地與其他十四座島嶼，但沒有找到那個巨大的南方大陸。伊莉莎白．馬許對於帝國和海豚號的探索之旅知道不少，畢竟她的叔叔喬治．馬許在為海軍部的艾格蒙工作時，就已經參與計畫這些行動。「拜倫將軍啟航繞行世界時」，喬治．馬許後來寫道，「他問過我……能不能推薦一位紳士，擔任他的秘書，與他同行。」當然，伊莉莎白的叔叔馬上想到「一位非常適任的人選」，可以與拜倫一同啟航，為他編纂環航紀錄，於是「根據他的要求……向他推薦」。[67]

海豚號於一七七〇年前往印度次大陸的任務，就和上述這些志向遠大的早期航行一樣，與不列顛國家統治者對於主張帝國權利信心日益增強密切有關。詹姆斯．克里斯普與伊莉莎白．馬許在一七五〇年代晚期與整個一七六〇年代生活在倫敦，住處距離東印度大廈不過幾個路口，國會就在附近，又能輕鬆閱讀首都的新聞報紙，兩人自然有環境能知道，東印度公司的角色演進得有多麼迅速。一七五七年的普拉西戰役（Battle of Plassey）*，以及公司擊敗孟加拉納瓦卜（Nawab）** ——西拉傑．烏德．達烏拉（Siraj-ud-Daulah）的消息抵達倫敦時，夫妻倆人就在倫敦。一七六五年，蒙兀兒皇帝被迫將印度北部的孟加拉、比哈爾（Bihar）、奧里薩（Orissa）等省分的「第瓦尼」（*diwani*），亦即收稅權授予公司時，他們也在倫敦。等到國會對於公司在次大陸的事務首度展開全面調查時，兩人依舊在倫敦。此次調查揭露的貪腐、暴行與無能，加上當時所出版如洪流般大量的宣傳冊與書籍，讓人們更加確信東印度公司事務如今「已經超越一個商人團體所能處理的程度」。出於商業、財政、人道與帝國的理由，愈來愈多人主張不列顛政府必須對於東印度公司本身，以及公司試圖統治的次大陸地區，承擔更多的監督角色。[68] 此時，海豚號已經是一艘將不列顛國力擴展到遠方的知名船艦，而它的這次新出航，正是官方為了達成上述目標而採取的行動之一。

除了伊莉莎白．馬許和她的女兒，以及一百五十名來自國際的船員之外，這艘船還帶了兩套巴斯勳章（Order of the Bath）*** 的勳章與綬帶前往印度次大陸。將接受授勳的人分別是蘇格蘭裔海軍高等職員約翰．林賽（John Lindsey）爵士，以及愛爾蘭裔沙場老將——陸軍中將艾爾．庫特（Eyre Coote），兩人奉命前往孟加拉與馬德拉斯，監督並回報東印度公司在當地的表現。巴斯勳章的頒發完全由不列顛君主決定，一七七〇年時巴斯勳章被運送給林賽與庫特，就是為了強調他們身為王室代表的角色與權威。「我們擔心的最糟糕情況恐怕發生

* 編按：普拉西戰役是發生在一七五七年六月二十三日的一場戰役。交戰雙方是英國東印度公司與孟加拉的納瓦卜。孟加拉納瓦卜背後有法國的支持，因此這場戰役也是七年戰爭期間，英法在歐洲以外軍事對抗的一部分。普拉西戰役對英國東印度公司而言是一場決定性的勝利，經此一役，公司控制了孟加拉，其後又逐步將控制力伸展到整個印度半島。

** 編按：納瓦卜，是印度莫臥兒帝國皇帝賜予南亞土邦的半自治穆斯林世襲統治者的一種尊稱。

*** 編按：巴斯勳章，由英王喬治一世於一七二五年創立的榮譽勳章。

了」，一七七一年二月底，一名東印度公司官員得知海豚號抵達馬德拉斯的消息後寫道：「……〔不列顛〕政府準備介入公司對印度事務的管理。」[69]

這艘船作為帝國與全球的前兆，甚至影響到身在她們潮濕、擁擠艙房中的伊莉莎白·馬許以及她六歲大的女兒。航程初期，她們和海豚號船員的健康狀況都保持得非常良好，但船隻「受到我們所遭遇的天候嚴重影響」，在一七七〇年十月時必須偏離原訂的航道與時程，到里約熱內盧外海下錨。當時的里約是葡萄牙帝國的一部份。艦長丹特希望能在當地「讓船接受防水處理」，並補給巴西新都知名的糖、咖啡、蘭姆酒、菸草、萊姆與廉價蔬果。這項規劃，以及伊莉莎白·馬許打算花個幾天探索這座城市的計畫，因為里約總督拒絕給予海豚號「任何援助」而胎死腹中，一行人幾乎是立刻被迫啟航。海豚號顯然是一艘會令人想到跨洋野心的船，葡萄牙當局擔心不列顛人會試圖侵犯他們在南美洲的殖民空間。[70]

未來的陸軍將領艾爾·庫特爵士，據信為亨利·莫蘭（Henry Morland）所繪，約一七六三年。（典藏於：*National Portrait Gallery, London*；圖片來源：Wikimedia Commons）

由於遭遇惡劣天候，加上無法在里約熱內盧整修與補給，在迪格比・丹頓橫渡南大西洋抵達好望角的二十九天內，海豚號的木料與船員紀律都受到嚴厲的考驗。

一名水手過世，另一名水手落海，而伊莉莎白・馬許也跟船上的外科醫生戴維斯（Davis）先生起了口角，原因是「他的舉止對小女士和我非常不尊重」。無論是什麼原因，當有人用優越感或是失禮的態度對待她時，她通常都會立刻發難。等到海豚號終於在十一月十八日抵達好望角時，船員之間的狂喜情緒、惡劣飲食與長期壓抑的怒火綜合起來，一觸即發，導致五名水手與兩名士兵遭到鞭刑——後者遭受處罰的原因是對船上的軍官抗命。不過，伊莉莎白不怕海上的惡劣天氣，習慣口糧配給不足，也看過海軍的鞭刑，這一程的最後階段對她反而很能消除疲勞，甚至放鬆。這艘船在好望角外停泊四個星期，她得以造訪這個殖民地，並且在荷蘭總督登船禮貌拜會時與他會面。一行人在十二月十八日再度啟航，而且由於海豚號是艘快船，他們在一七七一年二月十七日便看到錫蘭海岸，並且於三天後抵達馬德拉斯。71對她來說，真正的挑戰與啟示，在離開熟悉的海上空間，離開大海這個她選擇的途徑之後，才剛要開始。

＊＊＊

說起來，詹姆斯・克里斯普（伊莉莎白・馬許間接地也是）進入這片新土地，展開夫妻生活的新階段時，其實擁有獨一無二的優勢。克里斯普家與南亞、東南亞的生意往來，可以回溯到十七世紀初。尼可拉斯・克里斯普爵士、他的父親以及妻子都有投資東印度公司；一七〇〇年代初期，整個克里斯普大家族已經有許多成員，是東印度公司於倫敦的亞洲商品拍賣會上的常客買主；等到兩人來到印度時，次大陸的幾個地方也都有克里斯普家的人在活動。比方說一七四〇年代，有個裴松・克里斯普（Phesaunt Crisp）在孟買經商。[72] 詹姆斯・克里斯普本人在次大陸的聯絡窗口，和他的關係不只是商業上與家族上的。孩提時，他「跟艾爾・庫特就已經是玩伴」，到了一七五三年，兩人又在梅諾卡重新建立友誼，當時庫特「是個下級軍官，而他〔克里斯普〕則是郵船船長」。就像是他與艾格蒙伯爵的合作關係，他有能力吸引、留住艾爾・庫特的注意力，而庫特是個出了名難相處、桀驁不馴的人，顯見詹姆斯・克里斯普不僅有魅力，而且有能力令人印象深刻。這可能也顯示他在近親家族背景中與愛爾蘭有關聯：帕西法爾家——亦即歷代艾格蒙伯爵——來自科克郡，艾爾・庫特則是出身利默里克（Limerick）。此時庫特已經成長為一位非常有力的友人。他曾在普拉西戰役中擔任羅伯・克里夫（Robert Clive）的副官，後來在南印度的萬達瓦希（Wandiwash 或 Vandavasi）以及本地治里（Pondicherry）與法國人率領的軍隊對陣時，也打了大勝仗。[73]

破產後，詹姆斯・克里斯普再度與艾爾・庫特聯繫，此時庫特已回到倫敦。克里斯普之所以能得到東印度公司允許，前往印度次大陸，以個體戶身分住在當地，「透過海路」從事貿易，可能就是得到庫特的一臂之力——這種特許可不容易弄到。[74] 一七六九年時，庫特和妻子也慷慨預購了《女俘虜》。同年，庫特重返印度，擔任公司在馬德拉斯的部隊總司令。也就是說，詹姆斯・克里斯普移居印度後不久，在次大陸就有了一位極為強大的靠山。先前正是這位靠山，把他引介給公司的高級幹部，並推薦他有用的商業管道。甚至在還沒出發之前，克里斯普便準備打進亞洲的私營貿易，著重在自己最熟悉的商品——紡織品、鹽與寶石。他在一七六八年十一月寫信告訴朋友，「**感謝主**，我的苦難似乎走到了幸福的終點」，而且他「其實是滿懷希望準備這一程，我將能在幾年內（願上帝保佑）……讓家人不愁吃穿」。到了當地，他還需要時間打造必要的人際網路，尋找當地幫手。因此在這段期間，庫特還幫他爭取到東印度公司軍隊中的儲備軍官資格（軍官中的最低階），確保他有一份薪水，以及最起碼的地位。[75]

這又是個天大的人情，畢竟儲備軍官資格通常要用買的，而且相當昂貴，偏偏詹姆斯・克里斯普不是這塊料。他本質上是個商人，如今已經三十五、六、甚至接近四十歲，現在卻要習慣穿制服和不熟悉的軍紀。一開始，他和他剛抵達印度、遭受文化衝擊、感情變淡的妻子與女兒有很大的經濟壓力。艾爾・庫特安排讓克里斯普在孟加拉當儲備軍官，在那裡軍官有非常多私下經商的機會。但公司錯把他派去馬德拉斯，不僅要實際服軍隊兵役的風險大增，商業機會較少，下級軍官的薪餉給得又「太小氣，根本無法支應日常生活必須」。一七七一年，據報公司有些在馬德拉斯的儲備軍官，得靠五塔幣（pagoda，不到兩英鎊）過一個月，「除非有人伸出援手……（或是）公司預支現金，否則他們便會陷入嚴重的困境」。[76]

克里斯普家在這個階段困難的程度，可以從夫妻倆一度被迫與兩個孩子分開看出。一七七一年，七歲大的伊莉莎白．瑪麗亞很快便被獨自送回英格蘭，以便讓她能在查坦、在米爾伯恩．馬許與其妻子的照顧下，「得到良好教育與優秀的教養」。相反地，原本留在查坦的伯瑞許．克里斯普，則被父母召去馬德拉斯會合。米爾伯恩交給一艘東印度公司商船的船長超過八十英鎊，讓他帶這個男孩航往東方；當船上的大副捲款潛逃時，米爾伯恩又另外付了五十英鎊。他甚至給船的總務長送禮物，巴望著讓這名九歲大的孩子獨自搭六個月的船前往印度的路上，能得到一點好心的對待。結果，伯瑞許這個「有男子氣概的俊俏男孩」在航程中似乎遭到無視與虐待。一七七二年，船停靠在馬德拉斯時，他的父母在貨艙裡找到他，「差點死在害蟲與汙垢中」。但是兩人也沒法把他長久留在身邊：

在他抵達印度將近一年後，一名與他父親有生意關係、來自波斯的商人對這名男孩印象深刻，懇求讓他隨自己前往波斯，學習語言，表示當他回來的時候，語言能力將會成為他致富的途徑。

「經過一番力勸」，克里斯普夫婦才把伯瑞許交給這名商人——這名商人也許是不列顛人、荷蘭人、亞美尼亞人、孟加拉人，或是波斯人。無論是哪裡人，他都把這名男孩帶去波斯（伊朗）「一段相當長的時間」；無論在那兒遭遇了什麼事情，伯瑞許．克里斯普確實是學會了波斯語。[77] 到了十二歲時，他已經能完美說和寫這個語言了。

這段插曲清楚顯示克里斯普家在一七七〇年代初期處境有多麼困難，也有助於解釋伯瑞許．克里斯普長大後為何個性彆扭孤僻，又對亞洲多樣的文化和語言在知識上深深著迷。他似乎曾經被帶到波斯內陸生活，而這對當時的西方人來說，是極為罕見的經歷。自從一七二〇年受到阿富汗人入侵之後，這個國家便一直困於不穩定的政局，而大多數歐洲人也沒有從波斯灣沿海城鎮與港口再往內陸深入。[78] 然而，年紀這麼小就兩度遷徙，似乎對伯瑞許造成心理創傷，而他也很可能遭遇過性創傷。

不過，先是把兒子帶來馬德拉斯，接著又讓他跟一名與陌生人相去無幾的人前往波斯，這對父母親這樣做展現的不只是他們窮困的程度，還有家庭的野心與政治的敏感。他們似乎已經不再認為自己是移民，而認真考慮在亞洲發展。波斯語是蒙兀兒學術、政治、法律與行政的語言；也是東印度公司在一八三〇年代以前的官方語言。如今，公司已經是孟加拉的實質統治者，並且在外交與軍事上侵吞次大陸的其他地方，精通波斯語以及其他當地語言，對於打進行政與商業圈子，並在裡面力爭上游，可說愈來愈有利。語言學家威廉·瓊斯（William Jones）爵士在氏著《波斯語文法》（*Grammar of the Persian Language*，一七七一年）中明確指出：不列顛人要「以不尋常的熱情研究亞洲語言」，這點至為重要，這樣「我們的知識範圍才不會小於我們的帝國領域」。[79] 因此，他們把獨子託付到波斯，是讓伯瑞許獲得他未來發展所需技能的一個方法。他的父母沒有錢留給他。艾爾·庫特恐怕也無法一直照顧。這男孩如果想在印度有前程保障，只能靠自己的聰慧，靠他的素養中有別人沒有的能力。伊莉莎白·馬許的父親米爾伯恩·馬許，她的祖父老喬治·馬許，以及詹姆斯·克里斯普本人，全都在很小的時候就必須離開家庭和父母，前往遠方，學著自食其力。這等孤單、危險的學徒生活，常常是家無恆產的男孩子唯一能獲得的職業訓練。如此看來，伯瑞許·克里斯普前往馬德拉斯的孤單航程，以及接下來的波斯苦旅，可說是傳統男性成年儀式的一種格外嚴酷、跨洲的變奏。

從職涯角度來說，克里斯普夫妻拿兒子人生去做的豪賭，確實得到了收穫。一七七四年三月，孟加拉總督華倫·黑斯廷斯（Warren Hastings）和他的加爾各答委員會，通知倫敦的東印度公司董事會，表示雖然他們「此前極為注意，避免拿任何用人推薦來困擾各位」，但他們覺得必須為伯瑞許·克里斯普開個特例：

他是個年約十五歲的年輕人（其實是十二歲），受過會計訓練，非常有天分，而且在學習波斯語、孟加拉與和摩爾人語言上，已經取得非常大的進步，對於這個地方的事務與風俗也有認識。我們真心認為他有這樣的榮譽，值得被貴公司聘用，於是作主推薦他。

他們隨信附上一份「他（伯瑞許）的波斯文寫作的樣本」。[80] 為了推薦這名男孩，如此大費周章，可能多少也因為大家都知道男孩的父親與艾爾．庫特關係匪淺。此事也反映出，在一七七四年時，克里斯普家已經站得更穩了。這一年，在孟加拉各地成立了六個地區委員會，是鞏固公司管理、減少貪腐措施的一環。每一個地區委員會，都由五名公司的高級幹部組成，再加上一名秘書，一名波斯語通譯，一名會計師與三名助手；而且，根據詹姆斯．克里斯普一位友人所述，「歲入、區內治安與民事仲裁都由他們控制」。「被這些委員會任命」，他補充說，「被認為是一種升職。」眼下的克里斯普正是如此。他被任命為替達卡地區委員會工作的鹽官之一，協助處理公司在當地的鹽專賣事業。這次晉升讓他重新回到平民身分，脫離馬德拉斯的貧困，來到孟加拉領公司每年給的四百五十英鎊年薪，[81] 也讓他和伊莉莎白．馬許再度接觸到，一個在這越來越全球化的經濟當中，最重要的地方之一。

達卡城位在恆河一條支流的北岸，市區沿著河岸延伸，距離梅克納河（Meghna River）不遠，而梅克納河則注入寬闊的布拉馬普得拉河（Brahmaputra）。[82] 每逢夏天，當季風來臨時，達卡周圍的鄉間便會有好些地方淹水；克里斯普夫婦住在達卡時，該地區在五月至八月間水位高達十四英呎。在達卡周圍七十英哩，城鎮與村落會短暫變成「許許多多的小島」，只能靠小船互通有無。無所不在的水，是鹽業之所以興盛的原因之一。區內的河流注入孟加拉灣，也跟灣內的海水相混。每到春天，海水會被集入到以黏土為底的鹽埕中加工。做出來的鹼液放進陶壺中，用從當地茂密森林取來的木柴為燃料，煮成鹽。豐沛的水量也帶來了肥沃與豐饒。[83] 從達卡城往外四英哩，以及更外圍的地區，生產大量高品質的好米，城裡的商人也對外出口檳榔葉與檳榔果、糖、孜然籽、魚，以及木頭家具。並且基本上，每戶殷實的人家都建了園圃，利用優越的氣候種植蔬菜水果，以及蓬勃生長的植物。達卡的自然美景、「橋梁、腐朽的廊台與柱子，有些是來自相當宏大建築物的遺跡」，可能會讓初來乍到、不知情的西方人以為，這是個衰落中的地方。不過，其他目光更為敏銳的歐洲人都知道，這裡是「世上最富裕（的城市）之一」——這財富的背後，有著重要的原因。[84]

原因就是棉花——從豐沛的水量中嶄露頭角的商品。一名東印度公司官員後來寫道，達卡周邊土地生長的棉花品質極佳，原因可能是這些土地與海比鄰，潮汐將海水捲入，與梅克納河水相混合，每年有三個月時間，氾濫淹沒這個地區，等到水位回落時，沙子與鹽粒也隨之沉積，大幅提升土壤的肥力。[85]

棉花是唯一一種不在歐洲種植的天然紡織作物，擁有極大的優勢，能製作成適合每一種氣候的織品。在天氣酷熱的地方，衣櫃裡只需要有棉織衣物就夠了。在比較寒冷的地區，棉織品因為容易洗滌和弄乾，最適合一層層地穿，或是做成內衣。棉花固色的效果也相當良好。即使是克里斯普夫婦在世時，當時還只有植物染料可用，棉布依舊能以極致和細微的色度，呈現錯綜複雜的圖案，而且不易褪色。何況棉花又便宜，遠比不列顛與愛爾蘭生產的標準織品——羊毛或亞麻便宜多了。

十七世紀與十八世紀大部分的時間裡，印度次大陸生長、紡織的棉花提供了上述這些看得見、摸得著的優勢，此外還有更多其他優勢。印度有深厚底蘊，保留著代代相傳下來的特殊技術，而且勞力極為低廉。這一點至為關鍵，因為每年秋天播撒棉花種子，春天揀收長好的棉花，以及隨後的清理、紡紗、織布與繡花，都需要大量的人工。[86] 據估計，一七七〇年代生活在達卡地區約四十五萬的居民中，有十四萬七千人以某種方式參與棉花的產製。織工有兩萬五千人，都是男性。另外有三萬名女性擔任紡工與清理工。據說，還有五千人受雇為最奢侈、昂貴的布疋做刺繡——尤其是達卡的平紋細布，有人說，這種布精緻、輕巧到能把一長段的布料輕鬆從女人的戒指中穿過。[87]

這種迅速成長的本地經濟，影響了詹姆斯・克里斯普如何理解自己所處的新環境，以及與新環境互動的方式。大多數來到次大陸的白人平民會落腳加爾各答、馬德拉斯或孟買，這些地方是歐洲人自從十七世紀以來便扮演重要角色的地方，他們也可能會選擇把這些地方視為由自己一手創造出來。不過，縱使幾世紀以來已經有些離群的歐洲人來到達卡經商，達卡還是一看就是個蒙兀兒城市，滿是富麗堂皇的建築，早在東印度公司於孟加拉發動政變之前便是一座富裕，具備國際重要性的城市。一六一〇年，當時的蒙兀兒孟加拉總督把達卡當作他的都城和大本營，徹底改變了達卡的規模與建築群。這座城市在十八世紀初失去了原本重要的政治地位，但這裡的棉花與商業仍然持續吸引亞美尼亞、阿拉伯、波斯、普什圖（Pathan）與孟加拉商人，以及來自各方的歐洲人——荷蘭、法國、葡萄牙和不列顛商人。克里斯普夫婦在一七七四年抵達達卡時，當地以及孟加拉其他地方生產的棉織品，仍然是當地人在消費，或是銷往次大陸的其他地方。儘管如此，印度棉花也已經成為「唯一一種堪稱在全球貿易體系中不可或缺的紡織品」。[88]

亞洲商人將棉織品出口到西亞、中亞、東南亞與東非已經有很長歷史；傳統上，印度棉也經由開羅深入鄂圖曼帝國；進入歐洲的數量也愈來愈多，接著取道歐洲前往其他大洲。

一六六五年，東印度公司從孟加拉出口七千疋布至不列顛。等到詹姆斯．克里斯普來到達卡時，每年已經有六十五萬疋布從孟加拉運往倫敦了。有些布料後續會再出口到北美洲與加勒比海。印度棉布也會銷往西班牙控制下的馬尼拉，再經由那裡進入拉丁美洲。此外，印度紡織品也是跨大西洋奴隸貿易不可少的一部份。對不列顛奴隸販子來說，十八世紀期間他們在西非海岸以物交換奴隸時，來自印度次大陸的紡織品至少佔了交易用貨物三分之一以上，也就是說，其中有一部份棉織品肯定進入了非洲內陸。89

到了十九世紀初，大多數（但並非全部）來到次大陸的西方人，已經認定印度與各種古老的過往糾纏在一起，因此需要由外部推動的改革與現代化。不過，詹姆斯．克里斯普反而能看出，達卡擁有豐富、高品質的棉紡業，簡直就是經濟現代性的一個傳統現場。一七七六年，另一位初來乍到的不列顛人寫道：

孟加拉本地人消費的外國商品微乎其微……。但是，幾乎孟加拉的產品全世界都有需求……。〔如果說〕銷售是商業的根本，那孟加拉就是第一等的商業國家。90

確實，克里斯普多少是，有點自信過頭地，把自己在達卡的新環境，視為自己過往生存之道的延續，而非斷裂。他很習慣生活在參與跨洲貿易的國際城市中。眼下，繼巴塞隆納、倫敦、漢堡、利沃諾等都市之後，他又再度身處在一個同類型的動態中心，這個中心剛好位於次大陸。在歐洲經商時，他便從事過鹽貿易。如今人在達卡，他有一部份的生意再度與鹽有關（只是一部份）。他過往作為商人在不列顛與西班牙活動時，已經熟悉印度紡織品。克里斯普是個有創業精神的男人，習慣面對不同文化和語言，如今搬到達卡，等於置身於紡織工業最重要的重鎮之一，天天接觸一種全世界需求水漲船高的商品。達卡的高品質棉花，將成為他重建自己聲譽，恢復家業的途徑。

甚至連喬治·馬許也準備要承認，詹姆斯·克里斯普一落腳達卡，「生意便發展得很快」。[91] 有多快呢？從一份一七八〇年，他和伊莉莎白·馬許寓居處的財產清單，便能略知一二。在達卡，氣派的生活相對便宜，這點也有幫助。一位走訪達卡的人在一七六五年估計，歐洲人住的郊區居所，在達卡跟在加爾各答，生活花費上的差距與「在英格蘭住鄉下和住城裡的差距比例差不多」。一個商人若想在加爾各答住一間氣派的房子，每年就得花一千英鎊。但是，克里斯普夫婦在達卡買下的大房子，連同院子，是九千零一十盧比，在當時相當於九百英鎊。[92] 由於不需要把那麼多錢投入到住房，克里斯普夫婦便能買更多消費性商品。財產清單顯示，他們一度能夠生活得比次大陸上大多數歐洲人更舒服。從這也能看出，這對夫妻一如在倫敦時那樣愛享受，用擁有物質當成在新環境重新定義自己的方法。

比方說，在當時馬德拉斯為數不多的歐裔平民人口中，能負擔在自己家裡有一頂轎子

（palanquin）的人不到半數。但克里斯普夫婦認為需要有一頂裝飾著「竹節流蘇」的轎子，可見他們也付錢請了四到八名扛轎子的轎夫。夫妻倆還採用其他傳統上與蒙兀兒貴族有關的器物與象徵。「摩洽」（*morchal*），用孔雀羽毛做成的拂塵或扇子，是印度－波斯式的權力象徵。克里斯普家有四把。當然，他們也得順應自己的新環境，接受遠比在歐洲時習慣用的更簡單的家飾風格。他們在達卡的房子似乎沒有窗簾和地毯，不過他們可能在地板上鋪著當地製作或中國製的草蓆。他們的沙發、床與椅子是黑檀木做的，這是一種當地木匠常用的本地硬木；而他們的上漆（lacquered）牌桌與兩個「日本蒔繪」（jappnned，上漆、塗金）櫃子可能是東印度公司從廣州進口而來的。詹姆斯．克里斯普也把跨文化挪用帶進自己的衣櫃裡。他與其他歐洲人正式會面時，依舊戴著他的假髮（就像伊莉莎白也還是繼續對著自己髮質受損的頭髮用燙髮棒）。克里斯普擁有四套歐式西服，只不過是用暗黃色、黑色與藍色的印度絲綢縫製。但是，他在自己家裡，或是在達卡永無休止的水路上旅行時，他都穿著「商賈」（Banyan）外套和上衣，寬鬆、印度式的棉質服裝；此時的他還有至少二十五套「短褲」與五十九雙長筒棉襪。[93] 氣候極為炎熱，加上有大量的本地僕人負責洗衣，意味著他和其他在亞洲的歐洲人一樣，比自己在歐陸時習慣的還要清潔許多。

入侵的不列顛人在印度這種文化與物質上的挪用行為，歷史家們對其中更深刻的意涵，各有不同的看法。有些人認為，這證明十八世紀大體說來，比後來的時代更願意跨越界線，創造對不同宗教和種族的連結與認識。有些人則認為無庸置疑，「挪用印度人的習慣，或是使用印度的器物，並不會影響在印不列顛人的認同」，而日常接觸到的差異，也只會加強入侵者的自覺。[94]但是，這種兩極化的選邊站，並不是拆解過去人們的生活、心態，認識其中的複雜矛盾最好的方法。伊莉莎白・馬許和她的丈夫是走投無路，出於自利才來到印度，而且兩人先是附屬、最後是有賴於一間篡取了孟加拉的財政、商業與司法大權的準軍事貿易公司（雖然嚴格來說他們不是公司成員）。從這裡開始，故事有一部份必然牽涉到判定這兩個人受這一切腐蝕到什麼程度。不過，伊莉莎白・馬許與詹姆斯・克里斯普的認同原本就混雜了各種文化，若說這次激烈的遷徙，與浸潤到在達卡非常不同的生活當中，對他們的認同沒有產生影響，本質上是不可能的事。

這不只是因為達卡城的風貌、氣候、野生生物、人們的肢體語言與食物料理實在太不熟悉，更是因為來到南亞，住在他們住的這個地方，讓夫妻倆跟自己的宗教斷絕了所有正式接觸，而宗教仍然是當時多數人奠定認同的基礎。在倫敦的時候，克里斯普家似乎定期會參加聖公會的禮拜，他們的兩個孩子理所當然也受了洗。但是到了達卡，在當地超過兩百三十座的清真寺，以及五十二座印度教廟宇當中，完全沒有任何一種基督新教的禮拜場所。克里斯普夫婦在達卡家裡的確有擺一本《聖經》，但這本《聖經》在財產清單中的位置，似乎道出了宗教——任何一種宗教——在夫妻倆生活中發揮的影響愈來愈弱。「一本《聖經》」，清單的編者寫道，「以及十二副紙牌。」[95]伊莉莎白・馬許在《女俘虜》中常常提到上帝。到了次大陸之後，她再也沒有寫到過上帝。克里斯普夫婦有能力運用自己的母語，或者其他歐洲語言，讓周圍的人能輕易理解他們的意思，但是這種能力如今必定極為受限。根據東印度公司在一七七八年編寫的〈本地歐裔人士清冊〉（'List of Europeans in This Province'）來看，這一年住在達卡的、形形色色的白人男性，只有四十八人，包括詹姆斯・克里斯普，以及此時已經回到印度的伯瑞許・克里斯普。當中三十人是附屬於公司的正職民政或軍事人員，其餘若非詹姆斯・克里斯普這樣的個體商人，就是「沒有明確生計」的個人。[96]

女人不被包括在名冊之中，因為在公司眼中，歐裔女性在次大陸沒有正式、具公共性的功用，反正人數也極為有限。一七八五年，達卡只有三名已婚婦女被計入為白人。「她們過著退隱的生活」，當時一位居民說，「儘管這些女士似乎是非常好的朋友，但她們卻很少見面。」[97]對伊莉莎白・馬許（至少名義上是白人）來說，她在達卡沒有太多事情可做，沒有幾個還算趣味相投的人可以社交或對話。對於企圖心旺盛、精力充沛、貪婪的白人男性來說，達卡可以是個富庶、沒有付出就沒有收穫的地方，是個邊境的環境，充滿各種機會。達卡滿足詹姆斯・克里斯普這種想找機會東山再起的人。達卡適合出身名門但收入不足的人——例如羅伯特・林賽（Robert Lindsay）閣下，他的父親是蘇格蘭貴族，膝下有十一個孩子，每年卻只有一千英鎊的收入能養他們，林賽在一七七六年來到達卡追逐名利，他跟克里斯普夫婦也認識。達卡適合喜歡搞政治的人，畢竟在這小小的不列顛社群中，派系對立可是既殘酷又猛烈。而且，達卡物價相對便宜，又相對孤立，因此成為想離群索居的男性、以及各種各樣怪人的避風港。

住在這裡，為數不多的不列顛男人儘管無法在基督新教禮拜活動中齊聚一堂，但他們還是有方法展現自己的團結。當時達卡已經有一所共濟會會所，讓他們與其他歐裔男性能夠一窺啟蒙的嶄新儀式。至於「未婚的紳士們」，他們習慣一起出遊，「我們每逢星期五，便到城外大約二十英哩的地方獵野豬與野鹿，在帳棚裡住到星期一。在那兒，我們早晚都騎在馬背上，或是騎著當地數量甚多的大象；幾乎每位紳士都養了一兩頭這種大型動物。」[98] 達卡的每一位歐裔男性，無論已婚或未婚，都可以像在次大陸的其他地方一樣，尋求本地女子，與她們建立關係，在過程中不只學到更多當地文化，也能好生誇耀自己的優越（如果他們選擇這樣做的話）。但是，這些選項與休閒活動，伊莉莎白·馬許一個也沒有。

當然，她受益於其地位所擁有的物質奢華，同時卻也身處某些風險中——以地位優渥的入侵者身分，生活在一個本地居民有五十萬人，白人平民不過五十幾人的水世界裡。她跟詹姆斯·克里斯普，可不是無緣無故在達卡家裡準備槍枝與弓箭。但是，她的一個孩子在波斯，另一個孩子在查坦，丈夫大部分時間又忙著自己的鹽和紡織品生意，家裡沒人，她實在無事可做。她可以選擇輕鬆躲去加爾各答，那裡是公司的權力中心與在印不列顛人社會的展演場，然後在劇院、音樂社團、商品豐富的市場，在古典風的灰泥建築與尖頂教堂，以及繁複華麗、殺時間的社交生活當中尋求消遣。但是，她反而去了更遠的地方，尋求其他的事物。這是伊莉莎白·馬許與眾不同的品格與獨特之處，也是她的顛覆與叛逆。

第五章

亞洲遊

An Asiatic Progress

她病了，「病得很重」。「整個人無精打采」，她訴苦，說自己「半邊身體痛得不得了」。就像一七五六年在直布羅陀的情況，壓力成為她突然離開，前往遠方的理由；這壓力多少也是真實的，在直布羅陀時是因為擔心法軍入侵，此時則是因為疾病：「我極糟的健康情況，**迫使**我非得去一趟海濱。」她在一七七四年十二月十三日離開達卡，前往加爾各答，接著又從加爾各答搭船前往馬德拉斯（清奈）。一個世紀後，來到次大陸的人如果身體不適，手上金錢足夠的話，通常會避居到這些山區的火車站點，例如阿爾莫拉（Almora）、西姆拉（Simla），或是東部的大吉嶺，南部的烏塔（Ooty），在這些地方較為涼爽的氣候中，以及由其他不列顛人所組成的安穩、井然有序的社會中療養。但是伊莉莎白．馬許在世時，住在北印度，身體有恙的歐洲人如果沒有能力或不願意返國，幾乎只能搭船往南，希望清新的海岸空氣能有助於康復。她前往馬德拉斯的這一程，有另一位叫做約翰．紹爾（John Shore）的乘客，當時是個二十四歲的文書（基層公務員），任職於東印度公司，而在未來他將成為印度總督。「受到身體嚴重不適所苦」，他也啟程「試試海邊的空氣」，顯然伊莉莎白也是。[1]不過，很少病患會像伊莉莎白．馬許，出於自願，離開家人或工作崗位那麼長的時間。病患通常也不會像她那樣支配自己的時間：她雖然按當時人的習慣乘船前往馬德拉斯，卻沒有在那兒待多久。她反而是花了一年以上的時間，在今日泰米爾納德邦（Tamil Nadu）與安得拉邦（Andhra Pradesh）的幾個不同聚落之間移動，徹底探索當地最重要的宗教、城市、經濟地點。等到她終於在一七七六年七月，經由一條艱鉅的陸上道路，沿著次大陸東海岸、穿過奧里薩回到達卡時，她已經離家超過十八個月，而且途中不停在移動。

從任何角度來看，這都是一趟非凡的旅途。儘管自從十五世紀起，來自印度以外的個人在次大陸內部旅行的頻率呈現指數增長，但除非因為宗教、商業，或是為了陪同伴侶之故，白人平民男性仍然鮮少進行漫長的陸路之旅——女性的話（無論是不是白人）就更少了。[2] 一七七四年之後，詹姆斯·克里斯普似乎就再也沒有冒險往孟加拉以南的地方去過。而一位在東印度公司食物鏈中位置與詹姆斯·克里斯普大不相同的人物，菲利普·法蘭西斯（Philip Francis）在同年接下了加爾各答最高委員會的位置之後，也一樣。事業的壓力、對疾病的恐懼、酷熱的天氣與季風帶來的傾盆大雨，都具有強大的嚇阻作用，讓人不去進行沒必要的長距離旅行。此外還有內陸之旅在實際上的挑戰。歐洲人對當地人的地圖還是非常無知，而儘管公司對印度海岸做了很好的測繪，但直到一七六七年，公司才任命詹姆士·倫內爾*擔任總測繪師，主持次大陸部分內陸地圖的製作。即便是經過相當正確測繪的地方，陸路旅行通常行進速度緩慢，同時也是對身心的考驗。「道路比小徑好不了多少」，倫內爾表示：

---

* 編按：詹姆斯·倫內爾（James Rennel, 1742-1830）是英國地理學家，曾擔任孟加拉總測繪師，製作出第一份一英吋：五英哩的精確孟加拉地圖。

> 無論是水深的河流（在這個地方不時就會遭遇到，而且沒有橋樑）、沼澤、綿延的高山，或是其他險阻，都擋著路開的方向，得想辦法繞開，才能得出最輕鬆的路途；因此，當地的路多少都歪歪扭扭，遠超過我們在歐洲各國遭遇的情況。

他說，由於道路崎嶇蜿蜒，「普通的旅人」在印度一天恐怕頂多前進二十二英哩而已。[3]伊莉莎白·馬許可不是普通的旅人，她展開自己漫長的亞洲之旅時，與她同行的主要是本地士兵、嚮導與僕人，其中沒有詹姆斯·克里斯普。從這個方面來看，這趟旅程和她在一七五六年的行動很相似。當年，她把父母與兄弟拋在腦後，離開直布羅陀。如今，她在沒有丈夫與兒子陪伴的情況下展開自己的旅途；而且，跟一七五六年時一樣，她在旅程中與一名未婚男子走得很近。這一回跟她同行的人，是喬治·史密斯（George Smith）上尉，伊莉莎白稱呼他是自己的「表親」。從一七七四年十二月兩人一同從達卡出發，到一七七六年六月她返抵孟加拉邊界，史密斯和她天天相處。這點（當然也有其他特點）讓她有別於其他早年在次大陸旅行的外國女性，比如曾在一七六〇年代造訪馬德拉斯與印度北部的潔咪瑪·金德斯利，或是在一七七七至一七七八年從加爾各答前往勒克瑙（Lucknow）的蘇菲亞·普洛登（Sophia Plowden），抑或是寫下自己在一七八〇年代的南印度冒險的伊萊莎·費依（Eliza

Fay）。[4]這幾名女子幾乎都是走水路，搭乘恆河平底船（*budgerow*，一種沒有龍骨的內河駁船），或是沿著海岸走。一旦冒險上陸，通常也是為了陪自己的丈夫。而且當她們要寫下自己的旅行時，金德斯利、普羅夫登與費依都十分謹慎，會強調自己仍然是謹守著家庭的結構與社會的義務。例如金德斯利，她的《特內里費島、巴西、好望角與東印度群島來鴻》（一七七七年）開頭暗指著一位很可能是虛構的英格蘭友人，表示寫這本書是因為「我許下了承諾，會特別為你而描述」。[5]

伊莉莎白．馬許對自己亞洲旅程的描繪卻是相當不同。一七五六年她在地中海與摩洛哥的經歷期間，無法記筆記，十三年後撰寫《女俘虜》時曾因只能依靠回憶而感到痛惜。現在，她開始寫日記，很可能部分是為了保留可能性，好在未來以某種方式發表這趟新旅程。從她日記中，有時過為武斷的片段資訊來看（例如「『*coss*』相當於兩英哩半」），顯示她心中有假想的未來讀者；但她寫日記也有更立即性的理由。生過重病的經驗，或是對重症的擔憂，常會驅使人們訴諸自傳性的證言。[6]感到中年、或是老年，已經無可挽回地來臨了，也會有這樣的影響。伊莉莎白．馬許展開這一趟印度之旅時，距離自己的四十歲生日還有不到一年，她已經掙扎通過兩次雨季——許多剛來到次大陸的人都一心只想活過雨季。寫日記是她思考自己已經成為了什麼樣的人，也是她細數自己還有多少機會改變的方式。隨著月圓月缺，日記也成為她面對各種各樣的發現時，有時興高采烈，有時莫名困惑的一部紀錄。

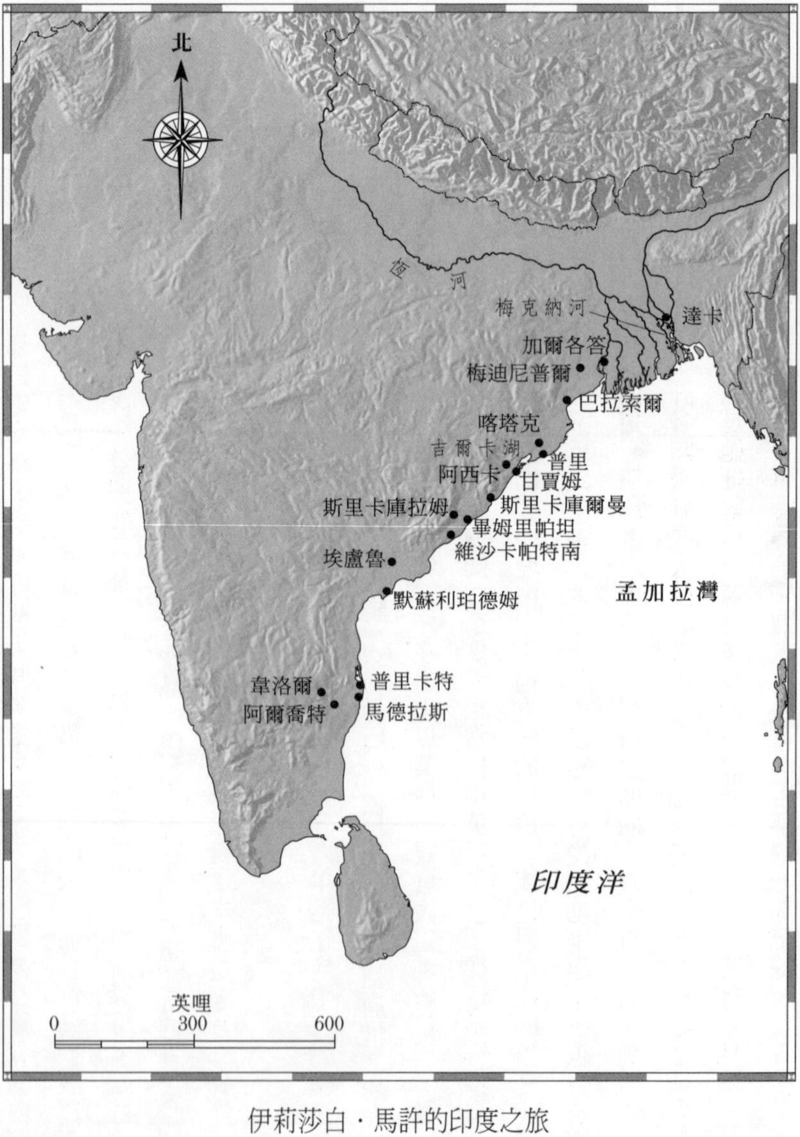

伊莉莎白・馬許的印度之旅

然而，這份日記也不純粹是一份內省的文件。她所達成的，也不單純是個人的進展。要不是東印度公司軍力與政治影響力不成比例地大幅成長，她也無法這麼豪氣干雲地在次大陸內部旅行。正是這種帝國與洲際史上劃時代的轉折，構成了她此行的背景，以及她日記中大部分的內容。事後來看，公司在一七六五年透過「第瓦尼」收稅權奪取孟加拉，代表了歐洲人對於大片亞洲土地一連串征服行動的開始，這次行動最終提供了「一個人力、金錢與物質上的台階，使東地中海到南中國海間的整個地區俯首稱臣」，從而一度創造出一個由西方主宰的世界。[7] 伊莉莎白·馬許和大多數當代人一樣，對此只有隱約的預感。但她確實觀察到，並描述了若干發生在自己身邊的權力變化，變化的極限，以及抵抗變化的跡象。在「第瓦尼」事件發生後，她竟會出發踏上這趟據我們所知，迄當時為止女性在次大陸上最了不起的探索之行，並且將之記錄下來，似乎也挺符合她那奇特的、反覆出現扮演的角色，有如某種女版憨第德（編按：伏爾泰的小說《憨第德》主角）。她再度跌跌撞撞，闖進歷史大事與變化的道路，接觸到遠比她更有權勢的人。再一次，她將她那雖然所知資訊不多、但卻不失有洞察力的眼光，投向了這些遭遇。

* * *

剛開始，或許是因為身體不適，或是害怕的關係，她將目光投向自然與社會景致時，比較少對新的、有挑戰性的東西抱持好奇心，而是選擇去看那些多少有點熟悉的事物。當她跟喬治·史密斯在旅途中移動時，幾乎每天都會草草記下些筆記，這件事本身是一種求心安的方式，也是帶來連續性的儀式。一旦他們停駐下來而她感覺比較安全的時候，比方說住在要塞、公司的軍營或商館，或是憩棧（*choultry*，供旅人暫憩之處），她就會停止動筆。否則，一路上她都會用她清晰、尖銳的手筆寫下印象與遭遇，並且用破折號取代句號，表示自己正在參與的行動。

伊莉莎白·馬許先從達卡到加爾各答（路途約三百八十英哩，沿路是恆河三角洲眾多河流流經的地方），也向「我親愛的克里斯普與可愛的兒子」告了別（當時她還這樣稱呼他們），接著便與喬治·史密斯乘上了一艘貨船。這艘船叫「意誠號」（*Goodwill*），由布爾福（Burford）艦長指揮，「是個和善平實的人」，她很快就下了定論，「但一點都不有趣」。意誠號是一艘私人船隻，「狀態極佳的堅固大船，歐洲船員與東印度水手人員齊整，配有自保所需的槍砲彈藥」，而且經常租借給皇家海軍（例如這趟航程即是），但這點也沒能立即讓她放心。[8]從加爾各答出發之後，她白天不怎麼花時間跟史密斯或其他乘客交談，而是站在甲板上，凝望著船隻經過的那些城南花園別墅——比較富裕的居民，會在最炎熱的夏日，到這些一或兩層樓的建築物來避暑。就她看來，這些別墅就跟「英格蘭任何大廣場上最高貴的房子一樣優雅」——她立刻補充說明，自己指的是倫敦。船繼續行，她提到「一個叫『憂鬱』（Melancholy）的地方，第一個來到孟加拉的英格蘭淑女就葬在這裡，此地因此得名」。當意誠號經過巴只巴只（Baj Baj）、普哈爾塔（Phalta）和庫里比（Kulpi），停靠在加爾各答下游七十英哩處「陰鬱的薩迦爾島」（Sagar）外時，她觀察到「對岸是個平坦的地方，有不少我貧窮的同胞在那兒落腳，不少水手與士兵也在葬在那裡」。9

這些文字顯示她當時有多麼消沉。但另一方面，這也是她所給過，有關她的出身成分最坦率的表達之一。伊莉莎白．馬許渴望被當成英格蘭淑女（雖然不是一直如此）。她在心態上也把穿著不列顛軍服的人——尤其是穿皇家海軍制服的人，視為自己的同胞，視為「我們」。而她依舊懷念倫敦，懷念她曾經經過卻未曾住過的優雅廣場，以及倫敦短暫提供給她的社交機會與時尚。有時她會急著想表達，她與這些國家、地方、文化之間的羈絆，這從一七七五年一月下旬意誠號於孟加拉灣遭遇皇家海軍東印度分艦隊時，她所做的描述，就能看得出來。她從甲板上，看著布爾福艦長的手下將新鮮的儲藏裝載到分艦隊司令愛德華．休斯（Edward Hughes）爵士的旗艦索爾茲伯里號上，最後寫下一段重要的文字：「軍人敬了禮，接著所有的船都動了起來，司令前往馬德拉斯，約翰．克萊克（John Clerke）爵士前往中國海，而皮格特（Pigot）艦長指揮的『燕子號』（*Swallow*）快船則前往甘賈姆（Ganjam）。」克萊克的船正是當年載她到印度的海豚號，此時正要將八百箱鴉片運往爪哇島最東方的自由港——布蘭邦岸（Balambangan）。至於休斯的索爾茲伯里號，在一七七二年前往印度洋的途中，曾經與「冒險號」（*Adventure*）、詹姆斯·庫克的船「決心號」（*Resolution*）一同在好望角外海的桌灣（Table Bay）並肩下錨過。[10]「冒險號」和「決心號」（*Resolution*）當時正在前往南冰洋與太平洋的途中，那是庫克第二次環航世界。伊莉莎白·馬許約略知道的是：正在孟加拉灣上演的這一幕，不僅可以看出皇家海軍在亞洲水域駐軍漸增，更顯示海軍連結帝國各據點的能力，以及商業發展、探索全球的實力，都愈來愈強。

不過，對她來說，這場船隻的相會主要還是代表一次機會，讓她能再度演練她在倫敦早已習慣了的那些禮節。只要意誠號還停泊在東印度分艦隊旁，她在晚餐時都會堅持盛裝用餐。她把自己的茶葉罐和茶具從她「非常舒適、漂亮」的艙房中拿了出來，曾有一次她為「一大群」海軍軍官泡茶；她也接受其他拜訪。約翰·克萊克爵士從海豚號划小舟來向她致意。愛德華·休斯爵士的女婿兼秘書也來拜訪她。分艦隊司令本人沒有來，但他捎了封「禮貌的便籤」和「一些飲食」給她（她以自豪的口吻寫著），其中包括三打玻璃瓶裝的英格蘭礦泉水，水是溫的，水質已經不新鮮了。[11]

無論伊莉莎白·馬許當時身體有多不適，她的行為舉止似乎仍是一位知道自己有魅力，能贏得好感的女性。不過，她也在日記裡坦承，這些恭維致意不是只因為她風韻猶存，也不只是因為在孟加拉灣上沒有其他女性。造訪意誠號禮貌拜會她的這些人，「跟我大部分的家人熟識」。例如，愛德華·休斯爵士的秘書亞瑟·庫貝特（Arthur Cuthbert），是她的叔叔喬治·馬許的摯友兼事業夥伴；而且，除了她總是能用到的皇家海軍網路外，她的家族還有另一重的關係，能確保她在東印度公司的勢力範圍內得到體面的照顧。[12]

理查·史密斯（Richard Smith，一七三四年至一八〇三年）是一位「出身平凡」，但「胸懷大志」的倫敦人，剛開始是東印度公司船隊的總務助手。他運用船隻與大海帶來的物理機動性，以及戰爭與帝國提供的機會，作為通往權力、財富與垂直社會流動的跳板——這是一種出身微寒的人也有可能成功的途徑。史密斯很快轉換去加入公司的軍隊，上戰場為公司打仗，迅速晉升，到了一七六七年已經被任命為孟加拉總司令。過程中他也發了財，一部分是因為用高利息借錢給穆罕默德·阿里·可汗·瓦拉賈（Muhammad Ali Khan Walajah）——不列顛「保護」領阿爾科特（Arcot，靠近馬德拉斯）的納瓦卜。等到史密斯在一七七〇年返回不列顛時，他已經有二十萬到三十萬英鎊的身家，換算成今日的貨幣價值，是兩千萬英鎊以上的富豪。

一七七二年，山謬·富特（Samuel Foote）的轟動大戲《海歸財主》（*The Nabob*）在倫敦的乾草劇院（Haymarket Theatre）首演，劇中以馬修·麥特爵士」（Sir Matthew Mite）一角影射當時已經是將軍的理查·史密斯，這個角色是典型的東印度公司資本—軍事冒險家，面孔「被東方染上了色彩」，「在海外崛起掌握了無邊的權力」，如今返回不列顛，「在我們當中大小聲，揮霍著從遭到破壞的（亞洲）地方弄來的戰利品」。[13] 其實，理查·史密斯並非沒有洞察力，對自己曾參與的軍事與貿易行動也不是沒有批判能力，因此後來當埃德蒙·伯克在國會推動東印度公司的改革時，他才會成為伯克的政治盟友。一七八一年，史密斯本人就公司佔領孟加拉一事，向國會表示，「五千人將一套制度強加在上千萬人身上」違反常理，特別是那些來到這片「廣袤的土地」侵擾本地居民的人，「與他們相去無幾，並沒有優秀多少」。[14]

這位非常聰明、侵略性強而又腐敗的男子，跟馬許家之間的關係錯綜複雜。一七〇〇年代初期，米爾伯恩·馬許似乎有一位男性「表親」與史密斯家的人結婚；後來，理查·史密斯在遺囑中聲明，嫁給喬治·馬許長子那名女子的真實父親是他本人（在嫁娶過程中，馬許家淨賺四萬英鎊的嫁妝）。[15] 對伊莉莎白·馬許來說，重要的是，她的家族跟史密斯之間有關連，至於精確來講是哪種關連就不是那麼重要。移民到遙遠距離之外的男女們（尤其是資源有限的人）多半會盡可能運用所有的親族或人際關係，讓他們在新地方的發展更順利；伊莉莎白利用自己與理查·史密斯的關係，就跟詹姆斯·克里斯普找自己孩提時的友人艾爾·庫特幫忙一樣，貪婪而有目的性。她在一七七〇年搭乘海豚號前往馬德拉斯之前不久，似乎曾與史密斯、迪格比·丹特船長，以及公司的歷史學家羅伯特·奧爾姆（Robert Orme）一同用過餐。等到在孟加拉安好家之後，她在加爾各答經營最深關係的密友，是一位名叫約翰娜・羅斯（Johanna Ross）的有錢寡婦，而她也是理查・史密斯之妻的姑姑。約翰娜・羅斯後來成為詹姆斯・克里斯普最寶貴的事業債權人。[16]

伊莉莎白・馬許之所以能得到約翰・克萊克爵士與愛德華・休斯爵士等人的注意，是因為大家都知道她跟理查・史密斯——東印度公司軍隊的前總司令，至今仍對公司事務有強大的影響力——之間的關係；不過，她跟史密斯的關係最重要的好處，等她上岸之後才會變得更明顯。

意誠號愈往南行，她也愈來愈難只靠服裝、禮節、飲食或語言打消陌生的感受。光看她日記中那些老套的話，例如「風光明媚，氣候宜人」，幾乎無法理解她如今天天在意誠號甲板上看到了些什麼。促使她做出更加直接深入表達的，果然，是大海以及一艘船。一七七五年二月十四日，他們終於在馬德拉斯外海下錨。由於馬德拉斯沒有天然港口，因此要靠官方的馬蘇拉船（*mussoola*）送她上岸：「結構相當特殊，是用粗繩縫合起來的，沒有任何鐵的零件，船側壁非常高，空間很大」。馬蘇拉船不像伊莉莎白・馬許習慣的王家海軍艦艇，沒有穩固的船樑或金屬銜接構造，是設計成可以彎曲、可以適應馬德拉斯外海洶湧的浪潮的，「長得實在很恐怖，光想到要搭這船就不寒而慄」。一上了船，她就看不到船壁以外的地方，加上感覺到船身的木頭和皮革在週圍發出細微的聲音，她「幾乎暈船，都快要嚇死了」。「在岸上吃晚餐」，她一反常態記錄道，「宛如天堂」。[17]

有一陣子，馬德拉斯讓她又可以躲在繭裡，再次偽裝起來。儘管馬德拉斯毫無疑問是個亞洲城市，是個散亂延展的農村與漁村集合體，其中有所謂的「黑城」（Black Town，住著葡萄牙與亞美尼亞商人，以及本地原住民），還有屬於公司的重兵防禦的聚落，但馬德拉斯仍然有一部份看起來神似英格蘭，甚至帶有古典的歐洲風——對那些想要如此看待它的人而言。城裡的東印度公司城區有著街道與廣場，有一座聖公會的聖瑪利亞教堂（St Mary's），還有幾棟「乾淨、漂亮」的房子，搭建了整潔的雨庇門廊；區內為數不多的公共建築更因為一種潔白的石灰泥——春巖（*chunam*，以壓碎的貝殼為材料）而閃閃發光。[18] 四月初，伊莉莎白．馬許第一次認真去到城市的疆界之外冒險，結果卻似乎讓她感到焦慮（「我的不適感似乎增加了」），要到一七七五年六月十六日，她才終於跟虛假的熟悉感決裂，展開她第二階段的旅程。這個時候，能與理查．史密斯將軍拉上親戚關係，又有喬治．史密斯上尉（跟前者可能也有親戚關係）當她的旅伴，變得相當關鍵。[19]

一七八〇年至一七八四年間，畫家威廉．霍奇斯（William Hodges）在在次大陸的一些地區旅行，尋找能繪畫或製作版畫的風景與建築，有一大批武裝隨員一路護送他，為他做嚮導，這完全是因為他的贊助者是總督華倫．黑斯廷斯，總督確保他在充分的護衛下作畫。[20] 伊莉莎白．馬許不過是名女子，沒有官方認可的旅行目的，她那個體商人兼小官員丈夫也不在身邊——她的丈夫甚至不是東印度公司的正式契約雇員。不過，靠著理查．史密斯與喬治．

史密斯，她也得到數量不少的武裝隨員。若是沒有這些護衛，她絕對無法如她後來那樣，走得如此遠，行程又如此冒險。

一七七六年四月之前，她各式各樣的遠足行程通常都有歐裔與本地人部隊作陪。甚至在她終於離開馬德拉斯行政區（Madras Presidency，不列顛人在次大陸東岸科羅曼德海岸（Coromandel coast）上建立統治的地區）邊界，再度往北前進之後，與她同行的人至少有「大約四十名苦力……信差、通譯等等」，加上八名西帕依士兵（sepoy）*與一名「哈維達」（havildar，隸屬公司的本地步兵）。她本人在大多數時候（但不是無時不刻）都以相當的排場出遊。她在馬德拉斯時，公司的馬德拉斯總司令把自己一棟靠近城堡的房子配給她住；當她終於動身離開這座城市時，可是斜躺在一頂隆重的「帕拉欽」（palanquin）轎子裡出城的——帕拉欽轎是種箱型的轎子，有一根棍子往前後伸出，而她坐的這頂轎子，需要四個轎夫。這個交通工具「精工細作」，她得意地寫著，「深受人們羨慕」。[21]

伊莉莎白．馬許這整趟巡遊有許多弔詭矛盾，這是其中之一。一方面她身體不好，在社會上或政治上無足輕重，有時候又非常害怕，但她同時卻又極其受人禮遇。雖然從許多角度來看，她都是局外人，卻能在旅行時享有某些通常是有錢、有地位和權力的人才有的特權。

* 編按：西帕依，東印度公司在印度招募、訓練的士兵。

＊＊＊

接下來的十一個月裡，伊莉莎白・馬許去了馬德拉斯行政區的各個聚落，多數位於公司有駐軍的地方：韋洛爾（Vellore）、埃盧魯（Ellore）、普里卡特（Pulicat，這是一個重要的布料產地，當時仍處於荷蘭人控制下）、默蘇利珀德姆（Machilipatnam）、甘賈姆、阿西卡（Aska）等等。乍看之下，她在自己日記中寫下的這些經過嚴格選擇的遠足紀錄，顯示她持續固執地守著歐洲的傳統、跟歐洲人為伍。不過，即便從表面解讀，也能清楚看出，她在這段期間驚人地恢復了精力與信心。無論她在達卡時的病因是什麼，是因為嚴重的抑鬱，早發性更年期（畢竟她現在四十歲了），抑或是得了膽結石（她的某些症狀暗示如此），如今她都拋開，或是無視於其存在。大部分在這個階段她提到在旅途中遇見的公司官員，多半都比她年輕，但有好幾位卻在她這趟旅行期間，或不久之後便過世了，不是因為戰爭，而是氣候高溫或疾病。例如她在伊洽普爾（Ichapur）認識的約翰・坎德勒（John Candler）上尉，以及她在阿西卡時的東道主，法蘭西斯・班迪內爾（Francis Bandinel）上尉，兩人都死於一七七六年底。[22] 然而，雖然伊莉莎白・馬許在餘下的旅程裡鮮少在凌晨兩點前上床（或是試圖在帕拉欽轎上，或帳篷中睡覺），又一下被大雨淋濕、一下因為烈日而滿身大汗，但她頂多偶爾傷風感冒，或是因為一有機會就吃牡蠣、喝馬德拉葡萄酒（Madeira）而有幾次消化不良。

她將這股重新燃起的活力部分投入於忙碌的社交活動，而社交代表的可不只是社交而已。馬許就像與她同一個時代的詹姆斯・博斯維爾（James Boswell），博斯維爾是個比她有名太多的日記作者，身為人在倫敦的蘇格蘭人，他也算是某種局外人，馬許似乎和博斯維爾一樣，接受人「在一定程度上可以成為我們自己選擇的角色」。[23]「自我」是可塑的，可以在行動與書寫之中，塑造出多樣的版本。

身為不久前才移居次大陸的人，同時也是一位在極不尋常情況下旅行的女性，伊莉莎白・馬許一方面是出於必須而嘗試新角色。不過，她似乎總感覺有這麼做的必要；在她旅程的中段佔據了她大半的注意力的，正是這種重新塑造自己、極力確保受人尊重與注意的不懈努力——感覺有點自溺，有時候也確實自溺。「無論在英格蘭，人們如何看輕我」，菲比・吉布斯（Phebe Gibbes）的小說《哈特利公館》（*Hartly House*，一七八九年）中，一位人在加爾各答的英格蘭女子說，「在這兒，我就是萬人之上的公主。」這位小說人物指的是本地的僕人、殖民地的氣氛，以及生活在孟加拉讓她得以炫耀性消費——這是她在殖民母國時從來不曉得的。伊莉莎白・馬許想必能體會這種渴望：成為某個不同的人，在印度抓著更好的什麼不放。只不過以她的情況來說，這股渴望比較不在於從本地居民那兒搾取順從，而是在於確保不列顛人本身的尊重，尤其是特定身分的不列顛人。更有甚者，她似乎在旅途來到馬德拉斯的這個中段，尋找一個能給予她某種認可的「社會」，一個會「認真討我歡心」的社會。[24]

因此，她在日記裡，對每一回有人客氣對待她、讚許她的跡象依依不捨——尤其是出自有影響力的男性時。基本上，「見到許多訪客」是她對於在馬德拉斯城停留期間唯一的評論，就像她在揮手離開達卡時唯一的評論，是「這個社群的人們」如何「……以最親切的方式與我道別」。對於自己二度造訪默蘇利珀德姆的景況，她光芒四射地寫著「天天都有客人來拜訪我……我的茶几接待的都是睿智而有禮的人，每晚都是人。」在伊洽普爾，她提到自己得以與「許許多多性格愉快、出身好的人」用餐，交談「活絡而高雅」。還有音樂，就像在阿西卡時，人們請她唱「許多首歌，由小提琴首席伴奏」。最後還有跳舞。在甘賈姆，當地的東印度公司首長舉辦一場舞會，「向我致意；我以一支小步舞開舞」，意即，按照慣例，在舞會開始時由一對領頭的舞伴單獨在舞池中演出，房間裡每個人都觀賞著他們。一星期後，羅伯特・毛恩賽（Robert Maunsell，「委員會的二把手」）安排一場晚宴，她發現「所有來賓都等著我開舞，我也沒有推辭」。[25]

這一段段訴說小小社交成就的辛酸碎念，突顯了即便在這個早期階段，功成名就與即將發達的在印不列顛人已經能形成什麼樣的小團體。無論是喝茶儀式、呼朋引伴打牌、遵循傳統的小步舞，或者喬治・史密斯等公司軍官不管氣溫多高，都要把羊毛軍外套的扣子扣到最頂的習慣……這一切來自本國的禮貌和傳統，都是被用來展現這一小群少數人，將他們凝聚在一起——這群人在次大陸上的權威當時還不全面，有時很不穩定。這種儀式也能把出身歐洲各個不同地方、富有與中等富裕的白人連結起來，不只是公司的不列顛與愛爾蘭職員及其女眷，還有在印度單打獨鬥的葡萄牙、丹麥、荷蘭、瑞士和日耳曼競賽者（很少但偶爾有法國人，當時法國仍然被視為威脅）。一位前公司官員在一七八〇年寫道：

> 因為在印度的歐洲淑女人數很少，因此在這裡，家庭之間的經常交流比在世界其他地方更受到鼓勵……。歐洲人都會互相接待與拜訪；透過這種習慣做法，所有歐洲人都彼此互相認識。[26]

但伊莉莎白·馬許自己的社交活動，箇中政治權術可比這複雜得多。她在馬德拉斯地區旅行時交談、跳舞、唱歌、打牌的對象，許多人就文化習慣而言確實是歐洲人，但從出生地或教養上來說可就未必了。當時，東印度公司有一定比例的軍官是混血——伊莉莎白本人很可能也是。由於白人女性人數實在很少，因此出於必須（當然也是出於意願），有些公司民政與軍事官員娶的妻子，是在身分上被命名為「鄉土出身」（country born）的人。而由不列顛父母在印度生下的公司軍官，恐怕也根本沒在不列顛待過——喬治·史密斯可能就是這樣。[27] 在伊莉莎白·馬許歡天喜地參加的那種接連不斷、熱力四射的舞會、牌局、華麗宴會與端莊午餐背後，是當時在印度「不列顛人」真實的異質性，而不只是「不列顛人」的自我意識。次大陸上的這類「高雅」社交不會帶來種族的平等（種族平等這個詞和概念在當時還沒有什麼意義），就像在不列顛本土舉行的類似儀式不會帶來社會平等。不過，這些禮節的展演可以「讓不同類型的人進入同樣的一些地方，以一套共有的儀節為基礎，讓不同的群體互動」，這點在印度和在不列顛都一樣。學習跳小步舞，可以是一種巧妙地隱藏、偽裝個人出身的方式，這和單純展現、標舉自己的出身又不相同。[28]

說不定正是因為這樣，伊莉莎白・馬許才會覺得自己人生的這段插曲如此心曠神怡。在馬德拉斯地區，不列顛人的勢力遠不如在孟加拉那樣穩固，當地人也不像加爾各答的富裕城區那樣泰半守舊，她那沒有把握的出身、碎裂的過去，以及普普通通的教養，也就沒有那麼重要了。她破產的丈夫遠在達卡。她在朴茨茅斯分租住宅中度過的童年也沒人曉得。倘若她對於自己的母親是（或不是）什麼樣的人還有一點在意，也可以憑藉展現自己努力贏得的成就來覆蓋過去——就像她的一些社交同伴，藉由參與一種大家都有共識的社交儀式，以及特定的服裝、言談與舉止，成功掩蓋駁雜的背景與出身一樣。伊莉莎白・馬許在她亞洲遊的這個階段，有一定程度變成了被獲准參加舞會的灰姑娘——這也是從隱喻上而言，雖然說現實上她真的參加了舞會。儘管喬治・史密斯上尉似乎是在一七六五年才加入公司的軍隊，但軍官在這個地區的死亡率之高，意味著當這對男女造訪各個社群與聚會時，他常常是在場軍階最高的軍官。在這樣的情況下，他總會（連帶地她也是）在「各種習慣的恭維話……鼓聲與笛聲……以及每一種能對我們致敬的方式」，「各種殷勤，以及真正的好客接待」中進場。[29] 對一位曾在過去因為各種緣由而陷入困境的船木工之女來說，這些經歷簡直是捧上了天，而她寫這部分的日記也洋溢著暈頭轉向的狂喜。

由於她旅遊期間經歷了兩個印度晚春與夏季，酷熱的天氣常常讓她頭髮分岔，有時候甚至讓她累到哭出來，因為她「只能睡在一張精美的墊子上，這張墊子常常濕了又乾、乾了又濕，而且地板燙得令我沒法躺下」。但她並未因此慢下速度。雖然「上氣不接下氣」，她寫道，「但是精神抖擻」。「我呢」，她在另一個場合誇口（這種誇口實在沒有必要），「是那種不用休息的人。」一位在當時造訪印度東部的不列顛人挖苦地提到，在這種氣溫下跳舞（伊莉莎白・馬許待在公司的聚落時，常常跳到天空露出魚肚白），讓急就章的舞池變得近乎於游泳池，不只是因為積滿了跳舞的人流的汗（和汗臭），也是因為必須不斷往地板倒水，才能讓溫度降到腳可以忍受，也讓木地板不至於爆裂。[30] 不過，這時她實在太開心了，一點都沒感受到這些不便，「天氣雖然熱到必須一直讓地板保持潮濕，但我們有時候實在忍不住想跳」。白天最熱的時候，溫度會高到華氏一百一十五度以上（編按：約攝氏四十六度），但總會有「愉悅的夜晚」：

> 一如往常把桌巾鋪在草地上，冷的雞肉和牡蠣就是我們的食物——唱幾首歌，跳支

侶爾舞（reel），接著坐回我們的帕拉欽轎——月色皎潔，紳士們情願走個幾英哩，來到我的帕拉欽轎旁——我們聊到天明。[31]

讀到這些段落時，大家可別忘了——她不是在生病嗎？而且在法律上，伊莉莎白·馬許還是伊莉莎白·克里斯普呢。

從這一點，也能看出情況遠比她日記明確道出的更多。雖然她時不時前往馬德拉斯地區的不同村莊、軍營與港口，但從一七七五年六月下旬到一七七六年二月，她大部分時間都在埃盧魯——一個距離馬德拉斯三百英哩的軍事聚落，公司有將近千名西帕依與七百歐裔部隊駐紮在此。她不是自己一個人住在這裡。史密斯上尉指揮埃盧魯的一個團，而她人就跟他一起住在他在埃魯普軍事聚落中的房子裡，「最舒服的地方」。[32]

＊＊＊

這是她的亞洲遊第二個明顯弔詭之處：伊莉莎白·馬許在日記裡如此強調禮貌與社交傳統，但她生活和旅行的方式，卻在好幾個重要方面上同時抵觸這兩者。

喬治·史密斯是誰？他很可能就是一七四六年，由英裔父母在馬德拉斯生下、取了這同一個名字的人，很可能也是在一七六五年成為東印度公司少尉，並且在一年後成為中尉，後來在一七七二年升為上尉的那個喬治·史密斯。這位史密斯上尉（可能跟理查·史密斯總司令有親戚關係）確實在埃盧魯指揮一個團。[33] 但是，由於「喬治·史密斯」是英語中最常見的姓名組合之一，也有可能伊莉莎白·馬許是在自己的日記裡，拿這當作另一個男人的假名，而這個男人的真實身分我們一無所知。

當然，無論喬治·史密斯是何許人也，她在日記中寫到他時嚴格地自我節制。她沒有透露他跟自己究竟有什麼關係，只說他是個「表親」——在十八世紀，人們用這個詞稱呼有某種親戚關係，但不必然有血緣關係的人。她在日記中沒有寫到這名男子的外貌，也不紀錄兩人在旅程中的對話，但有時候還是可以推測出他們對彼此說話的內容。而且，她只有一次約略提到兩人睡在隔壁的細節安排，時間是旅程的尾端。她和史密斯正經由奧里薩返回孟加拉，在雨季的傾盆大雨中緩慢前行，等他們找到一條水位夠低、可以渡過的河流時，已經是夜裡了：

> 我們的人員又迷路了，〔我〕只好在河岸邊等到天亮，儘管這個地方有很多老虎出沒，睡意還是克服了一切擔憂，我從沒有睡得比這次更香過——我表親的帕拉欽轎就停在我的旁邊。

接著，她馬上糾正自己。她補充道：「我們所有的僕人都在旁邊」。[34]她的家人也竄改過她這部分人生的紀錄，其他人生紀錄也都有被修改。她的印度旅行日記（可能原本屬於一套更完整的日記）之所以能留下來，是因為她的女兒伊莉莎白．瑪麗亞，在一七八八年把這本日記交給約翰．馬許——伊莉莎白．馬許向來溺愛這個弟弟。約翰用紅色燙金皮革，把日記跟她的摩洛哥旅記手稿裝訂成冊，並用大理石紋紙作封面。他還在卷首貼了自己的藏書票，上面有馬許家族中的成功男性如今都已採用的偽家徽和座右銘。在伊莉莎白．馬許死後，她的亞洲遊記被收入家族檔案裡——這些檔案不久前才集成，想來是為了讓家族顯得體面有身分。遊記中有一頁似乎被裁掉了。還有兩頁被人黏在一起。[35]

不過，她在提到喬治．史密斯時的自我審查（假使是審查的話），以及她的後代似乎從文件中剔除了部分，這些其實都弄錯了重點。伊莉莎白．馬許拋下丈夫與兒子超過十八個月時間，在一位不是她近親的年輕男子陪伴下旅遊，還在他家住了超過半年，絕對逾越了她在世期間及其後人們對於女性合宜舉止的慣例。而且，儘管她下筆時謹慎小心，卻還是有夠多的文字，顯示出她對喬治．史密斯發揮了情感上的影響力，也顯示她本人對此感到快樂。總之，有一回兩人待在甘賈姆，她提到某天晚上，史密斯離開她自己去跟公司的主事者共進晚餐，並且在日記中強調這件事「出於我的意願」。當然，由於伊莉莎白和她的丈夫間的信件沒有流傳下來，這點可能加深、甚至扭曲了當我們看到日記時，對於她跟史密斯之間恐怕不只是表親關係的這個印象。不過，如果她真的有在整個旅程中與詹姆斯·克里斯普保持通信，她的日記都沒有提到。自從一七七五年一月二十三日，她寫到克里斯普在她剛出發前往馬德拉斯時，派小船「送新鮮的日用品補給」給她後，就沒有再提到過這位「我親愛的克里斯普」，直到旅途的終點，也就是現存日記的最後一頁。[36]

這似乎符合伊莉莎白·馬許在一七六九年撰寫《女俘虜》時，偶爾會對自己的丈夫展現出不屑一顧，甚至殘忍的態度。然而，從那時起，她所處的環境已經發生了不少變化，這也影響了她的行為。這個時代的新聞、諷刺文與小說，常常指控在印度的歐裔中、上層階級婦女「空洞閒散」、鋪張，以及（有時候）性事不檢點：

……可是呀，親愛的女孩！這是個魅力之地，
有如我酥胸般溫暖！
從沒有哪個地方，能比得上這兒，
我們女人君臨一切。
美貌百發百中，
每一瞥都能降伏融化的情郎。[37]

這種（男性所寫的）戲謔與譴責，就像後來發展出來的「在印度的不列顛女性，比她們的男性同胞們更有種族偏見」等揮之不去的說法一樣，部分而言是一種方法，用來對把白人社群道德腐化的譴責，一股腦全部推到地位比較邊緣的女性成員身上。但是，「不列顛女性在次大陸比在本國的女性好色放縱」的指控，也是認知到：在這個新環境中，來到這裡的女性有時確實會敢於冒險，跨越到原本對其合適角色的保守觀念之外。一位小說家寫到一七八〇年代的不列顛僑民社群時說：「在加爾各答，婚姻規則中沒有『控制』（control）這一條。」[38]

這個現象的根本原因在於，白人女性，以及人們認為是白人的女性，人數極為稀少。伊莉莎白．馬許抵達孟加拉時，整個孟加拉的白人女性可能還不到兩百人，卻有四千名不列顛部隊，兩百五十名東印度公司民政官員，以及人數不明但肯定更多的個體商人、工匠、各式各樣的僕役與船員。[39] 因為白人女性稀少，加上有大量的本地僕役與奴隸，可以承擔家務、帶小孩，因此讓部分女性移民掌握了在歐洲與美洲殖民地的女性很難得能夠擁有的機會。當然，在一些比較新、位置更偏西的美洲殖民地，去到當地的女性人數也是非常稀少，但是在那裡，拓殖者為了生存免不了沉重的體力勞動，無止盡的整土、播種、收割、興建農舍與小屋、煮飯、洗衣，以及縫製衣物、醃漬與製作肥皂等工作，反而會強化傳統性別角色，讓移民家庭為了活命而群聚在一起生活。[40] 相形之下，在印度次大陸上，來自歐洲的人不被允許在此拓殖土地。這裡的女性移民不僅人數極少，只要有一定財產，就很可能也從事著豐富的休閒生活。

由於這樣的緣故，再加上有歷史悠久的本地商業與文化網路，有些在這時來到次大陸的女性便不僅只是帝國中的同謀者而已，而是很明顯能從中獲益。

日耳曼裔的瑪麗安·黑斯廷斯（Marian Hastings）是華倫·黑斯廷斯的第二任妻子——她的丈夫在一七七一年至一七八五年間，先後擔任公司在孟加拉的行政長官與總督——利用她在次大陸的關係賺錢，截至一七九〇年代已累積超過十萬英鎊。[41] 像她這樣有機會貪贓索賄的女性並不多，但顯然有許多寡婦與未婚女子直接參與在亞洲的貿易之中，例如孟買的瑪莉·克羅斯（Mary Cross）在一七七〇年代時經常與波斯做生意。其他女性，像是伊莉莎白·馬許在加爾各答的朋友與保護人約翰娜·羅斯，則是透過她們的「薩卡」（*sarkar*，私人印度銀行業者）把資本借給不列顛人，有時也借給本地商人來賺錢。還有些女子為丈夫工作。一七七五年，伊莉莎白旅行到默蘇利珀德姆時遇到了伊萊莎·德瑞珀（Eliza Draper），她的丈夫是一位公司職員與在孟買之外的商館館長，早些年他大部分的公文與商業文件都是由她處理的。伊萊莎·德瑞珀寫道：「我必須把自己大部份時間都撥給他的辦公室。」就算不是在處理他的工作，或是選擇「泡泡海水，讀讀書——在一大堆紙上塗鴉」的時候，她也經常得應對「一屋子做船運的人，來自印度、中國與亞洲各地，找我們幫忙處理運輸和情報」。[42]

其他更有特權的女性在印度抓住機會，投入她們在不列顛時不被給予機會從事的學習。羅伯・克里夫是帶領不列顛軍在一七五七年打贏普拉西戰役的人，也是首任不列顛孟加拉行政長官，他的妻子據說喜歡「上天文學、太陽系、地球儀使用方式」以及數學的課程。傳統上數學在印度—波斯與印度教文化中非常重要，在次大陸的上層女性中似乎掀起了一陣學數學的狂熱。瑪格麗特・克里夫（Margaret Clive）把她對數學的興趣傳染給了瑪格麗特・法爾克（Margaret Fowke）——加爾各答一流鑽石商人的女兒。法爾克進而鑽研歐幾里得與牛頓，死後留下了五大冊數學演繹與兩冊代數練習（這些似乎都被家人給銷毀了）。她的兒子在追憶她時說，「她尤其熱愛自由，痛恨任何限制她意志自由的想法。」[43] 當時公司的高級幹部之間，對印度—波斯與印度教科學、文化的興趣逐漸發展起來，顯然有些女性也加入了他們的行列。伊莉莎白・馬許在維沙卡帕特南（Visakhapatnam）結識了海絲特・莊斯頓（Hester Johnston）——山謬・莊斯頓（Samuel Johnston）的妻子。海絲特延請「附近最傑出的婆羅門，幫她收集有關印度數學與天文學的資料」。這又是一個例子，數學研究與女性的名門出身（海絲特・莊斯頓是蘇格蘭貴族之女）在這個時期的印度經常並存。蘇格蘭人科林・麥肯錫（Colin Mackenzie）在一七八三年抵達馬德拉斯之後，海絲特・莊斯頓便將他引進她的本地學者圈子，進而對麥肯錫未來非常重要的南印度學術手稿、古物收藏帶來貢獻。[44]

至於當時在印度的歐洲女性有多希望、或是能享有多大程度的性自由與非傳統性事，就比較不清楚了。除了固有習俗之外，又有本地僕役的持續監視（本地人極為重視女性端莊、與外人隔絕），加上不列顛通過的法律，都讓白人女性顯少有機會能跟本地男性建立關係。一七三〇年之後，「所有在海外生下的小孩，只要**父親**生為大不列顛新教子民」，在法律上同樣可以算是生為大不列顛人；到了一七七二年，這項特權更是延伸到這種「生為（男性）子民」者在海外出生的孫輩身上。許多東印度公司官員與亞裔妻子或小妾生育有兒女，便會徹底運用這些法律。然而，不列顛女性就沒有為她們而設的這類條文。事實上，在一七九一年之前，國會都拒絕針對不列顛女性在海外與任何一種「外國人」生子的情況加以立法，這足以顯示時人抱持的態度。[45]

不過，當時歐裔女性的信件與遺囑中，卻有比過去更多的證據，顯示她們跟亞洲男性之間有著友誼，甚至不時對後者有肉體上的意識。「在那個晚上」，一七八三年，年輕的瑪格麗特·法爾克在加爾各答寫道，

> 巴豪德（Bahauder）……踩著一雙講究的靴子，以最優雅的騎師風範出現。他的頭巾是漂亮的天竺葵色。我說，他選了彩虹中最美麗的一種顏色。迭依（Day）女士和我都非常欣賞。他的腰帶是淺黃色。下馬之後，他以想像中最隨興而自適的姿態，

站著把玩他的馬鞭。[46]

還有證據顯示在印度次大陸，即便是歐洲人之間顯然非法的通姦，也不盡然會像在本國那樣損及已婚女子的名譽。一七七三年，伊萊莎．德瑞珀拋下孟買，拋下她那懶惰、虐待的丈夫，與約翰．克萊克爵士遠走高飛——這位克萊克爵士，正是兩年後伊莉莎白．馬許搭乘海豚號時，在孟加拉灣遇見的那一位。後來到了一七七五年，伊莉莎白也在默蘇利珀德姆見到伊萊莎．德瑞珀本人。此時，伊萊莎已經不在克萊克的「保護」下生活了。但，根據伊莉莎白的紀載，伊萊莎．德瑞珀仍然可以與她的叔叔（這位叔叔是公司當時在默蘇利珀德姆的主管，且顯然有著一段熱情的同性戀關係）一同主持「非常文雅的接待會……（以及）接連不斷的宴會與活動」。[47] 若是在當時的歐洲或美洲殖民地上流社會，一位離家出走的妻子，且大家都知道她不久前還有一段婚外情醜聞，實在不太可能被人們接受，而像這樣擔任女主人。

同理可證，伊莉莎白．馬許可以不在丈夫與孩子身邊超過一年，與一名未婚男子旅行、共住一間房子，還在整個馬德拉斯行政區的白人上流社會接受無數盛情款待——這一切說明了，此時在印度與不列顛有關的女性（以及男性）不時能走上更變化無常、更獨立自主的道路。

馬許在旅行途中的行為，還點明其他的事情。十八世紀時（今日亦然），大家族網路可以讓長距離遷徙的經驗更舒服一些。伊莉莎白·馬許能夠主張理查·史密斯總司令，以及喬治·史密斯（無論他是誰）與她有家人間的義務關係，讓她在印度東部與南部的旅途變得更順暢。不過，精心周到的親族紐帶固然能幫助個人在極端情況下於實體空間中的流動性，但流動性卻也難免傷害、有時甚至粉碎了核心家庭與婚姻的穩固。因此，只從個人任意與欲望的角度看待伊莉莎白·馬許人生中這個階段的行動，其實並不合適。她與詹姆斯·克里斯普婚姻中的鴻溝，就和一開始讓兩人走在一起的原因一樣，同樣肇因於她與他一再受到外力驅使，以及兩人選擇在陸地與海上長距離旅行的影響。他們關係之中越來越明顯的壓力，是兩人為了經常移動而各自付出的代價之一。

此時，馬許大家族的成員已經非常熟知飄洋過海對個人婚姻與道德造成的壓力。畢竟，米爾伯恩·馬許本人在一七三〇年代前往牙買加這一程，以及他在牙買加追求那位曾經名叫「伊莉莎白·伯謝爾」（或是伯舍、伯爾謝爾）的女子，就以她第一任丈夫詹姆斯·伊凡斯失去內心平靜，甚至性命為代價。接著是伊莉莎白·馬許的哥哥，法蘭西斯·米爾伯恩·馬許。一七七〇年代早期他到海外服役時，似乎跟他的士官以掃·邁爾斯（Isaac Myers）的妻子生了個孩子。喬治·馬許只好在查坦海軍造船廠給邁爾斯安個舒服的職位，免得醜聞爆出來。[48] 不過就目前為止，米爾伯恩·華倫——米爾伯恩·馬許的親表兄弟——最是讓這家人看到，一旦個人冒險前往過於遙遠的地方，將會帶來什麼的感情與性事上的動盪。

米爾伯恩·華倫也是海員，一七五〇年代，他在「倫敦弗里特監獄（Fleet Prison London）允許下」與瑪莉·布朗（Mary Brown）秘密成婚，接著獨身一人搭船前往馬德拉斯，打算在當地擔任修船工人，並且為兩人累積一筆財富。一七六二年，華倫加入海軍與東印度公司入侵菲律賓馬尼拉的聯合行動，他搭乘的是海軍上將山謬·科尼許（Samuel Cornish）的旗艦——擁有七十四門砲的「諾福克號」（*Norfolk*），而這也是我們所知馬許家成員第一次來到東南亞。[49] 由於西班牙早在十六世紀時便殖民呂宋島，馬尼拉已經發展成東西半球貿易、貴金屬與人口流動最重要的管道之一。來自南美洲西班牙殖民地的白銀定期經馬尼拉進入亞洲，並被用在購買中國與印度次大陸商品；自一六〇〇年代初期以降，每年都有上千名亞洲人取道馬尼拉，移居墨西哥。馬尼拉本身吸引了西班牙人、中國人、日本人與墨西哥移民，與本地人過著還算井水不犯河水的生活。不列顛佔領馬尼拉（從一七六二年至一七六四年），為這張多元文化掛毯增添了更多的絲線。六百名印度西帕依隨不列顛入侵部隊來到馬尼拉，其中一些人選擇留下來，在當地成家。[50]

米爾伯恩·華倫沒有留下來，他把自己在次大陸從事私人貿易賺到的錢，全都投資在馬尼拉購買貴重商品與戰利品，並於一七六三年乘坐諾福克號返回馬德拉斯。他計畫把其中一些奢侈品與奇珍異寶在馬德拉斯處分掉，接著把剩餘的商品帶在身邊運回倫敦，高價售出，藉此讓自己和太太瑪莉衣食無虞。諾福克號返航馬德拉斯時，在海上遭遇暴風，所有船貨與他的這些夢想都消失在大海上。等到米爾伯恩．華倫終於在一七六五年離開次大陸、返抵倫敦時，幾乎身無分文，還發現瑪莉——被獨自留在倫敦七年——對他不忠。家族的危機處理專家喬治．馬許讓華倫接替米爾伯恩．馬許，去梅諾卡擔任海軍高級職員以收拾局面，這一回確保華倫帶著妻子一同前往。

華倫婚姻故事的下一個階段，下一個因為距離產生的破口，將在倫敦的眾拱門法院（Court of Arches）——主理離婚訴訟的教會法院——被大聲宣讀出來。華倫夫婦「在梅諾卡馬翁港同住」，直到一七六八年。接著：

> 她，也就是前述的瑪莉．華倫，不僅無視於自己的婚姻誓詞，眼裡也沒有對上帝的畏懼，而是受到惡魔唆使與引誘，經常與從騎士威廉．梅德克斯．理查德森（William Madox Richardson），亦即駐在前述馬翁港之第三步兵團上尉共處，對他的身體有肉慾上的使用與認識。

法庭得知，每當米爾伯恩．華倫因島上公務而不在自己漂亮、新建的海軍高等職員公館時，理查德森與瑪莉．華倫便會「遁入寢室」。華倫得知情況，便訴請離婚，與她斷絕「床笫、膳食，及共同居住」。[51] 因此，馬許家在一七六九年時，要處理的不只有詹姆斯．克里斯普破產、潛逃印度的後遺症，伊莉莎白．馬許在《女俘虜》中做出的披露，還有米爾伯恩．華倫曠日廢時又繪聲繪色的離婚官司。換言之，這家人得同時處理三件不幸的家庭故事，牽涉到的事與人加起來遍及北非與西非、地中海、佛羅里達，以及印度次大陸和東南亞的部分地方。

對伊莉莎白．馬許本人來說，再一次體驗到距離與在廣闊空間的移動性、從建制的束縛中鬆脫開來，似乎也是一種讓她可以復原與重新定位的源頭，而不只是在情緒上與或許在性方面之上而已。一七七六年二月上旬，喬治．史密斯的軍團奉命離開埃盧魯，前往馬德拉斯。大多數士兵離開之後，她與他還在埃盧魯「多待了幾天」，理由是史密斯必須陪著「剩餘的部隊——他們若非生病，就是關禁閉」；非得等到二月二十二日，這對男女才離開他們曾經同居的那間房子，「噙著眼淚，與無盡的不捨，畢竟在那兒度過了許許多多歡樂的時光」。[52] 她已經因為這趟旅程而有了相當大的改變，但再一次的啟程則沈澱出一種完全不同的觀看。

＊＊＊

一個星期的話，還不甚困難：「生活是全新的，不算是不愉快」。部隊往默蘇利珀德姆行進時，她與喬治．史密斯可以乘坐馬車，跟在後頭。在默蘇利珀德姆之後，她的優先順序開始改變。他們在默蘇利珀德姆的東道主，也是當地的新任代理主管，是一位名叫昆丁．克勞福（Quintin Craufurd，一七四三年至一八一九年）的蘇格蘭人。伊莉莎白．馬許被「特別介紹給他」，因為他曾經跟米爾伯恩．華倫在同一段時間待在馬尼拉，而克勞福與喬治．史密斯之間「知己之情……由來已久」。克勞福跟她目前為止遇到的多數東印度公司官員不同，是個帶著書卷氣，不過也有點古怪、貪婪的人，他精通多語，熟讀古典文學，興趣是研究比較神話學與比較宗教。「為了他人跟我們信奉的不是同一種信仰，就去痛恨或輕視任何人」，幾年後他如是說，「鄙吝地判定他們，傲慢地指謫他們，這種行為，說不定其實是在指責上帝的智慧與美善。」克勞福深信，將伊斯蘭、印度教與基督教放在一起研究，是既必要、又重要的事，畢竟上述幾種宗教共同吸引了「迄今為止最多的全球居民」——不過，與其他公司裡的知識份子一樣，他自己是漸漸把心力專注在印度教及其追隨者上。他在一七九〇年在倫敦出書，書中表示自己希望能「略微將公眾的注意力從穆罕默德追隨者與歐洲人身上，轉移到」印度次大陸「原初的居民」上。[53]

克勞福在智識上的洗鍊與應用，自然是伊莉莎白．馬許所遠遠不能及。但是，她在默蘇利珀德姆停留的五個星期間，與克勞福對話，似乎助長了她想親自去看些宗教遺址與建築的強烈好奇心。四月初，喬治．史密斯奉命前往阿西卡監督幾場軍法審判程序，她便抓住這個機會。以當時的道路體系而言，阿西卡要從甘賈姆往內陸方向走四十科斯（*coss*，約八十英哩），位在馬德拉斯行政區的最北端。她原本最初的計畫是在默蘇利珀德姆等船載她回加爾各答。眼下，史密斯要沿陸路往北走，她決定「這是個好機會，我可以沿那條路徑前往孟加拉」。這會延後她返回達卡的時間，讓她能跟史密斯相處得更久，不過，這同時也帶給她機會在兩人同行的路上觀察、探索。54

顯然，伊莉莎白．馬許很遲才願意將目光投向外界；對於現代的讀者來說，這似乎是她亞洲遊中最明顯的弔詭處。自從一七七四年十二月開始，她就一直在移動中，但根據她日記中的證據，直到一七七六年春天，次大陸的各種文化與本地民族才開始吸引她持續的目光與興趣。先前，她的整副心思都放在自己的病恙，接著則想著其他的心頭好。不過，這當然並不是她此前之所以如此行動和反應的唯一理由。

她的整趟旅程，或者說她的整部日記裡，自然都是南亞人。她偶然提到自己離開馬德拉斯城的時候，轎子前進的速度有多麼快——遠超過詹姆士．倫內爾認為可能的速度：「帕拉欽男孩們在不到六小時的時間，走了二十八英哩——只有八個人，四人扛，四人準備換手」。她常常提到她的「三個奴隸女孩」，負責照顧她的衣物，做好安排讓她能經常在水箱裡洗澡，並守護她貴重的茶葉箱，在行進時這些女孩跟在後頭，有時騎閹牛，有時乘「多麗」（*doli*），「是一種帕拉欽轎，但樣式比較簡單」。她提到那些每隔一段時間就會取來新鮮牛奶，以便

「為我們的旅行製作奶油」的人，也提到那個負責在炎熱時舉著「查塔」(*chatta*，一種陽傘)，替她的帕拉欽轎遮陽的人。此外還有其他無數的個人，在她的日記中短暫現身，幫她拆搭帳棚，煮飯，傳遞訊息，或是擔任腳伕。以這個角度來看，本地的個人(尤其是男性)可是無所不在。但是，借用一個知名的比喻，這些本地人看起來就像傳統鄉間大宅中的僕人：一方面，想維持運作就少不了他們，但另一方面他們卻又牢牢地處在邊緣、在背景裡。而且，伊莉莎白．馬許在日記中提到這些人的時候，從來沒有提到他或她的印度名字。[55]

這點單獨來看並不代表什麼。當年她跟詹姆斯．克里斯普還負擔得起在倫敦請佣人的時候，每當在通信中提到這些佣人，也不會稱呼他們名字。[56]

無論是在哪裡，不管何種出身的僕從，都不會受到社會地位高於他們的人，以對待同類人的禮貌來對待他們。即便伊莉莎白．馬許**如今**確實是一位奴隸主，但這也無法讓我們充分了解，在表象之下，她是如何看待眼下隨著她旅行的這些人。在克里斯普家定居的達卡地區，就像在次大陸的其他地方，蓄奴在有錢人當中相當普遍——無論有錢人是亞洲人，還是歐洲來的：

> 在這個國家，與奴隸相關的風俗是這樣的：沒有父親、母親、或是任何親人的人……只要窮困到生活過不下去，就得提議賣掉自己……成為一名奴隸；而任何擁

有這樣一名奴隸或多名奴隸們的人，如果生活上有需要，可以在與買家合意的情況下賣掉他、她或他們，此後買家就是這奴隸或奴隸們的主人。他們的子輩、孫輩與多代之後的子孫，都將會是其父母主人的奴隸，必須聽命行事，無論是耕作、建房，或是任何一種勞動。

伊莉莎白·馬許在亞洲遊途中，身邊至少陪伴著三名女奴（她似乎將其中兩人改名為「菲麗絲」〔Phillis〕與「瑪莉」），帶著奴隸這件事主要顯示她在這個階段裝腔作勢成有財富和地位的模樣，倒沒有說明太多她對印度人和種族的態度。[57]

更意味深長的是，她略去不記自己在途中遇到的少數印度上層男性的名字。每當遇到東印度公司的高階白人男性官員，伊莉莎白都會仔細記錄其名。但是，例如，她描述在一七七六年四月，前往阿西卡的途中，遭遇「一陣猛烈的陸風」，迫使一行人「到一間新蓋的房子裡躲避，屋主是個有地位的黑人」，這就是她提供的全部細節。[58]她不打算提到這個人的名字，意味著她多少（或許是潛意識作祟）寧願不把這個人看成有權勢的人。她在紙頁上處理這個人的方式，基本上就跟她處理白人妻子、流浪的白人兒童、白人二等兵與白人僕從，這些在她的旅程中萍水相逢的人：她只是順帶提到這個人存在的事實，但對於他的個人身分或重要性完全不加以認定。

由此看來，如果將伊莉莎白·馬許對待人種差異的態度浪漫化，那就大錯特錯了。如果過度強調（或是忽略）她的回應方式和他人的不同，那也是錯了。

她對於在生活中遇到各種各樣不同的人種，不同的膚色，似乎只付出了很少的注意力，這在當時是常態。在《女俘虜》中，她描述自己在摩洛哥遇到各種各樣的人——有摩爾人、阿拉伯人、猶太人、柏柏人、貝督因人、下撒哈拉地區的奴隸軍人等等——有時她寫膚色「黑」（dark），有時寫「黃」（sallow）；最後是她的發行人（而不是她）用「黃褐色」（tawny）一詞總括一切。[59] 不過，儘管馬許在描述膚色時，語言很有彈性，但她經常（雖然並非一以貫之）堅持摩洛哥綁架者和她之間存在文化和宗教上的鴻溝。在她的書中，她在摩洛哥遇見的非歐洲人有時是「異教徒」（infidels），而她則是「美善的基督徒」（fair Christian）。等到她從馬拉喀什、從西底·穆罕默德的關注中脫身，躲進一位歐洲商人的家中時，她第一個念頭——至少在她發表的書中，是「為了我現在與信仰相同的人處在同一個屋簷下而享受到的快樂，將感謝回歸神恩」。[60]

同理，雖然伊莉莎白·馬許偶爾會稱次大陸上的本地人為「黑人」（black），就如十五世紀起從歐洲來到印度的人越來越常這樣做，但她在旅行日記裡強調的並不是膚色，沒有把膚色當成決定性的差異標誌；而她也從未明確用「白人」來描述自己。她反而會借助喬治·史密斯的軍事觀察。她提到，當她看到維沙卡帕特南的舊堡壘時，就知道「沒有什麼防禦力可言，尤其在面對歐洲的軍力時」。在畢姆里帕坦（Bimlipatam）時也一樣，她強調當地的碉堡「只能抵擋……鄉兵」；至於到了馬拉塔帝國*在喀塔克（Cuttack）的要塞時，則說「小，毫不設防」，說要塞的少數守衛「多半是充作門面」。[61] 這些顯然是喬治·史密斯的專業評估，而這些記載也見證了亞洲部分地區的權力平衡改變——一如先前伊莉莎白·馬許在孟加拉灣時對東印度分艦隊做出的評語。這樣像鸚鵡般學說史密斯對當地防禦工事的意見，對馬許來說，似乎主要是一種突顯差異和優越的方法。這次，她調用的不是基督教信仰，而是西方軍事科技與力量，作為區分自己，與這群隨侍她一路旅行的眾人的方式。

然而，她的直覺不見得一直都是以這樣的方式反應，隨著旅程進行，這樣的反應也明顯越來越少。即便在旅程初期，對於與一群幾乎全由本土士兵與奴僕組成的隊伍一起走陸路旅行，伊莉莎白·馬許在日記中寫下的反應也顯得放鬆而且接受，這點和其他在那時來到次大陸的女性所留下的紀錄大不相同。「我實在很難接受，在我剛抵達的時候，有那麼多的黑人蜂擁到岸邊」，潔咪瑪·金德斯利在書裡提到自己一七六〇年代抵達印度的情景。有些女性更是怎麼樣都無法接受。「要是把我一個人留下來跟這些黑人在一起，天曉得我會成了什麼樣子」，瑪莉·摩根（Mary Morgan）在一七七〇年代寫下這些話的時候，已經跟軍官丈夫在加爾各答生活了幾年。「願上帝原諒我」，她接著說，「……我沒法忍受看到他們。」[62] 伊莉莎白·馬許的印度旅遊日記裡一點都沒有這種大爆發，也沒有證據顯示她對於單獨一個人留下來「跟這些黑人在一起」有什麼不安。事實上，在旅程接近終點時，她更是漸漸讓自己悄悄身處這種情境中。她相對沒有這種焦慮感，原因多半跟她自己獨特的背景有關。基本上，十八世紀中葉時從歐洲移居印度的所有女性與大部分男性，此前對於不同的大陸、民族與文化都不會有太多經驗，但馬許的情況顯然不是這樣。無論她母親的出身為何，**她本人**來到次大陸的時候，早已不只領教過摩洛哥，更已經歷過朴茨茅斯、梅諾卡、直布羅陀與主教門等地五湖四海的人群所洗禮；何況，打從孩提時起，她必定也在皇家海軍船艦上遇過零星的黑人與亞洲人船員。伊莉莎白・馬許可能不時會高舉自己的不同。但她同樣夠習慣在差異中生活，而在她心中，差異有時也沒那麼重要。

她是哪一種女人，以及她不是哪一種女人，這兩者都從另一種角度，在她亞洲遊期間影響她對於本地文化與社會的體驗。她在旅行日記中幾乎沒有提及印度上流社會男性，這一點或許反映了她的種族、宗教與民族偏見；但是，這也是因為她本人無足輕重、無力施為，反映出她不被人重視的程度。一七七七年，潔咪瑪・金德斯利出版自己的印度遊記。此時，她可以在書的前面放上一張閨房（*zenana*）的圖片——這是阿拉哈巴德「一位重要穆斯

＊編按：馬拉塔帝國（Maratha）是十八世紀時印度次大陸上最大的帝國，取代了之前的蒙兀兒帝國。馬拉塔帝國始於一六七四年，在一八一八年敗於英國東印度公司後滅亡。

林」的女眷內室，阿拉哈巴德曾款待她和她的官員丈夫。一七八〇年代，伊莉莎白·普洛登（Elizabeth Plowden）在丈夫理查·齊切利·普洛登（Richard Chicheley Plowden）陪同之下造訪勒克瑙時，當地菁英對他們的接待更是一個接著一個，曠日持久，而且奢華豐盛。她在日記中明確提到勒克瑙的納瓦卜——阿薩夫·烏德達烏拉（Asaf ud-Daula），邀請她參加一連串的早餐會、宴會，看鬥象，以及舞蹈和煙火表演。他讓她看自己收藏的一部分寶石，以及他寫的詩。到了一七八八年，在她停留期間即將結束時，他還送給她一份「撒那」（*sanad*，一種授予證明），授予她「貝甘」（*begum*，貴族女性）身分。就連瑪莉·摩根，也不得不壓抑自己的偏見與恐懼——一七七八年，她和丈夫在加爾各答時，一位當地加爾各答納瓦卜來訪，隨員有兩百人，「八頭象，幾頂精緻的帕拉欽轎，〔以及〕多不勝數的馬匹」。63

相較之下，伊莉莎白·馬許從來沒有經歷到菁英貴族同等的注意。比方說，她停留在馬德拉斯時，就似乎從來沒有獲邀前往阿爾喬特（Arcot）納瓦卜位於切帕克（Chepauk）的新宮殿。這位納瓦卜——穆罕默德·阿里·可汗·瓦拉賈，對伊斯蘭蘇非派、波斯學術與詩作有濃厚興趣，也對歐洲（尤其是不列顛）藝術與商品頗有品味；我們知道他接見過歐洲女性，其中包括畫家凱薩琳·瑞德（Catherine Read）。假如伊莉莎白曾經拜訪切帕克，她肯定會把這件大事寫進日記裡。但她沒有。根據她所寫的內容，也不曾有其他本地貴族邀請過她，即使是在他們提供給她一個停留暫歇的地方時，也沒有接見她。當喀塔克（位於奧里薩）的統治者准許她在自己的城鎮暫歇時，她寫道「他的宮殿，根據敘述，相當宏偉」。她本人顯然從沒被給予機會去一探究竟。[64]

就像在達卡那間她跟詹姆斯・克里斯普住過一段時間的房子裡，伊莉莎白・馬許出遊時身邊也圍繞著次大陸高位者使用的傳統象徵。她乘坐帕拉欽轎出行，就像印度上流社會成員與東印度公司高官平常的做法，由一大批隨員簇擁著。有時候，她的隊伍前還會有一名「喬卜達」（*chobdar*，儀式性的持杖者）前導。但是，對任何注意到的本地目擊者而言，很明顯就能看出，她其實不是貴族，而是個局外人，她在宗教信仰上不虔誠，而且吃葷。他們恐怕也會認為，她顯然是個沒有太多教養的女子，因為她沒有體面端正地躲在帕拉欽轎的遮蔽之下，反而不時出了轎子走路，還會公開和多位男子聊天、大笑、跳舞、飲酒。限制了伊莉莎白・馬許可以去從事、可以親見與理解的事物的，除了她自己的偏見，還有她在眾多亞洲人當中引發的猜忌與輕視。

然而，無知還是她最大的障礙。「特維諾、貝尼耶、塔維尼耶、皮・德拉瓦勒（P. de la Valle）的遊記」，詹姆士・倫內爾在一七八三年以權威口吻說，「……每個人手上都有一冊。」倫內爾指的是歐洲名氣最響亮的幾位次大陸權威：尚・德・特維諾（Jean de Thévenot，一六三三年至一六六七年）；富蘭索瓦・貝尼耶（François Bernier，一六二五年至一六八八年），一位曾經造訪位於德里的蒙兀兒帝國宮廷的醫生；尚—巴蒂斯特・塔維尼耶（Jean-

Baptiste Tavernier，一六〇五年至一六八九年）；以及瓦勒的皮耶特羅（Pietro della Valle，一五八六年至一六五二年）。受過高等教育與／或懷抱雄心壯志來到印度的西方人，幾乎都聽過他們每一個人（以及其他許多人），甚至讀過他們的書。[65] 然而，我們幾乎可以肯定，這些人的著作，以及其他昂貴的博學著作，十之八九都沒有來到伊莉莎白・馬許的手上過。說到底，她是一位聰明而富好奇心的女子，但她遠非學者或好學之人。從她餘下的亞洲遊行程來看，昆丁・克勞福關於印度神話與宗教的談話內容令她深深著迷。但她對於這兩者的知識依舊奇缺。加上她在語言上捉襟見肘，不僅無法一窺印度—波斯與印度教學者著作之堂奧，也無法跟自己遇到的本地居民進行簡單的口語交流。如今，有志在東印度公司爬上高位的人，例如她的兒子伯瑞許・克里斯普，都會投注更多的時間學習亞洲語言。在這個階段，還很少有歐洲男性熟悉泰米爾語、泰盧固語（Telagu），以及奧里薩講的奧里亞語（Oriya）——而這些是伊莉莎白・馬許途經的次大陸地方使用的優勢語言。她本身似乎略懂「摩爾語」——涇濱印度斯坦語（Hindustani），足以吩咐傭人和女奴該作什麼，以及問他們問題。但就認真學習本地語言與風俗而言，她的機會很有限，更關鍵是，她也缺乏職涯上的動機。

* * *

當伊莉莎白·馬許，從一七七六年的春天起，終於開始在她的亞洲行中把目光投向外界時，她能夠看到什麼、能夠做到什麼，都受著上述這些因素的影響——她的偏見、她在社會與經濟上的無足輕重、她相當大的無知。不過，也受到她對於不同種類的人群與地方有過不尋常的經驗，以及她對它們的好奇心所影響。她第一次有自我意識地，做出了努力，想探究這個她正在其中旅行的文化。而她目光的活力與渴望，以及回應她目光而來各式各樣無可避免的閃光信號，就從她對旅途所做的紀錄之中湧現出來。

這天是四月二十日，她在前往阿西卡途中，來到一個不列顛人常常稱之為「奇卡庫洛」（Chicacole）的地方——因為他們實在不大會念「斯里卡庫拉姆」（Srikakulam）。天氣已經相當炎熱，而她「幾乎要累昏過去」。但她

起得很早，幾名紳士陪我去看一座知名的清真寺——我冒險（因為從來沒有女子）爬上寺頂——階梯在建築物的一側，不超過一英尺八又二分之一英吋寬（編按：約五十公分），大約半碼廣（編按：約四十六公分）——這些階梯一邊連著清真寺，另一邊是極深的懸崖，沒有扶手能支撐腳步——和我一道來的紳士們沒法給我提供協助，我頂多只能抓著其中一人外套的下襬——並且把我的眼睛死死盯住台階——等

我們爬到頂，在一個很高的高度，景色實在令我開懷，因為從那裡望出去的，是所能夠想像到最美的景緻——下來的路最是嚇人——畢竟我們冒著極大的危險——當我發現自己安全下到底部時，我真是太快樂了。[66]

我們不可能確定這是哪一個靠近斯里卡庫拉姆的重要宗教遺址，因為這個區域有太多的遺址了。然而，我們幾乎可以肯定，伊莉莎白看到的絕非「清真寺」，而是一座印度教廟宇。她可能是去了阿拉薩瓦里（Arasavalli）——距離斯里卡庫拉姆幾英哩遠，是印度次大陸上唯一崇拜太陽的廟宇。她與同伴很可能是專程來看這座斯里卡庫拉姆的廟宇，而她爬上的則是其高聳的「瞿布羅」（*gopuram*）——令人屏息的五層樓門塔。無論是哪座廟宇，肯定都飾有神祇、半人半神、神話人物與生物的雕像與浮雕，很可能也有壁畫，但她沒有提到這一切。伊莉莎白·馬許只把注意力擺在自己可以理解的事物——她自己的體能強健，以及景色之美。

六天後，她在探索又一座「清真寺」時，所作所為也差不多，她寫到自己如何爬了兩小時的山，就為了看這座建築，而又再一次地讓自己陶醉在美景與畫面中。這是一個「美好的夜晚」，一行人終於抵達阿西卡時她記下：

穿過好幾個大村莊，看起來都十分豐裕富足——月亮高掛，大部分的城鎮都圍繞在高雅的樹林中——河流與種植穀物的田野——總之，隨著我們越來越接近阿西卡，這裡真是充滿了魔力——如此美妙的鄉野，高聳的樹木，細密的草皮，隆起的山丘，肥沃的山谷，蜿蜒的河流，我從來沒有看過如此天堂般的景象。不可能睡著了，（雖然是在月光下）雙眼仍然不斷接觸著新鮮的事物。

雖然她用上了英語小說裡常有的老調（「風光明媚」、「美妙」、「天堂般」），但她也記錄下，酷熱的氣溫與風是如何讓城鎮外圍因日曬而發白的灌木和矮樹叢彼此磨擦，有時候會起火：「一幅令人開心，但也十分可怕的景象」。[67] 喬治．史密斯在阿西卡的軍法審判任務一結束，他們就再度展開行程。

他們在五月十五日出發，在隔天凌晨兩點時稍停「小睡一下，而且（我們）直到天亮才醒來；其他帕拉欽轎經過，沒有注意到我們，趕往甘賈姆，以為我們已經到了」。沒有他們的近身僕從在旁陪伴，這兩人獨自前往一處不知名的地方，「住的都是婆羅門」，是個由一百座印度教廟宇與聖地所組成的巨大建築群（伊莉莎白如此以為），其中一些位於地下。這是她在日記中第一次流露出罪惡感。由於天氣實在很熱，史密斯便伴著她進入其中一所地下廟宇。在寫日記時，她已經知道非信徒禁止進入這類地方的內部，而且，若要在一個廟宇參拜，必須先在附近的水池或河流進行淨身儀式。因此這一回她記錄下「可憐的婆羅門極為苦惱，他們無疑必須在我們離開之後，花很大的功夫淨化這裡。他們一定會需要獻上許多犧牲祭品，才能再度使用這裡。」儘管她還是把這裡稱為「清真寺」，但她觀察到了一些內部的細節。她寫道，在每一所地下廟宇中，「裡面都有一尊斯瓦米（Swammy）或神」——她指的是娑婆彌（*Swami*），是印度教神祇黑天神（Krishna）的頭銜之一。身處遠超乎她知識範圍的情景中，並未讓她卻步。等到他們抵達甘賈姆，她再度決定，不要在此等船載她回加爾各答。她要「進行我的陸路之旅」，她謹慎地寫道，沿著一條「此前……從沒有歐洲淑女走過」的路徑。[68]

儘管甘賈姆離加爾各答只有三百七十英哩，但這其實是個異常衝動的決定。甘賈姆本身在一七六七年才進入不列顛的統治，而且並不穩固。當地現有兩千名東印度公司部隊駐紮在此，但這裡經常受到來自北方的馬拉塔軍隊攻擊威脅——「不守法的部落，總是在破壞協議」，伊莉莎白以極度傳統的觀點寫著。為了抵達加爾各答，他們一行人必須往北穿越奧里薩，而「對於要走的路線，我們還沒有明確規劃」。出了梅迪尼普爾（Midnapur）之後，奧里薩幾乎都是由馬拉塔人掌握，而不是在公司的控制之下。更有甚者，一七七五年以來，馬拉塔人與公司便處於公開戰爭的狀態。這是伊莉莎白．馬許自從離開達卡之後，第一次決心越過公司有效控制領土的範圍之外。[69] 接下來，在她仍然保持旅人身分的這一個月當中（最後這個月占她日記近三分之一的篇幅），她將逐步拋棄掉一連串的其他支援。

五月三十日，她、喬治．史密斯等一行人抵達吉爾卡湖（Lake Chilka）。吉爾卡湖長四十英哩，是亞洲最大的鹹水湖，與大海之間只隔著狹長的土地與頁岩。由於擔心陷入周圍的沙地，他們決定不要繞行過湖，而是乘渡船橫越過湖的一部份，接著筆直往奧里薩前進：「我們的帕拉欽轎橫架在船上，行李和僕人就在下方；這一夜過得很好」。等到他們在五月三十一日午夜登上馬尼克帕坦（Manickpatam）湖岸時，才知道內陸發生飢荒，想幫整批人張羅足夠的米糧補給是不可能的。這迫使他們再做一次割捨。他們決定將大部分的苦力原船遣回甘賈姆。這也意味著他們勢必得放棄手邊許多沉重的歐洲器物與享受：「我們的帳篷、桌子、椅子，還有我的一大箱上好亞麻布」。即便放棄輜重，他們這一行似乎仍有大約六十人之譜，除了她與史密斯以外全都是亞洲人，這也反映了她這一趟出遊是多麼出奇地優渥。她提到，當他們在六月二日，打算進入她稱為「賈古瑙」（Jaggurnaut）的城鎮時，又遭遇了一次挫折：「『喬其』（*chowkey*），也就是關口的官員，把我們攔下來……要求我們出示通行證，質疑我們無權通過」。喬治．史密斯終究把問題化解了，但這似乎是她第一次當面遭遇本地人的徹底拒絕、很明確的不服從。[70]

「賈古瑙」即今天的普里（Puri），有一座建於十二世紀、高兩百英呎的宏偉神廟，供奉化身為札格納特（Jagannath，或稱「世間之主」〔Lord of the World〕）的毗濕奴。伊莉莎白．馬許身為見證者與報導者的侷限（以及她能力所及），在這個地方表現得最清楚。她寫道，這裡的「大街」，「就跟倫敦的乾草市場一樣寬廣——現在是月圓，人們都從家裡出來，在街上交談，人數極為驚人」。他們緩緩穿過群眾、朝聖者、神官，以及販售貝葉紙繪畫、珠寶與食物的小販，經過她所謂的「大寶塔，裡面供奉知名的賈古瑙神」。但人家告訴她，「當地人看一眼都承受不起，陌生人甚至不准靠近神廟的圍牆」：她說的是圍繞在神廟建築周圍有如堡壘般的石牆，牆上開了象、獅、馬與虎四座大門。她自然不滿足，想挖掘出更多：「我從一位婆羅門那兒聽到對這尊神的描述，他說祂只有一隻眼睛，而且那眼睛是顆鑽石，是無價之寶，生在前額上，被其他的財寶圍繞。」總之，這人對她信口開河，有意哄騙無知的人，或是像她這樣的非信徒，讓他們肅然起敬。至少她感覺到這點了。她抱怨，普里有五百名婆羅門，「各個都跟你講不同的故事，裡面得不出真話」。[71]

不過，還有更多正在進行中的事情，是她感覺不到的。至少從十七世紀初開始，就已經有博學（但經常不夠精確的）英語文獻記載普里作為宗教朝聖地極爲崇高的重要性。當然，伊莉莎白．馬許對此渾然不知。[72] 她能夠發現他們來到這裡的時候適逢「盛大的節慶，朝聖者（來自印度最遙遠的地方）……帶著貢禮獻給賈古瑙神」，而她也感覺到，當她試著與那些婆羅門交談時，他們保留某些重要資訊不告訴她。但是，無論是她，還是喬治．史密斯上尉，顯然都不知道眼前即將進行的是世間之主的乘車節（*Ratha Yatra*）。他們也不知道（而他們的印度教僕人或許是不知道，但更有可能是選擇不告訴他們），「當地人」非但從來沒不准一見札格納特，而且還正打算這麼做——她和史密斯被催促出城的時候，城裡正準備舉行次大陸上最壯觀、最重要的印度教宗教節慶。[73]

札格納特的雙眼巨大，凝視，如蓮花一樣圓。他面孔黝黑，笑容與象徵性的手臂打開，因為他對眾生慈悲，而且遍見一切。祂的畫像通常約有五英呎高，但這並不是祂在乘車節的面目。貫穿普里中央、那條令伊莉莎白．馬許想起乾草市場的大路——「巴達丹達」（*Bada Danda*），之所以這麼寬，是因為有需要。節慶期間，巴達丹達得容納札格納特高達四十五英呎的車輛（或說戰車）——十六個輪子，輪幅皆為七英呎——以及札格納特的哥哥「大力羅摩」（Balabhadra）與妹妹「妙賢」（Subhadra）尺寸稍小的戰車。這些戰車達三層樓高。每次節慶都會重新造戰車，上色，上面覆滿雕刻、鏡子、圖畫、銅鐘與鐵鑼；神像就是在這些巨大的戰車或拉撒（*rathas*，編按：梵文的「車」或「戰車」）上，在儀式中拉過整個普里，頂著光彩奪目的華蓋。[74] 因為伊莉莎白．馬許是陌生人，加上受到無知所阻礙，這一切她都錯過，沒能看到。但她一直在觀察。接下來幾天，她不斷在日記裡提到，當他們一行人與普里愈來愈遠，朝聖者則不知疲倦地往普里移動。他們「人數眾多，全都帶著不同的禮物」；「成千上萬的朝聖者前去賈古瑙朝拜」；「許多人背上都揹了垂垂老矣的人，帶著這些人去賈古瑙離世」。她準確觀察到，朝聖者中的女性多得不成比例，其中許多人「帶著一壺緊緊封好的恆河水」。伊莉莎白．馬許似乎很容易對她的本地僕人有同理心，比方說，當他們在雨季裡淋成落湯雞時，她會安排生火，為「這些扛著我們的可憐人」暖暖身子。但是，對於非她所雇用的普通印度人，則是在她對於這些普里朝聖者的評論中，我們才看到她表達出類似像感到與他們有共同人性、對他們感到好奇的話，或許是因為這些人同樣在移動中，旅行了浩瀚的距離。她發現，其中有些人「已經往北走了一千英哩」。「他們看起來完全沒有惡意，讓我們通過，不中斷我們的行進」，她寫道：「我沒有讓自己被人看見，但是在我的**隔板**（*bulker*），也就是蓋著我的帕拉欽轎的隔擋物上挖了個洞，我可以從洞裡看出去，而不會被人看到。」[75]

然而，隨著一行人接近喀塔克，他們也開始遭遇有形的騷擾與明白的敵意。六月五日，「酷熱的風……幾乎讓人脫皮」，但他們唯一找到能躲避的憩棧，卻「被幾個馬拉塔騎士佔據，而他們不打算讓出來。他們對史密斯上尉相當侮慢，但我們也只能順應敷衍，接著盡快遠離他們。」一少數還留在他們身邊的西帕依士兵打算跟對方打一架，但史密斯下令撤退。看到這一幕——東印度公司軍官與公司的西帕依士兵，居然在武裝遭遇中退卻——他們剩下的苦力變得「非常粗魯，（而且）拒絕拿行李，除非我們付兩倍的錢，而我們也只能照做）。等到一行人抵達喀塔克，也就是奧里薩首府與馬拉塔的權力中心，「大而雜亂，擠滿了居民」，他們的壓力與日俱增。有一天早上，他們「遭到拒絕，不得通過城鎮」。第二天，一些地方官「對我們的行李加徵重稅」。等到他們終於脫離這座城市，「帕拉欽轎幾乎無法重重包圍的男人與男孩中擠出去，他們每個人手上都拿著彎刀或匕首，用盡方法辱罵我們」。[76]

一來因為飢荒，二來因為他們現在經過的村落翻騰著敵意，他們不得不開始糧食配給。馬德拉葡萄酒與牡蠣的日子已然遠去。有一段時間，伊莉莎白（其實所有人都是）除了一點泡水的餅乾，什麼都沒得吃。此時，她在身上有其他的改變，也做了其他的放棄。由於雨季豪雨開始出現，她跟馬拉塔「小販」買了幾卷平紋細布，將這種有網眼的布料鬆垮纏繞在身上，蓋過她的西式服裝。伊莉莎白．馬許不太可能知道（不過，她丈夫畢竟做布料生意，所以她也不是完全

〈在印度行進〉，山謬．戴維斯（Samuel Davis）繪。（圖片來源：Yale Center for British Art, Paul Mellon Collection）

不可能曉得），在印度社會中，個人選擇、穿戴的衣物可以被視為這個人本質的一部分，幾乎就跟皮膚一樣，是穿衣服的人不可分割的整體。但她如今開始無視於天氣，實驗各種不同的衣著與布料使用方式，這在次大陸的歐裔女性當中很罕見，她在馬德拉斯地區時也從未嘗試。比方說，他們在奧里薩的主要大港巴拉索爾（Balasore）過夜時，她向一位「葡萄牙人」借了一襲衣服來穿。「葡萄牙人」一詞指的通常是混血兒，有時候也是對白人官員的本地小妾比較迂迴的說法。[77]

她對自己熟悉事物最重大的一次放手，就發生在不久後（看起來是這樣，但這未必真的就是她人生中最大一次放手）。根據她的日記所說，喬治·史密斯上尉是在沒有命令的情況下，一直陪著她穿過奧里薩。他身為馬德拉斯部隊的軍官，為了他的事業著想，經不起在沒有上級許可的情況下繼續往前，跨境進入孟加拉，進入下一個行政區。幾星期之前，她就已經預料到分別就在眼前：「想到不久後就將與我親愛的表親分開，這個念頭無時不刻令我苦惱」，即使她努力「讓自己適應這件人生中的尋常事，也就是與我們尊重與欽佩的人分別」。「痛苦的分別時刻」發生在六月十三日早上「大約五點鐘」。「我分別了我最最親愛的表親——他往甘賈姆，我往加爾各答」，她如是說：「有好幾個小時，我的整個靈魂深深陷入了憂傷之中。」[78]

不過，在她對於這一程最後階段的描述中，悲傷的情緒恐怕比不上惱怒，以及一種受到嚴重拘束的感覺。當她抵達梅迪尼普爾，這個代表著她正式回到安全無虞、在東印度公司控制範圍內的聚落時，她獨自一人到「堡壘附近的幾棵樹下」，在地上坐了一會兒，才去面見當地的首長珀斯（Pearce）先生。他接待她時算是夠「禮貌」，兩人「散步閒聊」。但過程似乎「死板拘謹」，而她寧可自己「坐回去我剛才離開的那棵大樹下，享受自由與安適」。[79] 應付某位布里申（Brishen）先生，也讓她精疲力竭。他們在奧里薩遇見迷途而身無分文的布里申。喬治．史密斯堅持讓布里申同行，這樣在自己離開之後，還可以有個歐洲男性保護伊莉莎白。但她不想要布里申陪。他「無知已極」，「差不多二十歲的人，還像個大男孩」，沒有錢，還硬要分她所剩無幾的食物。「他……覺得我對他很方便」，她發脾氣地寫道，「我則覺得他是個無用的行李。」先前她在旅程中，曾經寫到過，有一回看到老虎，本地僕人立刻「拋下我們的帕拉欽轎」逃跑，「史密斯上尉威脅他們……但無濟於事，下一回碰上他們還是會這麼做。」但到了如今，她的態度已經沒那麼輕視，也更能夠信任，她不再覺得自己需要任何歐裔的伴陪，「有西帕依與苦力就足夠保護我了」。不難想像，布里申大部分時間都躲在自己的帕拉欽轎裡。因此，最後是靠她自己，以及更重要的是靠她的西帕依、苦力與帕拉欽轎夫，找到通往孟加拉核心地帶最安全的途徑，在種滿稻子的田野中「蹚過潮濕的剛剛犁過的地面」。[80]

* * *

伊莉莎白．馬許的旅程終點，同樣意味著她短暫的逃避也要畫下句點。如今，她的經驗與知識遠比先前更廣博了，她的思考方式、與自我意識之間的特定斷裂，也更加擴大了。她的印度日記說出了有人陪伴是多麼令她愉快，以及她有多麼希望得到某種勉強算是「歐洲」上流社會的接納。然而，其中也記錄了她時不時想遠離這兩者的渴望。日記揭露出她無知的程度，和她在種族鄙夷與無情方面的能耐，也不時披露出她學習的渴望，對本地古蹟、人民感到好奇的能力，以及偶然出現的同理心。此外，她的日記也顯示她跟東印度公司的力量、不列顛帝國與民族是如何有著緊密的關係，但這個關係未必總是堅定而毫不含糊的。最能清楚說明這點的，是日記中沒有寫到的事。伊莉莎白．馬許完全沒有提到，她在旅程中的任何階段有參加過基督教的禮拜，或是私底下祈禱過。廟宇——她總堅持稱之為「清真寺」——愈來愈能引發她的興趣，令她著迷。但是《聖經》與祈禱書則完全看不到。她抵達馬德拉斯時，對公司或公司的軍隊也連一句愛國的讚美都沒有。在埃盧魯的軍營，還有在其他地方，她一定看過旗幟飄揚，槍砲擊發，部隊為了王室生日與其他正統不列顛紀念日而列隊致敬。但這種場合在她的文字中缺席，隨著她在旅程中愈來愈斷捨離（deciduous），而和其他許許多多的事物一起被輕輕抖落了。[81]

她在字裡行間的沉默與省略——她沒寫或是草草帶過的東西——同樣暗示了伊莉莎白・馬許與詹姆斯・克里斯普關係中的矛盾。一七七六年六月二十日，她返抵加爾各答。但她沒有立刻雇一艘江上的船把自己載回達卡，到她十八個月沒有見到的丈夫與兒子身邊，反而在這座城市停留了六星期，待在友人約翰娜・羅斯的花園別墅。箇中可能的理由，或許能讓我們對於她這一趟旅行有更全面的了解。約翰娜・羅斯不只跟伊莉莎白・馬許有權有勢的親戚——理查・史密斯將軍——是熟人，她本人也很有錢，有商業管道。一七七四年十二月，伊莉莎白・馬許向她的丈夫和兒子道別，與喬治・史密斯一同啟程展開她的亞洲遊時，就是在羅斯位在加爾各答許多房子當中的一間，「克里斯普因為生意的關係，已經在這裡待了一段時間」。大約在同一期間，也就是一七七〇年代中期，我們知道約翰娜・羅斯借了詹姆斯・克里斯普一筆鉅款，資助他的紡織品生意。[82] 因此，伊莉莎白・馬許在一七七六年六月下旬與七月上旬在她家盤桓逗留，可能不只是（也可能根本不是）為了可以離開丈夫久一點，也是為了以某種方式協助他，幫助他的借貸。在她旅程末尾，有一名男子來到加爾各答的城郊接她，護送她進城，這名男子的可能身分，讓伊莉莎白留在加爾各答是為了協助丈夫的可能性更為提高。這是一位「加爾各答的羅斯先生」，這可不只剛好是約翰娜・羅斯的某位親戚，而是幾乎可以肯定是約翰尼斯・馬蒂亞斯・羅斯（Johannes Mathias Ross）——荷蘭東印度公司在孟加拉的主事者，跟不列顛東印度公司的許多貿易商與個體戶商人有廣泛的生意往來。[83]

愈是細看伊莉莎白．馬許的印度日記，就愈是會注意到——她不只喜歡社交與受到注目，明顯喜愛年輕男性軍人「表親」的陪伴，對於本土宗教、民眾、城鎮地景與風光景觀愈來愈有好奇心（雖然所知有限），從距離與移動中感受到樂趣——她對經濟生活、對商業也有持續不斷的興趣。她特別注意「大規模布料產業……正在進行」的地方：如默蘇利珀德姆、馬達普蘭（Madapolam）、普里卡特、伊洽普爾（靛青生產中心）、喀塔克、甘賈姆等等，這點很可以理解。隨著旅程進行，她也記錄其他類型的經濟活動：阿西卡有「龐大的黃銅與紅銅產業」，她注意到當地居民「吃得很好，還有餘錢」；印茹蘭（Injuram）外的鹽田，「這種珍貴的物品堆成大山，準備出口」；維沙卡帕特南的精緻家具生產與出口，「人數甚眾的工匠……做出精美的象牙與烏木鑲嵌」，以及當地的「長筒襪製造廠」，「大量的產品由此送往印度各地」。[84]

伊莉莎白．馬許顯然不只把自己途中經過的次大陸土地，當成「浩瀚的博物館，鄉間充滿遺跡，百姓代表了過去的時代」。[85]當然，她確實提到沿途經過的破敗橋樑、堡壘與地方，但她也和當時來到印度的外人一樣，認為自己經過的某些城鎮與聚落，是發展商業、製造業與賺錢的大好環境。確實有可能，她旅程中有好些段落，不光是在加爾各答的旅途終點，都是為了協助她的商人丈夫而進行的。比方說，她在旅程中的不同階段，顯然刻意經營有影響力的東印度公司人士的關係，這可能就是為了以某種方式幫助詹姆斯・克里斯普的生意，而不只是為了滿足她自己的虛榮心與不安全感。當她在日記中，偶爾順手寫出像「把我們的生意（business）都完成了」這樣謎般的句子時，她所指的，很可能也不只是把她的行李箱打包、整理她的衣服，這一類個人的事務。[86]

這是她亞洲遊的最後一個弔詭之處：儘管她有這麼長的時間遠離詹姆斯・克里斯普，與喬治・史密斯相伴，她的婚姻可能還是對她仍然有意義，她還是在一定程度上認真對待自己的婚姻。早在她抵達次大陸之前，她與克里斯普的關係也已經受到丈夫破產，自己出書成為作者，甚或是他的奴隸買賣，以及兩人婚姻原本的情況所考驗。從各個角度來看，她的非凡旅程都使得兩人之間的距離更為擴大，尤其是她在過程中有了非常大的改變。無論是她，或是克里斯普，如今都不太可能以長久留在達卡的水鄉澤國為滿足。然而，證據顯示她仍然認為自己和克里斯普因為共同目標而分不開，而她準備為這個目標出點力。她可能不會和他一起生活。她甚至不見得會跟兩人的孩子住在一起。但她會努力幫助他賺錢，協助兩人共同的生存與世俗成就。她在一七七六年七月下旬才終於回到「我親愛的克里斯普與寶貝兒子」身邊，此時美國的《獨立宣言》剛通過僅兩個星期。

第六章

世界大戰，家庭革命

World War and Family Revolutions

美國獨立戰爭最初只是北美洲東海岸的一場叛亂與內戰，但最後，它的規模之大，卻粉碎了伊莉莎白·馬許的生活，讓她不得不加以重組。歐洲主要的殖民與海軍強權——包括法國、西班牙與荷蘭——先是秘密地、後來則是公開地支援美國革命人士，加上不列顛本身的帝國與海軍擴展的範圍，讓這場戰爭延燒跨越了多個陸地上的疆界，也燒到世界上的每一個海洋。衝突幾乎一瞬間襲捲加拿大，接著掃遍各處美洲原住民的土地，又步步進逼到不列顛、法國、西班牙與荷蘭在加勒比海、地中海、北歐、印度次大陸部分地區、非洲北部與南部部分地區，以及中美洲等地的領土和競爭區域；至於衝突造成的經濟與外交影響（有時是人口上的迴響）則擴張得更遠，及於南美洲、俄羅斯、西非、中國，最終波及新南威爾斯。[1]

由於克里斯普家與馬許家的男人中，有許多人的生計都跟不列顛政府、不列顛帝國、皇家海軍和大海、東印度公司，以及長距離貿易密不可分，他們不可避免地被捲入這場戰爭的動盪與暴力，以及有關的一些議題與理念之中。這反過來影響了伊莉莎白·馬許，不僅是因為她人生中有這個反覆出現的矛盾弔詭：她有創意，有決心，自利，而又富有行動力，但她同樣是個無法獨立的個人。她之所以偏離當時習俗上的女性常態（female norms），其實並不是因為她比一般女性更能夠自給自足，而是相反，是因為她無法自給自足。她把她的個人證言出版為《女俘虜》，就和她一再免費搭乘海軍艦艇，也和她在大批護衛與嚮導簇擁下展開的陸路壯遊一樣，全都需要獲得男人的奧援，必須尋求他們的協助。於是，當跨洲戰事爆發，持續吸走、分散非常大量的男性，這必然就縮減和改變了她活動的品質。現在，她不可能再進一步去探索印度次大陸了，無法沿著她自己選擇的路線，受到軍人的伴護，因為東印度公司的部隊馬上有更迫切，也更危險的事情得做。戰爭的爆發，也在更私人的層面上消耗了她的後援。她幾位至親與支持者在戰爭時過世，有的甚至是因為戰爭而過世。因此，她被迫必須找出其他收入來源，必須為了完完全全的功利目的（而非增廣見聞）展開新的旅程，並調整自己與孩子們的生活方式。

這些震撼與變動，或許能解釋何以她的大量寫作，會和她的亞洲之行、和她返回達卡回到丈夫的身邊，一起都在一七七六年七月結束。她高強度的、斷斷續續、書寫她在面對新人物與新景色時成長的敘述，從此刻嘎然而止，再也沒有我們知道的日記或其他手稿複本傳世，也沒有信件。因此，她在一七七六年中之後的想法與感受，基本上得從她的行動來推斷；而她的行動又反過來，得從一筆或多筆被移除的資料，或運用和拼湊其他人留下的紀錄，來加以重建。尤其是伊莉莎白．馬許人生最後幾年的經歷，必須從一連串男性的證詞之中重新找回。這幾位男性強烈地影響了發生在她身上的事情，以及她所能成就的事情，但她有時候也能讓他們為她所用。

在這些既決定、又幫助了她的發展的見證者中，首先必然是她的丈夫——詹姆斯．克里斯普。當伊莉莎白在印度東部與南部旅行探索時，他留在孟加拉，透過經營北印度紡織品的生意幫自己與家人賺錢，也透過監管當地鹽的生產與銷售為東印度公司賺錢。

＊　＊　＊

甘地控訴不列顛屬印度政權（British Raj）徵收的鹽稅，「從窮人的觀點看，是一切不義之中，最大的不義」，這句話精準傳達出數個世紀以來，世界各個不同地方何以有那麼多的統治者都把徵收鹽稅視為有利可圖。鹽之對稅收的作用，原因就跟鹽在某些社會可以作為支付的方式，與以物易物的媒介，是一樣的道理：鹽這個物品，無論人再怎麼窮，也不能完全沒有。[2]人體基本上每一個部位都含有鹽，鹽對生命不可或缺。過去，鹽也是製作火藥必不可少的材料；在冷凍技術問世之前，沒有鹽就無法保存食物。孟加拉的納瓦卜們建立鹽專賣，顯見他們很了解這種礦物質的必要性；等到東印度公司接收了孟加拉的大權之後，公司對鹽採取的態度也很類似，但更為積極。孟加拉的製鹽業，根據保守估計每年產量約九萬噸，在一七七二年成為公司的專賣項目。公司從孟加拉各地引進鹽工，代替公司監督鹽的生產，取代傳統上本地地主對於鹽業的控制。[3]

詹姆斯．克里斯普的官方職務是布魯阿（Bhulua）的一名鹽務代理。布魯阿大致等於今日孟加拉的諾阿卡利縣（Noakhali district），是個龐大、部分積水的地區。可以說，克里斯

採鹽工。佚名畫作，約一八二五年。
（典藏於：大英圖書館藏；圖片來源：Wikimedia Commons）

普的位子在政治上很敏感，在經濟上很重要，在身體上很勞累。他必須監督幾千名「馬蘭吉斯」（*malangis*）——製鹽的農工，並定期收集樣本以查核品質。他必須監控鹽庫（*golas*）存貨的情況，據他計算在布魯阿至少有兩百八十六處鹽庫。其中許多鹽庫——他從故鄉找適合的類比來抱怨——「看起來不像鹽庫，反倒像是牛舍」。克里斯普的工作，就是確保這些位處低窪的破敗結構物，不至於被來自孟加拉縱橫如格狀的河水淹沒，尤其是六月至九月間「雨季時的洪水」。他也必須為自己管區的鹽安排秤重，並用船與牛車，在指定日期運送到指定地點，以便舉行拍賣；鹽拍賣會的消息也必須準備好，用波斯語、孟加拉語與英語在整個地區中公布。最後，確保在拍賣會上買鹽的本地商人付了錢能拿到該拿的貨，「沒有任何理由抱怨」，也是克里斯普的責任。[4]

為了完成這些任務，詹姆斯．克里斯普有一名副手協助，兩人再一起則管理四十名孟加拉助手——若沒有他們，整套體系就不可能發揮作用。克里斯普本人理應騎馬、騎象與乘船巡視布魯阿，每個月（有時候是每兩星期）對達卡行政區委員會的直屬上級報告，呈交詳細的帳目。一旦核實，帳目便會送交總督華倫．黑斯廷斯，以及他在加爾各答的委員會，他們有非常充分的理由詳細檢視，畢竟鹽的利潤佔公司孟加拉歲入中相當大的一部份。一七七五年三月，黑斯廷斯在一份通告中警告詹姆斯．克里斯普等鹽務代理人，他們的任何疏忽「或任何縱容」，任何疏於「警覺與不準時」，都會「對一個政府歲入的重要分支造成傷害，從而使各位令我們感到嚴重不滿，更必然會導致各位受到羞辱、失去職位」。[5]

克里斯普在布魯阿的鹽務代理工作，一開始相當順利。在他的監督下，生產水準似乎有了提升；而且達卡行政區委員會的成員們立刻就對他的活力留下很好的印象，就像大部分見過他的人一樣。「對於他的勤奮與規律，我們非常滿意」，委員會在一七七五年尾向黑斯廷斯如此保證。[6] 說起來，伊莉莎白・馬許的丈夫在他的新職位上也算幸運。鹽務代理沒有就業保障，也不是東印度公司的契約職員——這些與公司簽訂契約的職員，是次大陸的不列顛人社群中自視高人一等的「貴族」。但是，克里斯普每年有相當於四百五十英鎊的基本收入，算是非常優渥；此外，雖然如今他必須面對的地區與製造業網路，從各個方面來說都很陌生，但他有買賣鹽的經驗，也有應對不同民族，面對不同語言的經驗。伊莉莎白・馬許大部分時候可以靠著涇濱「摩爾語」撐過去，但她的丈夫卻別無選擇，除了印度斯坦語之外，還必須學一點孟加拉語，對於歷史悠久的行政、法律與稅收用語言——波斯語，也得有一定的了解。[7]

儘管詹姆斯・克里斯普這麼努力，但在新職位上的成功卻愈來愈躲開他，而這泰半是因為他所遭遇的、最無情的挑戰，任人再有才幹也無法應付。如同北印度一位首屈一指的知識份子古蘭・胡賽因・可汗・塔巴塔拜（Ghulam Hussain Khan Tabatabai）後來指出的，東印度公司官員從次大陸海岸邊緣的商人與軍人，轉換為承擔起孟加拉內部的統治者與管理者角色，時為時還不長。公司的人馬有時候「壓迫、無常、變化莫測、不穩定、侵吞」，沒有發展成熟的公務倫理，也顯然沒有積累的行政記憶，幾乎可說是不自量力。古蘭·胡賽因抱怨，他們對於在孟加拉「提高貢金的方法是門外漢」，也不了解「評估歲入的基本準則，和收取稅收的方式」，這些譴責當然適用於詹姆斯·克里斯普，以及他在達卡的直屬上司身上。[8]

詹姆斯·克里斯普本人不久前才移民到次大陸，這樣的他，卻得執行東印度公司一七七二年才剛展開的鹽專賣制，把它引入到公司從一七六五年才剛開始統治的布魯阿縣，他直接對達卡的行政區委員會負責，而委員會本身也才剛在一七七四年成立，會中的不列顛裔成員對當地的知識也相當有限。不只克里斯普本人，他在公司的長官基本上也是邊做邊學。多少也因此之故，推動事情運作所需的辦事能力經常驚人地奇缺。比方說，克里斯普剛到時曾經替他的印度文書與會計要求基本的辦公文具，但達卡的行政區委員會卻通知他「提供你辦公用具，並不是我們的職權範圍」。基於同樣的情況，克里斯普的公司長官要求他在布魯阿各地修建不怕水的新鹽庫，用來儲藏行政區內的鹽。由於「整個縣的地勢都很低」，這表示必須雇用大量人力築高鹽庫所在地的河堤；但是，如同克里斯普的抱怨，長官覺得他應該完全用他自己的錢來處理。[9] 長官期待他完成的事情，與他能夠負擔的手段之間，有著巨大的鴻溝，這對一名有創業精神的人來說，堪稱是折磨，因為他知道自己必須拿出優秀表現，讓公司看到利潤，才有機會展延自己作為鹽務代理的合約。

東印度公司在資訊不足，硬體不足的情況下實施鹽專賣，而公司的有些官員又令情況雪上加霜。一七七三年之後，歐洲人不得在孟加拉「直接或間接從事鹽買賣」，除非他們是為公司工作，否則就是非法。相較之下，孟加拉本地居民卻擁有「可以公開買賣的自然權利」。於是，公司的鹽專賣中，變成只有印度人可以在日常必需、施惠當地人（至少在說法上是如此）的框架下，在孟加拉做買賣鹽的生意，而且不收費用。現實情況是，個別的公司官員依舊會分一杯羹，經常是以本地代理人為門面，自己在幕後操作。一位鹽務代理同行描述了這種來自公司體制內的顛覆破壞，這就是詹姆斯．克里斯普必須面對的情況：

> 在特定時節（鹽）被用大船載送到達卡，在達卡公開銷售……。從將這大批量的鹽放入銷售的模式，我可以感受到有天大的陰謀在進行，因為我看到本地人雖然有權利，實際上沒有管道可以進入參與公開銷售，而這些貨品也一如所料，落入替委員會成員做事的人手中，這些委員會成員則賺到相當大的利潤。10

就算克里斯普本人自我節制，沒有參與這種非法的鹽交易（沒有證據證明他有參與），他還是必須得踏著非常靈巧的步伐，繞過他某些達卡長官不擇手段的作法。

他受到某些布魯阿本地居民消極與積極的抵抗，這是更是無所不在的挑戰。他在這方面遇到的問題首先起於馬蘭吉斯（*malangis*）。馬蘭吉斯是赤貧的窮人，他們的工作是在晚秋時，到海邊或鹹水河邊挖出鹽田。這正是製鹽循環的開始。接著他們會興建

水閘，讓鹹水在漲潮時流進來。鹽份被土地吸收，接著又有更多鹹水跟著春天的大潮進來。額外的海水與含鹽的土壤混合創造出高濃度的鹽水（brine），他們把鹽水裝進長條形的壺裡，每兩百個壺用泥彼此接連起來，放進一個圓頂窯爐。製鹽人在每一座窯爐的南北兩端各開一個口，這樣盛行風（prevailing breeze，編按：氣象學名詞，指一個地區在某個時段最常刮的風）就能幫窯爐煽火。等到壺中的鹽水蒸發，工人……加進更多鹽水，一次一杓，直到每一個壺中的鹽結晶滿到四分之三。11

馬蘭吉斯經常會製作額外的鹽，來貼補自己的收入。他們會在夜間在達卡的密樹林間，或是在自己的茅舍由妻子幫忙製作，接著將他們的「非法」製品賣給走私者。受雇於公司向馬蘭吉斯買鹽的「皮卡斯」（*pykars*，代理人），也常常為自己偷賣大量的鹽，破壞體系運作。他們會在剩餘的鹽貨中攙沙，或是竄改帳目，以掩飾自己盜賣的事實。或者像詹姆斯·克里斯普所抱怨的，這些皮卡斯乾脆拒絕拿出帳目（「自從被他們一再保證會遵守規則所欺騙之後，我發現，對他們能否最低限度地符合這些規則，抱持任何期待都是白費」）。此外，布魯

阿的鹽庫多半是沒有警衛看管的土樓，鹽庫的鹽也流入了周圍的聚落。克里斯普在一七七五年六月報告，大約有五萬莫恩德（*maunds*）的鹽遭人非法從他的鹽庫運出，泰半是趁著夜色用船偷運的。[12] 這種對鹽庫的襲擊有時候是由當地地主發起的，地主對於被剝奪原有的鹽業獲利感到憤怒。「這些地方的人是一群不要命的盜運者」，一七七六年，克里斯普在拉克西米普（Lakshmipur）寫道，「他們有一支武力，而且……無視於我手下的這麼一點人。」經常有來自布魯阿，以及孟加拉其他產鹽地方的報告，提到東印度公司的鹽船在緩緩航向拍賣地點的途中遭到襲擊。偶爾，鹽走私販還會對著船隻的旗幟開火，旗幟上有公司的顏色與聯合王國的圖案。[13]

＊＊＊

別忘了，詹姆斯·克里斯普他自己也曾經是個走私販。如今，他負責的角色是財政的執行者，要處理來自不列顛人與亞洲人層出不窮的抵制，雖然是個嶄新的體驗，卻也徹底令人反感，使得他愈來愈厭惡這個角色。克里斯普雖然十分徒勞地執行著他在布魯阿的鹽務職責，而且逐漸變成是在一段距離之外遠距處理，但他不單純是個在這個特定的帝國環境中，做著超過他個人能力、不得其所的一個孤獨個人。而更加是全球局勢之中的一個個人的剪影——當時的全球局勢，有著愈來愈密集的增稅權宜措施，以及對這種徵稅越發激烈的抵抗行動。

此時在美洲、亞洲、北非部分地區以及在歐洲，稅捐與其他財政義務水漲船高，對稅捐的嚴重抗議同樣也是。國與國之間的競爭衝突升高，加上「在前工業化的軍備競賽中，財政力量對與軍力來說，有著不亞於戰略與科技進步的重要性」，統治者因此比以往更渴望額外的收入。這種狂暴的財政胃口在多大程度上激發出一場「全球危機」，這一點仍未有定論，但許許多多統治者愈來愈嚴重的強索，確實助長了各大洲的平民起義，已是不爭的事實，而動盪的情況在十八世紀下半葉愈來愈嚴重，範圍也愈來愈廣。[14] 一七七三年至一七七四年間，發生在烏拉山區哥薩克人當中的「普加喬夫起義」*，以及一七八一年發生在新格瑞那達（New Granada，哥倫比亞）的「市府起義」**，泰半都是因為對節節上升的戰時稅捐不滿而點燃。以前者來說，導火線是凱薩琳大帝需要更多的錢，支付俄羅斯對鄂圖曼帝國的戰爭。至於市府起義，觸發點之一是西班牙想要額外的資金，部份為了加入美國革命人士對不列顛的戰爭。不過，無論是增稅，還是為了軍事行動的規模和成效提供資金，這兩者都不是基督教統治者的專利。在摩洛哥，西底·穆罕默德採取尋求新商約，以及對進出口貿易加徵愈來愈高關稅的政策，也是因為他渴望打造自己的軍隊與權威。[15]

同樣的道理，美國獨立部份的原因（也是最有名的原因），正是因為不列顛試圖對其拓殖者更加嚴苛地收稅，以彌補七年戰爭造成的債務，並支持如今大幅擴張的帝國角色。同樣地，東印度公司之所以試圖在此時對北印度土地開徵新稅，並且從製作與銷售鹽和鴉片的中增加獲利，也是因為在加爾各答與馬德拉斯修建新的防禦工事、軍隊大幅擴員，以及一七六〇年代與一七七〇年代跟邁索爾***和馬拉塔人作戰所帶來的龐大開銷。[16] 確實，這些在世界各個角落採取的開源措施，不僅類型相仿，執行面也交織在一起。正是為了舒緩東印度公司在次大陸面臨的財政困難，不列顛國會才會在一七七三年四月通過《茶葉法》（Tea Act）。是項法案首度允許公司將庫存剩餘的中國茶葉，用自己的船隻載運，直接出口到不列顛美洲殖民地的四個港口。其中一個港口——波士頓的市民，視此舉為對於自己走私生意的威脅（事實確實如此），認為這是帝國君權凌駕於自身的「標誌」，憤怒的他們才會在一七七四年十一

* 編按：普加喬夫（Pugachev）起義是一七七三至一七七五年間發生在俄羅斯的農民起義，又稱哥薩克起義。領導者是前軍官普拉喬夫，以已故沙皇彼得三世之名，反抗凱薩琳大帝統治，主張終結農奴制，極盛期控制了窩瓦河（Volga River）到烏拉山脈（the Urals）之間的地區，並於一七七四年在喀山（Kazan）大敗政府軍。起義最後在一七七五年被鎮壓，普加喬夫遭到處死。這場起義也是普希金小說《上尉的女兒》（一八三六年）的故事背景。

** 編按：市府起義（*Comunero* revolt）是在一七八一年，發生在新格瑞納達（今哥倫比亞與部分委瑞內拉）反抗西班牙統治的大眾起義。

*** 編按：邁索爾（Mysore）是印度次大陸西南部的一個獨立王國，一七六〇年代起是英國東印度公司在南印的主要對手，在法國人支持下與英軍對抗三十多年。

月，把東印度公司的九萬磅茶葉扔進波士頓港。[17]

從詹姆斯．克里斯普在布魯阿的鹽務代理工作，以及他在當地遭受的許多困難來看，詹姆斯．克里斯普確實是他那個時代的人。當時有各式各樣的代理人，在世界各地行動，嘗試為他們那求財、求權若渴的政治主子榨取額外的歲入，在過程中激起爭議、阻礙，有時甚至是暴力的抗議，而克里斯普就是其中的一名。克里斯普在布魯阿履行自己的鹽務代理工作時，沒有被人澆柏油黏羽毛（編按：一種私刑懲罰），也沒有被揍。羅德島與麻薩諸塞等地的海關官員曾在憤怒的美洲殖民地人民手中遭受這種待遇。但他雖然沒有遇上這些私刑，卻也在稅收工作中吃盡苦頭，即便在他想擺脫這個工作時也一樣。

克里斯普經常抱怨，由於東印度公司在布魯阿的鹽專賣遇到的抵抗，他需要更強制性的力量——就像美洲殖民地的海關官員早已習慣的做法。早在一七七五年，他便提醒達卡的行政區委員會，表示他至少還需要新增三名西帕依士兵來協助自己，「我所負擔的職責實在少不了他們」。一年後，他要求「增援大約十二名西帕依」。[18]他訴請額外軍事支援的要求常常受到否決，上面這一次也是。克里斯普在達卡與加爾各答的上級一來承受財政壓力，二來面對著一場跨國戰爭即將影響次大陸的事實，他們寧可認定只要克里斯普更努力更用心，一切都不會有事。打從一開始，他們便敦促他花更多時間在布魯阿當地現場履行職務：「只有你能夠回答問題……因此若你目前尚未在當地回應問題，則你必須自此刻起為公司的鹽負責，務必謹慎，不得在運送上有任何的延誤。」[19]詹姆斯・克里斯普奉命管理的這個體系，不僅結構缺陷、支援不足，還缺乏法理根據。就此而論，公司的要求並不公允。但是，公司認為他太常不在職務上，這一點倒是沒錯。在伊莉莎白・馬許與喬治・史密斯遊山玩水期間，從克里斯普寫給上級的信件可以看出，他把愈來愈多時間花在拉克西米普——不列顛人通常稱之為「拉奇普」(Luckipore)。這座城鎮距離達卡走水路約六十八英哩，位置靠近梅克納河與恆河交匯處，不是個產鹽重鎮。拉克西米普是個完完全全的布料製作產地。當地的織工聲名遠播，為次大陸內部與海外市場生產頂尖消費的高品質紡織品。[20]

這個地方和它的商業潛力愈來愈吸引詹姆斯・克里斯普的注意力，他對公司在布魯阿的鹽務愈來愈不上心。他天生不是做官僚的料，也不喜歡為他人工作。從他在巴塞隆納與倫敦的表現來看，他也不是那種願意接受單一帝國侷限的人。身為新移民，他是逼不得已才在東印度公司謀職，就像當年是因為破產，才參與東佛羅里達的開墾計畫。但詹姆斯・克里斯普本質上是個商人：「也就是說，這種人的行動不侷限於任何地區，而是遍及全球，他一貫的行為就彷彿認定了自己是整個世界的自由民」。[21]他確實符合這樣的描述，他的興趣與志向遠遠超出了潮濕的布魯阿。早在抵達達卡、成為鹽務代理之前，克里斯普便已開始跟波斯做生意。傳統上，波斯對孟加拉紡織業來說是相當重要的市場，一來是波斯本身的需求，二來則是波斯提供了打入鄂圖曼領土的通道。一七七四年，東印度公司的紀錄顯示克里斯普從英格蘭進口原物料到加爾各答——一箱箱的澱粉、肥皂、油劑等——供紡織品製作與加工用。差不多同一時間，他也找到了新的合夥人，與亨利．洛奇（Henry Lodge）合作。洛奇是公司職員，後來擔任達卡行政區委員會秘書。他們的合夥事業相當知名，在一七七五年當一名本地織工向加爾各答的最高法院提起訴訟時，法院還找兩人來為達卡紡織業現況作證。[22]

目前為止，情況還沒有什麼反常之處，東印度公司也沒有道理反對。公司高官理所當然認為次大陸的全職雇員——像是亨利．洛奇——可以自己從事買賣，在薪水之外賺點外快。至於詹姆斯．克里斯普，他不是公司的契約職員，大家也都知道公司的主事者發給了他許可證，允許他在孟加拉與孟加拉外海從事私人貿易。因此他身兼兩職，既是在公司發薪名單上的一名鹽務代理，也將孟加拉紡織品賣往波斯與亞洲各地，這點各方都能理解、接受。但到了一七七五年至一七七六年，也就是伊莉莎白．馬許在遠方旅行的期間，詹姆斯．克里斯普跨過了一條重要的界線。他開始把大把時間花在拉克西米普，東印度公司本身在此擁有一間規模龐大的紡織廠。他似乎更開始與公司的代理人競爭，向拉克西米普的織工收購高品質織品——而公司正是仰賴這種紡織品，達成對亞洲之外市場的出口目標。簡言之，詹姆斯．克里斯普就和當年在巴塞隆納與倫敦時如出一轍，開始違反規則，挑戰自由貿易的壁壘。

在拉克西米普有一棟建築物，正是這些壁壘的有形化身，這裡也是克里斯普與東印度公司中頗有權勢但不欣賞克里斯普的當地商館主管——亨利．古德溫展開角力的地方。這棟建築是間不起眼的平房，「有座小小的廊台圍繞著它，覆著舊草蓆」，另有一道明渠環著平房四周，這就是唯一的衛生設施。這間平房的吸引力，在於其坐落的位置。平房距離東印度公司的布料商館入口只有兩百五十碼。住在拉克西米普這間平房的人可以監看每天進出商館的本地織工與布料商人的人流——還可以攔截其中任何一人，嘗試達成他自己的生意協議。根據亨利·古德溫道出的故事，詹姆斯·克里斯普首度造訪拉克西米普時，沒有地方住，只能睡在自己的平底船上——每當他在孟加拉水系移動，執行自己的鹽業任務時，便是以這艘有頂的小舟充作移動住宅。他——古德溫——慷慨提議把當時無人使用的平房借給他，「讓他在拉克西米普停留的短時間內暫用，他估計不會超過一個月」。但克里斯普幾乎是一回到達卡就致信古德溫，要求永久住在這間平房，「因為他發現……〔這間平房〕應屬達卡委員會處置，而他希望能裝潢內部，讓房子變成舒服的居所」。23

古德溫憤怒回應。他堅持，這不單純是間平房，更是一間辦公室（*cutcherry*）。達卡的行政區委員會對這間房子並無權力，因為房子屬於東印度公司的商業部門，僅供公司雇員在拉克西米普收稅時使用。至於詹姆斯·克里斯普，他是什麼人，憑什麼能對公司的設施發號施令？他「這個人並非在執行勤務，作為鹽務代理他沒有理由向公司要求住宿」。在克里斯普的新合夥人亨利·洛奇的促請下，達卡的行政區委員會一開始對古德溫的反對置之不理。平房位於達卡縣內。因此委員會有權按他們認為合適的方式分配使用，而他們決定詹姆斯·

克里斯普因鹽務職責前往拉克西米普時可以佔用這間平房。因此其他人不能住在那裡。各方關於這件事情的通信內容火氣愈來愈大，不僅來回超過一年，甚至數度出現在華倫·黑斯廷斯的辦公桌上。一開始，他站在詹姆斯·克里斯普這一邊。[24]

不過，亨利·古德溫堅持這當中牽涉到的不僅僅是一間平房而已，這一點是對的。從個人層面來看，這場為了一間「完全是用草蓆搭建……並不舒適的居所」所進行的漫長爭奪，清楚勾勒出伊莉莎白·馬許的丈夫似乎經常因為他自己缺乏耐心、即興而為的事業進取心，引發他人的不悅與懷疑。[25]對於一些跟詹姆斯·克里斯普有接觸的人——尤其是對性格較為保守、自負傲慢的人，像是倫敦的喬治·馬許與孟加拉的亨利·古德溫而言，詹姆斯·克里斯普的經商風格（透露出他強烈的野心與缺少穩定資本的事實）有可能看起來就是純粹無情的投機主義，十足的破壞規矩，甚至是不老實。古德溫抱怨，他沒有受到克里斯普「紳士地對待」。他講這句話部份的意思是：伊莉莎白·馬許的丈夫不是個紳士。他寫道，克里斯普「扮演非常不誠實的角色」。公司有一名稅吏原本希望搬進拉克西米普的這間平房，他的說法也一樣刻薄：「在我看來，只要可以占別人便宜，克里斯普先生就不會花一個子兒。」這名稅吏與古德溫並沒有把這些指控直接寄給詹姆斯·克里斯普，如果他們那麼做，就等同於是在邀請對方決鬥。但是，這兩位指控克里斯普的人卻採取了差不多危險的方式，他們把投訴信的副本寄給加爾各答的貿易委員會（Board of Trade）——負責監督公司商業活動與投資的單位。[26]

無論是亨利·古德溫，還是耿耿於懷、無房可住的稅吏，都沒有懷疑詹姆斯·克里斯普之所以如此想拿下這間平房的原因——兩人宣稱，克里斯普打算搬到拉克西米普，就算得自己在此蓋間新房子也在所不辭。一七七六年五月，古德溫落井下石，寫信給貿易委員會：

我忍不住補充……關於克里斯普先生住在拉克西米普一事，在我看來，與他擔任鹽務代理職位的責任不相容，而且也和任命他的意義相反，我想，任命他的意思就是說他必須住在產鹽當地，或是附近地方，才能就近監督，假如他把自己應該負責的事務委由他人處理，同時人一直住在達卡、加爾各答，或是拉克西米普，則我個人實在看不出，他對公司有什麼用處。事實上，就我所知……十四個月（以來），這名鹽務代理一次都沒去過產鹽的地方。

作為致命一擊，古德溫還把稅吏對於詹姆斯·克里斯普舉止的精準評價寫在信裡：「吸引他住在這裡的原因，並非為公司作出切實的貢獻，而是為了從事他個人的生意」。[27]

其實，往新方向拓展個人生意的前景，恐怕不是吸引詹姆斯·克里斯普朝拉克西米普發展的所有原因。假如亨利·古德溫與那名稅吏說得對，假如克里斯普確實在思考放棄達卡的漂亮房子，長久搬到當地的話，可能是有其他更私人的動機。在這個階段——一七七六年初夏——跟喬治・史密斯出遊的伊莉莎白・馬許，已經離家將近十八個月了；加上先前，她幾乎整個一七六九年、一七七〇年，以及一七七一年初都不在丈夫身邊，詹姆斯・克里斯普恐怕受夠了。說不定，他也在拉克西米普尋找、甚至找到了女性的陪伴與性事的慰藉，而不只是奢侈紡織品的豐沛貨源——但這只是揣測。可以確定的是，將他吸引到這個新方向的，不只是各種壓力與誘惑，還有他對潛在有利可圖的事業冒險的直覺，當中同時也挾帶著風險。

到了一七七〇年代初期，次大陸的東印度公司官員發現，他們的紡織品出口目標愈來愈難達成，尤其是較為精緻種類的布料，這些精緻布料在歐洲、北美洲、加勒比海等地可以獲得最高的利潤。[28]儘管公司具有騷擾與威壓的能耐，但公司在孟加拉各地的代理人卻常常抱怨本地織工違抗他們，選擇把他們的布料賣給競爭的亞洲商人，或是歐洲個體商人。有些孟加拉織工純粹就是不想再為公司工作了。有些則據說降低了為公司所生產的布料品質，還有許多織工抱怨公司提供的價格，已經不夠支付自己購買紗線與食物的成本——自從一七六九年至一七七〇年的孟加拉大饑荒以來，物價便不斷攀升。大量的織工在這場饑荒期間餓死，使得保持健康、有工作能力的織工一度能夠提升他們的議價能力。正當東印度公司在孟加拉遭遇從本地紡織工人到競爭商人的一連串挑戰時，卻有跡象顯示，消費者對於公司出口至不列顛等地的貨品需求也在趨緩。大量無人聞問的商品開始在公司的倉庫堆成不祥的小山。[29]

這些發展造成的焦慮，在拉克西米普能夠深刻地感覺到——公司在這裡有商館，當地有為西方市場生產最頂級、色彩鮮豔的衣料的傳統。一七七六年四月，也就是亨利．古德溫用文字狙擊詹姆斯．克里斯普的一個月前，他曾寫信給加爾各答的貿易委員會，提醒他們，東印度公司對於拉克西米普織工正失去掌控。他再也無法保證能採購到所需數量的上等紡織品，因為公司提供的價格已經掉到「織工的真實成本」以下。[30] 根據古德溫的報告，拉克西米普有些傳統上獨立工作的織工，為了彌補與公司做生意的損失，會把他們做的布料賣給個體商人——像詹姆斯．克里斯普這樣的人。在這個革命四處開花的年份，克里斯普似乎已無法滿足於只在亞洲內部做生意。他還想（或許也需要）打入頂級孟加拉布料的海外出口貿易。他對自己在達卡的處境，對困難又充滿爭執的鹽務代理工作，以及長時間不在家的妻子感到不滿，他想要拉克西米普的那間平房，或至少想要在那裡有一間自己的房子，等等，這樣他才能靠近這些由反叛的織工所製作的最好的紡織品。

一七七六年稍晚，亞當．斯密將在《國富論》中大力主張這是一種值得嚮往的挑戰：挑戰東印度公司在商業上對印度次大陸各部門的掌控，既是為了印度居民，也是為了更自由的貿易。斯密說，公司及其職員是「搶匪」。他們「長久壟斷」加爾各答、馬德拉斯與孟買周邊對不列顛的貿易，不僅沒有必要，在商業上也極其不公。「假如有個體投機商加入，與股份公司進行任何一種公開、公平的競爭」，他堅信，「這種情況下倘若股份公司還能在任何一種對外貿易項目上經營成功，似乎與我們所有的經驗都相違背。」[31]然而，這種「個體投機商」若試圖在東印度公司認定屬於它們的地盤上與之競爭，會招來什麼樣的風險，亞當．斯密就說得不多了。有鑑於詹姆斯．克里斯普的性情與經商風格，他早年參與曼島的走私，以及他在達卡所受到的各種壓力——身為破產的新移民，沒有穩定的職位，還有家要養——無怪乎他會選擇以這種方式冒險。[32]克里斯普在擔任鹽務代理工作時，觀察到布魯阿當地居民與公司自己的官員，是多麼常藐視公司的權威，這或許也鼓勵了他嘗試自己違反規則，認為可以全身而退。他早已近距離見證公司的若干弱點與缺乏效率。一七七六年晚秋，他體驗到當公司不滿時，會有什麼樣的力量。

儘管華倫．黑斯廷斯在全面了解對詹姆斯．克里斯普的投訴之後，認定克里斯普作為鹽務代理「並無罪咎」，但加爾各答的貿易委員會仍堅持解雇他。[33]解雇的理由不是他無能，甚至不是因為他時常不在，而是因為克里斯普被人逮到他搶生意。不是因為他未能徹底執行公司的鹽專賣（所有的鹽務代理都有同樣的問題）而被炒魷魚，而是因為他試圖在拉克西米普插一手作為成功的途徑。有幾個月的時間，克里斯普拒絕交出帳目，也拒絕交出他已經從當地鹽庫收繳來的鹽，阻止公司指派來布魯阿接替他的人——威廉．賈斯提斯（William Justice）就職，但這頂多只能是拖延時間的策略。克里斯普在一七七七年二月收到措辭強硬的通知，「尊駕的代理身分與附加津貼，將於三月最後一日終止」，因此「您顯然了解要加速處理妥當」。他堅持到三月，又收到了一封更明確的警告：「即便拖延此事，尊駕的薪水亦不會延長至本月三十一日之後」。[34] 此後，從一七七七年四月一日起，詹姆斯・克里斯普唯一的收入來源，就是在這個他無從完全了解的世界一隅，在一個烽火遍地延燒的時代，憑著自己的力量，從紡織品貿易中所能賺來的一切。

＊＊＊

一名東印度公司高官後來在一七七七年寫說，以歐洲移民身分試圖在印度次大陸上生活，卻「沒有一官半職」，是一個「極度悲慘的處境。我光是想到一個人居然能淪落到這種地步……就打了寒顫。」[35] 詹姆斯・克里斯普失去他跟公司之間半連結半獨立的關係，失去公司給的穩定薪水，影響到的不只他一個人。他搖搖欲墜的處境，現在也把他那位剛剛返家，但仍然相當依賴他生活的妻子也拖下水。

剛解職的這段時間，克里斯普的亞洲生意似乎還繼續在擴張。甚至在一七七八年，一名公司官員把他列進一份住在達卡「據我們了解生意有相當規模」的歐裔私家商人清單中。[36] 不過在此前許久，一些與克里斯普夫婦關係親密的人，似乎已經看出夫婦倆的處境正承受著遠比他們各自的漫遊更多的壓力。一七七六年底，加爾各答那位有錢的寡婦約翰娜・羅斯在遺囑中留給伊莉莎白・馬許五千盧比（大約五百英鎊），金額與她留給她的遺囑執行人之一的華倫・黑斯廷斯相同，這點頗為引人聯想。起先約翰娜只留給伊莉莎白四千盧比，但她後來顯然認為她這位朋友或者值得，或者需要額外的那一千盧比。[37] 這五千盧比或許是伊莉莎白・馬許一生中拿到過最大的一筆單筆金錢，不過因為她已婚，按照法律，這筆錢、或是任何其他她有可能被贈與的金錢，最終控制權還是在她丈夫手裡。詹姆斯・克里斯普一如往常，似乎讓妻子自由運用這筆遺贈。但是，約翰娜・羅斯的慷慨，加上丈夫失去穩定的公司薪水，刺激了伊莉莎白・馬許，她開始比以往用心考慮錢，考慮未來。

她在此刻起所展現的決心，有好幾個根源。對於克里斯普在一七六七年破產的記憶，以及破產所意味的事情——徹底失去家園、貴重物品與社會地位，而她和孩子被迫在丈夫潛逃後仰賴在查坦的父母——是一部分驅動她的原因。不過，她在克里斯普新的財務困難後採取行動的直覺，更多是源於她個人的性情，以及她的原生家庭背景的本質。

伊莉莎白・馬許在朴茨茅斯的海員女眷之間長大，她們——和其他港口的女眷——對金錢、婚姻與女人的行動範圍，與其他男人在陸地上工作的女眷相比，抱持非常不同的態度。按照英格蘭習慣法傳統（來到孟加拉的人也適用），丈夫與妻子算是一個法人，而這個法人一定是由丈夫代表。就法律上而言，一名妻子會被對她配偶的依賴牽絆住，也被用這種依賴來定義。[38] 但是，這種法律擬制（legal fiction）在海員社群中絕對行不通，因為當丈夫、父親或兄弟出發去遠方航行，而且有可能永遠不會回來時，女性必須好幾個月，甚至好幾年靠自己過生活。因此，海員的女眷向來都必須努力自己生活。她們可能會從事某種支薪工作，或是請求海軍或民間船東將男性親屬的欠薪交給她們，甚或是讓男眷在出海之前先把代理權交給她們。常常出海的男人受到社群與家庭壓力，必須配合這種女性的權宜之計。水手在性方面的忠誠在遠方的港口可能會動搖，但以設法養活家中女眷來說，他們不可以太過不負責任。否則，透過丈夫而跟如此危險的行業相連的女人，要怎麼活下去？伊莉莎白．馬許在地理上、社會上與文化上，都已經距離朴茨茅斯很遠很遠。但是，一七七七年之後，在孟加拉面對著詹姆斯．克里斯普和她自己潛在的經濟風險時，她的回應方式卻是受到這種女人採取主動，為自己做出改變的海員傳統影響。[39]

一七七六年一月，她的母親老伊莉莎白．馬許在查坦去世（談到此事時，這家人的現存信件中雖然流露出了悲傷，但對這名過世的女子卻沒有著墨更多）。[40]，伊莉莎白在這一年七月返回達卡之後，才得知母親過世的消息，而她在這個階段也沒有嘗試返回不列顛安慰父親，或是去給母親掃墓。一七七六年七月之後，以及一七七七年的大多數時間，她似乎一直留在達卡。詹姆斯．克里斯普有時在家，有時出門做生意；她有機會思索兩人的處境，思索那些定期從不列顛與西班牙花六個月寄來的家書。接下來幾個月，她從信中得知父親在追求另一名比較年輕的女子，最後知道他再婚了。米爾伯恩．馬許再度找了個有錢的新娘，在一七七六年十二月娶了一位有身分、有財產的寡婦，名叫凱薩琳．索恩（Katherine Soan）。他娶新妻可能是為了能有個人照顧自己，因為伊莉莎白收到的家書告訴她，米爾伯恩的身體也漸漸不行了：「他的健康每況愈下」。[41] 伊莉莎白之所以下定決心，搭船從孟加拉返回不列顛，反而不是因為母親的離世，而是因為家中這兩個新發展——父親的再婚以及健康狀況的惡化。她回到達卡跟詹姆斯．克里斯普團圓不過一年，如今她決定再度在沒有他的情況下啟程。

伊莉莎白．馬許之所以決定再進行一次漫長的航海——她可能是用約翰娜．羅斯的遺贈來支付費用——是受到他們家對於女人與金錢的典型航海人心態的影響。馬許家族早已習慣海上的工作、危險與機動性，代代成員都展現出為族中女性提供若干獨立收入來源的承諾。男人在遺囑中經常指名由妻子擔任唯一的遺囑執行人與繼承人。例如米爾伯恩．馬許的船工父親老喬治．馬許，他在一七五三年過世之後，名下的少少遺產全都留給了妻子，任命她為唯一的執行人，並且由另外兩名女子做見證。[42] 這家人堅持遵守航海人確保女性成員生存的規矩，其信念之強大，即便家族中有些成員不從事海上工作，也仍然展現出對於女性獨立的重視。因此，當伊莉莎白的大弟——陸軍軍官法蘭西斯．米爾伯恩．馬許，在一七八二年立遺囑把錢留給非婚生女兒的時候，他非常仔細指明這筆錢「僅為她一人獨立支配，不受她將來丈夫的債務、承諾所影響或控制」。[43] 基於同樣的道理，這家的男性將遺產分給婚生子女時，也很少按照傳統的長子繼承制。馬許家族的遺囑中反而常常出現「禍福與共」（share and share alike）這句成語。雖然不是全部，但馬許家中為人父親之人留給每個女兒的錢，金額常常都跟留給兒子的相同。

伊莉莎白・馬許很清楚這種家族策略，也琢磨過她父親再婚與身體欠佳的可能影響，自然會對父親未來遺囑中的安排感到焦慮。米爾伯恩・馬許過世後，會不會把全部或是大部分的遺產留給年輕的新妻凱薩琳？從他對於家人與家族傳統的深厚堅持來看，這不太可能發生。不過，米爾伯恩很可能根據馬許家的習慣，先為第二任妻子留下一筆可觀的遺產，剩餘的部分平分給三個孩子——法蘭西斯・米爾伯恩・馬許、約翰・馬許，以及他唯一的愛女伊莉莎白本人。倘若如此，理論上她將成為收穫甚豐的受益人。然而，任何這類給她的贈予也會理所當然落入丈夫的控制。這一回，有鑑於他正在孟加拉承受的壓力，以及戰事延燒造成的不良商業影響，詹姆斯・克里斯普有可能不願意放手這筆意外之財。

伊莉莎白・馬許擔心自己潛在的繼承遺產，倒不全是為了自己打算。無論米爾伯恩・馬許打算怎麼分配自己的錢，對她的兒子伯瑞許・克里斯普影響都不大：他非凡的語言能力，應該很快就會為他在東印度公司裡謀得文書一職——這是民事官職階梯的第一步。雖然伯瑞許可以自己照顧自己，但她的女兒伊莉莎白・瑪麗亞・克里斯普可就不是這樣了。一七七七年，伊莉莎白・瑪麗亞十三歲。自從五年前從印度回到不列顛以來，她都住在查坦，仰賴米爾伯恩的慈愛，接受所費不貲的女性教育。米爾伯恩一死，誰能照顧伊莉莎白．瑪麗亞，而她能去哪兒？要是詹姆斯．克里斯普的商業冒險又失敗了，那要怎麼幫她安排合適的嫁妝和丈夫呢？伊莉莎白．馬許心裡還有其他跟死亡有關的念頭。大多數從歐洲來到印度次大陸的人都會早死，而且常常是突然就死了。要是詹姆斯．克里斯普就這麼走了，她怎麼辦？此外，她本人如今已經四十多歲，之前也生過重病，要是她在不久後死了，那怎麼辦？到時候誰能照顧伊莉莎白．瑪麗亞？

在跨洲戰爭局勢下為這些問題尋求出路，將成為伊莉莎白．馬許餘生的考量。她在一七七七年尾或一七七八年初的某個時間點，從加爾各答啟程，並且即時抵達朴茨茅斯見到父親，和他做好安排。[44] 米爾伯恩．馬許死於一七七九年五月十七日，享壽六十九，他在死前幾個月簽字的新遺囑遵照家族傳統，對女眷照顧有加。他要求被葬在「我已故的愛妻的同一個墓……以和她相同的方式下葬」，但他也考慮到他的寡妻。由於新妻凱薩琳．馬許女士將無法續住在舒服的查坦補給官宿舍（畢竟這是海軍財產），米爾伯恩已經提前在附近的羅徹斯特（Rochester）買了一些房子和土地，確保她有穩定的收入。此外，他在遺囑中也讓凱薩琳可以從他所有的日用織品、瓷器、盤子與家用品，以及他「最好的家具」中挑選，外加七百英鎊永久公債的利息。他的長子法蘭西斯．米爾伯恩．馬許得到九百英鎊永久公債的利息，而約翰．馬許則不用歸還他先前欠父親的大筆債務。[45]

相形之下，伊莉莎白・馬許本人什麼都沒有拿到：但這正是她和父親共同計畫、合意的安排，畢竟任何直接留給她的錢，恐怕都會落到詹姆斯・克里斯普或是其債主手中。因此，就她的情況，米爾伯恩跳了一個世代。遺囑漏下伊莉莎白，但讓她的女兒伊莉莎白・瑪麗亞在年滿二十一歲時能繼承三百英鎊。如果伊莉莎白・瑪麗亞在二十一歲前就結婚了，米爾伯恩的遺囑執行人將根據指示，立即付給她「前述的三百英鎊信託金與所有附帶利息」。米爾伯恩・馬許在遺囑中為伊莉莎白的女兒所做的安排不止這些。當他的第二任妻子過世時，他遺贈給她的所有股票與地產，將根據馬許家男女「禍福與共」的傳統，平均分配給兩個兒子與孫女伊莉莎白・瑪麗亞。換句話說，伊莉莎白・馬許擔心的其中一件事——雖然不是她自己未來的保障——已經開始解決了。她成功幫女兒保住起碼的嫁妝，以及隨之而來的更多可能性。

遺囑是簡明版的自傳，在遺囑中濃縮說明的，不只是個人財產或貧窮程度，還有他們人生中最關心的事，他們的親友網，以及親近的界線。米爾伯恩・馬許遺囑中的沉默——除了孫女伊莉莎白・瑪麗亞之外，他略去了所有姓「克里斯普」的人——這份沈默其實是雄渾的證言，證實他對那位努力、不穩定，如今在地理空間上與性情上都很遙遠的女婿，缺乏信心與信任。相較之下，米爾伯恩遺囑的長度（四頁）及內容，則清楚表現出他這輩子有多麼成功。他在一七六五年之後在查坦擔任補給官，這份工作沒有挑戰性，對於一個仍然有創造力與精力的男人來說太像一份退休後的工作。即便如此，他還是為查坦的補給區設計、興建了一座新碼頭，蓋了一座七十二英呎長的倉庫，增建、改善了廠區內其他的辦公室，並且在戰爭爆發時，迅速組織起一個離岸防務系統。[46]工作上不用像以往那麼費心費力，意味著他能投入更多時間，為可觀的財富打好地基。一七二〇年代，他的母親從他父親的遺囑中得到的只有五先令。半個世紀後，米爾伯恩．馬許身後留下的投資與地產價值超過五千英鎊（以今日的購買力來說，接近五十萬英鎊）。他在戰爭結束之前過世，而這一點說起來也有點幸運。大不列顛與新生的美國及其歐陸盟友協議簽署了一七八三年的《巴黎和約》（Peace of Paris），梅諾卡回到西班牙的統治之下。番紅花島也被交接給西班牙，島上那些完好無缺、為了不時之需而興建的昂貴海軍新設施——米爾伯恩．馬許的創意結果與傑作——也一起移轉給西班牙。

多年來，為了自己僅有的女兒能夠幸福，米爾伯恩的付出可謂全面——他的付出，是伊莉莎白．馬許人生中的常數。為了回英格蘭就近照顧女兒，他在一七六五年犧牲了自己在番紅花島的工作。從她和詹姆斯．克里斯普的東佛羅里達事業相關法律文件，可以看出米爾伯恩有多麼常為他們做見證人，當然也是經常借錢給他們的人。[47]一七七〇年，伊莉莎白．馬許首度前往印度時，是米爾伯恩為她提供各種保險措施；一七七一年，為她兒子前往次大陸的孤獨航程出錢的人也是米爾伯恩；隔年，當伊莉莎白．瑪麗亞．克里斯普從次大陸返回不列顛之後，依舊是米爾伯恩在查坦把孫女拉拔大。伊莉莎白．馬許也常常求助於米爾伯恩在海軍中的關係人，在不同的港口與大陸靠這些關係引介自己，也透過他們免費或低價乘船。

但現在她的父親過世了。她的丈夫在地球另一端的孟加拉；戰爭把她和她最親密的兩名還在世的男性親人隔開。她的大弟法蘭西斯．米爾伯恩．馬許，如今在不列顛的第九十步兵團擔任少校。在家人心中，馬許少校是個「通情達理的人，也是個優秀學者」。他隨著自己的步兵團乘船前往背風群島（Leeward Islands，背風群島包括安地瓜島〔Antigua〕、聖基次島、蒙特塞拉特島〔Montserrat〕與尼維斯島〔Nevis〕），這趟遠征導致他死於一七八二年。[48] 她感情甚篤的小弟約翰．馬許同樣身陷戰爭中，只不過他是到世界上的另一個角落從事民事工作。自從一七六八年以來，他都在西班牙南部海岸，擔任不列顛駐馬拉加（Málaga）領事。他跟當時大部分的領事一樣，是靠完成商業職責以及親自從事貿易來籌措自己的薪水的。除了為來到此地的船與個人提供服務之外，領事也是職業包打聽，任務是從盡可能多的來源中抓住一點一滴的情報。甚至在戰爭正式爆發之前，約翰就已經進化成間諜和間諜頭子了。《獨立宣言》通過的六個月前，他便回報倫敦，提到美洲商船早已試圖在西班牙與法國外海「獨立進行他們的生意」，繞過不列顛國會通過的海事法。他也會定期與馬德里的不列顛大使館，以及直布羅陀當局通信，討論自己蒐集到的、有關西屬美洲、葡屬美洲發展的任何情報；他還在幾個重要的伊比利半島與法國口岸——塞維利亞、卡塔赫納與土倫，安排一連串間諜與告密者，幫他偷渡政治宣傳冊，偶爾還在運送秘密時也捎帶哲學書籍。因此，伊莉莎白・馬許的小弟才有辦法讓他的政界長官得知幾個歐陸大國準備參戰的進展，因而戲劇性地擴大了戰局。例如在一七七八年四月，「預計運往北美的大批戰備物資與四千名步兵」是如何從土倫出航；「塞維利亞與其他地方」的麵包師傅是怎麼「日以繼夜，製作航海口糧」，為西班牙海軍攻勢做準備；「攻城砲、沙包與用於搭建臨時防禦工事的常用設備」是如何在「加泰隆尼亞海岸預備」；以及荷蘭駐馬拉加領事是怎麼「以機密的方式」偷偷向他透露，海牙的國會也「下令準備三十艘戰艦」。[49]

直到西班牙在一七七九年七月正式對不列顛宣戰，約翰・馬許才被迫離開馬拉加。即便到了這時，他還是留在葡萄牙，蒐集了幾個月的情報；因此，他也無法在米爾伯恩・馬許甫過世時對自己的姐姐伸出援手。伊莉莎白・馬許於是找上另一位經歷戰局轉變的男性親人。她找上叔叔喬治・馬許。

＊＊＊

一七七六年以前，喬治・馬許在陸地上從來沒有出過南英格蘭，在海上也只有在英格蘭南部海岸搭過幾趟極短的船程。正是這種相對的靜止，讓他得以擔任家族歷史的守護者與編年史家。傳統上，這種家族檔案管理與記憶的角色通常是由女性擔任，畢竟她們較為受限的生活，使她們有時間能作為見證，可能也令她們有某種間接的渴望，想在過往的事件上留下印記、加以形塑。[50]

儘管喬治．馬許的保護罩，型態基本是男性的——處理海軍霸主的全球影響範圍，只不過是靠筆墨紙為之——這個保護罩還是讓他不必經歷他許多親人所體驗的動盪與大範圍旅程。

在陸地上安全而忙碌的他，就愛從伊比鳩魯派詩人盧克萊修（Lucretius）的《物性論》（*De Rerum Natura*）裡（錯）引個幾句：「看到一場船難，我們卻不用擔心害怕，令人高興。」喬治．馬許不懂拉丁文，無法準確翻譯，但其實原文更能完整涵蓋他的人生哲學：「站在岸上，看海面大風吹起巨浪，有人掙扎乘風破浪，是一件樂事」*。喬治在一個徹頭徹尾的海洋王朝中當個旱鴨子，「滿足地坐在舒服的椅子上，口袋裡滿滿的錢」——他喜歡這麼說。一七七六年之前，他只有一次考慮搭船前往海外。當時他還是個二十多歲，不上不下的海軍文書人員，曾短暫考慮過前往安地瓜工作，推動職涯發展。[51] 這趟冒險沒有真的實現，他留

---

* 編按：常見對這段話的引文，後面接著的是：「不是因為喜歡品嚐他人的困境，而是體會到自己正免於什麼樣的痛苦，因而感到快樂。」

在本國，安安穩穩，口袋滿滿。但如今，廣泛的戰爭爆發迫使他走出自己的舒適圈與習慣的姿態。

雖然喬治．馬許已經不再是艾格蒙勳爵在海軍部的秘書官了，但他的仕途仍然不斷往高處走。一七七二年，他成為海軍委員會的專任委員，這個機構對於建造、補給、修理皇家海軍的船艦和倉儲，以及管理國內與海外的海軍船塢負有全責。一年後，喬治成為海軍部書記官（Clerk of the Acts），是海軍委員會的第二號人物，年薪本薪超過八百三十英鎊。他的新職位需要在每當委員會開會時到場——一七七五年之後，委員會一星期有六天開會，ㄇ至少從早上十點開到傍晚：

書記官的特殊職責是接收、安排、登記、保管所有來自海軍部、財政部、以及各種海軍委員會通信中的命令與信件，準備回覆……對委員會所有的活動加以紀錄……根據海軍部或海軍委員會的命令下達進一步指示……給船隻和艦隊的設備、補給和倉儲……根據委員會協議事項的會議紀錄，規範所有船隻倉儲、以及租船的合同，簽訂合約並轉發副本……記錄所有由委員會起草提出的法案……檢核戰死者寡婦與孤兒撫恤金憑據，以及撫恤金之發放……製作名冊登記通過海軍軍官資格者的證書；發放證書予戰艦的艦長、副艦長與船務長，讓他們能收到薪水；接收、整理並存放各個軍官繳交的日記與航海日誌；檢查核實受僱調查木材情況的供應商之帳目。[52]

由於在戰爭的最高峰時，皇家海軍擁有三百一十艘船艦，其中包括超過一百艘戰列艦（編按：裝備有超過七十五門以上大砲的大戰艦），雇有十萬六千名海員，還有超過八萬人在海軍船塢工作，海外基地雇員人數更多，因此就算有好幾名文書協助，喬治・馬許的業務量仍舊無邊無際。[53] 他比他這輩子過往以來都更加辛苦地工作。

監督補給、軍需、會計、撫卹，以及處理與跨洋衝突有關的檔案，這些還只是他正在改變的經歷中的一部分。一七七六年二月，上級突然命令他前往漢堡，「恐怕是我這輩子最不愉快、最危險的一趟行程」。他和海軍委員會的同事約拿斯・韓維（Jonas Hanway）在漢堡停留到五月下旬，「克服許多困難與無止無盡的問題」。馬許後來把回程經過的四十座日耳曼、比利時與法國城鎮，寫進《家族資料集》（而且地名有拼錯），讀起來就像是一座笨重的鐘，一聲聲鳴響，見證著他有多麼不情願、多麼厭惡被迫踏上這趟旅途：「查稜道爾夫（Zarendorff）、奧斯納貝格（Osnaberg）、羅莎蒙特（Rosamond）、布爾坎（Burcan）、威肯道夫（Wickendorf）……哈勒（Halle）、采爾（Zell）、明斯特（Munster）」等等，接著經過漢諾威、魯汶、布魯塞爾、里爾與聖奧梅爾（St Omer），抵達加萊（Calais），然後乘船返國。[54]

對不列顛政府來說，這次任務相當成功。在這個階段，不列顛正忙著跟布倫瑞克—沃芬布特（Brunswick-Wolfenbüttel）、黑森—卡塞爾（Hesse-Cassel）、安斯巴哈—拜魯特（Ansbach-Bayreuth）等公國敲定條約，以便雇用額外的日耳曼部隊投入戰局。運送兵員、武器與補給到各個海外地點，已經占據了不列顛十三萬八千噸的船運量。喬治．馬許和同事在漢堡成功磋商，雇得額外的三萬四千噸船運量，將一萬七千名日耳曼士兵載往北美洲，「他們全都健康抵達」。[55] 然而，這一趟軍需任務雖然令人讚嘆他的專業精神，但喬治並不感到寬慰，因為他內心是同情美洲人的。

對此，他的私人文件表達得毫不含糊。他寫道，跟前殖民地作戰是「一件非常不愉快的事情」。身為職業公務人員，他不得對政策說三道四。何況他沒有祖傳財富，他也不準備因為亂說話而危及自己的生計：「那和我沒有關係。」他仍然堅守崗位，以毫不懈怠的高水準在文書紙筆上執行這場戰爭。但「作為個人」，他寫著，「我對這場戰爭感到遺憾，也對政府判定戰爭有其必要感到遺憾」。[56] 令他感到驚駭的，不只是這場戰爭本質上是同室操戈，或是節節上升的人命與金錢代價——由於職位使然，他每天上班都得記錄這些數字。他個人的性情與偏好也讓他傾向於同情美洲敵人。宗教方面，喬治．馬許是個虔誠的英國聖公會教徒，但個人風格上則是徹底的清教徒。白手起家的他，至今仍然容易因別人暗指他「出身多低，父母有多窮困」而受傷，他在心中隱藏著對美洲人的支持，或許也是因為美洲人拒斥世襲原則的緣故。即便在被任命為書記官時，他曾入宮謁見，當國王喬治三世與夏洛特皇后（Queen Charlotte）在一七七三年與一七七八年走訪朴茨茅斯視察海軍時，他也擔任隨員，但喬治在這個階段從來沒有寫下過熱情支持君主制的意見。後來他也沒有接受過王室宮廷的邀請：「我不是那種能盡可能利用情勢的料。」其實，他傾向於責怪國王堅持他接受書記官之職，「不過是一點空虛的榮譽」，但帶給他的卻是更為繁重的工作，薪水也不比他的前一個職位高。[57]

一幅在戰爭期間畫的肖像（他一生中委託過三幅肖像畫，這是其中的一幅），捕捉到喬治．馬許雖然身為公僕，但此時內心卻有種抽離，這種混合的自我看法。他挑選的畫家名叫班傑明．威爾森（Benjamin Wilson），曾經在班傑明．富蘭克林（Benjamin Franklin）於一七六〇年代造訪倫敦、力陳美洲殖民地追求的目標時，為他畫過肖像。就和曾自己做過電學實驗的富蘭克林一樣，威爾森也是一位狂熱的業餘科學家：這種對實驗與科學事物的興趣，或許是吸引喬治．馬許的部分原因。威爾森也和馬許有共同點，兩人都是拿不列顛俸祿的人（威爾森是軍需委員會〔Board of Ordnance〕的畫家），而且似乎都對反對派抱持同情。當然，威爾森曾經為若干反對這場戰爭、支持美洲人的不列顛反對派領袖畫過肖像，例如羅金漢侯爵（Marquess of Rockingham）。[58] 在他為喬治．馬許畫的肖像上，這位書記官呈站姿，穿著暗色調、合身剪裁的衣服，而且以五十歲來說仍然相當苗條，只有明顯的雙下巴告訴我們為何伊莉莎白·馬許的叔叔總是注意自己的體重與飲食。他看起來聰明，幹練，有力量，而且目光敏銳（確實他正是這樣的人）。他已經脫下了一隻皮革手套，正在脫另一隻。他的右手邊有紙張、帳本和羽毛筆。喬治·馬許正準備再度為喬治三世陛下處理急迫的海軍軍務，但畫布上卻沒有這名君主的徽記為證。

伊莉莎白·馬許的叔叔願意在一個薪水頗豐的高階職位上，繼續管理一場他完全不認同的戰爭，對她的利益與前景有關鍵的重要性：這確保了她終其一生，她和女兒都能收到他不時贈與的重要款項，也意味著即便父親已逝，她仍然有親人能幫她在皇家海軍船艦上安排便宜的臥鋪。這正是喬治·馬許在一七七九年十一月做的事——他在貨船「約克號」（*York*）上幫她和伊莉莎白·瑪麗亞留了位子，這艘在加勒比海地區打造的六百四十四噸船艦正要航向馬德拉斯。她倆不是船上僅有的女性。伊莉莎白·馬許的兩名印度奴隸「菲莉絲」與「瑪莉」陪她回來英格蘭，如今也隨她返回印度。她們看著伊莉莎白·馬許在馬德拉短暫下船，親自把叔叔的官方文書交給一名海軍軍官，做為免費乘船的部分代價。她們也幫忙伊莉莎白·馬許拆封她為一名克里斯普家姻親的珠寶生意帶到次大陸的鍛金屬。她們盯著約克號的十四門艦砲與十二門旋轉砲看——這些砲在此時是必要的火力配備，因為法國與西班牙作戰艦隊已加入美軍一方了（約克號指揮官貝奇諾〔Bechinoe〕上校曾經在十二月下旬目擊一艘西班牙護衛艦）。[59]

約克號選了一條能避免危險的航路，中途不時停下來等護衛艦來到，這意味著約克號這一程走了七個月以上的時間，但菲莉絲、瑪莉、伊莉莎白・瑪麗亞或伊莉莎白・馬許都不覺得有趕時間的理由。根據一七七二年在倫敦通過的薩默賽特判決（Somerset decision）*，強迫任何奴隸離開英格蘭屬於非法行為，人們也逐漸認定，奴隸制度不能、不該存在於英格蘭土地上。因此，東印度公司對於在一七七二年之後隨主人從次大陸來到不列顛的奴隸，傾向在他們停留於不列顛的期間用「僕人」一詞來稱呼他們。[60] 菲莉絲與瑪莉因旅居另一個海岸而短暫恢復自由身（至少在稱呼上如此），因此對她們來說，返回印度次大陸意味著重新回到奴隸身分。她們是在航行回到桎梏中。這一趟出航也牽涉到伊莉莎白・馬許自己變動的地位（雖然是比較優渥的地位）。東印度公司主管給予的書面許可，准許她再度出發前往次大陸，「准予〔她〕前去孟加拉與朋友相會，並帶著她的女兒……以及兩名黑人僕人……同行」。對伊莉莎白來說，其中的關鍵用詞是「**與朋友相會**」。在她的亞洲遊旅程中，她願意在途中處

* 編按：薩默賽特（Somerset, 1741-1772～）是一名西非人，八歲時被俘獲賣到美洲，由商人查爾斯・史都華（Charles Stewart）買下。一七六九年，薩默賽特隨史都華回到倫敦。兩年後，薩默賽特在霍本區的聖安德魯教堂受洗，並有三人成為他的教父母，受洗後他拒絕繼續為奴，離開了原主人史都華，但卻在當年底被綁架，送到牙買加賣掉。他的教父母為他上訴法庭。一七七二年，法院判決薩默賽特勝訴。這是奴役在不列顛逐漸被視為非法的重要里程碑。

理克里斯普的一些生意，但約克號的目的地是馬德拉斯，靠近喬治．史密斯上尉駐紮的地方。這艘船並非直接前往孟加拉；而且，雖然她選擇在戰爭時期，航海風險陡升的時候，再度冒險踏上一段跨洋的航程，但這不是出於婚姻的責任。公司許可證的措辭清楚表明，伊莉莎白．馬許不是去找詹姆斯．克里斯普。[61]

＊＊＊

她為了什麼要回去？眼下，戰爭的影響和反響範圍愈來愈廣，破壞了她丈夫賴以為繼的商業交易。身為一位從達卡出口紡織品到波斯灣地區的個體商人，一七七五年至一七七六年間波斯對巴斯拉的圍城與入侵想必讓詹姆斯．克里斯普損失慘重。巴斯拉堪比印度洋的利沃諾（Livorno），是東西貿易中轉地，阿拉伯、亞美尼亞、猶太、印度、葡萄牙、尼德蘭、希臘、威尼斯、法國與不列顛商人全都在巴斯拉的泥磚牆內、城內一百三十一座瞭望塔的庇護下做買賣。傳統上，巴斯拉是北印度紡織品進入鄂圖曼疆域的重要船口港。每年兩次，會有一支亞洲組織最完善的商隊載著紡織品與其他商品，從巴斯拉前往阿勒頗（Aleppo）——肥沃月彎地區第一大城，也是鄂圖曼帝國內僅次於伊斯坦堡與開羅的第三大城。據估計，一七七〇年代每年都有三千至三千五百捆北印度棉商品輸入巴斯拉，主要來自孟加拉，主要由不列顛船隻運來。波斯入侵巴斯拉，占領巴斯拉直至一七七九年，導致這個貿易幾乎完全中斷。[62]

美國獨立戰爭愈來愈演變成跨洲戰爭，對於詹姆斯·克里斯普和其他許多在孟加拉的歐洲與亞洲商人，影響更為嚴重。一七七六年之前，東印度公司本身的財政狀況就已倍感壓力了，如今又遭到戰爭打擊，戰爭也影響了在北印度地區取得現金與信貸愈發困難。大部分用公司船隻運往不列顛的茶葉、紡織品、香料、瓷器與奢侈家具，經常會再出口到世界上的其他地方，尤其是歐陸、加勒比海，以及北美十三殖民地。在一七七五年之後，以及整場戰爭期間，曾經的北美大陸殖民地居民沒有立場購買這些奢侈的再出口商品。更有甚者，在南方殖民地，戰爭也讓種植園主向不列顛奴隸船購買黑奴的數量大幅減少。這進一步損害了東印度公司，因為不列顛奴隸販子習慣購買大量的亞洲紡織品，作為在西非以物易物，交易被俘人類的媒介。隨著戰局擴大，美國私掠船愈來愈大膽，愈來愈兇狠致命，公司商品的加勒比海市場也損失慘重。法國、西班牙與荷蘭先後參戰，也讓情況雪上加霜。這些國家的敵對態勢，嚴重限縮公司進入西歐市場；接下來，歐洲軍隊與歐洲勢力撐腰的軍隊開始在南印度與印度洋開戰，使得公司把資源從商業轉向戰爭。[63] 甚至在一七七六年，孟加拉的不列顛商人間對「硬幣奇缺」，以及銀條流向中國的現象已有怨言。不到來年，信貸就已經變得更難取得，加爾各答的貿易額掉回僅比四十年前稍高一點。到了一七七九年，孟加拉紡織品的出口量與價值雙雙暴跌。[64]

London Pub. by Willm. Holland, Cockspur Street.
MONEY LENDERS in CALCUTTA!
Of Mr. Holland may be had a number of other East and West India Caricatures.

加爾各答的放款人。來到次大陸的歐洲人很容易就會仰賴本地的資本與信貸，而這也解釋了圖上何以會出現令人不舒服的種族歧視。（圖片來源：The Lewis Walpole Library, Yale University）

詹姆斯·克里斯普面對這一連串的打擊時，最初的回應是他一貫的積極攻勢。他「把生意拓展到毀了自己，也毀了其他與他有關的人」，喬治·馬許如是說——語氣中充滿挑剔的滿足，因為情勢的發展證明他當初的警告是對的。[65] 先把喬治·馬許的偏見擱一邊，克里斯普在這個存亡關頭確實卯足了勁，組織起一群債權人與合夥人的聯盟，也周轉一批借款，或許能讓他度過難關。他的合夥人亨利·洛奇如今身為達卡的行政區委員會成員，有一定的影響力。有些我們知道的克里斯普的生意夥伴被選入這個聯盟，是因為他們位居潛在的有利位置，可以給他幫助。比方達卡海關徵稅官（Collector of Customs）的助手威廉·卡托（William Cator），說得一口流利波斯語（克里斯普則沒有這個能力），跟加爾各答一間放款給貿易商的代理行也有親戚關係。我們知道克里斯普已經試圖向個人尋求借款。他以具保方式向約翰娜·羅斯借了超過一萬八千盧比，而且在她死後拒不還款。假如他沒有向本地商人與金融業者商借鉅款，那才教人不可置信。[66]

但到了一七七八年底，克里斯普的事業也局勢危殆。甚至危急到他開始纏上東印度公司，宣稱公司還積欠自己擔任鹽務代理時的開銷。「這在我們看來非常離奇」，華倫·黑斯廷斯用冰冷的文字回覆其中的一次要求，「假如克里斯普先生真有這種權利，他怎麼可能忘這麼久呢？」[67] 這種自取其辱的舉動——以一種成功機率微乎其微的方式，向先前辭退他的公司提出要求，證明了克里斯普此時正承受著多麼高的壓力，他的債務不斷累積，商業手段一個接著一個失敗。到了一七七九年中期，苦澀、恐懼，與他在半空的達卡家中那一箱箱的波特酒與馬德拉紅酒，已經「摧毀了他的健康與精神」。[68] 他的妻子不僅不在家，甚至正在積極預謀，確保自己的丈夫不會從米爾伯恩．馬許的遺囑中拿到錢。即便是在她父親過世後，伊莉莎白．馬許也沒有表現出渴望返回達卡的態度，反而在喬治．馬許如今在布萊克希斯（Blackheath，位在泰晤士河南岸）租的漂亮房子裡停留了好幾個月。因此，在她的丈夫生病和失敗的這段時間，被找去處理他的事務的人，是兩人的兒子。

一七七八年初，當時未滿十六歲的伯瑞許．克里斯普，已經在東印度公司中獲得文書職，在二十一名新晉人員中位列第三。[69] 他的早慧與勤勉立刻吸引到華倫．黑斯廷斯的注意（黑斯廷斯已經認識到伯瑞許的語言能力），一七七九年六月，伯瑞許受召前往加爾各答的威廉堡（Fort William）。有一群青年才俊在當地工作，為了東印度公司將來的統治，將印度與波斯法律、行政文件翻譯為英文，黑斯廷斯很可能打算延攬伯瑞許．克里斯普參與這項事業。也就是說，伯瑞許必須犧牲這個仕途上的機會，在八月時請求允許他離開加爾各答，到達卡任職，以便就近照顧父親。[70] 詹姆斯．克里斯普「生病時」，身邊只有本地僕人照顧他，付錢給這些本地僕人的人是伯瑞許。克里斯普過世後，協助亨利．洛奇處理其身後事的，也是伯瑞許。克里斯普的死可能發生在十月下旬，或是十一月，因為洛奇收到批准他管理克里斯普地產的行政文書的時間，是一七七九年十二月二十三日。[71]

精確的日期之所以無從得知，是因為詹姆斯．克里斯普留下的一切，包括他的記憶在內，都被有系統地拆散、抹殺了。由於死時未留下遺囑，他所有的財產都在一七八〇三月上旬送去拍賣。[72] 達卡的房子和家具賣掉了。家裡那些文化上兼容並蓄的消費性商品——在文化的一邊是果凍杯、麵包和奶油餐碟，另一邊是克里斯普家的四把孔雀羽毛扇——也都賣掉了，買下羽毛扇的是一名亞洲投標者，他還買了另外十九件商品。詹姆斯．克里斯普的絲質西裝、花邊襯衫和棉質內衣也全部出清。他的金錶和錶鍊也賣了，甚至他的刮鬍用具盒（裡頭有剃刀、磨刀石、肥皂盒和「幾條髮辮」）整套只賣了七盧比。這些和那些零零總總送去拍賣的東西——例如伯瑞許的嬰兒裝，或是伊莉莎白．馬許的騎馬裝與襯裙——給人留下的整體強烈印象，就是這家人急於變現，同時也急著拋開所有會讓他們想起過去的東西。他們需錢孔急。光是支付積欠詹姆斯．克里斯普在達卡僕人的薪水，分兩期將超過一萬八千盧比的金額歸還給約翰娜．羅斯的遺產，就耗盡了拍賣所得，甚至還不夠。把達卡的房子搜過最後一遍之後，找到七百二十盧比，這似乎就是克里斯普死前擁有的所有流動資本。拿這七百二十盧比，並且不付錢給克里斯普的男性債主，這家人算是在紙面上打平了他最後的收支。[73]

這件事突顯出伊莉莎白．馬許婚姻的結束，而且遠遠不只是有形的方面。當她安排搭乘約克號出發時（當時她可能還不知道詹姆斯．克里斯普已經病入膏肓），似乎也沒打算過要返回達卡與他同住。等到一七八〇年六月她在馬德拉斯下船時，她的先夫已經死了六個多月，兩人在次大陸共同生活的所有世俗物品都已經四散。在她心裡，詹姆斯．克里斯普很明顯失敗了，沒能承擔起自己的責任，這從她的航海人背景來看似乎是一種應該受到指責的失敗。馬許家的男人都會在他們的遺囑裡照顧女眷，也預期會為女眷的生活做好可靠的準備。但克里斯普沒有留下遺囑，第二度拋下她，一文不名。他們的房子跟財產又一次沒了，連「有銀蓋子的調味品架」也沒了。

〈破產者在市政廳王座法院內於債主面前接受審查〉（'Examination of a bankrupt before his creditors in the Court of King's Bench, Guildhall），奧古斯都．查理．普金（Augustus Charles Pugin）與湯瑪斯．羅蘭森繪。（典藏於：*Guildhall Library, City of London*；圖片來源：Wikimedia Commons）

如果伊莉莎白．馬許對自己各種在婚姻義務上的過失，心裡曾經有過疙瘩，這時可能都一掃而空了。就算詹姆斯．克里斯普的倒楣債主有在達卡留下他的任何文件，她或她的孩子們大概也沒有心思去保存。他的名字甚至沒有出現在伊莉莎白．馬許的墓碑上。伯瑞許．克里斯普在拍賣會上只買得起一件（或是選擇只買一件）家裡的財物，是個銀杯，很可能是一個受洗禮物。他為父親的葬禮支付了一百七十二盧比，大約十七英鎊。如果詹姆斯．克里斯普是葬在達卡，如果曾經有過為他而立的墓碑，如今也已經消失了。[74]

＊　＊　＊

等到伊莉莎白．馬許與伊莉莎白．瑪麗亞終於從馬德拉斯返抵孟加拉，兩人便避居到胡格利（Hooghly），住進伯瑞許為她們準備的小房子。胡格利是個遺忘之地，是個鴉片製造中心，有部隊駐防，地勢多水，位於加爾各答西北二十五英哩處，而且相對便宜。喬治．馬許得知，兩名女子「在那兒快樂生活在一起」，伯瑞許照料她們的生活開銷，而且只要他有機會從公司在達卡的職務中抽身，就會去看她們。[75] 雖然他們三人如今感受到起碼的安全感，成功驅除原本一家四口中那位消失的成員所留下的記憶，但他們距離站穩腳跟仍然很遠。伯瑞許．克里斯普的公司收入，加上他自己經商賺的錢，確實夠他支應母親與妹妹的生活。但他畢竟才剛當上文書，又是個貿易新手，奮力抗衡著猖獗蔓延的戰事對商業造成的反響，他實在沒有能力將伊莉莎白．瑪麗亞從米爾伯恩．馬許那兒繼承來的微薄遺產，增加擴大為理想情況中她需要的殷實嫁妝。

由於加爾各答的年輕單身白人女性非常稀少，伊莉莎白．瑪麗亞（她在一七八〇年時年方十六歲）不可能缺少男性的注意，何況她還遺傳到雙親的好看外表，以及母親的音樂細胞。喬治．馬許的獨生女在十多歲時死於肺結核，他因此對伊莉莎白．瑪麗亞疼愛有加，藉此寬慰自己的喪女之痛。他在《家族資料集》中對伊莉莎白．瑪麗亞的描述是「接受良好教育，談吐不俗，非常漂亮」。[76] 她是一位「脾氣最好，落落大方的年輕小姐」——國會議員兼政治哲學家埃德蒙．伯克後來向幾位貴族友人推薦她的時候，是這麼說的。一八〇〇年，印度－波斯旅行家阿布．塔里布．汗*在愛爾蘭遇見伊莉莎白．瑪麗亞的時候，她已經邁入中年。他後來在書中讚美她「與眾不同……性格溫和，舉止優雅，擅長音樂，嗓音甜美」。這優雅、隨和的表面，是一種自我展現與自我隱藏的模式，一開始是受到不利的處境與匱乏的影響而生，但在這表面的背後，卻有著「不尋常的敏銳」，甚至堪稱強而有力的個性。[77] 但是，這些特質都不足以化解她在詹姆斯．克里斯普毀滅之後面對的困境——以及伊莉莎白．馬許代替女兒面對的困境。

有幾期《希奇氏孟加拉公報》（*Hicky's Bengal Gazette*）清楚指出伊莉莎白．瑪麗亞遭遇的困境的本質。《希奇氏孟加拉公報》是一份低俗的週報，由曾任外科醫生的詹姆斯・奧古斯都・希奇（James Augustus Hicky）在加爾各答發行。希奇用自家報紙版面揭發、曝光孟加拉「歐裔」社群中的名人，最後在一七八二年被華倫・黑斯廷斯勒令關閉。希奇留了版面給伊莉莎白・瑪麗亞・克里斯普的美貌與社交影響力，以刺探、洩漏她的困境為樂。他發表了許多由她眾多追求者投稿給報社的爛詩，甚至是不雅的渾詩：

> 快把酒瓶拿來啊，我的錢啊讓我們輕快些吧，
> 咱們來為這位讓印度土地增添光輝的好姑娘乾一杯。
> 敬這位沒對象、漂亮的克XX普小姐一杯
> 所有的美人和她一相比，也只能做個陪襯。

畢竟，主角是一位相當窮困、缺乏保護的年輕女子，沒有方法對他還擊：

---

* 編按：阿布・塔里布・汗（Abu Talib Khan, 1952-1805/6），是一位北印度的收稅官和行政官。一七九九年他在英國東印度公司官員理查森（David Thomas Richardson）的邀請之下，與因病要回倫敦就醫的理查森同行至倫敦，隨後展開他在英國、歐洲、小亞細亞的旅遊。後將經歷寫成遊記《塔利布亞非歐遊記》（*Masir Talib fi Bilad Afranji*）。

天啊，我多麼渴望結婚啊，
也真想坐在自己的馬車裡被拉走！

希奇在報上說，每當克里斯普小姐履行職責般地參加加爾各答一輪又一輪的舞會與晚宴，有時候由母親、有時候由兄長陪同，但到達和離開時總是乘坐別人的交通工具，她內心想必總是這麼想。不過，就連希奇都注意到，伊莉莎白．瑪麗亞有多麼努力謹慎保持社交距離和規矩，也注意到她那壓抑的焦慮感：「克ＸＸ普小姐」，他報導她在一七八二年一場假面舞會上的表現，「穿著一襲喬治時代的服裝，名為**自尊自重**。」[78]

伊莉莎白．瑪麗亞．克里斯普的任務是辨別和確保住一位適合的男性，此人必須夠富裕，能把她從胡格利拯救出來，讓她免於她母親曾經歷過的不安全感，而且還要願意娶她——一名出身條件不算太好，幾乎沒有經濟資源的女子。更有甚者，她還必須在旁人的嚴密審視下完成這個任務，不能因為舉止似乎顯得急躁，而讓自家早已毀譽參半的名聲更加複雜，何況還是在加爾各答這樣的地方——儘管加爾各答是如此巨大，人口眾多，有些建築富麗宏偉，又有無邊無際、分配不均的財富，但這兒仍然是個邊境城鎮。女性的貞潔與安全（無論自視為白人的女性，或是非白人女性）在非比尋常的無情壓力下，都可能非常脆弱。

在這種處境中為女兒獲得一個合適的伴侶，成了伊莉莎白．馬許的倒數第二項試煉苦旅。當惡化的健康、有限的資金、寡婦身分與戰爭，限縮了她的移動自由與選擇時，就屬這件事益發在她心頭揮之不去。對於一段徹徹底底前無古人、大膽冒險、奧德賽般的旅程來說，這個結局似乎很陳腐，而且無可救藥地居家。不過，馬許的行動與規劃通常是由基本的生存動力，以及一股想要改變、加強自身處境的渴望所共同驅動。讓她那位仍然無以自給的孩子安頓下來，算是這些目標的延續，而不是偏離——而由於這個孩子是女兒，一樁好婚姻是唯一的方法。然而，這個計畫後來的發展，卻並不完全走向居家的方向。幫伊莉莎白．瑪麗亞找好丈夫，可說是伊莉莎白．馬許人生的最後一集——在這一集中，她個人的際遇、家族的企圖心，跟公眾的事件、和一個個顯然使用多種語言的演員們，交織在了一起。

喬治．謝伊（George Shee）——最後與伊莉莎白．瑪麗亞成婚的這個男人——於一七五四年，生於西愛爾蘭梅奧郡卡斯爾巴（Castlebar, County Mayo）。他是某個天主教小地主的長子，母親是埃德蒙．伯克的親戚。由於伯克的影響力，謝伊在一七七〇年成為東印度公司的文書，一開始是在孟買工作。伯克很喜歡這位年輕人，不嫌麻煩地定期從倫敦寄一包又一包的書給他，鼓勵他發展政治新聞生涯。[79] 因此，當謝伊在一七七六年九月搬到孟加拉時（一七七六年正是詹姆斯．克里斯普最後一個完整擔任鹽務代理的年度），他跟自己未來新娘的家庭已經是不同的水平。他們家有地主背景，他本人又是東印度公司的正式雇員，人人都認為他將平步青雲，加爾各答的「第一流人家都很喜歡他，熱情接待他」。他似乎也有閒錢可供支配。「他目前的心思」，謝伊抵達孟加拉之後，一名友人如是說，「分配給了軍事倉儲管理、音樂，還有騎印度最好的駿馬馳騁。」謝伊還熱衷於政治論辯與結黨。他投身於「不列顛在東方的利益」（而不認為這有什麼不對），他喜歡認為自己也是在照顧孟加拉「一千六百萬（不列顛）……子民的安全與幸福」。他後來將會主張，任何人若詆毀蒙兀兒帝國在孟加拉與次大陸其他地方的成就，都錯得離譜：

這種批評……我輕輕鬆鬆就能打發。每當我們（東印度公司）從某個穆罕默德追隨者的政府那兒繼受土地，都會發現當地人口眾多而富庶。而每一次我們（在次大陸上）得到領土，我們擁有這些土地的時間，就標誌著當地衰落的過程。80

影響了喬治．謝伊，使他抱持這種論證和觀點的人，多半是加爾各答的菲利浦．法蘭西斯（Philip Francis，一七四〇年至一八一八年）。這兩人一開始會吸引彼此，是因為他們都是愛爾蘭人，接著則是他們對埃德蒙．伯克共同的崇拜。他們對政治有相同的愛好，只不過兩人分別是在非常不同的專業層次上，也是在完全不同的權力地位上關心政治。菲利浦．法蘭西斯比謝伊年長十四歲，是個在外交、政府官僚體系中有經驗的都柏林人，而且健筆不饒人。一七七三年，他被任命為加爾各答新任最高委員會的五人成員之一，而他一到當地，馬上就成了在公司裡抨擊華倫·黑斯廷斯最烈、威脅最大的人物。法蘭西斯學問淵博，天生善於辯論，是一位罕見地融合了勃勃的野心與堅定的激進思想（這兩種特點最終互相矛盾而自我挫敗）的政治人物。在他的整個職涯中，他支持美國獨立、廢除奴隸貿易，以及法國大革命——由此看來，他是在相當廣闊的地理範圍中思考。[81] 例如，法蘭西斯認為，不列顛在美洲殖民地遭遇的一些問題（他在那兒有土地），跟東印度公司在地球彼端統治的失敗與不義之間有著明顯的類似處。他在《獨立宣言》發表幾星期之後寫下：「失去美洲」，從這裡可以看出，他在當時就預料美洲**已經**失去了，「不過是失去孟加拉的前兆。」[82]

菲利浦·法蘭西斯是一隻梭巡的政治鯊魚，相比之下喬治·謝伊是一條熱切、青澀的小雜魚，菲利浦·法蘭西斯很快就把這名年輕人當成自己在加爾各答的「家庭成員」，享受並促成他的魯莽（「你這個激烈的紳士」），在公司中舉薦他，也利用他的崇拜。[83] 法蘭西斯前往孟加拉之前，曾經在自己的備忘錄裡提到，要緊的是：

> 鼓勵年輕人來找我，我可以從他們身上得知當前對於人事物的輿論。他們的開放態度，將遠遠補其判斷力之不足。

在加爾各答，他跟謝伊合作推動政治計畫與新聞事業。兩人似乎還會一起追求女人與逸樂：「你跟我都同意」，法蘭西斯有一回寫道，「……除了我們的感官覺受，沒有什麼是可以確定的。」[84] 多少也是因為這段和孟加拉最強的政治演員之一令人醉心的不平等友誼之故，喬治．謝伊——這個前景看好、有企圖心、關係良好，而且絕對有資格結上更好的親事的喬治．謝伊——才會成為伊莉莎白．馬許能夠安穩抓住的女婿。

＊＊＊

一七七八年十二月八日星期二，大約晚上十點三十分左右，名叫「米倫」（Meerun）的男子看見「一件奇怪的東西」——一把特殊的梯子，架在加爾各答一個時髦街區中一幢紅色房子的院子外牆上。他把這件事告訴「賈馬達」（*jemadar*），也就是大宅子的管家。正當兩人端詳這個「內有活動階梯」的竹製裝置時，他們注意到有個穿著黑衣的高個兒從房裡溜出來。賈馬達「從他的身形、面孔與膚色」認出他是「委員法蘭西斯先生」，是他的雇主——東印度公司瑞士法語裔職員喬治．格蘭德（George Grand）——的朋友。賈馬達還知道，格蘭德不在屋裡，而是去了俱樂部，而他十六歲的妻子凱薩琳則一個人留在自己房裡。「把東西給我」，米倫記得法蘭西斯用印度斯坦語說，因為這兩名印度人現在正抓著那把梯子：「我給你們錢。我會讓你們飛黃騰達。」[85]

但兩人反而追著他，進了房子，「追到房子裡可以連到樓上的地方，那兒有盞燈，和一座樓梯」。法蘭西斯繼續把硬幣塞給這兩人，就連在黑暗中，他們都能從「清脆的聲響」聽出他給的是金質的「封蠟幣」(*mohurs*)，不是盧比。他們把他按在椅子上，賈馬達把他的「手按在椅子扶手上，不讓他掙脫」。凱薩琳．格蘭德下樓，命僕人把法蘭西斯放了，但賈馬達拒絕：「我不聽妳的」，他告訴她。「妳可以回房去。」賈馬達派米倫去接喬治．格蘭德回來。米倫離開時，兩名歐洲人破門而入。其中之一是喬治．謝伊。他把賈馬達摔在地上，自己卻被另一名印度僕人敏捷地壓在地上。混亂之中，菲利浦．法蘭西斯脫身了，但謝伊則被人抓住，綁在椅子上。在喬治．格蘭德回家看到這番場面之前，他們絕不會放他走。

這些事件在加爾各答，有好幾個月的時間成為菲利浦．法蘭西斯口中抱怨的「這被詛咒的地方的喧囂吵鬧聲」。[86] 對伊莉莎白．馬許和她的女兒來說，發生在一七七八年十二月八日晚上的這件事，很能解釋為什麼她們會覺得在這座城市覓一個丈夫，是一件微妙脆弱、冒著危險的事；也解釋了伊莉莎白．瑪麗亞．克里斯普這麼一位未婚、處境困難的年輕女子，在冒險進入加爾各答歐裔上流社會時，何以會覺得有必要處處警戒，展現「自尊自重」的藝術。喬治．格蘭德隨後一狀告上加爾各答最高法院，無論是印度當地還是歐裔的證人，都同意菲利浦．法蘭西斯受到凱薩琳．格蘭德吸引已久，很明顯地對她關注。但是，沒有決定性的證據能證明她本人曉得「或是事先同意」法蘭西斯的違法夜訪，而這違法夜訪「無論出於何故，不太可能是為了通姦」。只是，即便無法證明她合謀，結果仍然不出所料。喬治·格蘭德立刻與妻子離婚。[87]

伊莉莎白·瑪麗亞·克里斯普在兩年後進入加爾各答社交圈。從幾個重要的角度來看，凱薩琳·格蘭德在一七七八年的處境，跟伊莉莎白·瑪麗亞在一七八〇的情況相當類似。兩名女子都非常年輕，有魅力。兩人都遭受各種有形的、文化的失根——凱薩琳·格蘭德是法裔雙親在南印度的某個丹麥聚落（特蘭奎巴〔Tranquebar〕）生下的孩子，跟法裔瑞士人喬治·格蘭德結婚後，遷到不列顛人掌控的加爾各答。而且，兩名女子都很容易受到傷害：伊莉莎白·瑪麗亞是因為沒有父親，沒有錢，出身一個家道中落的失序家庭；凱薩琳·格蘭德則是因為她是一名法裔天主教徒，生活在不列顛控制的領域（此時不列顛與法國正打著一場洲際戰爭），又嫁給了一位比她年長，似乎反覆無常、性情暴戾的男人。[88] 菲利浦·法蘭西斯的獵豔之舉，以及喬治·格蘭德後來肆無忌憚的回應方式，導致自己的妻子「名聲完全毀了」，在別無選擇下只能在未來同意成為法蘭西斯的情婦。這事顯示，對於弱小、缺乏適當保護的人來說，即便別人視他們為歐洲人，他們也自視為歐洲人，甚至住在好房子裡，加爾各答仍然可以是個危險的地方。這些事也點明了當時的加爾各答依舊是個邊地城鎮。[89]

菲利浦·法蘭西斯認為自己在加爾各答可以如此行為，和他本人在倫敦時通常呈現自己的模樣，兩者之間的反差，突出了加爾各答的邊疆特性。法蘭西斯就像大多數美洲前殖民地的革命份子，以及許多未來的法國革命份子一樣，他無論是在不列顛、還是印度的政治中，都把一種推廣自由解放的抽象承諾，與激進的改變結合在一起，同時相信女性必須是特殊例外。身為孟德斯鳩與盧梭的門徒，他理所當然認為自由、良善治理的社會「需要女性擔當一種特殊的重力」。「假如有那麼一天，倫敦街頭再也沒有妓女」，法蘭西斯後來在一組他想要寄給兒子的觀察意見中說，「我敢保證，這將會是整體女性淪落的象徵，也是帝國傾頽的前奏。」在他看來，妓女是必要的宣洩出口，讓莊重的女子得以保持清白與道德：「我們要犧牲少數，拯救多數」。捍衛莊重女子們的貞節，不只於公眾有益，也於政治有益——至少在幾個得天獨厚的地方來說是如此——畢竟「若是哪兒沒有婦德，那兒馬上就跟著會沒有夫德」。[90]

因此，法蘭西斯在一七七四年離開倫敦時，對妻子耳提面命，規定她的行為舉止，以及如何適當撫育兩人的女兒們，指定她們該讀哪些書，適合看哪些戲劇，以及理想上她們只該跟少數幾個人交往：「要把女兒們教出嚴肅、得體、矜持的儀態」，他堅持。「我討厭女孩子撒野。」然而，他一啟程前往孟加拉，就大大解放，寫信告訴男性友人自己渴望「掌控船上一半的美人」，猴急地想擺脫「對人生中這件必不可少之事物的匱乏狀態」。[91] 這種飢渴的性亢奮，已經超越偽善的程度，同時又跟他的好辯風格與政治信念相連結，在他抵達加爾各答時也就更加無限制地宣洩，對象不只是一些本地女性，還有（就像他在船上時）某些歐裔女性。凱薩琳・格蘭德原本莊重可敬，是他在東印度公司一位同僚太過年輕的妻子。但他沒有因此止步。

那些職責所在，一開始阻止了菲利浦・法蘭西斯對凱薩琳・格蘭德的追求，過程中又抓到喬治・謝伊，迫使他暫時離開加爾各答上流社會，從而成為伊莉莎白・馬許的女兒結婚對象的人，是勞工階級的印度人。正是喬治・格蘭德的幾名家僕，確保謝伊在試圖放走自己的友人兼保護人時「被抓，按倒在地」——格蘭德稱讚他們是拉者之子（Rajputs，一種傳統戰士群體）。事情發生後，謝伊立刻聽從法蘭西斯的指示，火速離開加爾各答，免得被找去最高法院作證；協助追查他的下落，把他帶回來的人，則是「加爾各答治安官手下的一名雜役（peon）」。根據東印度公司的紀錄，他叫「沙克・杜爾納」（Shaike Doornah）。杜爾納與其他官員終於發現謝伊這位愛爾蘭人躲在昌德納哥（Chandernagore）的一間房子裡。[92] 謝伊之所以採取這種下下策，是因為這場不名譽的性鬧劇，正發展為嚴重的政治醜聞。華倫・黑斯廷斯確保菲利浦・法蘭西斯的難堪行為經常在加爾各答最高法院中討論，還把事情發展詳盡通知公司在倫敦的董事。一七七九年二月八日，加爾各答最高法院開庭時，格蘭德有一連串的本地僕人具名作證，講述他們在十二月八日晚上的故事——包括「奇姆賈」（*kitmutgar*，桌邊陪侍）米倫、賈馬達（他識字，是所有人中唯一能為證詞簽名的人），以及凱薩琳・格蘭

菲利浦·法蘭西斯。詹姆斯·薩耶斯（James Sayers）蝕刻，1788年。
（圖片來源：The Lewis Walpole Library, Yale University）

德的混血侍女安．拉古達（Anne Lagoorda）。[93]

從一七七八年末至一七七九年初，這些印度人的行動與證詞在加爾各答迴盪著，影響了許多人，而不只是伊莉莎白．馬許，這位身體日漸衰落、住在胡格利、帶著一名未婚女兒的寡婦。一七七九年三月五日，最高法院判決菲利浦．法蘭西斯與他人的妻子「非法交談」有罪，科以五萬盧比（大約五千英鎊）的罰金。這起事件削弱了他在加爾各答的政治勢力，他與華倫．黑斯廷斯的關係也更形惡化，於是他在一七八〇年十二月返回不列顛。身敗名裂的凱薩琳．格蘭德此時早已離開孟加拉，前往法國，最後成為拿破崙的外交部長——夏爾．莫里斯．德．塔列朗（Charles Maurice de Talleyrand）的妻子，至於喬治．格蘭德則是到好望角為荷蘭人工作到他職業生涯的最後。[94] 但就伊莉莎白．馬許和她女兒來說，這起醜聞對喬治．謝伊造成的衝擊才是最重要的，局面整個改觀了。謝伊被強制帶回加爾各答，一連串印度證人早已描繪並譴責他的行為，謝伊必須到城裡的最高法院出庭作證。他坦承菲利浦．法蘭西斯事先告訴過他「進去格蘭德先生家」的計畫。他也承認曾經收到、保管法蘭西斯在一七七八年十二月八日晚上為了隱藏行蹤而穿的黑色衣物。他甚至向庭上描述他那有權勢的友人，是如何告訴他「如果我能幫他訂製一個梯子，他會認為我給了他非常特別的一個幫助」。於是一名「黑人木工」就在喬治．謝伊的房子裡打造了那座裝置——米倫口中的「奇怪的東西」。一名與謝伊相識的公司職員後來寫道：「謝伊先生……狼狽得很，首席法官表示他的行為有違紳士的品格，應予譴責。」[95]

結果，喬治・謝伊也被迫到外地避風頭。多少算是為了還人情，菲利浦・法蘭西斯幫他在法路卡巴德（Ferruckabad，亦作Farrukhabad），「一座位於恆河西岸的城市，在德里南方不遠處」，弄到一個駐地稅官的位子。這個職位使謝伊可以靠自己的本薪和所做的生意賺進不少錢，卻又能暫時讓他脫離加爾各答的時髦圈子，和拉幫結黨的公司政治。「現在」，法蘭西斯建議他，「正是你韜光養晦的時候。」[96] 謝伊似乎直到一七八二年初才回到加爾各答，而幾乎是他一回來，《希奇氏孟加拉公報》就開始報導他在追求伊莉莎白・馬許的女兒：

為歌頌〔伊莉莎白〕瑪麗亞我能寫首什麼樣的歌，
願謬思女神助我一臂之力；
因瑪麗亞的形體凝聚了所有優雅，
展現了所有完美。
在她胸中懷著美善德行、甜美靈魂，
閃耀著智慧、決斷與得體；
沒有需要勞心的虛榮，沒有需要掌控的激情。
一切都如此寧靜而神聖。[97]

伊莉莎白．馬許和女兒與謝伊最初的相識，就像許多其他事情一樣，是一位親戚牽線的緣故。如今，伊莉莎白．馬許的小弟約翰．馬許已經調任到科克擔任新的政府職位。科克是愛爾蘭西南部的大港，他在此監督、運送不列顛與盟國部隊在北美洲與加勒比海的補給。雖然約翰．馬許在這場對美國的戰爭中只是個小小齒輪，但他效率奇高，而且任上完全沒有貪腐行為，埃德蒙．伯克因此注意到他，也很快對他刮目相看。伯克在科克有政治利益，也有深厚的家族關係——同時，他跟自己堅定提攜的後進喬治．謝伊也是親戚。[98] 當身心俱疲的謝伊終於飄盪回到加爾各答時，要是他因為伊莉莎白．馬許與女兒的陪伴而動心——她們同樣是受過傷的人，只是方式不同，而且願意開開心心接納他——也是很合理的事情。但是，這兩個女人還是用了一年才把握住他。「倘若我否認，說克里斯普小姐高尚非凡的品質未曾在我心裡留下強烈持久的印象」，謝伊在一七八三年三月表露心跡，「那麼我所有傾心向她的行動都會證明我所言並非真實。」不過，他因為擔心「我那有限的資產，以及不確定的前景」而遲遲沒有採取行動。[99] 其實他可能還想說（但他沒有這麼說）：伊莉莎白．瑪麗亞自己極為有限的資產與前景，也是讓他猶豫的原因之一。

「您想必會問」，他寫了一封魯莽的長信給伊莉莎白．馬許，描述自己態度的變化，「這個想法在早前何以沒有影響我的舉止。」謝伊用他標誌性的天真與莽撞，以及對於「您允許我毫無保留的坦率」的敬重，承認自己一開始，並且「有時候」，對伊莉莎白．瑪麗亞的關注「沒有特殊用意」。但是如今，「若幸運眷顧我，能夠確認，或是有最起碼的證據，顯示您的女兒對我有好的印象，就是我最渴望幸運女神能賜予我的福分了。」然而，假如她——伊莉莎白．馬許，「認為我出現在胡格利，可能會對您造成持續的煩憂」，他就會止步退開。就是這樣，伊莉莎白．馬許必須保持耐心，跟他玩下去，同時伊莉莎白．瑪麗亞．克里斯普必須確定喬治．謝伊說自己「已無法壓抑他的傾心」時，並不是個陷阱，她也不會承受凱薩琳．格蘭德在加爾各答經歷的那種（暫時的）毀滅。一七八三年八月二日，兩個女人達成了她們的目標。在一場舉行於胡格利住宅中的私人婚禮上，喬治．謝伊迎娶伊莉莎白．瑪麗亞，成為伊莉莎白．馬許的女婿。[100]

＊＊＊

這是個現實妥協下的成就，也是出於無路可走的行動。就像當年把十歲大的伯瑞許．克里斯普送去波斯，如今伊莉莎白．馬許也出於經濟上的需要和企圖心，把未成年的女兒嫁給一個名聲有問題的男人。不過，對於喬治．謝伊的朋友來說，謝伊仍然「擁有……非常活躍的心智，舉止給人極好的印象」，甚至充滿了「正直而誠實」；在這個年歲，他還是個有幹勁，能實現政治理想的人。[101] 娶了伊莉莎白・瑪麗亞，就任公司在達卡的法務工作之後，他埋首於蒐集有關華倫・黑斯廷斯管理孟加拉的資料，決心讓他嚐嚐自己曾經歷過的那種醜聞與毀滅。謝伊有時會把這些情報直接送交給人在倫敦的菲利浦・法蘭西斯，有時交給埃德蒙・伯克，有時則是送去給自己的舅舅約翰・布爾克（John Bourke）——一名倫敦金融城的商人，擔任上述兩名政治人物的中間人。謝伊就這麼在後來試圖扳倒華倫・黑斯廷斯的行動與國會彈劾中成為配角——這是迄今為止對東印度公司在次大陸的行徑歷時最久的公開調查；在埃德蒙・伯克眼中，這也是對帝國某些常習與假說，這種他稱之為「地理性的道德」*展開更全面的打擊。伊莉莎白・馬許的另一名親人——理查・史密斯將軍，也參與了對黑斯廷斯的起訴，新婚的伊莉莎白・瑪麗亞・謝伊因此也扮演了秘書與商議的角色。「你描繪出一幅令人讚賞的圖畫」，一七八六年底，菲利浦・法蘭西斯收到喬治・謝伊寄來的又一份孟加拉情報之後去信予他：

> 隨著景色變化，願你繼續運用你的健筆……。絕不要讓謝伊夫人以外的任何人看到這封信，我尤其仰仗她的友誼與謹慎。至於對你的友人黑斯廷斯先生的起訴，將會在國會開議之後重新啟動恢復活力。[102]

伊莉莎白・馬許對於新女婿的政治冒險知道多少，或是關不關心，我們不得而知。她應該會知道，也會關心的是：根據喬治・謝伊自己的估計，他在婚前「一年有介於兩千至三千鎊的穩定收入」，主要是靠著在次大陸內部，以及對中國買賣硝石與鴉片而來。[103] 曾經的伊莉莎白・瑪麗亞・克里斯普因此能過著舒服的日子；由於謝伊是公司的正式職員，而非深受外部事件所左右的個體商人，因此他的新婚妻子也享有一定程度的地位與保障。總之，如果這場婚姻有缺點，也已經比伊莉莎白・馬許所希冀的更美好了。

發生在美洲、亞洲、非洲與歐洲各地的戰爭，以及牽涉在戰爭中的一些問題，共同改變、也分散了她原生家庭的成員，同時也毀了她的丈夫詹姆斯・克里斯普。她先是陷入危機，後守寡，捉襟見肘；她必須再度訴諸自己的創造力與努力不懈，請她的家族成員幫忙，並且進行跨越大洋的旅程。但如今，一起同時涉及各式各樣亞洲人與各式各樣歐洲人的醜聞，卻讓她最後一個尚未獨立的孩子安穩嫁給了有錢人，來參加婚禮的人當中有約翰・紹爾——曾經與伊莉莎白・馬許同在意誠號上為乘客，也是未來的印度總督。幸福快樂的結局，終於在望了。

---

* 編按：一七八八年不列顛國會審理黑斯廷斯案時，埃德蒙・伯克作出以下發言：「這些男士已經擬定了一種計畫，叫做地理性的道德，根據這個計畫，人在公共與私人處境中的責任，不是由他們和宇宙至高統治者的關係來決定，也不是由他們和人的關係來管理，而是由天氣、經度和緯度來統御，人的責任不跟生命並行，而跟緯度並行。」

曲終人未散

Ending and Continuing

據喬治．馬許所說，伊莉莎白．馬許的女兒在一七八三年八月結婚，而伊莉莎白在不久之後，便發現自己一邊的乳房長出了「兇猛的癌症」。他是在自己晚年時記下這筆資訊，那時他記憶中的時間跨度有可能已經壓縮過，但伊莉莎白在一七八四年似乎真的生病了，而且她隱瞞自己病情，忍了幾個月的痛。伯瑞許．克里斯普後來可能有試圖美化母親這階段的人生，並且淡化他自己對這時期的記憶，說她是「面對一種殘酷、無情的疾病時耐心的烈士」。事實上，她在自己的癌症面前很可能並不是有耐心，而只不過是害怕面對僅有的另一個選擇，只得被動忍耐與掩飾。到了一七八五年初，她終於累積到「足夠的決心」採取行動。她一直等到有一天，兒女都不在城裡，才找來外科醫生。[1]

當時來到印度次大陸的歐洲人，無論是男是女，經常會找本地醫生，尤其是在比較小的聚落。[2] 但伊莉莎白．馬許似乎是在加爾各答動乳房切除術，伯瑞許在這裡有間房子；幸虧有伯瑞許和女婿喬治．謝伊，如今的她優渥到可以負擔歐洲醫生。西式的乳房切除術會在沒有麻醉劑的情況下進行，這樣的設計是為了要在手術中保留莊重禮儀，因為手術一方面很激烈，而且幾乎難免帶有一點性方面的弦外之音。病人通常會穿戴整齊，只露出胸部。她可能會被綁在椅子上。整個過程中她的手臂要舉起來，好讓胸大肌把有狀況的那一側乳房提起來。僕人或是醫師助手也會盡其所能，奮力將她的脖子與肩膀盡可能緊緊按在椅背或是床墊上。與此同時，外科醫生會跨坐在患者的膝上，開始手術：

我開始尖叫，我的尖叫在整個切除過程中時斷時續……。當傷口被劃開來，手術刀被從傷口撤出來，那疼痛並未稍減，因為空氣一瞬間湧進那嬌嫩的部位，感覺有如無數微小但尖銳的雙叉匕首，正在撕扯傷口的邊緣——但等到我再度感受到刀口——劃出弧線——順著肌理切開，倘若我可以如此說，血肉在抵抗，如此用力，彷彿在反對施術者的手、令它疲倦，於是他被迫從右手換成左手——那一刻，我的確以為我要死了。我不再試圖睜開自己的雙眼——它們感覺就像是密封地緊閉，閉得如此嚴密，眼瞼似乎都要沒入臉頰裡了。手術刀又第二回撤出，我料想手術結束了——噢不！駭人的切割又重新再來了——而且更糟，把底部，這糟糕的腺體根部，和相連的地方割開……這一切還是沒有結束……我感覺刀子在我的的胸骨上敲打出聲音——在刮它！[3]

這是芬妮·伯恩尼（Fanny Burney）對於**自己**在一八一一年動乳房切除術的知名描述——手術從劃下第一刀到縫合傷口共持續了二十分鐘。這段證詞非常罕見，不僅是因為其中恐怖的細節與文學的力量。十八世紀與十九世紀初動過這種手術的女性通常都活不久，或是沒有餘力，無法寫下她們的經歷。有些人在疼痛與驚嚇中離世。更多人死於感染，即便外科醫生會用燒紅的烙鐵燒灼傷口消毒。但，造成這些乳癌手術失敗最大的原因，是女性多半拖延太久才去動手術（理由很明顯）。結果，癌細胞往往已經擴散到淋巴結，即便是當時最勇敢無畏的手術也無法對付。伊莉莎白・馬許的情況可能就是如此。

伊莉莎白・馬許撐過手術折磨的苦旅。「她在手術中承受了難以忍受的痛苦」，喬治・馬許證實道（雖然其實不需要他來證實），她的子女後來被告知，她「以英雄般的堅忍」忍受了痛苦。手術結束後，醫生（身分不詳）起出他的醫用天秤，確認切除的腫瘤及相連的乳房組織「重量超過五英磅」。儘管加爾各答的春天熱氣逼人，但伊莉莎白在手術後還是「活了幾個月」，這是對她身體強健的一次量度[4]可能也是對她求生意志有多強大的測量。她才四十九歲，而且不久前才剛獲得了對未來的額外籌碼。一七八四年七月，她的女兒生了兒子，按照父親的名字，命名為喬治・謝伊。因此，身為「你所看過最可愛的小調皮鬼」的外祖母，伊莉莎白・馬許有很好的理由活下去，而她也堅持撐到了一七八五年四月三十日。[5]

關於她的死，或是她臨終時有誰陪伴，沒有傳世文件留下記載。隔天，家人把她葬在後來成為南公園街墓地（South Park Street Cemetery）的地方——這是個林木茂密的地區，位於從加爾各答老城區往南大約一英哩處。她的墓誌銘似乎是兒子伯瑞許・克里斯普之手筆。他稱呼她是「最好的母親」，提到她在面對「最困難的手術」時展現的堅忍。但他沒有提到伊莉莎白・馬許的旅程或寫作。他也沒有提到任何與她有關的地點、國家、宗教，甚至沒有提到詹姆斯・克里斯普。這份不怎麼合宜的墓誌銘幾乎沒有意義。就像南公園街墓地裡大部分的尋常墳墓——和有錢有勢的人精心製作的紀念碑不同——伊莉莎白・馬許的墓碑如今早已消失無蹤。6

＊＊＊

讓這段被湮沒抹去的人生復活，是一件非常吸引人的事，也是極具挑戰性的任務。我們不可能掌握伊莉莎白・馬許此人所有的事實，每一部傳記的主角都是這樣的。她的有些生命部分，例如她的骨骸，她的圖像，已經永遠消失了。那麼她應該被如何看見？那之後還有什麼呢？

在她過世超過十年之後，喬治・馬許開始編纂他的《家族資料集》——一部關於他本人與親人的軼聞、評判與故事大雜燴。他從不懷疑，自己與家人活著經歷過的，是個變化的世界，也是個尚在變化中的世界，為了在紙上再現這種變遷的規模，他實驗了各種方法。不難理解，有鑑於連結全球各個角落的重要性，以及他個人涉入的情況，他所把握的第一條變遷線索就是皇家海軍的迅速擴張。羊皮紙封皮的《家族資料集》以一整頁統計數據開篇。喬治說，一七四一年時，海軍有七百四十名將軍、上校、船務長、中校與上尉。到了一七五六年七月，也就是伊莉莎白．馬許從直布羅陀乘安號出發的那個月，海軍軍官人數已經提升到九百二十九人。他估計，這個數字在一七九〇年已將近三千人。

他也藉由在《家族資料集》中描述一系列的物品和器物，來召喚出他和他的姪女生活在其中的，這個激烈交織連結的世界（他的姪女與這個世界的過從比他直接得多）。有些是他留在身邊的物品，擺在家裡與辦公室架子上。其中包括「價值七十英鎊的德勒斯登瓷器」，一七七六年他從漢堡回到英格蘭時，賄賂了海關，讓海關對這套瓷器視而不見。有他擺在寫字間的「印度人鍛造的銀質潘趣酒碗」，這個碗原本是由諾福克號的船員送給米爾伯恩．華倫——一七六四年，米爾伯恩從馬尼拉返回馬德拉斯，在他的東西被浪捲進海裡後，船員送了他這個酒碗。還有尼古拉斯．歐文（Nicholas Owen）關於西非奴隸貿易的報告手稿，是喬治．馬許任職海軍委員會時得到的。除了這些他可以用眼睛看，用手摸到的東西之外，還有其他是從他人那兒聽來的，或是已經失去了的東西。他提到伊莉莎白．馬許描述的手鐲，「是銀的，形狀像是馬蹄鐵」，那是西底．穆罕默德的女眷在馬拉喀什要她戴上的。他回想起一匹阿拉伯種馬「造成的大筆持續開銷」——這匹馬原本是被從開羅送去梅諾卡給一名馬許家親人的禮物，結果糊里糊塗落到人在倫敦的他手中。他記得自己為了一七六四年約翰．拜倫橫渡太平洋之行親自做的規劃與補給，也（比較不開心地）記得吸引他投資（損失）一千英鎊在東佛羅里達殖民地的那些地籍圖。[7]

歐陸、印度次大陸與東南亞、西非與北非、地中海、太平洋、北美洲：喬治．馬許的記憶迴路捕捉了這些地方當中的許多地點。十八世紀初，他的父母也曾小心翼翼，保存家族歷史的重要象徵：例如他們家的蒙特羅斯侯爵版畫，以及法蘭西斯．馬許在懷特島外海遭遇海難時，手中緊抓不放的那本《聖經》。但是，他父母的地平線，就像他們所珍藏的事物一樣，仍然限於大不列顛島及其近海的範圍內。喬治．馬許雖然幾乎不出遠門，到了一七九〇年代，他的地平線卻已經把地球上的每一塊大陸都包括進來。

而伊莉莎白．馬許，她幾乎一輩子都在移動當中，與不同大洲大洋的接觸更親近地形塑、也摧殘了她。儘管她的個性與叔叔大不相同，例如她常常旅行，但如果把她與她的叔叔孤立分開來看，就無法理解她，正因為如此，兩人的故事在本書中才會經常交織在一起。兩人都沒有受過正式教育。但兩人都編寫出敘事，試圖藉此理解自己在生活中經歷的震撼與轉變，也幫助他們弄清楚面對這些震撼時自己的改變、正在變成什麼模樣。叔姪倆還有其他共通點。喬治．馬許能夠透過想像力與他擁有的事物掌握一大片的世界，這得歸功於他跟積極擴張的不列顛政府關係緊密。伊莉莎白．馬許的情況也是，但還不止於此。

要是沒有不列顛的海外帝國領土、海上影響力與奴隸貿易，她恐怕不會誕生在這個世界。要是沒有她的叔叔與其他男性親屬一再提供管道給她的不列顛帝國政府資源——戰艦、海軍基地、領事與港口、不斷擴大的殖民地，以及東印度公司——她的生涯也將不會如此開展。在她過世之後，帝國仍然佔據了她許多家人的全心全力。其中有些人——例如她還活著的弟弟約翰·馬許——只從紙上參與帝國的事業。由於他在美國獨立戰爭期間於西班牙與愛爾蘭所做的工作，當一七八三年在倫敦成立了一個五人委員會，負責調查美洲前殖民地保王派難民的財產損失時，他被任命為其中一名委員。接下來七年，約翰·馬許與將近三千名美洲白人與黑人保王派晤談，對一些帝國輸家的生活細節瞭若指掌。「調查這些事情的時候，他有個守則」，他後來提到，「要讓自己精通與主題有關的每一件事。」約翰·馬許如此盡心，到了任命期滿，上級立刻任命他去另一個任務。他奉命調查一七八七年被迫遷離米斯基托海岸（Mosquito Shore）的不列顛人受到的損失——米斯基托海岸從主恩角（Cape Gracias a Dios）往南綿延四百英哩到今日哥斯大黎加的聖胡安河（San Juan River）的北邊，在一七八七年「移交」給西班牙。[8]

其他馬許家的成員更直接參與不列顛的帝國人口離散。喬治·馬許的幾個孫兒就是這樣。其中之一——另一個喬治·馬許（一七九〇年至一八六八年）移居好望角，在那裡，他的名字成了莫塞爾灣（Mossel Bay）的一條街道名，他娶了一名荷蘭女子，似乎還曾收留一位名叫約翰·華盛頓（John Washington）的來自美洲的黑人水手——華盛頓從他的船上獲得自由，想要在祖先的大陸安家落戶。[9] 不過，足跡走得最遠的人，卻是個非婚生的孫子，「一個很糟糕的年輕人」。馬許家為了擺脫他，於是幫他在一七八七年五月從朴茨茅斯啟航，前往新南威爾斯的第一船隊*中弄到船員的職位，同行的有七百五十名罪犯。因此，他們家族的成員（雖然是不受歡迎的一員）抵達了澳大利亞。不過，登陸澳洲只是這名青年旅程的開端。一七八八年八月，他的船「斯卡博羅號」（*Scarborough*）從傑克森港（Port Jackson，地點位於今天的雪梨）啟程前往中國，他也跟著出航。他「經歷好幾趟航程，卻還是本性不改」，喬治．馬許在《家族資料集》裡憂愁地寫道，「最後加入東印度公司當兵」。身影消失在次大陸之前，這名不受歡迎、不受承認的孫子把自己的名字從「馬許」改成「喬治．史密斯」。[10] 從這件事情看來，「喬治．史密斯」（跟先前在伊莉莎白．馬許亞洲遊期間陪伴她的人同名同姓）不單純只是個常見的名字而已。人們更是經常以此作為假名。

伊莉莎白的女兒——伊莉莎白．瑪麗亞——和她的丈夫喬治．謝伊，在服務政府與帝國的過程中得到最為出眾的成就。一七八八年，兩人帶著年幼的兒子離開孟加拉，前往不列顛，伊莉莎白．瑪麗亞就是在這個時候，把母親的一些手稿，她另一個版本的摩洛哥經歷，以及她的印度日記交給約翰．馬許。[11] 謝伊如今相當富裕，行事作風也十足是個擁有堅定信念的海歸財主。他在一七九四年成為從男爵，一七九七年時花了一千三百英鎊贊助愛爾蘭的某個

* 編按：第一船隊（First Fleet）指載著首批歐洲人前往澳洲大陸的十一艘船。十一艘船中包含兩艘英國皇家海軍船艦、三艘補給船艦，與六艘載運著犯罪者的船隻，共計一千四百人，一七八七年五月從英格蘭朴茨茅斯出發，歷經兩百五十天航程後抵達澳洲南威爾斯植物灣。

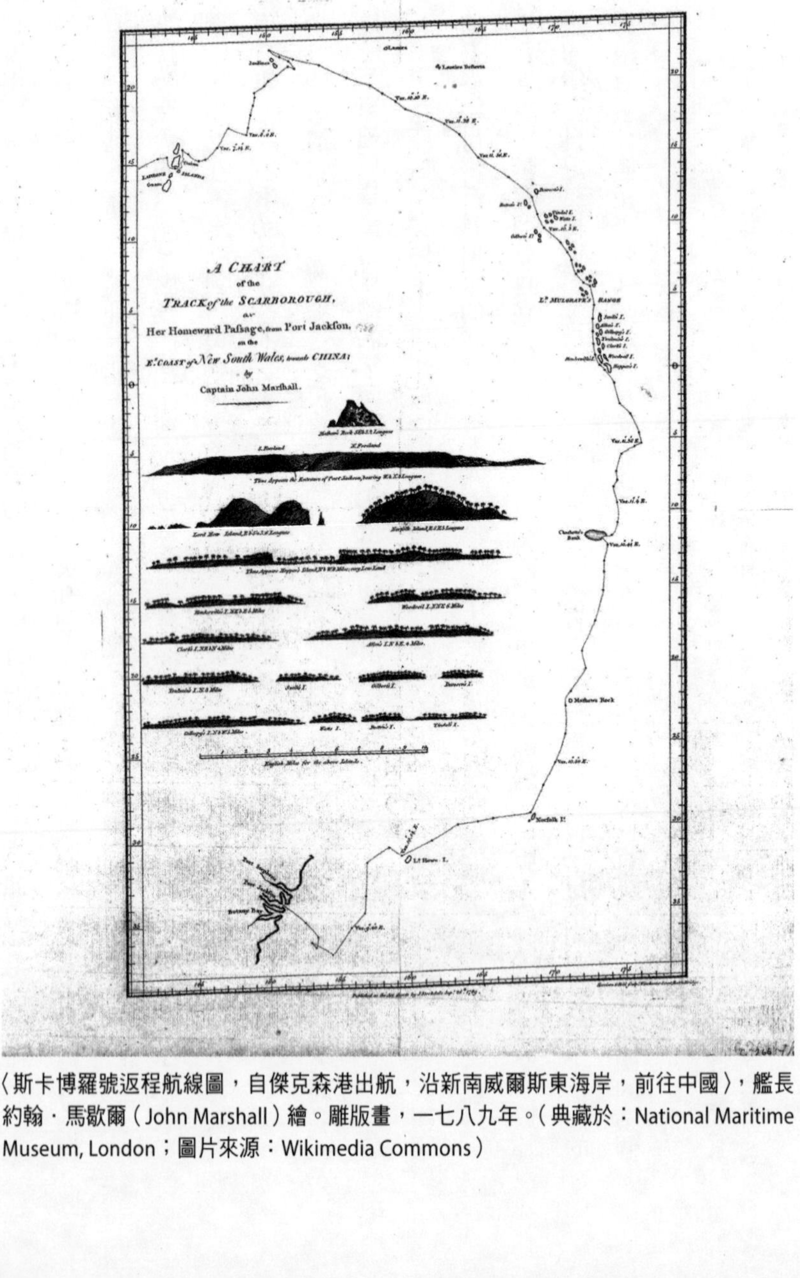

〈斯卡博羅號返程航線圖，自傑克森港出航，沿新南威爾斯東海岸，前往中國〉，艦長約翰．馬歇爾（John Marshall）繪。雕版畫，一七八九年。（典藏於：National Maritime Museum, London；圖片來源：Wikimedia Commons）

腐敗選區（rotten borough）*而成為下院議員，並在一八〇〇年支持愛爾蘭與大不列顛的《聯合法案》（Act of Union）——他認為「整體而言……對帝國有利」。謝伊似乎堅信（「這是我這輩子最相信的真理」）與不列顛組成聯合王國，將有利於愛爾蘭和他的天主教同胞們：但他的積極推動同樣有利於他自己。他的煞費苦心換來八千英鎊的秘密運作費，加上一連串的政府中的次級職位——包括在一八〇六年成為陸軍暨殖民地部（War and the Colonies）次卿（Under Sercretaryship）。[12]

總之，伊莉莎白．馬許之女所享受的生活，是她那望女成鳳的母親所無法想像的。他們在愛爾蘭高威有棟房子，在英格蘭哈特福郡（Hertfordshire）的洛禮士（Lockleys）還有一間更大的房子，「漂亮的主階梯……二十乘十六英呎的圖書室，以及二十乘十六英呎的餐廳，牆面都安有護牆板」，令主人自豪。裡面有八間臥室（外加四間僕人宿舍），給孩子們的一間讀書間和育兒室，一個雙併馬車棚，一片礫石平台和一座遊樂園。[13] 每當謝伊夫婦依依不捨

* 編按：由於工業革命造成人口遷移，但選舉制度未能及時革新，遂產生了制度漏洞。有些歷史上的自治市鎮（borough），經王家特許，擁有下議院代表席次，但實際上當地經歷社會變化、人口移出，選民人口極少，一位擁有財富的贊助者可以透過贊助當地，輕易擁有下議院席次。相反地，工業革命後興起的城市如曼徹斯特，卻只能作為蘭開夏郡的一部分，與蘭開夏郡共同選出代表。上述人數稀少但擁有席次、易被操弄的自治市鎮選區，被稱為「腐敗選區」或「口袋選區」（pocket borough）。情況在一八三二年不列顛國會改革法案之後改變。

離開這個居所時，他們還是能窩進倫敦的另一間房子，屋裡有他們許多的書籍與繪畫，還有伊莉莎白．瑪麗亞的各種樂器。兩人的長子小喬治．謝伊，進了劍橋大學的聖約翰學院（St John's College）。他在劍橋結交的密友之一，是巴麥尊子爵亨利．約翰．坦普（Henry John Temple, Viscount Palmerston），未來的不列顛首相。將來，這第二位喬治．謝伊——船工米爾伯恩．馬許的曾孫——將透過巴麥尊舉薦之助，成為國會議員、職業外交官、藝術收藏家，以及無可救藥的瀟灑浪子。[14]

＊＊＊

然而，伊莉莎白．馬許本人的故事不只是個帝國的故事。不列顛的帝國固然為她的出生與她絕大部分的行動力創造了條件，但在她的人生經歷和影響的廣大地理空間之中，帝國只構成底下的一個子集合（sub-set）。這名女子一輩子經歷的種種變局與文化變遷，也不僅只是「全能的西方，是推動歷史的主要軌跡」之一個展現。[15]打從一開始，非歐洲人就決定了她生命中的關鍵階段。她的父母是因為害怕從甘蔗種植園逃走的非洲奴隸，才決心離開牙買加，這才讓她出生在英格蘭的朴茨茅斯。假如這家人留在加勒比海，她能夠長大、擁有她後來闖蕩人生經常要倚賴的健康體格，可能性會小得多。她很可能完全沒機會長大。

歐洲之外的民族與社會對她造成的衝擊，也不只是偶然中的意外遭遇（serendipitous）。西底・穆罕默德在一七五六年下令海盜船攔截不列顛船隻，結果促成一連串的事件，結束了伊莉莎白・馬許的第一次婚約，把她推向一樁不同的婚姻與一個不同的未來。不過，這位獨特的統治者對本書故事而言，其重要性遠比上述那一連串事件更為深遠。西底・穆罕默德在摩洛哥的統治，顯示在十八世紀中葉時，不是只有西方國家在打造超長距離的經濟與文化連結。實現連結的方式，也不是只如西方心目中的印象。蘇丹的世界觀是泛伊斯蘭的，概括地說是非洲的世界觀，不過仍留有空間給摩洛哥與東、西歐的商品、服務和知識交流，最後甚至及於美國。一七七四年，伊莉莎白・馬許與詹姆斯・克里斯普在孟加拉落腳，他們因此有機會接觸到一個更重要的、在歐洲之外的商業重鎮。丈夫與妻子一度雙雙從達卡的紡織業，及其全球市場規模中受益，兩人受益的方式不同——他是做生意，她是用他賺來的錢去旅行。

回顧伊莉莎白・馬許的人生，彷彿是在世界史兩個階段的分界線上保持平衡。一方面，她被捲入某些關鍵的發展，這些發展在傳統上被人們認為催生了一個暫時由西方主導更多的世界：不列顛海軍力量興起、七年戰爭的領土變化、美國革命與美國建立，以及歐洲在一七五〇年後步調一致地侵入太平洋地區。另一方面，她的故事也清楚呈現西方國家在她在世時的若干侷限，以及幾個非西方的行動、創新與交流中心，其持續不斷的創造力。

到了一八〇〇，這些非西方的動態中心當中，有許多已經黯然失色了。甚至早在一七九〇年西底．穆罕默德過世之前，歐洲的商行與外交人員便已開始顛覆他想一手掌握摩洛哥海外貿易的行動。達卡的織工與孟加拉的棉業也雙雙在十八世紀末沉寂（學界對於其衰退程度仍未有定見）。[16] 不列顛本國的機械化棉產業，以及不列顛帝國與拿破崙法蘭西帝國間毀滅性戰爭的規模（嚴重擾亂海外市場），雙雙對孟加拉紡織業造成嚴重壓力。其他還有許許多多的受害者。一七五〇年代與六〇年代，詹姆斯．克里斯普曾經與塞法迪猶太商人、銀行家合作，運用他們橫跨亞洲、北非、加勒比海、利沃諾與漢堡等歐洲自由港的事業與家族網絡經營獲利的生意。塞法迪猶太人因為有能力且願意為不同社會與文化搭橋，在十七世紀與十八世紀初曾相當興旺，但到了一八〇〇年時他們顯然也在商業上衰退了。此時的世界是以更官僚體制、更具攻擊性的帝國與民族國家為特徵，除了少數例外，塞法迪猶太人的中介角色已經不再那麼有價值了。[17]

一頭是帝國野心，另一頭是跨洲商業經營，這兩者之間可能會存在一種彆扭的關係（亞當．斯密對此想必不意外），這是本書的主旋律之一。帝國是關乎在橫跨大洋與大陸的空間中行使、延伸力量。無怪乎世人將促成世界經濟連結與早期全球化的功勞，歸給不列顛帝國（不是完全沒有道理）。[18] 然而，在實務上，從詹姆斯．克里斯普事業垮台的兩個階段可以清楚看出，隨帝國而來的干擾與戰爭，也會破壞國際貿易，連不列顛人自己都遭殃。帝國——無論是不列顛或西班牙模式——會給予。帝國讓他有管道接觸到加勒比海物產以及非洲奴隸。帝國給了他做鹹魚生意的市場，給他一個東佛羅里達地產的短暫前景，一度也給了他從孟加拉紡織業獲利的管道。但是，帝國、以及帝國施加於世界的改變，也會奪取。克里斯普之所以在一七六七年破產，一部分是因為七年戰爭後的經濟大亂，一部分則是因為不列顛帝國政府變得更加積極，決心嚴格控管曼島彈性而廣泛的貿易。至於一七七五年之後由另一場帝國戰爭引發的動盪，以及東印度公司決定捍衛公司的獨佔，則把他趕上了絕路。

這也是本書另一條一再浮現的旋律：各大陸與各個遙遠社會之間的連結與交換日益加強，會給一些個人帶來更好的機會，但也帶來可怕的風險。一八二四年，喬治・馬許的長子威廉・馬許（William Marsh），和他位於倫敦伯納斯街（Berners Street）的「馬許、史岱西、豐特羅與格拉厄姆銀行」(Marsh, Stacey, Fauntleroy & Graham）一起毀了。這個崩潰有一部分是威廉・馬許合夥人其中一位的偽造行為所造成。不過，讓問題雪上加霜的是，不列顛銀行體系在這時受到了放貸潮的壓力——西班牙帝國瓦解後，出現一波對新興拉丁美洲國家的放貸潮。正如威廉寫道，他的父親掙來了財富，而他丟掉了財富。喬治・馬許從海員上升為富人，靠的是為世界上最強大的海軍效力超過六十年，從而致富。威廉・馬許則是因為在世界上最大、最向外發展的金融市場中操作交易而失敗。[19]

＊＊＊

小說家約翰．高爾斯華綏（John Galsworthy）深深了解到，追溯一個家族中的多個成員在長時間中的財產流動，其實是濃縮、重現歷史的好方法。[20] 當我們要處理的是跨越廣闊海陸空間的歷史發展時，這種微觀策略——運用從一個家族身上所看到的「過去」的觀點——很弔詭地，非但不會失去價值，反而更有價值。伊莉莎白．馬許捲入的某些變局是如此的巨大、重要、無遠弗屆，彷彿只能以無名、抽象的方式來領會。不過，如果我們只從完全抽象的角度，來看這些範圍超越各大陸的變化和影響，就意味著我們的理解並不全面。我們不能、也不應該有奧林匹亞天神的世界史版本，因為世界史中總是有人性與個人的維度。在本書中，我的關懷是去檢視：一個擴張的家族，如何經歷全球史上如此重大、如此動盪的時期。我試圖揭露，「與個人無涉的、發生在最遙遠地方的轉變」和「人類自我最私密的特徵」之間，其實存在著多元而豐富的關連。[21]

故事中的這位女主角，也絕不只是任由非個人力量擺布的傀儡。在她所有的苦旅中，伊莉莎白．馬許都不能只被視為被害者。她經常因為外部事件而陷入危機，受到挑戰，但她同樣做出一連串的選擇，去跨越邊界，踏入危險。儘管她的處境有時候相當艱難，見識過恐懼與持續的不安全感，但她也嘗過探索與興奮的滋味：「嶄新的生活，不算是不愉快」。假如她留在英格蘭，生活絕對不會如此多元豐富；比起她和詹姆斯．克里斯普有時擁有的奴僕，或是西底．穆罕默德宮殿中、她有可能加入的奴隸，她過的是更為優渥的生活。

我試圖從伊莉莎白．馬許非凡的行動與她的文字中，推敲她多樣的特質——其中反映她離散的背景與人生。她勇氣過人，有開創能力，並且經常無知；她好奇心極強，精明、好問問題，同時又帶有成見；她缺乏社會地位上的安全感，渴求他人的贊同，卻又願意在對她方便的時候拋下文雅女性身分的束縛；她為原生家庭和後代的利益而奉獻，偶而卻渴望遠離他們；她一度自私無情，她總是有一種能力，可以在危機與災難之後讓自己站起來，並且嘗試新事物。關於她的私人世界，還有兩個重要片段是我們所不知道的。其一是她生母的身分，其二則是她本人婚姻的狀況。她跟詹姆斯．克里斯普漸行漸遠，可以觀察、推測，但無法完全得到解釋。我們也不知道，她之所以這麼常不在他身邊，是不是一種簡單卻非常有效的避孕方式。以十八世紀的標準來看，兩個孩子代表的是非常小的家庭。

然而，這位「才能出眾的動人女子」對他人的強大影響力**確實**相當明顯。她跟西底．穆罕默德的遭遇（即便她寫了許多添油加醋的文字），以及她與眾位皇家海軍將領與艦長的周旋，都顯示出這一點。從男性親屬的行為，也能清楚看出她個性的力量，以及她能夠與人建立親近關係的能力。伊莉莎白．馬許在經濟上始終無法獨立，但這一點沒有限制她，她的男性親屬常常盡力幫助她的行動。喬治．馬許不贊同她，但依舊給她錢，讓她能夠乘船。約翰．馬許確保她的一些文字被保存下來，但他也可能刪改過這些文字。理查．史密斯將軍用自己的影響力，讓她的亞洲遊更順利。喬治．史密斯上尉亦然，甚至到了違抗軍令的程度。米爾伯恩・馬許不斷幫助自己的女兒，甚至為她犧牲自己的事業，詹姆斯・克里斯普在一七五六年十二月也犧牲了自己的事業前景而再度向她求婚。

還有一個男人也為伊莉莎白・馬許全心付出，甚至因為她的緣故深深受到損害——就是她的兒子伯瑞許・克里斯普，他把自己的墓地買在她的墳墓旁邊。一七七九年，他放棄了在華倫・黑斯廷斯有權勢的運行軌道下工作的機會，返回達卡，代替他不在場的母親，照料臨死的父親。當初這麼好的機會——以他非凡的語言能力，贏得公司統治集團的認可——錯過之後再也沒有來臨。伯瑞許・克里斯普成為加爾各答首屈一指的知識性社團——亞洲學會（Asiatic Society）的創始成員，並且為一些重要文獻翻譯出學識淵博的譯文；但他終其一生都在達卡從商，擔任不重要的法務工作。[22] 他還和一位印度伴侶生了兩個孩子，一男一女，對這位印度伴侶我們一無所知。

以這位身分不詳的女子，作為伊莉莎白・馬許的故事的結束，似乎也不錯，畢竟她自己的生命就是始於家譜中的另一個幽靈。她的母親——伊莉莎白・伯謝爾（或是伯舍／伯爾謝爾）祖上或許來自非洲，又或許她按照慣例算是個英格蘭人，就像她的女兒選擇在有時候宣稱自己是英格蘭人。伯瑞許・克里斯普的印度伴侶是個更難描述的人物，因為我們連她的名字都不知道。伯瑞許在一七九四年讓他的兒子在加爾各答受洗，命名為約翰・亨利・克里斯普（John Henry Crisp），但他沒有提到孩子母親的名字，在像他們這樣的關係中，這是常見的情況。[23] 伊莉莎白．馬許的這一位印度混血孫兒，成長的道路與小喬治．謝伊大不相同。雖然在一七九一年之後，東印度公司便明文禁止歐亞混血任職，但約翰．亨利．克里斯普依舊在馬德拉斯軍隊中成為一名上尉。他就像他的父親（或許也像他的印度母親），天生勤奮、非常聰明，「特別是在印度斯坦語言的研究上鑽研甚深」，而且「頗有科學素養……這點使他特別不同」。正是他的科學能力，使他在一八二二年時被派往蘇門答臘負責一項特別任務。約翰．亨利．克里斯普結

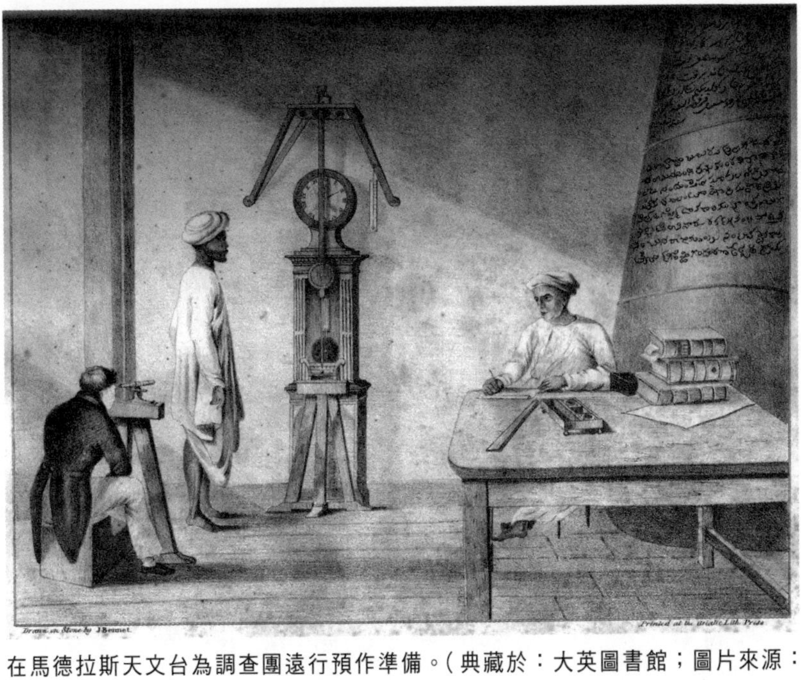

在馬德拉斯天文台為調查團遠行預作準備。（典藏於：大英圖書館；圖片來源：Wikimedia Commons）

合了自己在馬德拉斯天文台（Madras Observatory）學到的西方與印度天文學技術，在蘇門答臘進行了八百多場實驗，之後發表成一本密度很高的專論，談如何「透過月球的赤經判斷地球經度」。[24]

可能是在這趟科學研究任務之前或之後，約翰．亨利．克里斯自己也跟一名印度女性有了關係，她的名字同樣不詳。兩人有個孩子，是個女孩。最後，這個女兒被交給馬德拉斯一所專為「國王與公司軍隊中歐裔官兵之非生子女」設立的育幼院照顧。在他把女兒棄養在育幼院之前，約翰．亨利．克里斯普用伯瑞許．克里斯普的母親——也就是他自己從未見過的非凡祖母——婚後的名字為女兒取名。然而，這個女孩靜不下來。檔案顯示，她在一八二九年至一八三八年之間的某個時候逃走了。[25]就是這樣，一位新的、現在幾乎可說是完全印度裔的伊莉莎白．克里斯普，有一天打開了關著自己的馬德拉斯育幼院大門，在清奈的街道上展開了自己的旅程。

謝辭

由於本書範圍涵蓋全球，我比以往更仰賴許多友人的專業、批評與協助，也謝謝許多知識豐富、助人為善的陌生人相助。

關於伊莉莎白．馬許的加勒比海出身，我得感謝Vincent Carretta、Richard Drayton、Barry Higman、Nuala Zahedieh。特別謝謝James Robertson與Trevor Burnard幫忙。

關於皇家海軍與海洋時代的知識，我想謝謝Daniel Baugh、Jonathan Coad、Margaret Hunt、N.A.M. Rodger，尤其感謝Roger Knight。

關於伊莉莎白身處的地中海與馬格里布世界，我得益於Amira Bennison、Khalid Bekkaoui、Wolfgang Kaiser、Frank Stewart與Madeline Zilfi的專業。

我想謝謝Michela D'Angelo、Josep Fradera、Christopher French、Derek Keene、Kenneth Morgan、Gigliola Pagano de Divitiis、Daniel Schafer、Francesca Trivellato，特別是James Amelang與David Hancock，謝謝他們協助我重建詹姆斯．克里斯普的歐洲與跨大西洋事業。

Susan Bayly、Anthony Farrington、Peter Marshall、Om Prakash、Giorgio Riello與John

Styles各自在不同時間點，針對本書談亞洲的部分，給予我珍貴的協助。我尤其感恩Maya Jasanoff與Durba Ghosh的精讀。

跟Natalie Zemon Davis、Hermione Lee、Felicity Nussbaum、Cassandra Pybus、Emma Rothschild與Jonathan Spence交談，讓我對於傳記、回憶錄與歷史有更清楚的想法。

我想感謝Chris Bayly、Peter Coclanis、Paul Kennedy與Patrick O'Brien鼓勵我從全球角度思考。

J. J. Heath-Caldwell始終慷慨與我分享他對馬許一家的淵博知識，並且將他非凡的家譜網站http://www.jjhc.info介紹給我。

Benjamin Heller、Antonio Garcia、Sadan Jha、Katrina Olds、Suzanne Podhurst與Hannah Weiss的研究與校對實在難能可貴。

我是在擔任倫敦政經學院歐洲研究中心（European Institute）資深勒沃休姆研究與教學教授（Senior Leverhulme Research Professor and School Professor）時開始規劃本書的。我非常感謝歐洲研究中心同仁，尤其是Tony Giddens與Barry Supple的慷慨。本書中幾個關鍵的段落，是我二〇〇五年在坎培拉的澳洲國立大學人文研究中心（Humanities Research Centre of ANU）擔任研究員時寫的，我想感謝Ian Donaldson與Iain McCalman，讓我有機會在這麼美好的地方停留一段時間。二〇〇六年，我得到北卡羅來納國家人文中心（National

Humanities Center）的葛蘭素史克資深研究員（GlaxoSmithKline Senior Fellowship）補助，惠我良多，而Geoffrey Harpham與Kent Mullikin以及人文中心教職員提供我豐富的思考與寫作環境。普林斯頓大學是最典雅的大學，在我完成本書的過程中，歷史學系的同仁與學生給予我無盡的支持、耐心和想法。

在追尋伊莉莎白．馬許的艱苦過程中，有許許多多的檔管人員幫助過我。從我列出來的手稿文獻就能了解，我實在不可能把他們的姓名全部舉出來。世界各地的檔案館、圖書館職員，願意為了像我這樣的人付出無數的時間，不辭辛勞，不停動腦。對此我總感到無比佩服。

我想感謝我在倫敦與紐約的文學經紀Gill Coleridge、Michael Carlisle以及Emma Parry。為了讓我的想法形諸文字，他們的付出令人欽佩，也讓我深受鼓舞。哈潑柯林斯出版社（HarperCollins）的編輯Arabella Pike、Helen Ellis、Robert Lacey、Alice Massey與Caroline Noonan，以及萬神殿出版社（Pantheon Books）的Dan Frank、Fran Bigman與Katharine Freeman始終熱情未減，投入而專業。

不過，一如既往，David Cannadine值得獨立一行。

LJC

二〇〇七年於普林斯頓

U.P., 1954), pp.434–5有約翰・亨利・克里斯普生涯的摘要。他在蘇門答臘與Stamford Raffles密切合作，實驗細節見*IOL*, MS Eur G51/30 and F/4/760, item 20656.

25 *IOL*, F/4/1855, item 78480; 並見 D.Ghosh, 'Making and Un-Making Loyal Subjects: Pensioning Widows and Educating Orphans in Early Colonial India', *Journal of Imperial and Commonwealth History* 31 (2003), pp.1– 28.

RO, D/EJnZ21.

14 小謝伊的生涯，以及他跟巴麥尊的友誼，可以在*BL* Add.MSS 60341– 2找到；謝伊夫婦倫敦屋內財產清單見*GL*, MS 11936/471/921679.

15 S. Bose, *A Hundred Horizons: The Indian Ocean in the Age of Global Empire* (Cambridge, Mass., 2006), p.7.

16 關於達卡紡織業在一八〇〇年代的衰頹，*IOL*, H/456f的報告可能太過誇大；關於西底・穆罕默德所受到愈來愈大的壓力，見N.A. Stillman, 'A New Source for Eighteenth-Century Moroccan History', *Bulletin of the John Rylands University Library* 57 (1975), pp. 463– 86.

17 對於塞法迪猶太人影響力衰退的時間，J. Israel, *Diasporas Within a Diaspora: Jews, Crypto-Jews and the World Maritime Empires (1540– 1740)* (Leiden, 2002), and F. Trivellato, 'Trading Diasporas and Trading Networks in the Early Modern Period: A Sephardic Partnership of Livorno in the Mediterranean, Europe and Portuguese India c.1700– 50', Brown University Ph.D diss., 2004有稍微不同的排序。兩位學者同意，到了十八世紀末，「塞法迪猶太人跨大西洋貿易與國際貿易網路的整體重要性」，已經有了明顯的衰退(Israel, pp.38– 9).

18 最近的研究有N. Fergusson, *Empire: The Rise and Demise of the British World Order and the Lessons for Global Power* (New York, 2003); H. James, 'The Vulnerability of Globalization', *German Historical Institute Bulletin* 35 (2004), pp.1– 11倒是對帝國與跨洲經貿連結之間的緊張關係，提出一些有趣的評價。

19 F.G. Dawson, *The First Latin American Debt Crisis: The City of London and the 1822– 25 Loan Bubble* (New Haven, CT, 1990); 感謝J. Heath-Caldwell提供關於威廉・馬許的資訊。

20 高爾斯華綏提到「那種神秘而具體的韌性，讓家庭成為社會顛撲不破的單位，是社會最具體而微的複製品」: *The Forsyte Saga* (New York, 1933), p.3.

21 C. Wright Mills, *The Sociological Imagination* (New York, 1959), pp.4– 5. As Mary Midgley puts it, 'There can't be a single, comprehensive global story: all stories are partial': B. Mazlish and R. Buultjens (eds), *Conceptualizing Global History* (Boulder, Co., 1993), p.43.

22 到了一八〇四年，他成為達卡上訴法院的次席法官。遺囑見*IOL*, L/AG/34/29/23.

23 *IOL*, N/1/4, fol.125; 根據此處的登記，約翰・亨利生於一七八九年。

24 *Historical Records of the Survey of India. Volume III: 1815 to 1830* (Dehra Dun,

曲終人未散

1 *FB*, fols 28– 32; 伯瑞許・克里斯普在母親的悼詞中，提到有關她的絕症的一些細節：*The Complete Monumental Register* (Calcutta, 1815), p.34.

2 因此在一七七六年，Mary Mustell of Chittagong在遺囑中留了兩百盧比給自己的印度醫生：*IOL*, P/154/58, fol. 45.

3 Frances Burney, *Journals and Letters*, ed. P. Sabor and L.E. Troide (2001), pp.442–3; 關於手術過程，見J.S. Olson, *Bathsheba's Breast: Women, Cancer and History* (Baltimore, MD, 2002).

4 *FB*, fols 28– 32; *Complete Monumental Register*, p.34.

5 GS to G. Ducarel, 27 November 1784, *Gloucestershire RO*, D2091/F14/10, 14; 伊莉莎白・馬許的訃聞登在一七八五年五月五日的《加爾各答日報》(*Calcutta Gazette*)。

6 *Complete Monumental Register*, p.34. 伊莉莎白・馬許墳墓的原始位置——第一〇九四號墳地，出現在*South Park Street Cemetery, Calcutta: Register of Graves and Standing Tombs, from 1767* (BACSA, Putney, 1992). 感謝Rosie Llewellyn Jones 告訴我伊莉莎白・馬許的墓碑已經不在了。對於南公園墓地中的帝國象徵與墓地用意的分析，有時候沒有考慮到：曾經構成墳墓中一大部分的樸素墓碑，如今都已經消失了。

7 *FB, passim*. 這個家族的後人也有這樣的類似傾向，會蒐集、運用物品來再現浩瀚的距離，也是以更容易理解的方式來呈現距離之廣。例見詹姆斯・米爾伯恩・馬許一八八四年的澳大利亞家內物品清單：*Mitchell Library*, MSS. 1177.

8 約翰・馬許對自己職涯的紀錄：*NMM*, BGR/35; R. White, *The Case of the Agent to the Settlers on the Coast of Yucatan* (1793), pp.35– 6有引用約翰・馬許的話。

9 關於這位馬許孫兒的敘述，可見http://www.jjhc.info/marshgeorge1868.htm.

10 *FB*, entries for 1790– 91; M. Gillen, *The Founders of Australia: A Biographical Dictionary of the First Fleet* (Sydney, 1989), p.236.

11 約翰・馬許的筆記，一七九一年九月二十日，寫在*IJ*卷首。

12 關於喬治・馬許對聯合王國的支持，見*BL* Add.MS 33106, fols 159– 60; and D. Wilkinson, '"How Did They Pass the Union?": Secret Service Expenditure in Ireland, 1799– 1804', *History* (1997), p. 240.

13 *Particulars of a Very Improvable Estate, Lockley House* (1812), Hertfordshire

膠卷可以查到海德的筆記。海德還有更詳盡的法務筆記，只是已經亡佚。

86 Busteed, *Echoes from Old Calcutta*, p.265.

87 *Ibid.*, p.260.

88 動身前往開普敦之前，格蘭德先在帕特納擔任公司的職位，在那裡有一百九十八起「來自居民，關於各種壓榨與壓迫……的明確投訴」都是反對他的：*IOL*, O/6/1, fols 200– 1.

89 關於這座城市對較弱勢者而言可能是什麼樣子的，見D. Ghosh, 'Household Crimes and Domestic Order: Keeping the Peace in Colonial Calcutta, c.1770–c.1840', *Modern Asian Studies* 38 (2004), pp.599– 623.

90 Parkes and Merivale, *Memoirs*, I, 399. 義大利的「敗德」女人激發出法蘭西斯的這些回應。

91 *IOL*, MSS Eur E 13A, fol. 15; *BL* Add.MS 47781, fol. 17.

92 *IOL*, P/2/28, fols 278– 81; Busteed, *Echoes*, p.252.

93 Busteed, *Echoes*, pp.242– 51, 259.

94 關於這場審判中領銜主演的男性角色——法蘭西斯、格蘭德以及主審法官，見Guha, *A Rule of Property*, pp.58– 90; B.N. Pandey, *The Introduction of English Law into India: The Career of Elijah Impey in Bengal, 1774– 1783* (Calcutta, 1967); and G.F. Grand, *Narrative of the Life of a Gentleman* (Cape of Good Hope, 1814). 凱薩琳・格蘭德其人值得從跨洲角度研究，但目前還沒有人做過。

95 *IOL*, MSS Eur Photo Eur 175/2, fol. 201; Busteed, *Echoes*, pp.252– 7.

96 *IOL*, MSS Eur E14, fol. 414; MSS Eur E23, fols 298 and 302.

97 *Hicky's Bengal Gazette*, 2– 9 February 1782.

98 Syrett, *Shipping and the American War*, pp.44, 140– 50; *Correspondence of Edmund Burke*, VI, p.11.

99 GS to EM, March 1783, *BL* Add.MS 60338, fols 54– 5.

100 *Ibid*; 關於婚禮，見*IOL*, N/1/2, fol. 243, and MSS Eur E4, fols 231– 8.

101 M.A. Shee, *The Life of Sir Martin Archer Shee* (2 vols, 1860), I, p.104; *Correspondence of Edmund Burke*, VI, p.11.

102 B. Francis and E. Keary (eds), *The Francis Letters* (2 vols, 1901), II, pp.368– 9.

103 *BL* Add.MS 60338, fol. 164; 關於喬治・謝伊截至一七八〇年代早期商業利潤的規模，見他寫給G.G. Ducarel的信，*Gloucestershire RO*, D2091/F14/10, 16–17.

69 *IOL*, E/4/624, fols 13 and 359.

70 *IOL*, G/15/21, fols 315 and 374; P.J. Marshall, 'Warren Hastings as Scholar and Patron', in A. Whiteman *et al.* (eds), *Statesmen, Scholars and Merchants* (Oxford, 1973).

71 *IOL*, L/AG/34/29/1, fol. 11; *FB* (unfol.).

72 見拍賣清單：*IOL*, L/AG/34/27/2.

73 *IOL*, L/AG/34/27/1, fol. 70.

74 *Ibid.* 在不列顛南亞墓地協會（British Association for Cemeteries in South Asia）的檔案館中，達卡的大量墓地檔案中並未提及詹姆斯·克里斯普的墳墓：*IOL*, MSS Eur F370.

75 *FB*, fol. 28 *et seq.*

76 *Ibid.*

77 *Travels of Mirza Abu Taleb Khan*, trans. C. Stewart (Delhi, 1972 repr.), p.67; T.W. Copeland *et al.* (eds), *Correspondence of Edmund Burke* (10 vols, Cambridge, 1958– 78), VI, p.11.

78 *Hicky's Bengal Gazette*, 21– 28 April 1781, 16– 23 March 1782; H.E. Busteed, *Echoes from Old Calcutta* (1972 repr.), p.210.

79 關於伯克與謝伊，見 *Correspondence of Edmund Burke*, III, p.280; VI, p.11; *IOL*, H/21, fol. 24.

80 喬治·謝伊的回憶錄，約一七八八年，*BL* Add.MS 60338, fol. 25; *IOL*, MSS Eur E13C, fol. 655.

81 R. Guha, *A Rule of Property for Bengal* (1996 edn) 對於菲利浦·法蘭西斯的政治理念有很經典的敘述，只是這本書提到的時間太早，因此沒有討論他對女性地位的態度在他整個政治中的重要位置。

82 S. Weitzman, *Warren Hastings and Philip Francis* (Manchester, 1929), p.288.

83 *IOL*, MSS Eur E13C, fol. 654; MSS Eur E19, fol. 32.

84 J. Parkes and H. Merivale (eds), *Memoirs of Sir Philip Francis* (2 vols, 1867), II, p.16; *IOL*, MSS Eur E14, fols 415– 16.

85 本段與下一段的內容根據 Busteed, *Echoes from Old Calcutta*, pp.242– 59. 這是現存對於格蘭德—法蘭西斯事件最全面的史料，只是內容中包含著有不正確，也有偏見的元素。感謝 Sadan Jha 替我確認海德（Hyde）法官在審判中所做的速記，海德是最高法院三名審判長之一。加爾各答國立圖書館 Rare Books section of the（National Library）罕見書區與維多利亞紀念圖書館的微縮

50 例見'"That Historical Family"': The Bakunin Archive and the Intimate Theater of History in Imperial Russia, 1780– 1925', *Russian Review* 63 (2004), pp.574– 93.

51 *CB*, I, fol. 53; *FB* (unfol.).

52 *Fifth Report of the...Several Public Officers Therein Mentioned. Commissioners of the Navy* (1793), p.5; D. Syrett, *Shipping and the American War 1775– 83: A Study of British Transport* (1970), pp.24– 35.

53 N.A.M. Rodger, *The Command of the Ocean: A Naval History of Britain, 1649–1815* (2004), p.615.

54 喬治・馬許對於前往漢堡執行任務的回憶；*FB*, entries 18 February–4 June 1776.

55 *Ibid.*; Syrett, *Shipping and the American War*, pp.80– 1.

56 *FB*, fol. 147.

57 *FB*, entries for 2 May 1778 and 15 March 1790.

58 感謝Andrew Graciano提供關於班傑明・威爾森的資訊。

59 關於約克號，見*FB* (unfol.)與艦長日誌：*NA*, ADM 51/4402. 感謝Roger Knight教授協助指認這艘船。伊莉莎白・馬許帶的「鍛金屬」，見*IOL*, B/94, fol. 538.

60 關於這些跨洲旅居的人，見M.H. Fisher, *Counterflows to Colonialism: Indian Travellers and Settlers in Britain, 1600– 1857* (2003), pp.10, 57– 61.

61 *IOL*, B/94, fol. 409.

62 T.A.J. Abdullah, *Merchants, Mamluks, and Murder: The Political Economy of Trade in Eighteenth-Century Basra* (New York, 2001); *IOL*, L/MAR/C/891, fol. 158.

63 H.V. Bowen, *The Business of Empire: The East India Company and Imperial Britain, 1756– 1833* (Cambridge, 2006), 238– 9; S. Conway, *The British Isles and the War of American Independence* (Oxford, 2000), pp.63– 4.

64 *HMC: Report on the Palk Manuscripts* (1922), p.307; D.B. Mitra, *The Cotton Weavers of Bengal, 1757– 1833* (Calcutta, 1978), pp.18– 20; Marshall, *East Indian Fortunes*, p.56.

65 *FB* (unfol.).

66 關於詹姆斯・克里斯普與卡托和羅斯的關係，見*IOL*, L/AG/34/27/1, item 71; and L/AG/34/29/1, fol. 11.

67 *IOL*, G/15/20, fol. 275; 另見G/15/21, fol. 161.

68 *FB* (unfol.).

32 詹姆斯・克里斯普有可能是不得不往拉克西米普發展，而非單純曠職。一七七六年中葉，達卡地區的個體商人頗有怨言，因為東印度公司出於自己的經濟困難，而試圖獨佔當地的成衣業。據傳，公司的代理人會在附近地區生產的每一碼布上打上公司的戳記，例見：*IOL*, E/1/60, fols 421– 2.

33 *IOL*, P/49/68, fol. 388.

34 達卡地區委員會在一七七六年十二月三日，接獲詹姆斯・克里斯普解職的消息：*IOL*, G/15/14, fol. 642; G/15/15, fols 106– 7, 154.

35 Philip Francis在一七七七年十一月二十一日寫給John Bourke的信：*IOL*, MSS Eur F5, fol. 266.

36 *IOL*, G/15/20, fol. 69.

37 *IOL*, P/154/57, fol. 77.

38 在近代早期的不列顛，已婚婦女所從事的經濟活動，範圍廣度遠遠超過法律和各種規定文字表面上看起來的模樣（全世界其他地方的婦女也是如此）。

39 M. Hunt, 'Women and the Fiscal-Imperial State in the Late Seventeenth and Early Eighteenth Centuries', in K.Wilson (ed.), *A New Imperial History* (Cambridge, 2004), pp.29– 47.

40 例見約翰・馬許在一七七六年三月五日寫給格拉坦男爵（Baron Grantham）的信，見*Bedfordshire and Luton Archives and Record Service*, L30/14/243/5.

41 *FB* (unfol.).

42 *NA*, PROB 11/803.

43 *NA*, PROB 11/1095.

44 伊莉莎白・馬許可能是再度運用自己跟海軍的關係，設法在一七七八年五月由海軍上將愛德華・休斯爵士（她在亞洲遊中認識的舊識）所率領，從加爾各答航往朴茨茅斯的船上——「艾格蒙號」（*Egmont*）、「歐羅巴號（*Europa*）或「史塔福號」（*Stafford*）——弄到床位。

45 *NA*, PROB 11/1053.

46 見一七七三年的查坦補給區報告：*NA*, ADM 7/660, fol. 55.

47 例如*NA*, T77/5/5, fol. 104.

48 *FB* (unfol.); *NA*, WO 17/211.

49 約翰・馬許在回憶錄中對自己戰時效力方式的紀錄，*NMM*, BGR/35; 並見*NA*, CO 91/21– 25以及*BL* Add. MSS 24168– 24173的定期情報報告。口岸城市的領事人員，在國家與帝國的情報系統、文化與商業網路中扮演的角色，還需要深入研究。

Lord Lindsay (2nd edn, 3 vols, 1858), III, p.164; Marshall, *East Indian Fortunes*, p.140.

11 Kurlansky, *Salt*, pp.335– 6.

12 *IOL*, G/15/9, fols 456, 610– 11, 634– 5.

13 *IOL*, G/15/12, fols 277– 8.

14 M. Kwass, *Privilege and the Politics of Taxation in Eighteenth-Century France* (Cambridge, 2000), p.33; 關於這場「全球危機」，見Bayly, *Birth of the Modern World*, pp.86– 120.

15 *Infra*, pp.66– 9.

16 Travers, '"The Real Value of the Land"', *passim.*

17 P.J. Marshall, *The Making and Unmaking of Empires: Britain, India, and America c.1750– 1783* (Oxford, 2005), pp.330– 1.

18 *IOL*, G/15/12, fols 277– 8; G/15/9, fol. 315; G/15/10, fol. 57.

19 *IOL*, G/15/ 9, fol. 197.

20 C.A. Bayly, *Rulers, Townsmen and Bazaars* (Cambridge, 1983), pp.144, 236.

21 H. Furber, *John Company at Work* (Cambridge, Mass., 1951), p.159.

22 Register of private trade outwards, 1772– 5: *IOL*, H/21, fols 90 and 91; and *IOL*, P/49/62, fol. 754.

23 *IOL*, P/49/63, fols 643– 51.

24 *IOL*, G/15/12, fols 243, 257; 並見*IOL*, P/49/63關於此事的通信。

25 *IOL*, H/224, fol. 81.

26 *IOL*, P/49/63, fols 647– 59, *passim.*

27 *IOL*, P/49/63, fols 652– 6.

28 本段與下一段內容仰仗Bishnupriya Gupta博士正在寫作的論文：'Competition and Control in the Market for Textiles: The Indian Weavers and the East India Company'. 謝謝Gupta博士允許我引用。

29 關於公司在此時遭遇的嚴峻商業考驗，H. Bowen, 'Tea, Tribute and the East India Company', in S. Taylor, R. Connors and C. Jones (eds), *Hanoverian Britain and Empire: Essays in Memory of Philip Lawson* (Woodbridge, 1998), pp.158– 76可見一斑。

30 Gupta, 'Competition and Control'.

31 *An Inquiry into the Nature and Causes of the Wealth of Nations*, ed. R.H. Campbell and A.S. Skinner (2 vols, Oxford, 1976), II, pp. 636– 41, 731– 58.

82 詹姆斯·克里斯普欠約翰娜·羅斯的鉅款，是在一七七六年夏天之前商借的，見*IOL*, L/AG/34/27/1, item 71.

83 感謝Om Prakash教授證實這個可能的關係（私人通信）；*IJ*, pp.1, 64– 5.

84 *IJ*, pp.12, 15, 18– 19, 28, 51.

85 B.S. Cohn, *Colonialism and its Forms of Knowledge* (Princeton, NJ, 1996), p.9.

86 *IJ*, p.19.

第六章　世界大戰，家庭革命

1 關於這場衝突的全球規模與影響，例見 C.A. Bayly, *The Birth of the Modern World 1780– 1914* (2004), pp.86– 96; D. Armitage, 'The Declaration of Independence and International Law', *William and Mary Quarterly* 59 (2002), pp.39– 64; 瑪雅·加薩諾夫（Maya Jasanoff）接下下來還會發表保王黨在一七八三年之後全球離散的相關研究（編按：瑪雅·加薩諾夫《新世界的流亡者：美國獨立戰爭中的輸家，如何促成大英帝國重拾霸權》，英文版於二〇一一年出版，繁體中文版於二〇二〇年出版）。

2 M. Kurlansky, *Salt: A World History* (2002), p.347: 關於這種礦物對於人體以及對於商業的時空重要性，並見 *passim*。

3 P.J. Marshall, *East Indian Fortunes: The British in Bengal in the Eighteenth Century* (Oxford, 1976), pp.114– 40; B. Barui, *The Salt Industry of Bengal, 1757–1800* (Calcutta, 1985).

4 詹姆斯·克里斯普擔任鹽務代理的工作內容（以及鹽在布魯阿政局中的位置），可以從他跟達卡地區委員會的通信中看出來：: *IOL*, G/15/ 8– 17, *passim*.

5 *IOL*, G/15/ 9, fol. 241.

6 *IOL*, P/49/61, fol. 321.

7 關於公司軍官「在孟加拉稅收工作中使用的」波斯詞彙表，見*BL*, King's MS 197.

8 T. R. Travers, '"The Real Value of the Lands": The Nawabs, the British and the Land Tax in Eighteenth-Century Bengal', *Modern Asian Studies* 38 (2004), p.551; 埃德蒙·伯克對於公司官員的鮮活描述，見*The Writings and Speeches of Edmund Burke*, V, ed. P.J. Marshall (Oxford, 1981), p.430.

9 *IOL*, G/15/ 9, fol. 320; G/15/10, fols 646– 50; G/15/12, fols 416– 17.

10 *Lives of the Lindsays; or, A Memoir of the Houses of Crawford and Balcarres, by*

of Teneriffe, p.72.

63 *Bodleian Library*, Dep. d.485, fol. 49; Kindersley, *Letters from the Island of Teneriffe*, frontispiece and pp.220– 1; 關於普洛登，見Maya Jasanoff, *Edge of Empire: Conquest and Collecting in the East 1750– 1850* (2005), pp.60– 2.

64 *IJ*, pp.51– 2.

65 J. Rennell, *Memoir of a Map*, p.57; 有關這些以及其他次大陸上的近代早期歐裔作者，見K. Teltscher, *India Inscribed: European and British Writing on India 1600– 1800* (Delhi, 1997), pp.12– 108.

66 *IJ*, pp.21– 2.

67 *IJ*, pp.26, 28, 31.

68 *IJ*, pp.37– 8, 41, 44.

69 *IJ*, p.44; *Guide to the Records of the Ganjam District*, pp.1, 93– 107.

70 *IJ*, pp.42– 3, 45– 6.

71 十八世紀末來到次大陸的人經常抱怨「這些印度教徒都不願意解釋他們的教理」: 見S. Chaudhuri (ed.), *Proceedings of the Asiatic Society* (Calcutta, 1980), pp.64– 5; *IJ*, pp.46– 7.

72 自然，伊莉莎白・馬許顯然也不知道歐洲人一直有一種迷思，以為朝聖者有時候會跑去讓札格納特的戰車壓過自己。

73 感謝Susan Bayly提供我有關乘車節的資料。關於這種崇拜的專業討論，見H. Kulke and B. Schnepel, *Jagannath Revisited* (New Delhi, 2001).

74 網路上可以找到一篇關於乘車節的生動插圖描述：見http://www.archaeologyonline.net/artifacts/british-view-india.htm.

75 *IJ*, pp.47– 9, 56.

76 *IJ*, pp.50– 2.

77 *IJ*, pp.54, 56– 7; *cf.* C.A. Bayly, 'The Origins of *Swadeshi* (Home Industry): Cloth and Indian Society, 1700– 1930', in A. Appadurai (ed.), *The Social Life of Things* (Cambridge, 1986).

78 *IJ*, pp.27, 57– 8.

79 *IJ*, pp.60– 1.

80 *IJ*, pp.24– 5, 58– 60, 64.

81 有些不列顛保王黨人認為，在當時的印度次大陸、東印度公司的這些飛地上，王室和愛國的慶典都很零星，而且漫不經心：見H.E. Busteed, *Echoes from Old Calcutta* (1972 repr.), p.101.

45 F. Plowden, *An Investigation of the Native Rights of British Subjects* (1784), pp.108 and 159.

46 *IOL*, MSS Eur. E.4, fol. 157.

47 *IJ*, p.8; *Sterne's Eliza*, p.162.

48 參見法蘭西斯・米爾伯恩・馬許遺囑：*NA*, PROB 11/1095.

49 關於米爾伯恩・華倫的故事，見*FB*, fols 35– 7; 關於他離婚訴訟的文件，今藏於*Lambeth Palace Library*, G139/114 and E41/65.

50 關於馬尼拉從十六世紀末之後日益提升的重要性，見D.O. Flynn and A. Gira´ldez, 'Born with a "Silver Spoon": The Origin of World Trade in 1571', *Journal of World History* 6 (1995), pp.201– 21; N.P. Cushner (ed.), *Documents illustrating the British Conquest of Manila, 1762– 1763* (1971).

51 *Lambeth Palace Library*, G139/114 and E41/65.

52 *IJ*, p.9.

53 Q. Craufurd, *Sketches Chiefly Relating to the History, Religion, Learning and Manners of the Hindoos* (1790), advertisement, and pp.8, 61; *IJ*, pp.9– 10.

54 *IJ*, pp.10– 11.

55 *IJ*, pp.7, 11, 13, 15, 17, 18, 24, 44, 62. 比喻來自Edward Said：見氏著*Culture and Imperialism* (New York, 1993).

56 例見JC's letter at *NA*, SP 46/151, fol. 5.

57 'Translation from the Persian Respecting Slavery', c.1774, printed in S. Islam (ed.), *Bangladesh District Records: Chittagong 1760– 1787* (Dhaka, 1978), pp.227– 8; 關於東印度公司與次大陸的奴隸制度，見I. Chatterjee, *Gender, Slavery and Law in Colonial India* (Oxford, 1999), pp.176– 224.

58 *IJ*, p.28; cf. E.A. Bohls, *Women Travel Writers and the Language of Aesthetics 1716– 1818* (Cambridge, 1995), p.61.

59 *FCMS* (unfol), 並見 *infra*, p.152.

60 *FC*, pp.101, 106. 我們只能猜測，「*Fair* Christian」這個描述，會不會其實是伊莉莎白・馬許或她的出版商不只在強調宗教，也在強調她的膚色。在十八世紀時，「fair」一詞有時候是指膚色蒼白，有別於黝黑膚色；但這個形容詞更常用來形容女子美麗。我懷疑在這個個案中，「*Fair* Christian」是個有意的暗示，意在令人聯想Eliza Haywood的暢銷書*The Fair Captive* (1721).

61 *IJ*, pp.18, 20 and 51.

62 *Bodleian Library*, Dep.d.485, fol. 140 obverse; Kindersley, *Letters from the Island*

Interpretation of the British Eighteenth Century', *Historical Journal* 45 (2002), p.879.

29 *IJ*, p.25.

30 *IOL*, MSS Eur E 25, fol. 19; *IJ*, pp.30, 33– 4.

31 *IJ*, pp.16, 30, 33.

32 *IJ*, pp.8– 9.

33 一七六五年起，馬德拉斯軍名單中經常出現一位埃盧魯的喬治・史密斯上尉：見*IOL*, L/MIL/11/1, fols 28, 43, 74, 126, 177; for his likely birth, see *IOL*, N/2/1, fol. 455.

34 *IJ*, p.55; 關於近代早期對於「表親」一詞用法的彈性，見N. Tadmor, *Family and Friends in Eighteenth-Century England* (Cambridge, 2001), especially pp.149– 52.

35 謝謝Felicity Nussbaum提點我關於伊莉莎白・馬許印度日記中的一些細節。

36 *IJ*, pp.4 and 38.

37 'A Letter from a Lady in Calcutta to her Friend in England', published on 12 August 1784: W.S. Seton-Karr *et al.* (eds), *Selections from Calcutta Gazettes* (6 vols, Calcutta, 1864– 69), I, pp.23– 4; P.J. Marshall, 'The White Town of Calcutta Under the Rule of the East India Company', *Modern Asian Studies* 34 (2000), pp.326– 7.

38 Clough, *Hartly House*, p.51. 有關歐洲女性在殖民地空間的精闢探討，特別是集中在十九世紀，當時女性的選擇與態度在某些方面變得更為緊縮，見：A.L. Stoler, *Carnal Knowledge and Imperial Power: Race and the Intimate in Colonial Rule* (Berkeley, CA, 2002)。

39 Marshall, 'White Town of Calcutta'.

40 J.M. Faragher, *Women and Men on the Overland Trail* (1979), passim.

41 P.J. Marshall, 'The Private Fortune of Marian Hastings', *Bulletin of the Institute of Historical Research* 37 (1964), pp.245– 53.

42 A. Wright and W. Sclater (eds), *Sterne's Eliza* (1922), pp.85, 95– 6; 關於羅斯，參考她的遺囑：*IOL*, P/154/57, fol. 77; 關於克羅斯與波斯貿易：*IOL* G/29/20, fols 62 and 71.

43 *IOL*, MSS Photo Eur 32, I, fol. 89, and III, fol. 3.

44 J.S. Cotton *et al.*, *Catalogue of Manuscripts in European Languages Belonging to the Library of the India Office...The Mackenzie...Collections* (1992 edn), p.x; IJ, p.38.

Cuthbert）的生父，庫斯伯特在一七六六年生於馬德拉斯，在一七八五年嫁給小喬治・馬許。由於「史密斯」是個常見的姓，我們實在無法確定理查・史密斯跟馬許家族之間確切的關係。馬許家族的另一個成員——另一名「喬治・馬許」一七〇五年在羅徹斯特（Rochester）娶了一位伊莉莎白・史密斯，這有可能是兩家人關係的緣起。重點是，無論是理查・史密斯，還是伊莉莎白・馬許，都理所當然認為彼此間有親戚關係。

16 奧爾姆提到與史密斯將軍，以及「在〔迪格比・丹特〕船上的乘客，一名年輕小姐」在一七七〇年五月三十日共進晚餐。「守衛你的心」（Guard your heart），他補充道。除了伊莉莎白・馬許與她六歲大的女兒之外，我們不知道還有其他女性乘坐海豚號：*IOL*, MSS EUR/Orme OV., 202, fol. 37; for Johanna Ross and EM, see *IOL*, P/154/57, fol. 77.

17 *IJ*, pp.6– 7.

18 S.M. Neild, 'Colonial Urbanism: The Development of Madras City in the Eighteenth and Nineteenth Centuries', *Modern Asian Studies* 13 (1979), pp. 217–46.

19 *IJ*, pp.7– 8.

20 G. Quilley (ed.), *William Hodges 1744– 1797: The Art of Exploration* (2004), p.36.

21 *IJ*, pp.6, 20.

22 *Guide to the Records of the Ganjam District from 1774 to 1835* (Madras, 1934), pp.105– 6.

23 博斯維爾的發言引自 P.M. Spacks, *Imagining a Self: Autobiography and Novel in Eighteenth-Century England* (Cambridge, Mass., 1976), p.16.

24 *IJ*, p.10; F. Nussbaum, *Torrid Zones: Maternity, Sexuality, and Empire in Eighteenth-Century English Narratives* (Baltimore, MD, 1995), p.175.

25 *IJ*, pp.1, 7, 10, 26, 36, 39– 40; 關於小步舞的重要性，見 J. Eglin, *The Imaginary Autocrat: Beau Nash and the Invention of Bath* (2005), pp.43, 72– 3.

26 H.F. Thompson, *The Intrigues of a Nabob* (1780), p.32. 名義上的不列顛人在次大陸時，常常（但非一定）用「歐洲人」來稱呼彼此。

27 見 D. Ghosh, 'Who Counts as "Native"? Gender, Race, and Subjectivity in Colonial India', *Journal of Colonialism and Colonial History* 6 (2005).

28 有一位小說家在一七八九年讓一個角色提到在加爾各答的戲院裡，「好幾個鄉土出身的女士混進了包廂……她們態度優雅，衣著也很漂亮」: M. Clough (ed.), *Hartly House Calcutta* (1989 edn), p.204; L.E. Klein, 'Politeness and the

95 *IOL*, L/AG/34/27/2, fol. 51 *et seq.*

96 *IOL*, G/15/20, fols 67– 9.

97 J.B. Esteve to G. Ducarel, 23 February 1785, *Gloucestershire RO*, D2091/ F14.

98 *Ibid.*

第五章 亞洲遊

1 印度日記（後縮寫為*IJ*），pp.1, 4, 8; *IOL*, P/2/9, fol. 32.

2 例見A.K. Srivastava, *India as Described by the Arab Travellers* (Gorakhpur, 1967); and J.P. Rubies, *Travel and Ethnology in the Renaissance: South India Through European Eyes, 1250– 1625* (Cambridge, 2000).

3 J. Rennell, *Memoir of a Map of Hindoostan* (1788 edn), pp.5 and 207.

4 J. Kindersley, *Letters from the Island of Teneriffe, Brazil, the Cape of Good Hope and the East Indies* (1777); E. Fay, *Original Letters from India* (Calcutta, 1821); 關於普洛登的旅遊日記，見*IOL*, MSS Eur F 127/94.

5 Kindersley, *Letters from the Island of Teneriffe*, p.1.

6 關於這一點，見G. Becker, *Disrupted Lives: How People Create Meaning in a Chaotic World* (Berkeley,CA, 1997); *IJ*, p.38. 在孟加拉，一般把「*coss*」當成兩英哩，但實際用法仍因地而異（就像「哩」的長度在當時的歐洲一樣）。

7 D.A. Washbrook, 'Eighteenth-Century Issues in South Asia', *Journal of the Economic and Social History of the Orient*, 44 (2001), pp.372– 3.

8 *IOL*, P/2/11, fol. 161; *IJ*, pp.1– 3.

9 *IJ*, pp.2, 4.

10 *IJ*, pp.3– 5, 13. 關於海豚號的任務，見*IOL*, H/122, fol. 5; for the *Salisbury*: *NA*, ADM 1/164.

11 *IJ*, pp.1, 5.

12 *IJ*, p.3.

13 「納瓦卜」（Nawab）一詞原本是蒙兀兒地方官的頭銜，後化為英語中的「海歸財主」（Nabob），稱呼那些在不列顛與愛爾蘭出生、採用「東方」的行為舉止、從亞洲獲得不當財富的的男性。S. Foote, *The Nabob* (Dublin, 1778 edn), pp.4 and 31; L. Namier and J. Brooke (eds), *The History of Parliament: The House of Commons 1754–1790* (3 vols, 1964), III, pp.449– 51.

14 *Parl. Hist.* 21 (1780– 81), pp.1201– 2.

15 *NA*, PROB 11/1396. 理查・史密斯聲稱他是愛梅莉亞・庫斯伯特（Amelia

82 晚近的實用研究包括S.U. Ahmed, *Dacca: A Study in Urban History and Development* (1986), and N.K. Singh (ed.), *Dhaka: The Capital of Bangladesh* (Delhi, 2003); 以克里斯普熟知的達卡環境，不列顛方面最詳盡的說明出自約翰・泰勒（John Taylor）之手，他是一八〇〇年的駐在商務官員：*IOL*, H/456f.

83 James Rennell describing Dhaka, 3 August 1765: *IOL*, MSS Eur D 1073 (unfol.); B.Barui, *The Salt Industry of Bengal, 1757– 1800* (Calcutta, 1985).

84 A. Prasad (ed.), *Fort William– India House Correspondence...1752– 81* (Delhi, 1985), p.104; *Lives of the Lindsays* (2nd edn, 3 vols, 1858), III, p.160.

85 *IOL*, H/456f, fol. 121.

86 關於棉花在當時具備的全球重要性，見無與倫比的'Cotton Textiles as a Global Industry' section of the London School of Economics online Global Economic History Network (GEHN). 感謝Giorgio Riello博士提點我這個網站。

87 *IOL*, E/1/60, fols 420– 34; 並見R. Datta, *Society, Economy and the Market: Commercialization in Rural Bengal, c.1760– 1800* (Delhi, 2000).

88 Prasannan Parthasarathi, 'Cotton Textile Exports from the Indian Subcontinent, 1680– 1780', on the GEHN 'Cotton Textiles as a Global Industry' website; A. Karim, *Dacca: The Mughal Capital* (Dhaka, 1964), pp.1– 108. 這本書的一個附錄是一七七四年達卡當地柴明達爾的房舍清單，我們可以從中看出本地上層社會的財富，以及兼容並蓄的消費方式(*ibid.*, pp.487– 94).

89 O. Prakash and D. Lombard (eds), *Commerce and Culture in the Bay of Bengal, 1500– 1800* (New Delhi, 1999); P. Parthasarathi, 'Global Trade and Textile Workers, 1650– 2000', on the GEHN 'Cotton Textiles as a Global Industry' website.

90 Philip Francis in 1776: *IOL*, L/MAR/C/891, fols 37– 8.

91 *FB*, fol. 29.

92 此處與接下來關於克里斯普夫婦的達卡住宅與衣物的細節，取自一七八〇年三月六日至八日的銷售物品清單：*IOL*, L/AG/34/27/2, fol. 51 *et seq.*; 關於加爾各答的房租，見P.J. Marshall, *East Indian Fortunes: The British in Bengal in the Eighteenth Century* (Oxford, 1976), p.159.

93 *IOL*, L/AG/34/27/2, fol. 51 *et seq.*; 並見 A. Jaffer, *Furniture from British India and Ceylon* (2001), pp.28, 34, 54 and *passim*.

94 Jaffer, *Furniture from British India*, p.40; cf. W. Dalrymple, *White Mughals: Love and Betrayal in Eighteenth-Century India* (2002).

65 Bailyn, *Voyages to the West*, pp.126– 203; N. Canny, *Europeans on the Move: Studies on European Migration, 1500– 1800* (Oxford, 1994), p.274.

66 Cock, 'Precursors of Cook', pp.30– 52; A. Frost, *The Global Reach of Empire: Britain's Maritime Expansion in the Indian and Pacific Oceans, 1764– 1815* (Carlton, VA, 2003), pp.51– 9.

67 *FB*, entry for March 1770.

68 P.J. Marshall, *The Making and Unmaking of Empires: Britain, India and America c.1750– 1783* (Oxford, 2005), pp.119– 228; 並見R. Travers' forthcoming *Ideology and Empire in Eighteenth-Century India: The British in Bengal, 1757– 93*.

69 *HMC: Report on the Palk Manuscripts* (1922), p.158; James Rennell writing 31 March 1771: *IOL*, MSS Eur D.1073 (unfol).

70 D. Dent to P. Stephens, 17 December 1771, *NA*, SP 89/71, fols 92 and 94.

71 *NA*, ADM 51/259: 海豚號艦長日誌；*IJ*, p.5.

72 關於十八世紀初，在倫敦與東印度公司做生意的克里斯普家族成員，例見*IOL*, L/AG/1/1/8, fols 76, 85, 379 and 427; and L/AG/1/1/10, fol. 352. 感謝Anthony Farrington提供出處；關於裴松．克里斯普：*NA*, PROB 11/739.

73 *ODNB* (Eyre Coote); *FB*, fol. 28.

74 *IOL*, G/15/20, fol. 74, and B/84, fols 262– 3, 318 and 326.

75 JC to John Taubman, 15 November 1768, *MNHL*, Acc. no. MS.09591; R.P. Patwardhan (ed.), *Fort William– India House Correspondence...1773–1776* (New Delhi, 1971), p.38.

76 *IOL*, Photo Eur 175/1, fol. 277; *IOL*, E/4/304, fol. 31.

77 *FB*, fols 29– 30.

78 見L. Lockhart, 'European Contacts with Persia, 1350– 1736', in his and P. Jackson (eds), *The Cambridge History of Iran: The Timurid and Safavid periods* (Cambridge, 1986).

79 W. Jones, *A Grammar of the Persian Language* (2nd edn, 1775), p.x.

80 Patwardhan, *Fort William– India House Correspondence*, pp.274– 5.

81 Hon. Robert Lindsay as quoted in *Lives of the Lindsays; or, A Memoir of the Houses of Crawford and Balcarres by Lord Lindsay* (2nd edn, 3 vols, 1858), III, p.159. 這幾個地區委員會（設立於加爾各答、巴爾達曼〔Burdwan〕, 穆爾斯希達巴德〔Murshidabad〕、達卡、迪納傑布爾〔Dinajpur〕與帕特納〔Patna〕）是暫時性的組織架構。

50 約翰・克里斯普住在黃金菊街附近，也就是約翰・克里斯普與伊莉莎白・馬許在倫敦最後住過的地方；遲至一七七〇年，還有文獻提及「克里斯普氏種植園辦公室，倫敦」(Crisp's plantation-office, London)：*The Massachusetts Spy*, 27– 30 October 1770.

51 見 *http://floridahistoryonline.com/Plantations*，在'English Plantations on the St. John's River'條目下。

52 Hancock, *Citizens of the World*, pp.68n, 112– 13.

53 *NA*, T77/5/5, fol. 104; Hancock, *Citizens of the World*, pp.203– 4.

54 S.J. Braidwood, *Black Poor and White Philanthropists* (Liverpool, 1994), pp.103–4; 比方說，喬治・馬許擁有尼古拉斯・歐文（Nicholas Owen）的奴隸貿易日記手稿：見E. Martin (ed.), *Nicholas Owen: Journal of a Slave-Dealer* (Boston, Mass., 1930).

55 *FC*, p.60.

56 C. Hesse, *The Other Enlightenment: How French Women Became Modern* (Princeton, NJ, 2001), p.76.

57 L. Sterne, *A Sentimental Journey...to which are added the Journal to Eliza*, ed. I. Jack (Oxford, 1968), p.167.

58 關於他在《女俘虜》複本上寫的筆記：*BL*, 1417.a.5.

59 *IOL*, B/86, fol. 53.

60 William Hickey談迪格比・丹特與海豚號：*IOL*, Photo Eur 175/1, fol. 369; R.F. Mackay (ed.), *The Hawke Papers...1743– 1771*, Navy Records Society (1990), pp.441 and 447n.

61 *NA*, ADM 36/7581.

62 引自N. Papastergiadis, *The Turbulence of Migration* (2000), p.21.

63 E. Rothschild, 'A Horrible Tragedy in the French Atlantic', unpublished paper; 關於一七六三年之後，踏進「動態世界」的兩種迥異方式，見B. Bailyn, *Voyagers to the West: A Passage in the Peopling of America on the Eve of the Revolution* (New York, 1988); 以及R. Blackburn, *The Making of New World Slavery: From the Baroque to the Modern, 1492–1800* (1997).

64 *IOL*, O/5/29, Pt II, fols 119 *et seq*. 對於種族與膚色的態度總是很主觀的事情——就像當代人認知的一樣——這些態度在當時的次大陸尤其如此：見D. Ghosh, 'Who Counts as "Native"?: Gender, Race, and Subjectivity in Colonial India', *Journal of Colonialism and Colonial History* 6 (2005).

30 *FC*, p.66.

31 *FC*, pp.47, 49 and 93.

32 *FC*, pp.49, 83, 121; *FCMS* (unfol.).

33 *FC*, pp.54, 69.

34 *FC*, pp.43, 95, 103.

35 *FC*, 109; Spacks, *Imagining a Self*, p.58.

36 *FC*, pp.108– 9, 118.

37 *FC*, pp.118– 19; 伊莉莎白・馬許的出版商查爾斯・巴瑟斯特，名列一七五七年至一七六〇年間，參與一套九冊的亞歷山大・波普（Alexander Pope）著作集的印刷者之一。

38 *FC*, p.108.

39 預購者名冊收錄在《女俘虜》的一開始，藏於*BL*, 1417.a.5; 關於庫厄特，見*NA*, PROB 11/1183.

40 *FC*, p.103 (my italics).

41 *FCMS* (unfol.); *FC*, p.88.

42 T. Shadwell to J. Marsh, 5 April 1774, *William L. Clements Library*, Thomas Shadwell letterbook. 感謝Maya Jasanoff替我抄寫了這封信。F. Nussbaum, *Torrid Zones: Maternity, Sexuality, and Empire in Eighteenth-Century English Narratives* (Baltimore, MD, 1995), pp.11– 12.

43 *FC*, p.103; S. Tomaselli, 'The Enlightenment Debate on Women', *History Workshop Journal* 20 (1985), pp.101– 24.

44 關於《潘蜜拉》，信貸與債務，見M.C. Finn, *The Character of Credit: Personal Debt in English Culture, 1740– 1914* (Cambridge, 2003), pp.26– 34; and C. Flint, *Family Fictions: Narrative and Domestic Relations in Britain, 1688– 1798* (Stanford, CA, 1998), pp.171– 80.

45 *FB*, fols 24– 5.

46 關於這一點，我的想法得益於與史景遷的討論。

47 *Kent's Directory for 1766*, pp.7, 34 and 54.

48 關於這項資訊，我想感謝英格蘭遺產委員會（English Heritage）的Gareth Hughes。

49 D. Hancock, *Citizens of the World: London Merchants and the Integration of the British Atlantic Community, 1735– 1785* (Cambridge, 1995), pp.144, 213; 關於這些加勒比海角色，見ODNB條目。

14 *NA,* ADM 7/660, fol. 55; 'Plan of the Agent's dwelling-house and offices', *BL* Add. MS 11643.
15 *NA*, CO 91/12 (unfol.).
16 語出海豚號船務長，引自R. Cock, 'Precursors of Cook: The Voyages of the *Dolphin*, 1764– 8', *Mariner's Mirror* 85 (1999), p.42.
17 這一段對於查坦補給區的倉儲、屠宰程序的描述，是根據喬治・馬許在*CB*, I, fols 61– 70的筆記，以及他在一七七九年於國會所做的證詞，收入T. Baillie, *A Solemn Appeal to the Public, from an Injured Officer* (1779), pp.30– 3.
18 見Khalid Bekkaoui的介紹，*FC*, p.20.
19 關於出自女性的美洲殖民地俘虜敘事，見我的*Captives: Britain, Empire and the World, 1600– 1850* (2002), pp.137– 67; *FC*, p.41.
20 Aaron Hill為Eliza Haywood的*The Fair Captive* (1721)所寫的後記, p.xv; 在「柏柏里」的俘虜記述中有關性侵的主題，見我的'The Narrative of Elizabeth Marsh: Barbary, Sex and Power', in F. Nussbaum (ed.), *The Global Eighteenth Century* (Baltimore, MD, 2003), pp.138– 50.
21 *Critical Review* 28 (1769), p.213.
22 P.M. Spacks, *Imagining a Self: Autobiography and Novel in Eighteenth-Century England* (Cambridge, Mass., 1976), p.72; extract on 'Woman', in *CB*, I, fol. 79
23 H.R. Plomer *et al.* (eds), *A Dictionary of the Printers and Booksellers who were at Work in England, Scotland and Ireland from 1726 to 1775* (Oxford, 1932), p.20; 並見J. Raven, 'The Book Trades', in I. Rivers (ed.), *Books and Their Readers in Eighteenth-Century England: New Essays* (Leicester, 2001).
24 已知一七六九年共有三十六本書以預購方式出版，《女俘虜》是其中之一：R.C. Alston *et al., Eighteenth-Century Subscription Lists* (Newcastle upon Tyne, 1983); 關於預購制，見J. Brewer, *The Pleasures of the Imagination: English Culture in the Eighteenth Century* (1997), p.164.
25 *BL*, 1417.a.5.
26 藏於雪梨新南威爾斯省立博物館（State Library of New South Wales）的米切爾藏書室（Mitchell Library），貼有馬許家的藏書票。
27 見J. Mullan, *Sentiment and Sociability: The Language of Feeling in the Eighteenth Century* (Oxford, 1988)
28 *FC*, pp.41– 2, 60, 64, 67, 71, 92, 104, 106, 111.
29 *FB*, fol. 25.

2000), p.29.

第四章 寫作與遷徙

1 John Locke對於旅行文學魅力的懷想，引自J. Lamb, *Preserving the Self in the South Seas, 1680– 1840* (Chicago, 2001), p.55; 關於一七五〇年代風靡一時的旅遊文學，見P.J. Marshall and G. Williams, *The Great Map of Mankind: British Perceptions of the World in the Age of Enlightenment* (1982).

2 關於威廉森，見L. Colley, *Captives: Britain, Empire and the World, 1600– 1850* (2002), pp.188– 92.

3 J. Raven, *British Fiction 1750– 1770* (1987), p.19.

4 *Letters of the Right Honourable Lady M—y W—y M—e written during her travels in Europe, Asia and Africa* (3 vols, 1767), I, p.viii; 並見 I. Grundy, *Lady Mary Wortley Montagu* (Oxford, 1999), pp.117– 78, 625– 6.

5 關於布魯克、金德斯利與法肯布里奇，見*ODNB*的條目；關於蕭：E.W. Andrews and C. McLean Andrews (eds), *Journal of a Lady of Quality* (New Haven, CT, 1934).

6 威廉・馬斯格雷夫爵士的《女俘虜》複本上有他自己的筆記，今藏於*BL*, 1417.a.5; 關於書籍在圖書館的壽命，例見*A Catalogue of the Minerva General Library, Leadenhall-Street, London* (1795), p.76.

7 *Critical Review* 28 (1769), pp.212– 17; 並見*Monthly Review* 41 (1769), (1769), pp.212– 17; 又見*Monthly Review* 41 (1769), p.156. A. Forster, *Index to Book Reviews in England 1749– 1774* (Carbondale, Ill., 1990), p.203.

8 P. Hulme and T. Youngs (eds), *The Cambridge Companion to Travel Writing* (Cambridge, 2000), p.6.

9 倫敦的出版商常常用這句話來表示一位作者（因為某些原因）並不屬於那些經常寫作、出版的文人。

10 Navy Board to Philip Stephens, 1 October 1764: *NMM*, ADM/B/175; 關於米爾伯恩・馬許更早之前為直布羅陀做的規劃，見*NA*, ADM 140/1263 and 140/1264.

11 Commodore Spry to Navy Board, 5 March 1767, *NA*, ADM 106/1160/30; J.G. Coad, *The Royal Dockyards, 1690– 1850: Architecture and Engineering Works of the Sailing Navy* (Aldershot, 1989), pp.331– 3.

12 Coad, *Royal Dockyards*, p.4.

13 *Ibid.*, pp.13– 17.

73 *FB*, fol. 136; C. Wilkinson, *The British Navy and the State in the Eighteenth Century* (Rochester, NY, 2004), p.118.

74 C.L. Mowat, 'The First Campaign of Publicity for Florida', *Mississippi Valley Historical Review* 30 (1943), pp.361– 2.

75 *FB*, fol. 116; D.L. Schafer, 'Plantation Development in British East Florida: A Case Study of the Earl of Egmont', *Florida Historical Quarterly* 63 (1984), p.172.

76 Letter of JC dated August 1765: *MNHL*, Acc no. 09591.

77 有關詹姆斯・克里斯普得到授田的情況，見*NA*, T77/5 (East Florida Claims Commission)當中艾格蒙伯爵的檔案；C.L. Mowat, *East Florida as a British Province 1763– 1784* (Berkeley, CA, 1943).

78 Schafer, 'Plantation Development', pp.172– 83.

79 Egmont to J. Grant, 5 January 1767, *LC*, microfilm 22671, box 13; Schafer, 'Plantation Development'.

80 Egmont to J. Grant, 1 September 1768, *LC*, microfilm 22671, box 16.

81 *To the King's Most Excellent Majesty, the Memorial of John Earl of Egmont* (1764), p.21; Schafer, 'Plantation Development'.

82 Egmont to J. Grant, 1 September 1768, *LC*, microfilm 22671, box 16; 關於這些地籍圖，見http://www.floridahistoryonline.com/Plantations. 謝謝Daniel Schafer教授指點我這個網站，以及其他的協助。

83 W. Stork, *A Description of East Florida* (3rd edn, 1769), pp.v– vii, 2, 21.

84 e.g. *NA*, T77/5/5, fol.104.

85 *Gentleman's Magazine* 37 (1767), p.21; 一七六九年底，法蘭西斯・華倫死於東佛羅里達的聖奧古斯丁：見*NA*, ADM B/183.

86 D. Schafer, '"A Swamp of an Investment"? Richard Oswald's British East Florida Experiment', in J.G. Landers (ed.), *Colonial Plantations and Economy in Florida* (Gainesville, FL, 2000); *cf.* B. Bailyn, *Voyagers to the West: A Passage in the Peopling of America on the Eve of the Revolution* (New York, 1988), pp.430– 74.

87 *NA*, T77/9, file 7, fol.57; Egmont to J. Grant, 1 September 768, LC, microfilm 22671, box 16.

88 *NA*, T77/5/5, fol.88.

89 *FC*, p.41.

90 *Ibid.*; P. Mathias, 'Risk, Credit and Kinship in Early Modern Enterprise', in J.J. McCusker and K. Morgan (eds), *The Early Modern Atlantic Economy* (Cambridge,

54 Wilkins, *Smuggling Trade Revisited*, p.149.
55 *NA*, T1/453, fol. 302 *et seq.*; Wilkins, *Smuggling Trade*, p.149.
56 *NA*, T1/453, fols 302– 4, 310.
57 *NA*, T1/442, fol. 25.
58 *NA*, T1/453, fols 302– 4.
59 詹姆斯・克里斯普職涯中的這起事件，細節可以在*NA*, SP 79/23 (unfol.)找到，尤其是一七六四年六月十三日的紀錄。
60 *Ibid.*, translation of statement by Genoa's magistrates, 7 July 1764; *NA*, SP 44/138, fol.267.
61 *NA*, SP 79/23 (unfol.): Lord Halifax to the British Consul in Genoa, 25 September 1764, enclosing JC's reply.
62 JC to William Burke, 10 January 1766: *NA*, SP 46/151, fol. 5.
63 關於國際貿易中的匯票，L. Neal and S. Quinn, 'Networks of Information, Markets, and Institutions in the Rise of London as a Financial Centre, 1660– 1720', *Financial History Review* 8 (2001), pp. 7– 26有詳盡的說明。
64 Wilkins, *Smuggling Trade*, p.149; printed delivery notice dated 26 September 1765, *MNHL*, Acc 09591, James Crisp and Jacob Emery letters.
65 *AHPB*, Sebastià Prats, e.g. 26r– v, 10r– v and 406v–407v.
66 *Ibid.*, 24, 67r–68r, 74v–77r, 115v–116r; James Clegg to JC, 18 May 1764, *NA*, SP79/23 (unfol.).
67 *London Gazette*, 14– 17 March 1767; 並見 the notices on 18– 21 April and 28 April–2 May 1767.
68 *NAS*, CS/226/5171/7.
69 見J. Hoppit, *Risk and Failure in English Business 1700– 1800* (Cambridge, 1987); and M.C. Finn, 'Women, Consumption and Coverture in England, c.1760–1860', *Historical Journal* 39 (1996), pp. 703– 22.
70 見R. Boote, *The Solicitor's Guide, and Tradesman's Instructor, Concerning Bankrupts* (3rd edn, 1768). JC在一七六七年的破產管理人包括約翰・莫圖（John Motteux）——未來的東印度公司董事，這顯示詹姆斯・克里斯普在這個階段已有涉足亞洲貿易：*NAS*, CS226/5171/3.
71 *London Evening Post*, 26– 28 May 1767; *FB*, fol.28.
72 *FB*, fols 97– 109; 關於補給委員會，見D.A. Baugh, *British Naval Administration in the Age of Walpole* (Princeton, NJ, 1965), pp.373– 451.

一七六五年的帳目。

33 F. Wilkins, *The Smuggling Trade Revisited* (Kidderminster, 2004), p.14.

34 F. Wilkins, *Manx Slave Traders* (Kidderminster, 1999).

35 阿索爾公爵後來主張，主要是陶卜曼的「大量走私」在地理空間上和經濟上的規模，最終令倫敦決定直接控制這座島嶼：Wilkins, *Smuggling Trade*, p.22.

36 *FB*, fol. 28.

37 感謝Michela D'Angelo與Gigliola Pagano de Divitiis兩位教授提供的資料。

38 Egmont to J. Grant, 1 Sept. 1768, *LC*, microfilm 22671, box 16.

39 謝謝Derek Keene教授提供我對於倫敦這一區的專業分析；關於這裡極為多元的情況，見St Botolph Without Bishopsgate: *GL*, MS. 5419, vols 262– 5的濟貧登記冊。

40 她名列一七六九年伊莉莎白・馬許《女俘虜》一書的預購者：*BL*, 1417.a.5; 關於猶森夫婦與克里斯普夫婦曾為鄰居一事：*GL* MS 5419, vols 262–4.

41 *GL*, MS. 05038, vol.4.

42 我推測，他就是名列《女俘虜》預購者的那位奧爾姆醫師：*BL*, 1417.a.5.

43 *London Evening Post*, 28 February–3 March 1767.

44 *FB*, fol. 28, and concluding jottings.

45 *FB*, fol. 153.

46 *Ibid.*, fol. 189.

47 一七六三年，詹姆斯・克里斯普以一百英鎊年薪，請了一位「能寫法語與義大利語信件」的文書：*Liverpool R.O.*, D/Earle/3/3/5; 關於理想上不列顛商人應該能運用的語言，以及法語、西班牙語、德語與義大利語能力對於他們在歐洲以外地區生意的幫助，見W. Beawes, *Lex mercatoria rediviva: Or, the Merchant's Directory* (2nd edn, 1761), pp.30– 1.

48 *FCMS* (unfol.).

49 A.S. Skinner and R.H. Campbell (eds), *An Inquiry into the Nature and Causes of the Wealth of Nations* (2 vols, Oxford, 1976), I, p.426.

50 相關辯論見P.N. Miller, *Defining the Common Good: Empire, Religion and Philosophy in Eighteenth-Century Britain* (Cambridge, 1994), pp.88– 213.

51 Raynal, *A Philosophical and Political History* (1788 edn, 8 vols.), VIII, pp.195– 6.

52 關於另一位倫敦商人在此時受到的影響，見A.H. John, 'Miles Nightingale – Drysalter', *Economic History Review* 18 (1965), pp.152– 63.

53 *Speech of Edmund Burke*, p.34; *NA*, T1/434, fols 65 and 67.

(Cambridge, 1992); for Lavale′e, see *AHPB*, Sebastià Prats, 272v.

19 關於當時利沃諾與義大利其他地方的不列顛貿易商，見G. Pagano de Divitiis and V. Giura (eds), *L'Italia del secondo settecento nelle relazioni segrete di William Hamilton, Horace Mann e John Murray* (Naples, 1997) 收錄的外事報告。

20 K. Newman, 'Hamburg in the European Economy, 1660– 1750', *Journal of European Economic History* 14 (1985), pp.57– 93. 我們對於詹姆斯・克里斯普在漢堡的生意所知不多，但他在自己一七六六年的一份備忘錄中，提到漢堡是自己的重要市場之一：*NA*, T1/453, fol. 304.

21 D.J. Withrington, *Shetland and the Outside World 1469– 1969* (Oxford, 1983).

22 *Speech of Edmund Burke, Esq. on American Taxation* (2nd edn, 1775), p.34; R.H. Kinvig, *The Isle of Man: A Social, Cultural, and Political History* (Liverpool, 1975).

23 *NA*, T1/434, Pt 2, fol. 60.

24 *AHPB*, Sebastià Prats, 32 r– v, 35 r– v, 67r–68r, 440r–441r.

25 例見Rowland Crisp's voyages in *NA*, CO 142/18; and *Boston Evening Post*, 31 December 1759提到羅蘭・克里斯普航程的部分。

26 *Lloyd's Register 1764* (1963 repr.), unpag. 一艘船在檯面上的目的地，不必然就是這艘船所造訪的港口總數。

27 *AHPB*, Sebastià Prats, 135, 8 April 1763; 並見克里斯普兄弟公證人文件中的其他戰時信件。

28 *AHPB*, Sebastià Prats, 21, 343v–345v.

29 Divitiis and Giura, *L'Italia del secondo settecento*, pp. 285 and 288; F. Trivellato, 'Trading Diasporas and Trading Networks in the Early Modern Period: A Sephardic Partnership of Livorno in the Mediterranean, Europe and Portuguese India c.1700–1750', Brown University Ph.D. diss., 2004.

30 顯示這三人可能在詹姆斯・克里斯普之後不久破產：見*London Gazette*, 7– 11 July 1767.

31 見喬治・摩爾寫給詹姆斯與山謬・克里斯普的信，例如4 October 1752: *MNHL*, MSS 501C; and F. Wilkins, *George Moore and Friends: The Letters from a Manx Merchant (1750– 1760)* (Kidderminster, 1994).

32 *MNHL*, Acc no. MS 09591: 詹姆斯・克里斯普與雅各・埃梅里在一七六〇年至一七六五年間寄給約翰・陶卜曼的信；約翰・陶卜曼在一七六四年與

II, pp.220– 1; *NA*, PROB 11/829.

4 *FC*, p. 120.

5 *FB*, fol. 20.

6 *FC*, pp. 43– 4, 120.

7 R. Porter, 'The Crispe Family and the African Trade in the Seventeenth Century', *Journal of African History* 9 (1968), pp.57– 77; P.E.H. Hair and R. Law, 'The English in Western Africa to 1700': N.Canny (ed.), *The Oxford History of the British Empire. Vol I: The Origins of Empire* (Oxford, 1998), pp. 241– 63.

8 關於這個宗族的複雜性與離散，見F.A. Crisp, *Collections relating to the family of Crispe...1510– 1760* (1882), pp. 1– 76.

9 A. Farrington *et al.* (eds), *The English Factory in Taiwan 1670– 1685* (Taipei, 1995), pp.3– 16, 50– 118.

10 關於伯瑞許這一支（詹姆斯・克里斯普與伊莉莎白・馬許為了紀念，將兒子命名為伯瑞許），見*NA*, PROB 11/958; 克里斯普家也有親戚在梅諾卡：John Crisp's letter from Mahón to John Russell, 12 January 1734: *NMM*, MS 83/135 (unfol.).

11 M. Ogborn, *Spaces of Modernity: London's Geographies, 1680– 1780* (New York, 1998), p.20.

12 P. Gauci, *The Politics of Trade: The Overseas Merchant in State and Society, 1660– 1720* (Oxford, 2001), p.74. 關於這個時其商人的生活與工作條件，還有其他珍貴的探討，如：J.M. Price, 'What Did Merchants Do? Reflections on British Overseas Trade, 1660– 1790', *Journal of Economic History* 49 (1989), pp. 267– 84, and D. Hancock, *Citizens of the World: London Merchants and the Integration of the British Atlantic Community, 1735– 1785* (Cambridge, 1995).

13 *FB*, fol. 97; *NA*, PROB 11/1053.

14 *FC*, p.120; 伊莉莎白號從直布羅陀啟航，一七五七年二月二十六日抵達布里斯托。感謝Kenneth Morgan教授提供這條資料。

15 *NA*, ADM 1/3833, fols 97 and 252.

16 *FB*, fol. 20; K. Ellis, *The Post Office in the Eighteenth Century* (1958), pp.34– 6; *Postal Museum and Archive*, POST 103/5 and 1/8.

17 C.J. French, 'London's Overseas Trade with Europe 1700– 1775', *Journal of European Economic History* 23 (1994), pp. 475– 501.

18 J.K.J. Thomson, *A Distinctive Industrialization: Cotton in Barcelona, 1728–1832*

(ed.), *The Global Eighteenth Century* (Baltimore, 2003), pp.140– 1.

66 W. Lempriere, *A Tour from Gibraltar to Tangier, Sallee, Mogodore, Santa Cruz, and Tarudant* (3rd edn, Richmond, 1800), p.259; 這段陳述毫無疑問是帶有偏見的，其事實的精確性已經有學者質疑，見：A. Farouk, 'Critique du livre de Lempriere par un temoin de l'epoque', *He´ speris-Tamuda* (1988– 89), pp.105– 37.

67 *FC*, p.92; 關於不列顛俘虜在摩洛哥的待遇，以及他們在當地遭受拘留的時間長短，見我的*Captives*, pp.48– 72, 88– 98.

68 Madeline Zilfi即將出版一本關於談鄂圖曼帝國中東地區女性奴隸的新書，書中將會探討這個主題，我已從與她的交流中獲益甚多。在她的書出版之前，可參考：C.C. Robertson and M.A. Klein (eds), *Women and Slavery in Africa* (Madison, Wisc., 1983), and J.O. Hunwick, 'Black Slaves in the Mediterranean World', in E. Savage (ed.), *The Human Commodity: Perspectives on the Trans-Saharan Slave Trade* (1992).

69 *FC*, p.91.

70 我特別感謝Madeline Zilfi澄清這一點。有關阿勒沃那節制的例子，見*NA*, ADM 1/383, fols 510 and 512.

71 EM在*FC*, p.94似乎流露出對阿勒沃那的感謝。

72 *FC*, pp.95– 6.

73 命令在一七五六年十月七日下達，紀錄在*NMM*, HWK/4 (unfol.).

74 波特蘭號航海日誌，*NA*, ADM 51/3941, and *NMM*, ADM/L/P/205.

75 *NA*, ADM 1/383, fols 508, 512.

76 見波特蘭號航海日誌：*NA*, ADM 51/3941; 關於西底・穆罕默德的交涉，見*NA*, ADM 1/383, fol. 514.

77 *FC*, pp.112, 116, 118.

78 *FC*, p.117.

79 *FC*, p.103.

80 *FC*, pp.83, 104.

81 *FC*, p.105.

第三章　起家倫敦，眼望美洲

1 *FC*, pp. 119– 20.

2 *FB*, fol. 20; *FC*, pp.43 and 120.

3 L. Namier and J. Brooke (eds), *The House of Commons 1754– 1790* (3 vols, 1964),

B'Abd Allâh 1757– 1790', London University Ph.D diss., 1989, pp.231– 4.

45 A.K. Bennison, 'Muslim Universalism and Western Globalization', in A.G. Hopkins (ed.), *Globalization in World History* (2002), p.84; 並見El Moudden, '*Sharifs* and *Padishahs*', pp.224– 300.

46 見*NA*, SP 71/19, fol. 251的報告; Bennison, 'Muslim Universalism', pp.74– 97.

47 *FC*, p.77; R.L. Diaz, 'El sultán 'Alawi Sîdi Muhammad...y sus sueños de hegemonía sobre el Islam Occidental', in J.M. Barral (ed.), *Orientalia Hispanica* (Leiden, 1974).

48 見J. Caille', *Les Accords internationaux du sultan Sidi Mohammed ben Abdallah* (Paris, 1960).

49 P.H. Roberts and J.N. Tull, 'Moroccan Sultan Sidi Muhammad Ibn Abdallah's Diplomatic Initiatives Towards the United States, 1777– 1786', *Proceedings of the American Philosophical Society* 143 (1999), pp.233– 65; *NA*, FO 52/1, fol. 47.

50 二〇〇五年，Frank Stewart教授在普林斯頓大學的演講'The Tribal Background to the Contemporary Arab World'對我幫助極大; *FC*, p.66.

51 Harrak, 'State and Religion', p.287.

52 *NMM*, JOD/157/1– 3, fol. 2; Bennison, 'Muslim Universalism', p.93.

53 E.R. Gottreich, 'Jewish Space in the Moroccan City: A History of the *Mellah* of Marrakech, 1550– 1930', Harvard University Ph.D diss., 1999; *FC*, pp.77, 113.

54 *FC*, p.78.

55 See *infra*, pp.134– 60.

56 *FC*, pp.78– 80; 伊莉莎白・馬許對於這些手鐲的反應，紀錄在*FB*, fol. 26.

57 *FC*, pp.81– 3.

58 *FC*, pp.83– 4.

59 *FC*, p.84.

60 John Stimson從奴隸視角看到的王宮內部裝潢：*NMM*, JOD/7; 關於西底・穆罕默德對西方出口品與再出口品的偏好，其他的說法見Bennison, 'Muslim Universalism', p.85.

61 *FC*, pp.87 and note, and 88.

62 *FC*, p.89.

63 *NMM*, JOD/7 (unfol.); *FC*, p.89.

64 *FC*, pp.90– 3.

65 見我的'The Narrative of Elizabeth Marsh: Barbary, Sex and Power', in F. Nussbaum

26 這種中間人是經過挑選、訓練，能輕鬆遊走於馬格里布與各個基督教政權之間，進行遊說。無論是中間人本身，還是西底・穆罕默德對他們的招募與運用，都值得更加深入探討。

27 *FC*, pp.59– 60.

28 *NA*, SP 71/20, Part I, fols 183, 187.

29 有關海盜對英格蘭（以及後來的不列顛）在運輸、宗教與政治方面的衝擊，見我的*Captives: Britain, Empire, and the World, 1600– 1850* (2002), pp.23– 134.

30 見*ibid.*, p.391羅列的文獻，以及R.C. Davis, 'Counting European Slaves on the Barbary Coast', *Past and Present* 172 (2001), pp.87– 124.

31 'Boscawen's Letters to his Wife', p.236.

32 Colley, *Captives,* pp.65– 72.

33 General Thomas Fowke, Governor of Gibraltar, to London, 2 January 1756: *NA*, CO 91/12 (unfol.).

34 *NA*, ADM 1/383, fol. 279; 關於阿勒沃那，見Fowke to Henry Fox, 12 March 1756: *NA*, CO 91/2 (unfol.).

35 *NA*, ADM 1/383, fol. 279.

36 Höst is quoted by Khalid Bekkaoui in *FC*, p.8; P.G. Rogers, *A History of Anglo-Moroccan Relations to 1900* (1970), pp.95– 104.

37 *FC*, pp.65– 73.

38 *FC*, pp.68– 9, 72.

39 *FC*, p.73.

40 *FC*, pp.73– 4.

41 E.P. Thompson, 'Rough Music', in *Cultures in Common: Studies in Traditional Popular Culture* (1991), pp.467– 538; *FC*, pp.74– 5有非常經典的說明。

42 關於當時的摩洛哥皇家儀式，見A. El Moudden, '*Sharifs* and *Padishahs*: Moroccan – Ottoman Relations from the Sixteenth Through the Eighteenth Centuries', Princeton University Ph.D diss., 1992; *FC*, pp.75– 7.

43 John Stimson, 'Misfortunes that Befell HMS Lichfield on the Coast of Barbary', a naïve but extraordinary slave account: *NMM*, JOD/7 (unfol.); 其他歐洲人對西底・穆罕默德的醒目外表的評論，見西底・穆罕默德*FC*, p.87n.

44 Stimson's account of the Sultan's daily routine: *NMM*, JOD/7; F. Harrak, 'State and Religion in Eighteenth-Century Morocco: The Religious Policy of Sidi Muhammad

Mediterranean, 1752– 5', *Mariner's Mirror* 90 (2004), pp.42– 50; P. Gould, 'Lisbon 1755: Enlightenment, Catastrophe, and Communication', in D. Livingstone and C.W.J. Withers (eds), *Geography and Enlightenment* (Chicago, 1999).

7 H.W. Richmond, *Papers Relating to the Loss of Minorca in 1756*, Navy Records Society (1913), pp.208– 9; Desmond, *Minorca,* pp.172– 8.

8 Richmond, *Papers Relating to the Loss of Minorca*, pp.xxxi and xxxiv.

9 *NA,* ADM 1/383, fol. 335; Desmond, *Minorca*, pp.168– 78.

10 'Boscawen's Letters to his Wife, 1755– 1756', in *The Naval Miscellany*, 4, ed. C. Lloyd (1952), p.214. 喬治・馬許在他的《家族資料集》裡宣稱，法軍登陸梅諾卡的時候，伊莉莎白・馬許是先逃到巴塞隆納。我在這裡採用伊莉莎白・馬許自己的說法。

11 *NMM*, ADM B/153, letter of 11 June 1756.

12 *NMM*, MRF/14: Journal of the siege of Menorca (microfilm) and ADM/L/P/327: Log of *Princess Louisa*.

13 *NA*, ADM 1/383, fol. 388; MM's report is quoted in *The Trial of the Honourable Admiral John Byng* (1757), p.9.

14 James Lind, *Three Letters Relating to the Navy, Gibraltar, and Port Mahon* (1757), p.115.

15 例見*BL*, Add.MS 35895, fol. 252.

16 *NA*, ADM 1/383, fol. 388.

17 *Ibid.*, fol. 473; 關於馬許家人的薪資，見*NA*, ADM 7/813, fol. 25 and 7/814, fol. 29.

18 安號的乘客與船務長名單收入在*NA*, ADM 1/2108.

19 Logbooks for *Gosport* from Plymouth and on from Gibraltar: *NA*, ADM 51/406, and *NMM*, ADM/L/G/77.

20 *FC*, p.44.

21 *FC*, pp.45– 7.

22 *NA,* SP 71/20, fol. 183.

23 *FC*, pp.47– 53.

24 詹姆士・克里斯普與約瑟夫・波潘姆初期從摩洛哥寄出的信，副本見*NA*, SP 71/20, Part I, fols 65, 67 and 69; *FB*, fol. 21.

25 十八世紀中葉的英語用法，「黝黑」（dark）用來描述膚色的時候，就像「黑」（black），不必然帶有種族意味；*FC*, p.54.

法，有些細節與J.M. Collinge, *Navy Board Officials, 1660– 1832* (1978), p.121 有出入。

71 *FB*, entry for 10 October 1745.

72 D.M. Peers, 'Between Mars and Mammon: The East India Company and Efforts to Reform its Army, 1796– 1832', *Historical Journal* 33 (1990), p.389.

73 George Marsh MSS. (unsorted).

74 J.B. Hattendorf *et al.* (eds), *British Naval Documents, 1204– 1940*, Navy Records Society (1993), p.461

75 GM, 'Rough memorandum book', c.1799, included in *FB*, at pages at the back of the volume.

76 *CB*, fols 47, 79, and prayer at the back of the volume; *FB*, fol. 78. 喬治．馬許的諂媚有個活靈活現的例子，見一七八五年五月十三日他寫給桑威治勛爵的信：「能以行動展現我對於真正偉大而尊貴的閣下您，在所有處境下的高瞻遠矚之敬意，將帶給我最大的快樂。我將是勛爵閣下最順服、最不遺餘力也最謙卑的僕人，對閣下您抱持最大的敬意」，*NMM*, SAN/F/40/27. 此時，桑威治還欠喬治．馬許錢。

77 *FB*, entry for 1755; *NA*, ADM 6/18, fol. 120.

78 *NA*, ADM 7/813, fol. 25.

第二章 與伊斯蘭相遇非洲

1 關於島上的不列顛人，見D. Gregory, *Minorca, the Illusory Prize* (1990).

2 關於伊莉莎白．馬許的騎馬裝與音樂鑑賞力，見*FC*, p.43, 並見 pp.78 and 109; *The Importance of the Island of Minorca and Harbour of Port-Mahon* (1756), pp.25– 6 and 60介紹馬許家生活在梅諾卡時所住的島嶼療養院島（又名見血島〔Bloody Island〕）。

3 *Importance of the Island*, p.26; J.G. Coad, *The Royal Dockyards 1690– 1850: Architecture and Engineering Works of the Sailing Navy* (Aldershot, 1989), pp.329– 40.

4 *Importance of the Island*, p.40.

5 引自Gregory, *Minorca*, p.108.

6 自從一七五五年九月初，得知愛德華．布拉多克（Edward Braddock）將軍在北美的莫農加希拉（Monongahela）戰敗之後，皇家海軍便開始扣押地中海的法國船隻：D. Syrett, 'A Study of Peacetime Operations: The Royal Navy in the

56.

54 一七四九年，他的名字出現在「已退休」的朴茨茅斯船工名單中：*NA*, ADM 7/658, fol. 49.

55 關於尚・杜瓦爾，見*NA*, PROB 11/844; 伊莉莎白・馬許對自己法文能力的說法，見*FC*, p.90.

56 J. DeVries, 'The Industrial Revolution and the Industrious Revolution', *Journal of Economic History* 54 (1994), pp.249– 70.

57 米爾伯恩・馬許致書海軍委員會，一七六五年五月三十日（副本），*NMM* ADM/B/177.

58 *Regulations and Instructions*, pp.113– 14.

59 R. Campbell, *The London Tradesman* (1747), p.299.

60 *IJ*, p.3.

61 *NA,* ADM 106/938, fols 222, 234– 8.

62 米爾伯恩・馬許對指控的回答，*ibid.*, fol. 236.

63 *Ibid.*

64 關於米爾伯恩・馬許在土倫艦隊戰之前的工作，可參考他的報告，收入*NA,* ADM 1/381; and ADM 36/2098: 那慕爾號名冊。

65 Minutes of court martial of Admiral Thomas Mathews, 1746, evidence of Milbourne Marsh: *NA*, ADM 1/5279; 關於土倫一戰的背景與相關辯論，見N.A.M. Rodger, *The Command of the Ocean: A Naval History of Britain, 1649– 1815* (2004), pp.242– 5.

66 *NA*, ADM 1/5279: 米爾伯恩・馬許的證詞；*A Narrative of the Proceedings of His Majesty's Fleet* (1744), p.63.

67 M. Hunt, 'Women and the Fiscal-Imperial State in the Late Seventeenth and Eighteenth Centuries', in K. Wilson (ed.), *A New Imperial History: Culture, Identity and Modernity in Britain and the Empire, 1660– 1840* (Cambridge, 2004), pp.29– 47.

68 *NA*, ADM 106/938, fol. 236; 我推測伊莉莎白・馬許的兩個兄弟都出生在海上，因為他們沒有在任何教區紀錄中登記。

69 引自C. Flint, *Family Fictions: Narrative and Domestic Relations in Britain, 1688– 1798* (Stanford, CA, 1998), p.143; 關於米爾伯恩・馬許此時在查坦造船廠的薪水，見*NA*, ADM 42/42 and 43.

70 *FB*, entries for February 1737 and May 1744; 喬治・馬許對於自己職涯早期的說

1982).

40 關於庫裘的離開，見魯珀特號名冊：*NA*, ADM 36/3167. 一七三八年，有一位「約翰・庫裘」(仍然是奴隸）在羅亞爾港為王家海軍擔任補漏工人：*NA*, ADM 106/901, fol. 22.

41 關於牙買加殖民上層社會逐漸表露的焦慮，見*Calendar of State Papers Colonial Series; America and West Indies...1734– 1735* (1953), pp.32, 49– 51, 91, 102– 3, 188– 90, 257– 8, 321– 2, and 407– 9.

42 米爾伯恩・馬許可能有段時間仍在羅亞爾港保留有一些財產。一七三七年時，他在當地仍有朋友代他繳稅：'A list of the deficiency tax for the parish and precincts of Port Royal', *JA*, 2/19/1– 4 (unfol.).

43 Log of the *Kingston*, *NMM*, ADM L/K 40A; 關於女性乘坐皇家海軍戰艦，見Rodger, *The Wooden World*, pp.67– 76.

44 整本書中，除非有特別說明，否則出生、受洗、結婚、死亡與下葬的詳細日期，我都是參考Familysearch.org網站。

45 *NA*, ADM 6/14, fol. 221; 米爾伯恩・馬許效力於迪爾堡號與劍橋號的時間可以從*NA*, ADM 36/730, 736, and 437找到。

46 C.R. Markham (ed.), *Life of Captain Stephen Martin 1666– 1740*, Navy Records Society (1895), p.210.

47 D.A. Baugh, *British Naval Administration in the Age of Walpole* (Princeton, NJ, 1965), pp.262– 340 ; J. Coad, *The Royal Dockyards 1690–1850: Architecture and Engineering Works of the Royal Navy* (Aldershot, 1989), pp.1– 13.

48 引自J.H. Thomas, *Portsmouth and the East India Company 1700–1815* (1999), p.34.

49 Coad, *Royal Dockyards*, p.3.

50 見Thomas, *Portsmouth and the East India Company*, *passim*; J.J. Cartwright (ed.), *The Travels Through England of Dr. Richard Pococke*, Camden Society (2 vols, 1888– 89), II, p.115提到Anson繞行世界時得到的戰利品塔幣。

51 *FC*, p.43.

52 這一段與接下來的段落，是利用*FB*裡的'Memorandums that I have heard of father's and mother's families'所寫；關於老喬治・馬許，見*NA*, ADM 7/810, fol. 15.

53 這段故事或有幾分真實。約翰・米爾伯恩在遺囑中以「紳士」自居。根據他的遺囑，米爾伯恩・馬許的母親只得到五先令遺產：*Hampshire RO*, 1722, A

(1977), pp.40– 4並未列入她的名字。

25 *FB* (unfol.).

26 這不見得重要。根據John Gillis，近代早期英格蘭「墓誌銘的目的不是為記憶一個人，而是在提醒，墓主是某種類型的人」：*A World of Their Own Making* (New York, 1996), p.35.

27 *JA* 2/19/1– 4: 'A list of the white inhabitants of this parish'; 寡婦伯舍也列在羅亞爾港一七三九年、一七四〇年與一七四一年的人頭稅清冊上。

28 一六七八年，有一位珍·伯爾謝爾（Jane Bourchier）被列入紀錄，記載她在島上擁有一千零二十英畝的土地：*JA,* 1B/11/1, index to patents; 關於土地位於聖凱薩琳教區（St Catharine's parish）的地主查爾斯·伯爾謝爾，見*IRO*, Court wills, Liber 17, Part I, fol. 60.

29 Brathwaite, *Development of Creole Society*, p.301.

30 Sir John Fielding quoted in P. Earle, *Sailors: English Merchant Seamen 1650–1775* (1998), preface.

31 P. Wright, *Monumental Inscriptions of Jamaica* (1966), p.vi. 關於水手的經典描述，特別是他們的獨特之處：見M. Rediker, *Between the Devil and the Deep Blue Sea: Merchant Seamen, Pirates, and the Anglo-American Maritime World, 1700– 1750* (Cambridge, 1987).

32 Raynal, *Philosophical and Political History* (4 vols, 1776, Dublin edn), IV, p.464.

33 皇家海軍風氣相對開放，最有名的受益者之一，可見V. Carretta, *Equiano the African* (2006); and W.J. Bolster, *Black Jacks:African American Seamen in the Age of Sail* (Cambridge, Mass., 1997).

34 *NA,* ADM 33/342：魯珀特號薪金簿。

35 H. Lee, *Body Parts: Essays in Life-Writing* (2005), p.6; 原圖出自Julian Barnes之手。

36 K. Wilson, *The Island Race: Englishness, Empire and Gender in the Eighteenth Century* (2003), p.148.

37 B. Anderson, *Imagined Communities* (rev. edn, 1991), p.166.

38 見T. Burnard, 'A Failed Settler Society: Marriage and Demographic Failure in Early Jamaica', *Journal of Social History* 28 (1994), pp.63– 82; *IRO*, Port Royal copy register, 1725– 1835, I: entry for 2 July 1730.

39 *JA*, House of Assembly journals, 1B/5/1//10, fols 197 and 204; Michael Craton, *Testing the Chains: Resistance to Slavery in the British West Indies* (New York,

1998.

10 T. Burnard, 'European Migration to Jamaica, 1655– 1780', *William and Mary Quarterly* 53 (1996), pp.769–96.

11 關於近代早期死亡四伏的牙買加，見V.A. Brown, 'Slavery and the Spirits of the Dead: Mortuary Politics in Jamaica, 1740–1834', Duke University Ph.D diss., 2002.

12 *NMM*, ADM /L/K 40A: entry for 22 July 1732; Edward Long後來主張在一七三四年，共有四千五百七十名奴隸在羅亞爾港下船：*BL* Add.MS 12435, fol. 17.

13 引自K. Brathwaite, *The Development of Creole Society in Jamaica, 1770– 1820* (Kingston, 2005 edn), p.223.

14 人員的傷亡可以從京斯敦號一七三二年至一七三三年的名冊中看出：*NA*, ADM 36/1662; *BL* Add.MS 12427, fol. 102.

15 N.A.M. Rodger, *The Wooden World: An Anatomy of the Georgian Navy* (1986), pp.98– 9.

16 *Regulations and Instructions Relating to His Majesty's Service at Sea* (1746 edn), p.113;並見Rodger, *The Wooden World*, pp.20– 1, 39, 66.

17 *NA*, ADM 36/727 and ADM 36/3166：迪爾堡號與魯珀特號的名冊。

18 *IRO*, Kingston copy register 1721– 1825: Marriages, I, fol. 9. 米爾伯恩・馬許在她的墓碑上宣稱自己的第一任妻子死於一七七六年時，年紀是六十八歲。這一點沒有其他已知的文獻可以佐證。

19 *IRO*, Court wills, Liber 19, Part 2, fol. 188. 這份遺囑在一七三四年十二月四日列入紀錄，因此伊凡斯想必至少是在這個日期之前幾週便過世了；T. Burnard, 'Inheritance and Independence: Women's Status in Early Colonial Jamaica', *William and Mary Quarterly* 48 (1991), pp.95– 6.

20 *JA*, 2/19/1– 4 (unfol.)：許可證在一七三四年八月十三日登錄。

21 見T. Burnard, 'Slave Naming Patterns: Onomastics and the Taxonomy of Race in Eighteenth-Century Jamaica', *Journal of Interdisciplinary History* 31 (2001), pp.325– 46; Evans' inventory is at *JA*, 1B/11/3/17, fols 132– 3.

22 'A list taken...of all and every negro slave', *JA*, 2/19/1– 4 (unfol.).

23 *JA*, Letters Testamentary, 1B/11/18/4, fol. 91; *IRO*, Kingston Copy Register 1721– 1825: Marriages, I, fol. 91.

24 比方說，J. and M. Kaminkow, *A List of Emigrants from England to America, 1718– 1759* (Baltimore, MD, 1964); or in David Galenson's addendum: 'Agreements to Serve in America and the West Indies, 1727– 31', *Genealogists' Magazine* 19

York, 1983), pp.68– 9.

12 C. Wright Mills, *The Sociological Imagination* (New York, 1959), pp.4–5, 7.

第一章　出加勒比

1 見Lieutenant's log: *NMM*, ADM/L/K 40A.

2 'State of Jamaica', c.1735: *NA*, PC 1/58/3. 關於島上土地所有權與糖生產活動的轉變，見B.W. Higman, *Jamaica Surveyed: Plantation Maps and Plans of the Eighteenth and Nineteenth Centuries* (Kingston, 1988); and R.S. Dunn, *Sugar and Slaves: The Rise of the Planter Class in the English West Indies, 1624– 1713* (Chapel Hill, NC, 1972).

3 關於加勒比海地區「早熟的近代」，例見P.D. Morgan, 'The Caribbean Islands in Atlantic Context, circa 1500– 1800', F. Nussbaum (ed.), *The Global Eighteenth Century* (Baltimore, MD, 2003), pp.52– 64, and R. Drayton, 'The Collaboration of Labour: Slaves, Empires and Globalization in the Atlantic World, c.1600– 1850', in A.G. Hopkins (ed.), *Globalization in World History* (2002), pp.98– 114.

4 D. Eltis, *The Rise of African Slavery in the Americas* (Cambridge, 2000), p.136; T. Burnard and K. Morgan, 'The Dynamics of the Slave Market and Slave Purchasing Patterns in Jamaica, 1655– 1788', *William and Mary Quarterly* 58 (2001), pp.205–28.

5 M. Pawson and D. Buisseret, *Port Royal, Jamaica* (Oxford, 1975), pp.98– 9 and *passim*; 並見 N. Zahedieh, 'Trade, Plunder, and Economic Development in Early English Jamaica, 1655– 89', *Economic History Review* 39 (1986), pp.205– 22; and her 'The Merchants of Port Royal, Jamaica, and the Spanish Contraband Trade, 1655– 1692', *William and Mary Quarterly* 43 (1986), pp.570– 93. 我們需要一套新的、全面概論的歷史，將羅亞爾港牢牢放置在整體美洲、非洲、歐洲以及亞洲的脈絡中看待。

6 *A Philosophical and Political History of the Settlements and Trade of the Europeans*, trans. J.O. Justamond (6 vols, 1788 edn), VI, pp.340– 1.

7 C. Leslie, *A New History of Jamaica* (1740), p.25.

8 A.D. Meyers, 'Ethnic Distinctions and Wealth Among Colonial Jamaican Merchants, 1685– 1716', *Social Science History* 22 (1998), pp.47– 81.

9 引自Morgan, 'Caribbean Islands', p.63; H.C. De Wolf, 'Chinese Porcelain and Seventeenth-Century Port Royal, Jamaica', Texas A & M University Ph.D. diss.,

緒論

1 *The Theory of Moral Sentiments* (4th edn, 1774), p.272.

2 見V. Carretta, *Equiano the African: Biography of a Self-Made Man* (2006).

3 引自P. Horden and N. Purcell, *The Corrupting Sea: A Study of Mediterranean History* (Oxford, 2000), p.27.

4 J. L. Abu-Lughod, *Before European Hegemony: The World System A.D. 1250–1350* (New York, 1989); D.O. Flynn and A. Giraaa´ldez, 'Born With a "Silver Spoon": The Origin of World Trade in 1571', *Journal of World History* 6 (1995), pp.201– 21.

5 有關十八世紀中葉這段時期，如何影響了對全球連結的信念，一個優雅的論證請見：R. Koselleck, *Futures Past: On the Semantics of Historical Time*, trans. K. Tribe (Cambridge, Mass., 1985); *Philosophical and Political History of the Settlements and Trade of the Europeans in the East and West Indies*, trans. J.O. Justamond (6 vols, 1798 edn), I, p.2; T.W. Copeland *et al.* (eds), *The Correspondence of Edmund Burke* (Cambridge, 10 vols, 1958– 78), III, pp.350-1.

6 太平洋盆地「在近代之前，就已經是頻繁交流發生的地點」，但主要發生在非歐洲水手之間：見E. Manke, 'Early Modern Globalization and the Politicization of Oceanic Space', *Geographical Review* 89 (1999), pp.225– 36; *The Universal Pocket Companion* (1760), p.3.

7 C. Tang, 'Writing World History: The Emergence of a Modern Global Consciousness in the Late Eighteenth Century', Columbia University Ph.D. diss., 2000, p.102.

8 Thomas Salmon, *A New Geographical and Historical Grammar: Wherein the Geographical Part is Truly Modern* (12th edn, Dublin, 1766), preface.

9 對於這一點，Emma Rothschild's Tanner Lectures on 'The Inner Life of Empires' at Princeton University in April 2006大大加強了我的體認。

10 對於正在進行中的大量研究，以下是兩篇近期的介紹：R. Grew, 'Expanding Worlds of World History', and M. Lang, 'Globalization and its History', *Journal of Modern History* 78 (2006), pp.878– 98 and 899– 931. F. Cooper, 'What is the Concept of Globalization Good For? An African Historian's Perspective', *African Affairs* 100 (2001), pp.189– 213，此文擲地有聲地論據了全球史經常只是把西方經驗加以普世化——伊莉莎白・馬許的經歷正是挑戰了這種把西方經驗普世化的全球史。

11 C. Geertz, *Local Knowledge: Further Essays in Interpretive Anthropology* (New

FCMS –《女俘虜》手稿

這份手稿出處不明。儘管手稿標題為「她在柏柏里受俘的故事」，但並非伊莉莎白·馬許的手跡。手稿顯然是早期版本的《女俘虜》，是EM在一七六九年的英格蘭查坦所寫，而非在一七五六年的摩洛哥，手稿中有許多事實上的錯誤，但也有些和出版的版本不重複的材料。今藏於Special Collections department of the Charles E. Young Research Library, University of California, Los Angeles (Bound Manuscript 170/604).

IJ – 印度日記（Indian Journal）

由伊莉莎白·馬許在一七七四年十二月至一七七六年七月間，遊歷印度次大陸東部與南部時所寫。關於手稿的介紹，見*infra*, pp.187–8, 203。印度日記與*FCMS*裝訂在一起，今藏於前述的Charles E. Young Library。

c) 檔案館與圖書館

AHPB – Arxiu Històric de Protocols, Barcelona, Spain
BL – British Library, London, England
GL – Guildhall Library, London, England
IOL – India Office Library in the British Library, London, England
IRO – Island Record Office, Twickenham, Jamaica
JA – Jamaica Archives, Spanish Town, Jamaica
LC – Library of Congress, Washington, DC, USA
MNHL – Manx National Heritage Library, Douglas, Isle of Man
NA – National Archives, Kew, England
NAS – National Archives of Scotland, Edinburgh, Scotland
NMM – National Maritime Museum, Greenwich, England
RO – Record Office

d) 印刷品

HMC – Reports of the Royal Commission on Historical Manuscripts
ODNB – Oxford Dictionary of National Biography (online version)
Parl. Hist. – William Cobbett, *The Parliamentary History of England from the Earliest Period to 1803* (36 vols, 1816)

註解

縮寫

註解中將使用以下縮寫：

a) 個人

EM – 伊莉莎白・馬許（Elizabeth Marsh）
GM – 喬治・馬許（George Marsh）
GS – 喬治・謝伊（George Shee）
JC – 詹姆斯・克里斯普（James Crisp）
JM – 約翰・馬許（John Marsh）
MM – 米爾伯恩・馬許（Milbourne Marsh）

b) FAMILY WRITINGS

CB –《備忘錄》（Commonplace Book）
由伊莉莎白・馬許的叔叔喬治・馬許彙編的一套兩冊備忘與剪報本。其中有各種主題的筆記，以及各種文學與報紙的摘錄，今藏於Wellcome Library, London (MSS.7628–9).

FB –《家族資料集》（Family Book）
一部頁碼不齊的合輯，內有馬許家族史、當代社會觀察，與自傳筆記，同樣由喬治・馬許彙編，彙編時間為一七九〇年代。原始手稿為以白色皮革精裝的書脊，大理石紋的封面，內容將近兩百頁，目前為私人所有。線上版可見於：www.jjhc.info/marshgeorge1800diary.htm.

FC –《女俘虜》（*The Female Captive*）
本書由伊莉莎白・馬許以匿名方式在一七六九年發表。註腳中提到的頁數，皆來自Khalid Bekkaoui編輯過的版本（Moroccan Cultural Studies, Casablanca, 2003）。Bekkaoui教授與Felicity Nussbaum現正著手將《女俘虜》與伊莉莎白・馬許的印度日記編為一本新版。

journey from there back to Dacca' (IJ)

Library of Congress, Washington

Microfilm 22671: Governor James Grant papers

b) 私人檔案

George Marsh Papers

Marsh Family Book (FB)

'A Journey to Hamburg'

Family Bible and Prayer Book

Miscellaneous papers

牙買加

Island Records Office, Twickenham

Parish registers

Wills

Jamaica Archives, Spanish Town

IB/11/1/1A: Patents to grants of land

IB/11/3: Inventories

IB/11/24: Powers of attorney

IB/11/17: Letters of administration

IB/5/9 to 11: House of Assembly journals

2/19/1– 4: Port Royal vestry minutes

蘇格蘭

National Archives of Scotland, Edinburgh

CS226/5171: Kirkpatricks vs Crisp and Warren

National Library of Scotland, Edinburgh

MS. 5599, 5619: Liston correspondence

西班牙

Arxiu Històric de Protocols de Barcelona

Sebastiá Prats papers

美國

William L. Clements Library, University of Michigan, Ann Arbor

Thomas Shadwell letterbook

Charles E. Young Research Library, Special Collections, University of California, Los Angeles

Bound manuscripts collection, 170/604:

[Elizabeth Marsh], 'Narrative of her Captivity in Barbary' (FCMS)

[Elizabeth Marsh], 'Journal of a Voyage by sea from Calcutta to Madras, and of a

Photo Eur 175: Memoirs of William Hickey, 4 vols
MSS Eur/Orme OV.202

Guildhall Library, London
Records of Sun Fire Office
MS 05038: Churchwardens' accounts, Parish of All Hallows, Bread Street
MSS 05396 and 5419: Rate books, Parish of St Botolph, Bishopsgate

Lambeth Palace Library, London
Court of Arches records

Postal Museum and Archive, London
Receiver General's entry book

Wellcome Library, London
MSS. 7628– 9: George Marsh MSS (CB)

Bodleian Library, Oxford
MSS Eng.lett.c.81: Palmer MSS
Dep.d.485: Mary Morgan MSS

印度

National Library, Kolkata
Hyde MSS (microfilm)

Victoria Memorial Library, Rare Books Room, Kolkata
Hyde MSS

曼島

Manx National Heritage Library, Douglas
Goldie-Taubman papers
Sir George Moore papers

Additional Manuscripts
11643: Plan of Agent Victualler's house, Chatham
12427– 35: Charles Long papers
23638: Minorca papers, 1721– 56
24157– 79: Papers of Lord Grantham, Ambassador to Madrid
35895: Minorca enquiry papers
47781– 3: Philip Francis Papers
60337– 42: Shee papers
King's MS 197: List of Persian vocabulary

b) INDIA OFFICE LIBRARY: RECORDS
Minutes of Court of Directors: B/84–B/94
Home correspondence: E/1/60
East India Company correspondence with India: E/4/304 and 624
Records of the Board of Commissioners for the affairs of India:
F/4/760: Mission of Captain J.H.Crisp
F/4/1855, item 78480: Madras Female Orphan Asylum papers
Factory records of Dacca: G/15/8– 21
Home miscellaneous papers: H/21, 122, 224, 456
Biographical series: O/5/29
Bengal: Public consultations: P/2/9– 11; P/2/28
Proceedings of Mayor's Court, Calcutta: P/154/57
Bengal Revenue consultations: P/49/61– 68
Inventories and wills: L/AG/1/1/8– 10; L/AG/34/27/1– 2; L/AG/34/29/23
Marine Department records: L/MAR/C/891
Madras Army Lists: L/MIL/11/1
Madras returns: N/2/1

c) INDIA OFFICE LIBRARY: EUROPEAN MANUSCRIPTS
Eur D. 1073: Papers of James Rennell
Eur E 4: Papers of Margaret Fowke
Eur D18, E 13– 19, F5: Papers of Philip Francis
Eur E 25: Papers of Alexander Mackrabie
Eur G51/30: Madras Observatory papers
Photo Eur 32: Memoir of Margaret Elizabeth Benn-Walsh, 6 vols

MRF/14: Journal of the siege of Menorca (microfilm)
MS 83/135: John Russell papers
VAU/2: Commissioner at Gibraltar letterbook

National Archives, Kew

ADM 1: Records of the Admiralty
ADM 7: Admiralty miscellanea
ADM 33: Pay books
ADM 36: Ships' musters
ADM 42: Yard pay books
ADM 51: Captains' logs
ADM 106: Navy Board records
CO 91: Gibraltar original correspondence
CO 142: Jamaica miscellanea
CO 174: Minorca original correspondence
CO 389: Gibraltar and Minorca
FO 52: Morocco original correspondence
MPQ: Maps and plans
PC: Records of the Privy Council
PROB 11: Wills
SP 44: Entry books
SP 46: Supplementary domestic papers
SP 71: Barbary States original correspondence
SP 79: State papers, Genoa
SP 94: State papers, Spain
T1: Treasury Board papers
T77: East Florida Claims Commission

Liverpool RO, Liverpool

Earle papers

British Library, London

a) MANUSCRIPT ROOM

文獻來源

a) 公有檔案

澳大利亞

Mitchell Library, State Library of New South Wales, Sydney
PXA 1012: Samuel Wallis sketchbook on *Dolphin*
MS 1177: James Milbourne Marsh papers

英格蘭

Bedfordshire and Luton Archives and Record Service, Bedford
Wrest Park (Lucas) MSS

Gloucestershire RO, Gloucester
Ducarel MSS

Hampshire RO, Winchester
Wills

Hertfordshire RO, Hertford
D/EJn/Z21: Lockleys sale particulars

National Maritime Museum, Greenwich
ADM B: Board of Admiralty in-letters
ADM/L/G and K: Lieutenants' logs
BGR/35: Account of John Marsh
HWK/1– 7: Papers of Admiral Hawke
JOD/7: John Stimson's Barbary narrative
JOD/157/1– 3: Journal of Admiral Sir Roger Curtis

Beyond

18

世界的啟迪

她的世界史：跨越邊界的女性，伊莉莎白·馬許與她的十八世紀人生

The Ordeal of Elizabeth Marsh: A Woman in World History

作者 琳達·柯利（Linda Colley）
譯者 馮奕達
執行長 陳蕙慧
總編輯 張惠菁
責任編輯 張惠菁
行銷總監 陳雅雯
行銷企劃 尹子麟、余一霞
封面設計 許晉維
內頁排版 宸遠彩藝

社長 郭重興
發行人兼出版總監 曾大福
出版 衛城出版 / 遠足文化事業股份有限公司
發行 遠足文化事業股份有限公司
地址 231 新北市新店區民權路 108-2 號 9 樓
電話 02-22181417
傳真 02-22180727
客服專線 0800-221029
法律顧問 華洋法律事務所 蘇文生律師

印刷 呈靖彩藝有限公司
初版 2022 年 02 月
定價 580 元
ISBN 9789869938181（紙本）
9786267052112（EPUB）
9786267052099（PDF）

國家圖書館出版品預行編目(CIP)資料

她的世界史：跨越邊界的女性，伊莉莎白·馬許與她的十八世紀人生 / 琳達 . 柯利(Linda Colley)著；馮奕達譯 . -- 初版 . -- 新北市：衛城出版，遠足文化事業股份有限公司，2022.02
面； 公分 . -- (Beyond ; 18)
譯自：The Ordeal of Elizabeth Marsh : a woman in world history
ISBN 978-986-99381-8-1(平裝)

1. 馬許(Marsh, Elizabeth, 1735-1785.)
2. 傳記 3. 世界史

784.18 110001428

ACRO POLIS
衛城出版
Email acropolismde@gmail.com
Facebook www.facebook.com/acrolispublish